应用型本科　经济管理类专业“十三五”规划教材

统计学原理与应用

王晓燕　罗秀琴　王　芳
陈　科　刘文锦
编　著

西安电子科技大学出版社

内 容 简 介

本书是一本既有理论深度又注重实践能力培养的应用型本科教材。

本书主要包括总论、统计设计、统计调查、统计整理、综合指标分析、抽样推断、相关分析与回归分析、时间数列分析、统计指数等九章内容。各章后均配有应用能力训练，方便学生对照复习并掌握基本理论。相应章节还配有目前应用最为广泛的统计软件——SPSS的操作介绍，有利于提高学生的动手能力和操作技能。

本书的读者对象既可以是普通高等院校的本科生，也可以是各类在职人员如企业管理人员、各界统计工作者以及对统计学感兴趣的社会人士。

图书在版编目(CIP)数据

统计学原理与应用/王晓燕等编著. —西安：西安电子科技大学出版社，2017.6
应用型本科经济管理类专业“十三五”规划教材
ISBN 978-7-5606-4500-1

Ⅰ.①统… Ⅱ.①王… Ⅲ.①统计学 Ⅳ.①C8

中国版本图书馆CIP数据核字(2017)第101887号

策　　划　万晶晶
责任编辑　杜萍　雷鸿俊
出版发行　西安电子科技大学出版社(西安市太白南路2号)
电　　话　(029)88242885　88201467　　邮　　编　710071
网　　址　www.xduph.com　　电子邮箱　xdupfxb001@163.com
经　　销　新华书店
印刷单位　陕西利达印务有限责任公司
版　　次　2017年6月第1版　2017年6月第1次印刷
开　　本　787毫米×1092毫米　1/16　印张17.5
字　　数　414千字
印　　数　1～3000册
定　　价　35.00元
ISBN 978-7-5606-4500-1/C

XDUP 4792001-1

*****如有印装问题可调换*****

前　言

全球知名咨询公司麦肯锡的研究人员曾说过：数据，已经渗透到当今每一个行业和业务职能领域，成为重要的生产因素。纵观我们生活，从国内生产总值、人口数到物价指数、房地产价格，无论是宏观或微观数据都在影响着人们的生活。近年来互联网的飞速发展，更是让人们感觉到数据在迅速膨胀，人们也越来越意识到数据发挥的重要作用。统计学就是对海量数据进行挖掘和运用，从而得出重要且正确决策的方法论学科。可以说，信息的收集、整理、分析都离不开统计学理论和方法的应用。

本书紧密围绕应用型本科院校人才培养的目标，为高校的经济管理类专业学生学习专业基础课的需要而撰写。本书在内容体系设计上主要有以下特点：

(1) 课程理论体系完整。本书主要阐述对社会经济信息进行搜集、整理、分析及预测的基本原理和方法，具体内容分为九章，分别是总论、统计设计、统计调查、统计整理、综合指标分析、抽样推断、相关分析与回归分析、时间数列分析、统计指数。

(2) 注重案例教学，引导学生关注身边的统计现象。每章开始均从实际经济背景出发导入实际案例，引导学生进行思考和讨论，同时课后有案例分析让学生进一步了解统计学的实践意义。这样一来，一是方便教师积极开展专业课堂教学创新的探索，将案例教学法、情景教学法、任务引领法、角色扮演法贯穿于教学之中；二是更能发挥学生学习的主动性和创新性，激发学生主动学习的兴趣，让他们感知统计其实就在身边。

(3) 课后习题内容完备。为了方便教师对本章的学习进行总结，每章后面都设有本章小结，方便学生进行复习，课后还设有思考与讨论、应用能力训练和案例分析，目的在于培养学生的动手能力和处理实际情况的能力。通过这类实训强化，学生可熟练地掌握该章的基本内容和主要统计方法。

(4) 充分考虑针对性和适应性。编写中我们从经济管理类专业出发，结合反映国家宏观经济形势的实际数据进行分析。书中文字力求简洁、易懂，举例生动实用、深入浅出，数学公式的编写尽量避免烦琐的数学证明与推导。

(5) 强调学生统计实践技能的培养。本书与目前运用较为普及的统计软件SPSS紧密结合，书中讲述的所有方法都要求在SPSS上实现。将SPSS软件的学习与各章案例分析结合，可使学生在实际运用中学习该软件的操作方法。

本书由成都工业学院王晓燕和罗秀琴主编。其中，第一、五、九章的基本理论部分由王晓燕编写，第二、三、六章的基本理论部分由罗秀琴编写，第七、八章的基本理论部分由中国民航飞行学院王芳编写，第四章的基本理论部分以及附录二、三由成都工业学院刘文锦编写，各章中SPSS应用的有关内容以及附录一由成都工业学院陈科编写。全书的大纲起草、统稿及审核工作由王晓燕完成。

由于编者水平有限，加之时间仓促，书中难免存在不足之处，敬请各教学单位和读者朋友在使用本书的过程中给予批评指正，编者将不甚感激。

编　者

2017年2月

目　录

第一章　总论/1
第一节　统计的产生与发展/1
第二节　统计的含义、研究对象和研究方法/4
第三节　统计的基本概念/9
本章小结/14
思考与讨论/14
应用能力训练/14
案例分析/15

第二章　统计设计/16
第一节　统计调查方案设计的意义/17
第二节　统计调查方案的设计/18
第三节　统计调查问卷的设计/20
本章小结/27
思考与讨论/27
应用能力训练/28
案例分析/29

第三章　统计调查/31
第一节　统计调查的意义和种类/31
第二节　统计调查的组织方式/34
第三节　统计调查的方法/39
本章小结/47
思考与讨论/47
应用能力训练/47

第四章　统计整理/49
第一节　统计整理的意义与内容/49
第二节　统计分组/51
第三节　分配数列/57
第四节　统计表与统计图/62
本章小结/69
思考与讨论/70
应用能力训练/70
案例分析/71

第五章　综合指标分析/72

第一节　总量指标/73
第二节　相对指标/76
第三节　平均指标/85
第四节　标志变异指标/97
第五节　SPSS 描述统计数据的特征/104
本章小结/107
思考与讨论/107
应用能力训练/108
案例分析/110

第六章　抽样推断/113

第一节　抽样推断概述/113
第二节　抽样误差/120
第三节　抽样估计/127
第四节　样本容量的确定/132
第五节　抽样调查的组织方式/134
第六节　假设检验/137
第七节　用 SPSS 作参数估计和假设检验/142
本章小结/154
思考与讨论/155
应用能力训练/155
案例分析/157

第七章　相关分析与回归分析/158

第一节　相关分析与回归分析概述/158
第二节　相关分析/163
第三节　一元线性回归分析/173
第四节　用 SPSS 做相关分析和回归分析/181
本章小结/186
思考与讨论/187
应用能力训练/187
案例分析/190

第八章　时间数列分析/191

第一节　时间数列的概念和种类/191
第二节　时间数列的水平分析指标/194
第三节　时间数列的速度分析指标/201

第四节　时间数列的影响因素分析/206
本章小结/220
思考与讨论/220
应用能力训练/220
案例分析/221

第九章　统计指数/223

第一节　统计指数的概念和种类/223
第二节　综合指数的编制和应用/227
第三节　平均指数的编制和应用/233
第四节　指数体系和因素分析/238
第五节　几种常见的经济指数/245
本章小节/251
思考与讨论/252
应用能力训练/253
案例分析/254

附录一　SPSS 软件使用简介/256

附录二　正态分布概率表/266

附录三　平均增长速度累计法查对表/268

参考文献/272

第一章　总　　论

【学习目的】

(1) 理解统计学的含义、研究对象和统计研究的基本方法。

(2) 掌握国家统计的工作过程、任务和职能。

(3) 重点掌握统计学的基本概念和范畴，包括统计总体、总体单位、标志、指标、变量、变异、统计指标体系及其相互联系与区别等。

【案例导入】

国家统计局于 2016 年 2 月 29 日发布的《2015 年国民经济和社会发展统计公报》显示：

2015 年年末全国大陆总人口 137 462 万人，比上年末增加 680 万人。男女性别比为 105.02∶100。年龄构成中，0～15 岁人口占比 17.6%，16～59 岁人口占比 66.3%，60 岁以上人口占比 16.1%。全年出生人口 1655 万人，出生率为 12.07‰；死亡人口 975 万人，死亡率为 7.11‰。自然增长率为 4.96‰。人均预期寿命 76.34 岁。

……

当你听到或阅读到这些统计数据时，是否会思考这样一些问题：统计数据对人们生活有用吗？这些数据是如何得来的？统计数据与将要学习的统计学之间有着怎样的联系？等等。要想准确回答这些问题，就需要了解什么是统计以及统计能解决哪些问题。

第一节　统计的产生和发展

一、统计的产生

作为一种实践活动，统计产生于人们对国家基本情况的了解和生产经营活动的记录。我国人口统计历史十分久远，早在公元前 22 世纪就开始了人口、土地的调查。《书经·禹贡篇》中记载，我国在 4000 多年前的夏朝，全国人口总数为 13 553 923 人，土地24 328 024 顷，并根据山川土质、人口物产及贡赋多寡，将全国分为九州。这些都被西方经济学家推崇为统计学最早的萌芽。西周时代建立了较为系统的统计报告制度。战国时期《商君书》中提出“强国知十三数”，其中包括粮食储备、各国人数、农业生产资料及自然资源等。

在欧洲，古希腊、古罗马时代就开始了人口和居民财产的统计。公元前 27 世纪，埃及为了建造金字塔和大型农业灌溉系统，曾进行过全国人口和财产调查。公元前 15 世纪，犹太人为了战争的需要进行了男丁的调查。公元前约 6 世纪，罗马帝国规定每 5 年进行一次人口、土地、牲畜和家奴的调查，并以财产总额作为划分贫富等级和征丁课税的依据。

二、统计的发展

随着统计实践发展到一定阶段，人们开始总结经验，逐步形成了较为系统的统计理论知识。1676 年英国人威廉·配第撰写的《政治算术》一书，标志着统计学的诞生。从 17 世纪到现在，统计学已有 300 多年的历史。在统计学的发展过程中，主要的学派有政治算术学派、国势学派、数理统计学派、社会统计学派等。

(一) 政治算术学派

政治算术学派产生于 17 世纪的英国，代表人物是威廉·配第(Wilian Patty，1623 — 1676 年)和约翰·格朗特(John Graunt,1620 — 1674 年)。威廉·配第在他的代表作《政治算术》(1676 年)中，首次采用数量对比分析法对英国、荷兰、法国的国情、国力进行了周密分析；约翰·格朗特在他的代表作《对死亡表的自然观察和政治观察》(1662 年)中，对伦敦人口的出生率、死亡率、性别比率等人口统计规律做了研究，例如，新生婴儿的性别比率大概是男婴比女婴为 14∶13，男性死亡率高于女性，新生婴儿在大城市的死亡率较高，等等。这些对统计学的创立起到了非常重要的作用。这个学派还出现了一些统计学家，但一直未采用“统计学”这一科学命名。

(二) 国势学派

国势学派又称记述学派，产生于 17 世纪的德国，代表人物是海尔曼·康令(H.Coring)和阿亨瓦尔(G.Achenwall)等。这两位教授在大学中开设了“国势学”课程，该学派因此而得名。国势学派主要是通过搜集大量资料，向国家的统治者提供一些关于国情的知识，如人口、领土、政治、军事、经济、宗教、地理、风俗、货币等。国势学派注重的是事件的记述，而不重视数量的分析，所以从研究方法上不符合统计学的要求。但从研究对象上看，国势学派与政治算术学派是相同的，都是对国家主要事项的研究，而且“统计学”这个名称是这个学派起的，所以它对统计学的创立和发展也做了不少贡献。

(三) 数理统计学派

19 世纪中期，比利时生物学家、数学家和统计学家阿道夫·凯特勒(Adolphe Quetelet,1796 — 1874 年)首次把概率论引入了统计学，他利用概率论对法国、英国和比利时的犯罪统计资料进行了研究，从中发现了某些社会现象的规律性。阿道夫·凯特勒首次将自然科学的研究方法引入社会现象的研究中，大大丰富了统计学的内容，也为统计学的数量分析奠定了数理基础。阿道夫·凯特勒也因其对统计学发展做出的巨大贡献，被人们称为“近代统计学之父”。

从 19 世纪中叶到 20 世纪中叶，数理统计方法的应用领域不断扩展，出现了贝努里(Jakob Bernoulli，1654 — 1705 年)的大数定理、莫阿弗尔(Abraham de Movre，1667 — 1754 年)的中心极限定理、贝叶斯(Thomas Bayes，1702 — 1761 年)的主观概率、高斯(Carl Friedrich Gauss，1777 — 1855 年)的误差理论等。同时，随着理论的发展，其应用也进入了全面发展阶段，几乎所有的科学研究都要用到数理统计学。英国统计学家葛尔登(F. Galton，1822 — 1911 年)首先提出了生物统计学，皮尔逊(K.Pearson，1857 — 1936 年)将生物统计一般化进而发展为描述统计学，埃奇沃思(F. Y. Edgeworth，1845 — 1926 年)、鲍莱(A. L. Bowley，1869 — 1957 年)则侧重于描述统计在社会经济领域中的应用和方法的研究，费歇尔(R. A. Fisher，1880 — 1962 年)则创立了推断统计学。至此，数理统计学已发展成为一门基础性的方法论科学。

(四) 社会统计学派

19 世纪后半叶，正当数理统计学派突飞猛进地发展之时，德国统计界出现了社会统计学派，其主要代表人物有恩格尔（E.Engel，1821 — 1896 年）和乔治·冯·梅尔（G.V.Mayr，1841 —1925 年）等。从学术渊源上看，前面的政治算术学派为社会统计学派奠定了发展的基础。恩格尔在《比利时工人家庭的生活费》(1895 年)中提出了著名的“恩格尔法则”，即“家庭收入越多，食品开支费用在家庭收入中所占的比例就越小；家庭收入越少，食品开支费用在家庭收入中所占的比例就越大”。在此基础上计算的恩格尔系数，一直作为衡量各国生活水平的标准并沿用至今。社会统计学包括政治统计、人口统计、经济统计、犯罪统计等多方面内容，与之相适应的社会调查和社会研究也有了较大的发展，使其共同成为社会科学研究的重要方法。

从统计学的发展过程可以看出，统计学产生于应用，同时又在应用过程中发展壮大。随着经济社会的发展，各学科相互融合趋势的发展以及计算机技术的迅速发展，统计学的应用领域、统计理论与分析方法也将不断发展，在所有领域展现着它的生命力和重要作用。

三、统计的任务与职能

在我国，社会主义市场经济体制的逐步建立、实践发展的需要对统计提出了新的更多、更高的要求。

(一) 统计的任务

1996 年 5 月 15 日，第八届全国人大常委会第十九次会议审议通过《关于修改〈中华人民共和国统计法〉(以下简称〈统计法〉)的决定》，就统计的职能和基本任务以法律的形式作了明确的规定，修订后的《统计法》第二条指出：统计的基本任务是对国民经济和社会发展情况进行统计调查、统计分析，提供统计资料和咨询意见，实行统计监督。

统计的具体任务和作用可表现为以下几个方面：

(1) 为党和政府以及各级领导机构进行决策和实施宏观调控提供依据；

(2) 为企事业单位经营管理提供数据依据；

(3) 为政策和计划的执行情况进行检查和监督；

(4) 为社会公众了解情况、参与社会经济活动提供信息；

(5) 为国际交往提供资料。

(二) 统计的职能

随着社会经济的发展及国家管理系统分工的日趋完善，特别是统计信息对于国家经济决策方面的作用日益增强，国家统计的职能也在不断地扩大。现代国家管理系统包括决策、执行、信息、咨询、监督等五大组成部分。统计部门作为国家管理系统的重要组成部分，同时具有信息、咨询和监督三大职能。

1. 统计信息职能

统计信息职能是指统计部门根据统计方法制度，利用科学的统计指标体系和统计调查方法，灵敏、系统地搜集、整理、分析、存储和传递以数量描述为特征的社会经济信息的一种服务职能。

现代社会是信息社会。统计信息是社会经济信息的主体，是监测国民经济和社会运行的一把尺子，是党和政府进行宏观管理、决策的基本依据。党和政府在进行宏观经济决策和调控时，经常碰到这样一些问题：当前的国民经济和社会运行处于什么状态？国民经济和社会运行是否正常？如果不正常，又如何进行调控？宏观调控措施出台之后的效果如何？这些问题的正确回答与解决，离不开统计所提供的信息服务。

2. 统计咨询职能

统计咨询职能是统计部门利用已掌握的丰富的统计信息资源，运用科学的分析方法和先进的技术手段，深入开展综合分析和专题研究，为科学决策和管理提供各种可供选择的咨询建议和对策方案的一种服务职能。当前，各级统计部门参与党政领导决策，定期向人民代表大会汇报经济形势，参与制定国民经济和社会发展规划，已成为国家重要的咨询机构之一。

3. 统计监督职能

统计监督职能是根据统计调查和分析，及时、准确地从总体上反映经济、社会的运行状况，并对其实行全面和系统的定量检查、监测和预警，为促进国民经济按照客观规律的要求持续、快速、健康地发展提供统计支持的一项服务职能。

统计的三种职能是相互联系、相辅相成的。统计信息职能是保证统计咨询和统计监督职能有效发挥作用的基础和前提条件。统计咨询职能是统计信息职能的延续和深化；而统计监督职能则是在信息、咨询职能的基础上进一步拓展，并促使统计信息和咨询职能优化的保障。统计只有发挥了信息、咨询和监督三者的整体功能，才能为党政各级领导机构进行决策和执行，为企事业单位进行管理，为科研机构进行理论研究，为广大人民群众了解社会经济情况和参与社会政治活动提供优质的服务，为各国人民相互了解、发展国际交流和合作提供高效的服务。

第二节　统计的含义、研究对象和研究方法

一、统计的含义

现代统计一词有三种含义，即统计工作、统计资料和统计学。

统计工作，即统计实践活动，是指运用科学的方法，按照预先设计的要求，对社会现象的数量方面进行搜集、整理、分析研究并提供各种统计资料和统计咨询意见的活动的总称。其工作成果是统计资料。社会经济统计则是指对社会经济现象的数量方面进行搜集、整理、分析研究并提供各种统计资料和统计咨询意见的活动的总称。一个完整的统计工作过程包含统计设计、统计调查、统计资料整理、统计分析四个阶段。领导、组织并从事统计工作的部门称为统计机构或统计部门，统计机构一般分为三大系统：政府统计系统、专业统计系统和企业统计系统。参加统计实践的工作人员称为统计工作者，统计人员的职称包括初级职称(统计员、助理统计师)、中级职称(统计师)和高级职称(高级统计师和总统计师)。

统计资料是在统计工作过程中取得的各项反映社会、经济现象和过程的数字资料以及与之有联系的文字资料的总称。从事统计工作的主要目的在于取得全面、准确的统计资

料。统计资料是统计工作的重要成果，包括统计调查所取得的原始资料和经过加工整理、分析研究而形成的综合统计资料。统计资料一般都反映在统计报表、统计手册、统计汇编、统计年鉴、统计公报及统计分析报告中。准确可靠的统计资料是宏观经济决策和微观经济管理中分析、研究社会经济问题不可缺少的重要依据。

统计学也称统计理论，是关于认识客观现象总体数量特征和数量关系的科学。它是从统计实践中概括、提炼、总结出来的系统地论述统计理论和方法的科学。统计学按照研究领域和研究重点不同，可以分为许多分支和类型，一般分为理论统计学和应用统计学两大分支。理论统计学是指论述统计学中关于数据的搜集、整理和分析的最基本的原理、原则和方法的科学，它是统计中应用于各种领域的理论基础，可以说，它是一门通用的方法论科学。理论统计学又可分为描述统计学和推断统计学两大类。应用统计学是运用于某一特定领域的统计理论与方法的总称，如国民经济统计学、人口统计学、卫生统计学、商业统计学、工业统计学、农业统计学、贸易统计学、管理统计学、商务统计学、工业统计学和交通统计学等。应用统计学的不同分支所应用的基本原理和方法是一样的，但由于每个领域都有其特殊性，所以，统计方法在不同领域的应用具有不同的特点。社会经济统计学则是关于社会经济现象数量方面的搜集、整理、分析的原理、原则、方式、方法的科学，按其性质它属于应用统计学。

统计的三种涵义之间存在着密切的联系。

统计工作和统计资料的关系是统计活动与统计成果的关系。一方面，统计资料的需求支配着统计工作的设计；另一方面，统计工作的质量高低又直接影响着统计资料的数量和质量。统计工作的现代化关系到向社会提供丰富资料和灵通信息，提高决策可靠性和工作效率的重要问题。

统计学与统计工作的关系是理论与实践的关系。一方面，统计工作是形成统计学的基础，统计理论是统计工作经验的总结，只有当统计工作实践发展到一定阶段，才能形成独立的统计科学，统计实践的发展又不断地丰富并推进着统计科学理论的发展。另一方面，统计工作的发展又需要统计理论的指导，统计科学研究大大促进了统计实践工作水平的提高，统计工作的现代化和统计科学的进步是分不开的。

可见，统计的三个涵义是一个密不可分的有机整体。

本书介绍的是社会经济统计学中的基本原理、原则和方法，并特别强调这些理论和方法在社会经济领域中的运用，也就是对实际经济现象观测所得的统计数据进行搜集、整理和分析，从而深入了解并挖掘社会经济现象的数量特征和数量关系。

二、统计学的研究对象

统计的研究对象是统计研究所要认识的客体。这个客体独立存在于人们的主观意识之外。只有明确了研究对象，才可能根据它的性质、特点产生相应的研究方法，达到认识客体规律性的目的。人们要认识客观世界，必须调查研究，也就离不开统计活动。统计工作和统计学有着认识客观世界这一共同目的，它们的研究对象是一致的。

统计学的研究对象是社会经济现象总体的数量特征和数量关系，并通过这些数量关系反映社会经济现象的规律性。

社会经济现象的数量方面所涉及的内容很广泛。例如，人口数量、劳动力资源、社会财富、自然资源、社会生产和建设、商品的交换与流通、国民收入分配和国家财政收入、金融、信贷、保险事业、城乡人民物资生活水平、政治生活、科学技术进步与发展等，这些都是国民经济和社会发展的总体情况，是社会经济现象的基本数量特征和基本数量关系，它们构成了我们对社会的基本认识。在社会主义现代化建设过程中，如果不能准确、及时、全面、系统地掌握这些数量及其变化的信息，就不可能有正确的政策与计划，不可能有效地调节和控制，也不可能加强经济管理和经济研究，必然导致决策上的失误和行动上的失败，更谈不上现代化建设。所以，经济越发展，越需要加强统计；经济越搞活，越需要发挥统计的作用。

社会经济统计学也研究自然技术因素对社会生活变化的影响，研究社会生产发展对社会生活自然条件的影响，如研究资源条件和技术条件的变化对于社会生产生活的影响程度，研究新技术、新工艺对社会所提供的经济效果，以及研究社会生产的发展引起自然环境的变化等。

社会经济统计学具有数量性、总体性、具体性的特点。

1. 数量性

一切事物都具有质和量两个方面。统计学的一个最基本的特点，就是研究社会经济现象的数量方面，即社会经济现象的规模、水平、结构、速度、比例关系和普遍程度等。

研究社会经济现象的数量方面，具体地说，就是用科学的方法去搜集、整理、分析国民经济和社会发展的实际数据，并通过统计所特有的统计指标和指标体系，表明所研究现象的规模、水平、速度、比例和效益等，主要表现在以下两个方面：

一是通过静态的统计数字，反映同一时间内现象总体的规模和结构情况。例如，2016年国家统计局公布的《2015年国民经济和社会发展统计公报》显示，我国2015年年末大陆总人口为137 462万人。其中，男性人口为70 414万人，占总人口的51.2%；女性为67 048万人，占总人口的48.8%。性别比(以女性为100，男性对女性的比例)为105.02：100。又如，我国陆地面积为960万平方公里，其中33%为山地，26%为高原，19%为盆地，12%为平原，10%为丘陵。这些数据较充分地说明了我国地广人多的基本国情。

二是使用一系列不同时间的数据所构成的动态资料，反映同一现象总体在不同时间的发展速度和变动趋势。国家统计局统计数据库显示，2010年前五个月全国房屋销售价格指数中，新建居民住宅房屋与2009年同比的价格指数分别为110.1%、111.6%、112.6%、113.8%、113.5%。这些数字说明了我国房产价格畸形发展的实际情况，证明了控制房价增长的必要性和紧迫性。再如，国家统计局网站数据库提供的数据显示，我国国内生产总值2001年至2010年分别为(单位为亿元)109 655，120 333，135 823，159 878，183 217，211 923，265 810，316 229，340 507，397 983。在短短的十年间，我国的国内生产总值就增长了近两倍，从世界的第七位跃升至世界的第二位，取得了骄人的成绩。

采用动态的统计资料，还可以预测现象未来可能达到的规模和水平。用各项统计数据来说明社会经济发展情况，发扬成绩，反映问题和矛盾，不仅具体生动，而且雄辩有力。所以在我们国家里，各行各业都离不开统计。

2. 总体性

统计研究的对象不是个体现象的数量方面，而是从总体的角度来认识社会经济现象的数量特征和数量关系。例如，统计劳动生产率并不是强调某一个人的劳动生产率，而是研究一个单位、一个部门、一个地区乃至一个国家总体的劳动生产率情况。统计的总体性特点是由社会经济现象的特点和统计研究的目的所决定的。

要形成对总体数量特征的认识，又必然以个体事物量的认识为起点。社会经济统计在认识社会经济现象时，需要通过对组成其总体的个别事物的量的认识来达到对这些总体的认识。例如，为研究全国人口数量、性别构成、出生率(死亡率)等方面的情况，首先就必须对每一个人进行调查研究，搜集与研究总体数量相应的资料，汇总整理后形成对现象总体的量的认识。认识总体的数量特征是目的，而调查研究个体是出发点。

3. 具体性

统计所研究的数量是具体事物的数量，即社会现象在一定时间、地点、条件下的数量表现，而不研究抽象的数量，故它具有具体性的特点。这是社会经济统计学和数学的一个重要区别。数学也是以数量作为其研究对象的，但它在研究客观世界的空间形式和数量关系时，具有高度的抽象性，可以撇开所研究客体的具体内容。而统计在研究社会经济现象的数量方面时，则必须紧密联系被研究现象的具体内容，反映其质的特征。

三、统计研究的基本方法

在调查、整理、分析的各个阶段，统计运用各种专门的方法对社会经济现象进行分析研究。其基本的研究方法有：大量观察法、统计分组法、综合指标法、归纳推断法和统计模型法等。

(一) 大量观察法

任何事物都处在相互联系、相互制约的统一整体中，脱离整体孤立的事物是不存在的。统计就是把研究的现象作为一个总体来观察的，因而，统计必须运用大量观察法。所谓大量观察法，就是对所要研究的事物的全部或足够多数的单位进行观察。大量观察法是统计的基本方法之一。统计研究以大量观察为基础，首先对大量现象的数量进行调查，继而开展整理和分析。

通过大量观察，一方面可以掌握认识事物所必需的总体的各种总量；另一方面还可以通过个体离差的相互抵消，在一定范围内排除某些个别现象和偶然因素的影响与干扰，从数量上反映出总体的本质特征。

在我国的统计实践中，广泛运用了大量观察法组织多种统计调查，如各种基本的统计报表、普查、重点调查和抽样调查等。当然，在统计进行大量观察的同时，也不排斥采用典型调查等方法对个别典型单位和现象进行深入细致的研究。

(二) 统计分组法

统计分组法是指根据统计研究的任务和现象本身的性质特点，按照一定的标志将社会经济现象总体划分为若干个组成部分的一种统计方法。例如，将人口按性别分组，职工按职业分组，学生按学习成绩分组，企业按经济类型分组，公司按经营收入分组等。

社会经济现象总体是由具有同质性的许多单位组成的群体，但由于在不同的总体范围内的单位之间具有一定的差别，因此有必要进行统计分组以区分社会经济现象的不同类型和形态。

统计分组法是研究社会经济现象总体内部差异的重要方法，通过分组可以研究总体中不同类型的性质以及它们的分布情况。例如，工业企业按所有制不同划分，按轻重工业划分等，都说明了不同的经济类型的特点。通过分组可以研究国民经济的生产力布局和产业结构问题，如某年的国民生产总值在第一产业、第二产业和第三产业总值和比重资料就能够较清楚地表明生产总值中有关资料及其分布情况。通过分组还可以研究总体中现象之间的依存关系，如劳动者的收入和劳动生产率之间的关系、商业企业的销售额与流通费用率之间的关系等。统计分组法在统计研究中应用非常广泛。

应该注意的是，统计分组中选择一种分组方法，就突出了现象总体在这方面的差异，显示了现象总体在这方面存在的矛盾，同时也就掩盖了现象总体在其他方面的差异，忽略了现象在其他方面存在的矛盾。在应用时要十分注意分组的科学性，否则同样达不到认识社会的目的。

（三）综合指标法

综合指标是指综合反映社会经济现象总体数量特征和数量关系的指标。常用的综合指标有总量指标、相对指标、平均指标等。综合指标分析法是指运用各种统计综合指标对社会经济现象的数量特征和数量关系进行综合、概括和分析的方法。例如，对某市市民的平均月收入进行分析，用居民消费价格指数(CPI)来衡量物价上升的幅度等。

统计研究社会经济现象总体的数量方面和数量关系，所以，从总体上认识事物是统计研究的根本原则，它表现在统计分析方面就构成了综合指标法，它是统计分析的基本方法之一。

大量的原始数据经过汇总整理，计算出各种综合指标，可以反映出现象在具体时间、地点、条件下的总体规模、相对水平、平均水平和差异程度等。综合指标概括地描述了总体各单位数量分布的综合数量特征及其变动趋势。

综合指标法和统计分组法之间存在着密切的关系。统计分组虽然是运用于统计工作全过程的基本方法，但如果没有相应的综合指标来反映现象的规模水平，就不能揭示现象总体的数量特征；而如果不进行科学的统计分组，综合指标法就无法划分事物变化的数量界限，就会掩盖现象的矛盾，达不到深入分析现象的目的，因此应该把统计分组和综合指标结合起来进行应用。

（四）归纳推断法

归纳推断法是指对所获得的大量观察资料，通过观察各单位的特征，归纳推断总体特征的方法。一般以一定的置信度要求，采用归纳推理方法，根据样本数据来判断总体数量特征。这是从个别到一般、由具体事实到抽象概括的推理方法。例如，对某批产品进行抽样调查，从而了解整批产品的合格率情况。统计推断法可以用于总体数量特征的估计，也可以用于对总体的某些假设进行检验，在统计研究中有广泛的用途。例如，建立静态数据的统计分析模型，并对模型参数进行估计和假设检验；对时间数列进行长期趋势外推预测，同时对数列进行估计和检验等。因此，它是现代统计学的基本方法之一。

（五）统计模型法

统计模型法是根据一定的经济理论和假定条件，用数学方法模拟客观经济现象相互关系的一种研究方法。利用这种方法可以对社会经济现象和过程中表现出来的数量关系进行比较完整和近似的描述，从中将客观现象的其他复杂关系的影响进行抽象和抵消，以便于利用数学模型对社会经济现象的变化进行数量上的模拟和预测，如长期趋势分析、现象相关分析、统计预测等。

统计模型法一般必须包含三个方面的构成因素，即社会经济变量、基本数学关系式和模型参数。在进行实际计算与分析时，一般将总体中一组相互联系的统计指标作为社会经济变量，其中有些变量会被描述为其他变量的函数，称为因变量，而它们所依存的其他变量则为自变量。往往要用一个或一组数学方程式来表示现象的基本关系式，该数学方程式可以是直线的，也可以是曲线的，可以是二维的，也可以是多维的，如对城镇家庭的收入和支出的模型分析。

统计模型法将客观现象存在的总体内部结构、各构成因素之间的相互关系以一定的数学公式有机地表现出来，提高了统计分析的认识能力，也扩展了统计分析的应用范围，使统计分析方法更丰富，对社会经济现象的分析研究程度也更深入。

第三节 统计的基本概念

一、统计总体与总体单位

（一）统计总体

统计总体简称总体，指客观存在的、在同一性质的基础上结合起来的许多个别事物的整体。例如，要研究全国钢铁企业的生产经营情况，则全国的钢铁企业就是一个总体。首先，它是客观存在的；其次，该总体中每一个企业间具有相同的性质，即均为钢铁企业；再次，全部钢铁企业是一个整体，而不是一个个体。

统计总体应具有同质性、大量性和差异性三个基本特征。

1. 同质性

总体的同质性是指构成总体的个别单位在某一方面必须具有相同的性质。各单位在某一点上的同质性是形成统计总体的一个必要条件，同时也是确定总体范围的依据。例如，某市的全部商业企业构成一个统计总体，它们都是该市的商业企业，具有同质性。但总体的同质性却不要求各单位在各个方面都具有共同性，而只是当统计研究目的确定后，总体所构成的各单位在特定点上应具有共同性。例如，研究该市的商业企业的发展，只要是该市的商业企业就应该包括在该总体内，而不考虑它是国有的还是个体的，规模大还是规模小，盈利还是亏损。

2. 大量性

总体的大量性是指形成一个统计总体必须要有足够多的总体单位数。一个个体是不能被称为总体的。这是因为，统计对总体数量特征的研究是为了探索和揭示现象的规律，而现象的规律只有通过大量观察才能显示出来。由于个别单位受某些偶然因素的影响，表现在数量上会存在不同程度的差异，总体的大量性则可以使个别单位因偶然因素产生的数量差异相互抵消，从而显示出总体的本质和规律。只有满足大量性的要求，才能真实地反映现象总体的特征及其发展变化的规律。

一个统计总体中所包含的个别单位，其数量有时是无法计量的，如宇宙中星球的个数，这样的总体称为无限总体；有时是可以计量的，如一个企业或公司的职工人数，这样的总体称为有限总体。社会经济现象一般都是有限总体。统计总体是否有限对统计调查方法的确定十分重要。显然，对无限总体就不能采用全面调查方法，而对有限总体则既可以用全面调查方法，也可以用非全面调查的方法。当然，即使是有限总体，也应该根据现实需要和可能来确定统计调查方法，只要调查单位足够多就符合大量性的要求了。

3. 差异性

统计总体的差异性是指构成总体的个体在某一方面具有相同的性质，但在其他方面则存在着一定的差异。例如，某班的全体学生构成一个统计总体，这是因为他们在所在班级这个问题的回答上具备相同答案。但事实上，每一位同学都有着自己的身高、体重、外貌、性格、家庭地址等不同的特征，这些不同的特征就构成了总体单位间的差异性。统计总体的这种差异性形成了统计分析的基础和前提。

(二) 总体单位

构成统计总体的个别事物或个体称作总体单位，它是构成总体的基本单位，也是统计研究内容的具体承担者。

根据统计研究的目的和任务不同，构成统计总体的总体单位也不尽相同。总体单位可以是人(如一个职工)，可以是物(如一台设备)，也可以是企事业单位(如一个公司)，还可以是一个事件、状况、长度、时间等。

总体单位存在一定的计量形式。许多单位以自然单位来表示，如人口以人为单位，家庭以户为单位，汽车以辆为单位等，它们都是不能再细分的整数单位；而有的单位是以物理计量单位来表示的，如时间、长度、面积、容积等，就可以再加以细分。计量单位可大可小，例如，统计企业的主营业务收入，其计量单位可用万元，也可用元；统计农业产品数量，其计量单位可以是吨，也可以是公斤；等等。这种总体单位的表现形式从理论上来说，可以根据统计观察所需要的精度进行多层次的细分。

统计总体和总体单位的确定是由统计研究的目的和任务决定的。因此，总体和总体单位的确定不是一成不变的，当统计研究的目的和任务发生变化时，总体和总体单位必将随之而发生变化，甚至可能会出现二者的换位。

二、标志与统计指标

(一) 标志

1. 标志的意义

标志全称统计标志，是说明总体单位(个体)特征或属性的名称，如学生的身高、体重、性别，企业的收入、规模、经济性质等。每个总体单位从不同角度去观察，都具有许多特征，如将职工作为总体单位，他们都具有性别、文化程度、民族、职业、年龄、工龄、工资收入等特征；企业作为总体单位，都具有所属行业、职工人数、占地面积、生产能力、经营收入、上缴税收、成本、利润等特征。

总体单位是标志的载体。统计研究往往从登记标志开始，进而去反映总体的数量特征，因而标志成为统计研究的起点。所以总体单位的标志是一个重要的概念，统计就是通过各个总体单位的标志值的汇总综合得出所要研究的社会经济现象总体的综合数量特征的。

2. 标志表现

标志表现是标志所反映的总体单位质或量的特征的具体体现。例如，某受调查者的性别是男性，某学生的体重是 50 千克，某单位的经济性质是股份制企业等。任何一项统计工作，首先要掌握的是现象总体的各个总体单位在特定的时间、地点、条件下实际发生的情况，因此，标志的具体表现便是统计最为关心的问题。如果说标志就是统计所要调查的项目，那么，标志表现则是调查所得的结果。总体单位是标志的承担者，而标志表现则是标志的实际体现。

3. 标志的分类

标志按其性质不同可分为品质标志和数量标志。品质标志是说明总体单位属性特征的名称，一般用文字表现，如人口的性别、民族、文化程度，企业的经济类型、行业、地址等；数量标志则是说明总体单位的数量特征的名称，一般用数值表现，如人口的年龄、学生的学习成绩、企业的利润、产量等。数量标志的标志表现称为标志值，如某人的年龄 20 岁，学习成绩 80 分，某企业利润 500 万元等。这些都体现了总体单位在具体时间、地点、条件下实际变动的结果。

标志按其标志表现有无差异可分为不变标志和可变标志。不变标志指总体中各总体单位在某个标志的具体表现上都相同。例如，调查某一工业企业的职工情况时，该企业所有职工是总体，其每一职工是总体单位，每一职工的工作单位就是不变标志。不变标志体现了总体的同质性，同时也确定了总体的空间范围。可变标志指总体中各总体单位在某一标志的具体表现上不尽相同，如学生的学习成绩、企业的利润等。可变标志的存在是统计研究的前提条件。只有不变标志而缺乏可变标志所构成的总体是无法进行统计研究的。

（二）统计指标

1. 统计指标的意义

统计指标简称指标，它说明总体现象数量特征的概念和具体数值。统计指标显示总体共同的属性和特征，但由于各单位所处的条件不同，各单位所属特征的具体表现通常也是不相同的，因此，我们需要通过统计调查、登记并汇总计算得出表明现象总体数量特征的数字资料，才能获得对统计指标的完整的认识。例如，我国 2015 年国内生产总值为 676 708亿元就是一个完整的统计指标，它一般包括指标名称、指标数值、空间范围、时间、计量单位和计算方法等六个构成因素。在统计设计阶段，统计指标是说明总体现象的数量特征的名称。例如，2016 年全国的国内生产总值，它不含数值，只有名称，因为其指标数值尚待统计，但这并不影响统计指标的完整性。当然，设计统计指标的最终还是为了取得相应的指标数值。

统计指标是统计中常用的重要概念，无论是统计研究，还是统计实践活动，自始至终都围绕着设计统计指标，汇总形成统计指标，正确应用统计指标，从而反映总体数量特征。统计指标虽然依照客观实际具有不同类型，但其共同作用表现为：从认识的角度来看，统计指标以具体数值来反映社会经济现象的现状、变化的特征规律及一般的数量关系；从社会管理和科学研究的角度来看，统计指标是制定政策、管理国民经济、进行科学研究的事实依据。

2. 统计指标的特点

统计指标具有下述两个方面的特点：

（1）可量性。统计指标是一定的社会经济范畴的具体表现，具有可量性的特点。所谓可量性，是指客观存在的现象的大小、多少可以实际进行计量。统计指标是离不开数量的，凡是不能直接表现为数量的，都不能称之为统计指标。实际可量性是社会经济现象的范畴转化为指标的前提，只有那种在性质上属于同类而在数量上又可量的大量社会经济现象才能成为统计指标反映和研究的对象。

（2）综合性。统计指标既是同质总体大量个别单位的总体，又是个别单位标志值的差异的综合结果。它作为总体的数量特征综合反映各总体单位的一般规模和水平。例如，以某城市物流企业为统计总体，统计其企业数、经营收入、上缴税收、职工平均工资收入等指标。当通过统计调查，进而通过汇总综合得出这些指标后，从这些指标所反映的情况看不到企业规模的差异，职工们劳动效率和工资水平的差异也被忽略了，显示的是该城市物流企业的整体情况和职工们的一般收入水平。可见，统计指标的形成必然通过从个别到整体的过程，通过个别单位数量差异的抽象化来体现总体各单位的综合数量特征。

3. 统计指标的分类

统计指标按其性质不同可分为数量指标和质量指标。数量指标是反映总体绝对数量多少的总量指标，包括标志总量和总体单位总量，一般用绝对数表示；质量指标是反映总体相对水平和总体单位平均水平的统计指标，一般用相对数和平均数表示。

统计指标按其作用和表现形式不同分为总量指标、相对指标和平均指标。总量指标是反映社会经济现象的绝对数量的综合指标，用以表明现象在一定时间、地点、条件下所达到的规模、水平或工作量；相对指标是反映社会经济现象相对关系的综合指标，用以表明现象的比例、结构、速度、强度等；平均指标则是反映社会经济现象的集中趋势的综合指标，用以表明各单位某一数量特征的一般水平。

统计指标按其计量单位不同分为实物指标、价值指标和劳动指标。实物指标是以实物计量单位表现的统计指标，用来反映事物的使用价值量；价值指标又称为货币指标，是以货币计量单位表现的统计指标，反映事物的价值量；劳动指标是以劳动时间表现的统计指标。

由于统计指标反映一定社会经济范畴的内容，因此，统计指标的确定，一方面必须和经济学理论对范畴所作的一般概括相符合，要以经济理论为指导，设置科学的统计指标；另一方面，统计指标又必须是对社会经济范畴的进一步具体化，才能确切地反映社会经济现象的数量关系。例如，政治经济学对劳动生产率这个经济范畴作了一般的概括说明，即劳动生产率是表明单位劳动时间所创造的使用价值。但劳动生产率当作一个统计指标时，就必须明确规定其劳动时间是指工人的劳动时间，还是企业全体职工的劳动时间，即确定是工人劳动生产率，还是全员劳动生产率。

（三）标志和指标的联系和区别

指标和标志是既有联系又有区别的两个概念。

指标和标志存在着明显的区别：首先，指标和标志说明的对象不同，指标是说明总体现象的，而标志则是说明总体单位的；其次，指标都能用数量来反映，具有明显的可量性特点，而标志中只有数量标志能用数量来说明；再次，标志说明总体单位特征，一般不具有综合性特点，而指标是对标志及其表现综合后得到的，具有强烈的综合性特点。

指标和标志又存在着联系：第一，标志是指标的基础，没有标志和标志表现，就没有指标；第二，指标和标志的确定也不是一成不变的，当总体和总体单位随研究目的发生变化时，指标和标志也必然随之而发生相应的变化，甚至是两者位置的互换。

三、变异与变量

(一) 变异

可变标志又称为变异，是可变标志在各总体单位间存在的具体差异。可变标志的具体表现在各总体单位间是不同的，存在差别的，这种差异即为变异。例如，为研究我国的物业管理企业的经营状况，全国的全部物业管理企业构成了一个统计总体，其中每一个具体物业管理企业为总体单位，不同企业的职工人数规模、业务收入、所在城市、盈利率、上缴税金、职工收入水平等方面均存在着区别，这种区别就是可变标志的具体表现上的区别，我们称之为变异。可变标志的存在是统计研究的前提条件，没有变异就用不着统计了。

(二) 变量

在数量标志中，不变的数量标志称为常量或参数，可变的数量标志称为变量，可变的数量标志的具体表现称为变量值。变量按其变量值是否连续，通常分为离散型变量和连续型变量。离散型变量也称为离散变量，是指可以按一定顺序一一列举其整数变量值，且两个相邻整数变量值之间不可能存在其他数值的变量。例如，企业数、设备数、学生人数等都是离散变量。连续型变量也称为连续变量，是指其变量值不能一一列举，任何相邻整数变量值之间存在无限多个变量值的变量。连续型变量在一定的区间内可取任意值，如职工的月工资额、职工工龄、设备利用率等。

四、统计指标体系

社会经济现象总体存在着多个互相联系的方面，不同的社会经济现象总体之间也存在着各种各样的联系。由于某一单个指标只能反映总体某一个特定的数量特征，很明显，采用某一个指标说明现象总体的数量特征有着明显的局限性。要反映客观现象各方面的数量特征，需要将一系列相互联系的统计指标有机地结合起来进行分析研究，也就是说，要描述事物发展变化的全过程，就要设置统计指标体系。

统计指标体系是由一系列相互联系的统计指标所构成的整体。它说明所研究的社会经济现象各方面的相互依存和相互制约的关系。例如，为了全面反映工业企业生产经营的全貌，有必要设置产量、生产能力、收入、成本、税金、产品品种和质量、职工人数、劳动工资、劳动生产率、原材料、设备、资金等方面组成的工业企业统计指标体系。再如，为了完整反映我国人口的有关情况，为党政领导制定政策、经济决策提供理论依据，就必须设置全国人口总数，按性别、民族、年龄、工种、地区等划分的人口数及其构成，人口的平均年龄等人口统计指标体系。

一般来讲，统计指标体系分为两大类，即基本统计指标体系和专题统计指标体系。基本统计指标体系一般分为三个层次：最高层是反映整个国民经济和社会发展的统计指标体系；中间层是各部门和各地区的统计指标体系；最基层是各企业和事业单位的统计指标体系。专题统计指标体系是针对某一社会经济问题而制定的统计指标体系，如经济效益指标体系、人民物质文化生活水平指标体系、商品价格指标体系、财政金融统计指标体系等。

国民经济和社会发展的统计指标体系是最主要的指标体系，以它为中心组成了一个既有分工而又有联系的统计指标体系系统。在对社会经济现象进行了解、研究、评价和判断时，要使用配套的、口径和范围一致的、互相衔接的统计指标体系。

本章小结

本章主要阐述了从总体上研究统计的一般问题，内容包括统计产生和发展、统计的含义及其关系、统计学的研究对象、统计研究的基本方法、统计学的基本概念等。

(1) 统计学思想远古即存。在统计学的发展过程中，主要的学派有政治算术学派、国势学派、数理统计学派、社会统计学派等。统计具有信息、咨询和监督三大职能。

(2) 统计的含义。现代统计一词有三种含义，即统计工作、统计资料和统计学。

(3) 统计学的研究对象。统计学的研究对象是社会经济现象总体的数量特征和数量关系，并通过这些数量关系反映社会经济现象的规律性。其特点归纳起来有数量性、总体性和具体性。

(4) 统计研究的基本方法。统计研究的基本方法有大量观察法、统计分组法、综合指标法、归纳推断法和统计模型法。

(5) 统计的基本范畴。统计总体简称总体，指客观存在的、在同一性质的基础上结合起来的许多个别事物的整体。构成统计总体的个别事物或个体称作总体单位，它是构成总体的基本单位，也是统计研究内容的具体承担者。标志是说明总体单位特征的名称。它可分为数量标志、品质标志、不变标志和可变标志。标志的具体表现称为标志表现。可变的数量标志称为变量，其具体表现称为变量值。统计指标说明总体现象数量特征的概念和具体数值。根据不同的分类方式，它可分为：① 数量指标和质量指标；② 总量指标、相对指标和平均指标；③ 实物指标、价值指标和劳动指标。统计指标体系则是由一系列相互联系的统计指标所构成的整体。

思考与讨论

1. 统计一词有哪几种涵义？它们之间有何关系？
2. 社会经济统计有哪些基本方法？
3. 要对某市商业企业经营情况进行统计，请指出其中的总体、总体单位、标志和指标。
4. 举例说明标志与标志表现的区别。
5. 什么是变量和变量值？什么是连续型变量和离散型变量？
6. 品质标志与质量指标有何不同？品质标志可否汇总为质量指标？

应用能力训练

1. 以班为单位，每一个班里组织 3～5 个学习小组，自选课题确定调查目的并开展统计调查，列出在此目的下的统计总体、总体单位，同时列出标志、品质标志、数量标志、不变标志、可变标志、标志表现、变量、连续变量、离散变量、变量值、统计指标、数量指标、质量指标、总量指标、相对指标、平均指标、实物指标、价值指标和劳动指标，并尝试列出一套指标体系。

2. 列出表 1－1 中各总体的总体单位、数量标志(2 个)和品质标志(2 个)。

表 1－1　统计调查表

总体	总体单位	数量标志	品质标志
全国人口			
大学生			
公司全体员工			
假期中销售的电脑			
北京发生的交通事故			
全体酒店			
全部手机			
“两会”期间代表们所提议案			
图书馆的藏书			

案例分析

泰勒与铁锹作业

1989 年，管理科学之父泰勒在贝特莱汉姆钢铁厂工作的时候，对铁锹作业的工作效率产生了兴趣。当时，有 600 多名工人正用铁锹铲铁矿石和煤。泰勒想：铁锹的重量为几磅时工人感到最省力，并能达到最佳的工作效率呢？他决定研究这个问题。为此他选出两名工人，通过改变铁锹的重量来仔细观察并记录每天的实际工作量。

结果发现，当每铁锹的重量为 38 磅时每天的工作量是 25 吨，34 磅时是 30 吨，于是，他得出作业效率随着铁锹重量的减轻越来越高的结论。但是当铁锹的重量下降到 21～22 磅以下时，工作效率反而下降。

由此，他认为矿石重量较重应使用小锹，而煤较轻应使用大锹，当每铁锹的重量为 21～22 磅时为最好。他合理地安排了 600 名工人的工作量，取得了成功。这样，费用由以前的每吨 0.072 美元降低到 0.033 美元，每年节省了 8 万美元的费用。

（资料来源：管理杂谈）

思考

1. 泰勒用到的研究方法是什么？

2. 结合案例谈谈统计工作在社会管理中起到了哪些作用 。

第二章　统计设计

【学习目的】

(1) 理解统计调查方案设计的概念、意义。

(2) 熟悉统计调查方案的内容，能进行简单调查方案的设计。

(3) 掌握统计调查问卷的类型、结构，会设计统计调查问卷。

【案例导入】

表 2-1 是某手机品牌体验店对顾客的一份满意度评价表，相信你在生活中也看到过类似的调查问卷。调查问卷是一种特殊形式的调查表，是获取资料和信息的一种重要工具。本章即将开启统计工作的第一阶段——统计设计的相关内容介绍。这是一个重要的前期阶段，统计设计是否合理，直接影响着调查分析的效果。

表 2-1　客户满意评价表

<table>
<tr><td>客户称呼</td><td></td><td>地址</td><td></td></tr>
<tr><td>电话、传真</td><td></td><td>联系人</td><td></td></tr>
<tr><td colspan="4">订购产品的时间、订购方式、产品型号、规格、数量等：</td></tr>
<tr><td colspan="4">对产品的满意程度：
质量：　很满意(　)　一般(　)　不满意(　)
价格：　很满意(　)　一般(　)　不满意(　)
交货期：很满意(　)　一般(　)　不满意(　)
请分别说明原因(具体更好)：</td></tr>
<tr><td colspan="4">对手机导购员的满意程度：
接待顾客、礼仪服务：很满意(　)　一般(　)　不满意(　)
咨询及对产品介绍顾客使用：很满意(　)　一般(　)　不满意(　)
服务态度、对产品专业知识介绍：很满意(　)　一般(　)　不满意(　)
请分别说明原因(具体更好)：</td></tr>
<tr><td colspan="4">其他意见要求或建议：如其他店同类产品的差距、市场信息、改进的建议等(对于好的建议一经采用，本店将对顾客给予礼品奖励)(具体更佳)</td></tr>
<tr><td colspan="4">请您认真填好此份评价表，并于每周日之前交回本店，每周有一名评价最优者送出礼品一份。</td></tr>
<tr><td colspan="4">备注：该评价表是评价接待导购员的综合素质的体现。包括接待顾客礼貌用语的使用、对专业产品知识了解程度、对顾客的精致售后服务态度，该表的评价分数也是作为对销售人员的部分业绩考核标准，在对本店员工考核的同时，真诚希望您能够认真填写这份评价表，写出您最真实的来本店消费的感受和看法，我们将聆听您的心声做改正和改进，最大努力更好地做好您给我们的建议及意见。最后，本店所有员工将本着用真心服务的态度一直为您服务！祝您购机愉快！</td></tr>
</table>

第一节　统计调查方案设计的意义

一、统计调查方案设计的概念

“凡事预则立，不预则废”。统计调查方案设计就是根据调查研究的目的，恰当地确定调查客体、调查内容，选择合适的调查方式和方法，确定调查时间，进行经费预算，并制定具体的调查组织计划。简而言之，统计调查方案设计就是根据调查研究的目的和调查对象的性质，在进行实际调查之前，对调查工作总任务的各个方面和各个阶段进行的通盘考虑和安排，提出相应的调查实施方案，制定出合理的工作程序。

统计调查的范围可大可小，但无论是大范围还是小规模的调查工作，都会涉及相互联系的各个方面和各个阶段。这里所讲的调查工作的各个方面是对调查工作的横向设计，要考虑到调查所涉及的各个组成项目。例如，对某市商业企业竞争能力进行调查，就应将该市所有商业企业的经营品种、质量、价格、服务、信誉等方面作为一个整体。对各种相互区别又有密切联系的调查项目进行整体考虑，避免调查内容上出现重复和遗漏。这里所说的全部过程则是对调查工作纵向方面的设计，它是指调查工作所需经历的各个阶段和环节，即调查资料的搜集、调查资料的整理和分析等。只有对此事先出统一考虑和安排，才能保证调查工作有秩序、有步骤地顺利进行，减少调查误差，提高调查质量。

二、统计调查方案设计的意义

统计调查是一项复杂的、严肃的、技术性较强的工作，一项全国性的统计调查往往要组织成千上万人参加，为了在调查过程中统一认识、统一内容、统一方法、统一步调，圆满完成调查任务，就必须事先制定出一个科学、严密、可行的工作计划和组织措施，以使所有参加调查工作的人员都依此执行。具体来讲，统计调查方案设计的意义有以下三点：

第一，从认识上讲，统计调查方案设计是从定性认识过渡到定量认识的开始阶段。虽然统计调查所搜集的许多资料都是定量资料，但应该看到，任何调查工作都是先从对调查对象的定性认识开始的，没有定性认识就不知道应该调查什么和怎样调查，也不知道要解决什么问题和如何解决问题。定性认识是定量认识的前提和基础，定量认识是定性认识的具体和深化。例如，要研究每一行业的生产经营情况，就必须先对该行业生产经营活动过程的性质、特点等有一个详细的了解和认识，进而设计出相应的调查指标以及搜集、整理资料的方法，然后再去展开调查。所以说，调查设计是基于定性认识到定量认识的一个过渡。

第二，从工作上讲，调查方案设计起着统筹兼顾、统一协调的作用。现代统计调查可以说是一项复杂的系统工程，对于大规模的统计调查来讲尤其如此。在工作中会遇到许多复杂的矛盾和问题。例如，在对大学生手机市场的抽样调查中样本量如何确定，按照抽样调查理论，可以根据允许误差和置信度水平计算出相应的样本容量，但这个样本容量是否可行，要受到实际调查的时间、经费等多方面的制约。再如，普查方法虽然能够取得全面、准确的资料，但普查工作涉及面广，工作量大，需要动用大量的人力、物力、财力，而且调查时间较长。这些都需要通盘考虑、通力协作，像人口普查、工业普查等全国性的调查，通常由国家有关部门带头组织协调，并非某一调查机构能够胜任的。因此，只有通过调查方案设计，设置调查流程，分清主次，根据需要采取相应的调查方法，才能使调查工作得以有序的进行。

第三，从实践要求上讲，调查方案设计能够适应现代统计调查发展的需要。现代统计调查已由单纯的搜集资料活动发展到把调查对象作为整体来反映的调查活动，与此相适应，统计调查过程也应被视为是统计调查设计、资料搜集、资料整理和资料分析的一个完整工作过程，调查设计正是这个全过程的第一步。

第二节　统计调查方案的设计

统计调查方案设计是对调查工作各个方面和全部过程的通盘考虑，包括了整个调查工作过程的全部内容。调查方案是否科学、可行，是整个调查成败的关键。统计调查方案设计主要包括下述几个内容。

一、确定调查目的

确定调查目的与任务是制订统计调查方案的首要问题。所谓调查目的与任务，就是指为什么要进行调查，调查要解决什么问题。只有调查目的与任务确定后，才能据此确定调查对象、调查单位、调查范围和应采用的调查方式方法，才能做到有的放矢，节约人力，缩短调查时间，提高调查资料的时效性。例如，根据国家统计局《第六次全国人口普查方案》，第六次全国人口普查的主要目的是查清十年来我国人口在数量、结构、分布和居住环境等方面的变化情况，为实施可持续发展战略，构建社会主义和谐社会，提供科学准确的统计信息支持。可见，确定调查目的就是明确在调查中要解决哪些问题，通过调查要取得什么样的资料，取得这些资料有什么用途等问题。

二、确定调查对象和调查单位

明确了调查目的之后，就要确定调查对象和调查单位，这主要是为了解决向谁调查和由谁来具体提供资料的问题。调查对象就是根据调查目的、任务确定调查的范围以及所要调查的社会经济现象的总体，它是由某些性质上相同的许多调查单位所组成的。调查单位就是所要调查的社会经济现象总体中的个体，即调查对象中的一个一个具体单位，它是调查中要调查登记的标志承担者。例如，为了研究某市各广告公司的经营情况及存在的问题，需要对全市广告公司进行全面调查，那么，该市所有广告公司就是调查对象，每一个广告公司就是调查单位。又如，在某市职工家庭基本情况一次性调查中，该市全部职工家庭就是这一调查的调查对象，每一户职工家庭就是调查单位。

需要指出，在统计调查中调查单位和报告单位(即填报单位)存在联系和区别。报告单位与调查单位是两个不同的概念。报告单位是负责提交调查资料的单位。调查单位是调查内容的承担者，有时可以是报告单位，有时却不是。例如，对某企业员工经济收入情况进行调查，则调查对象是该企业的全体员工，调查单位是其中的每一位员工，报告单位通常也是每一位员工，在这里报告单位和调查单位是一致的。但如果要了解某企业各车间的生产设备的运行情况，调查对象是该企业的全部生产设备，调查单位是其中的每一台设备，但报告单位却不能是每一台设备，而只能是每一个车间。

三、确定调查项目

调查项目是指对调查单位所要调查的主要内容，确定调查项目就是要明确向被调查者了解些什么问题，调查项目一般就是调查单位的各个标志的名称。反映调查单位特征的标志是多种多样的，在调查中确定哪些调查项目应根据调查目的和调查单位的特点而定。调查项目的确定要紧紧围绕调查目的，从现象之间的相互联系中，从现象的过去、现在和未来发展等方面出发，作周详的考虑。例如，在消费者调查中，消费者的性别、民族、文化程度、年龄、收入等，其标志可分为品质标志和数量标志。品质标志是说明事物质的特征，不能用数量表示，只能用文字表示，如性别、民族和文化程度；数量标志表明事物的数量特征，它可以用数量来表示，如年龄和收入。

当调查项目确定后，可将调查项目科学地分类、排列，构成调查提纲或调查表，方便调查登记和汇总。调查表一般由表头、表体和表脚三个部分组成。表头包括调查表的名称、调查单位(或填报单位)的名称、性质和隶属关系等。表头上填写的内容一般不作统计分析之用，但它是核实和复查调查单位的依据。表体包括调查项目、栏号和计量单位等，它是调查表的主要部分。表脚包括调查者或填报人的签名和调查日期等，其目的是为了明确责任，一旦发现问题，便于查寻。调查表分单一表和一览表两种，单一表是每张调查表只登记一个调查单位的资料，常在调查项目较多时使用。它的优点是便于分组整理，缺点是每张表都注有调查地点、时间及其他共同事项，造成人力、物力和时间的耗费较大。一览表是一张调查表可登记多个单位的调查资料，它的优点是当调查项目不多时，应用一览表能使人一目了然，还可将调查表中各有关单位的资料相互核对，其缺点是对每个调查单位不能登记更多的项目。

四、确定调查时间和调查期限

调查时间是指调查资料所属的时间。如果所要调查的是时期现象，就要明确规定资料所反映的是调查对象从何时起到何时止的资料；如果所要调查的是时点现象，就要明确规定统一的标准调查时点。

调查期限即整个调查工作的时限，包括从调查方案设计到提交调查报告的整个工作时间，也包括各个阶段的起始时间，其目的是使调查工作能及时开展，按时完成，如某企业进行职工人数调查，从 9 月 1 日起进行登记，至 9 月 20 日结束，则 9 月 1 日就是调查的标准时点，9 月 1 日至 20 日的 20 天就是调查期限。为了提高信息资料的时效性，在可能的情况下，调查期限应适当缩短。

五、确定调查地点

在调查方案中，还要明确规定调查地点。调查地点与调查单位通常是一致的，但也有不一致的情况，当不一致时，尤其有必要规定调查地点。例如，人口普查规定调查登记常住人口，即人口的常住地点。若登记时不在常住地点，或不在本地常住的流动人口，均须明确规定处理办法，以免调查资料出现遗漏和重复。

六、确定调查方式和方法

在调查方案中，还要规定采用什么组织方式和方法取得调查资料。搜集调查资料的方式有普查、重点调查、典型调查、抽样调查等。具体调查方法有文案法、访问法、观察法和实验法等。在调查时，采用何种方式、方法不是固定和统一的，而是取决于调查对象和调查任务。在统计经济条件下，为准确、及时、全面地取得统计信息，尤其应注意多种调查方式的结合运用。

七、确定调查资料整理和分析方法

采用实地调查方法搜集的原始资料大多是零散的、不系统的，只能反映事物的表象，无法深入研究事物的本质和规律性，这就要求对大量原始资料进行加工汇总，使之系统化、条理化。目前这种资料处理工作一般由计算机完成，这在设计中也应予以考虑，包括采用何种操作程序以保证必要的运算速度、计算精度及特殊目的。

随着经济理论的发展和计算机的运用，越来越多的现代统计分析手段可供我们在分析时选择，如回归分析、相关分析等。每种分析技术都有其自身的特点和适用性，因此，应根据调查的要求，选择最佳的分析方法并在方案中加以规定。

八、制订调查的组织计划

调查的组织计划是指为确保实施调查的具体工作计划，其主要内容应包括：调查的领导机构和办事机构；调查人员的组织；调查资料报送办法；调查前的准备工作，包括宣传、干部培训、调查文件的准备、调查经费的预算和开支办法、调查方案的传达布置、试点及其他工作等。

第三节　统计调查问卷的设计

一、统计调查问卷设计的基础

（一）问卷的概念和作用

在统计调查中，应有事先准备好的询问提纲或调查表作为调查的依据，这些文件统称问卷。它系统地记载了所需调查的具体内容，是了解信息资料、实现调查目的和任务的一种重要形式。采用问卷进行调查是国际通行的一种调查方式，也是我国近年来推行最快、应用最广的一种统计调查手段。

问卷的作用就是作为提问、记录和编码的工具，从而获得第一手的统计资料。具体来说，其作用主要体现在以下几个方面：① 将问题具体化。将所需信息转化为被调查者可以回答并愿意回答的一系列具体的问题，便于记录受访者的回答，利于编码。② 减少计量误差。引导被调查者参与并完成调查，减少由被调查者引起的计量误差；使调查人员的提问标准化，减少有调查人员引起的计量误差。③ 节省调研时间。使用问卷调查，无需由调研人员就调研目的向被调查者作详细的解释，也可以避免在与被调查者的交谈中，谈话游离于主题之外的现象。而且调研人员对被调查者只需稍作解释，说明意图，他们即可答卷。因此，问卷设计的目的在于设计一份理想的问卷，既能描述出被调查者对某一社会经济现象的态度，又能在一定条件下以最小的计量误差得到所需的所有数据。

（二）问卷的类型

问卷的设计必须与统计调查的目的、要求、调查主题、调查对象以及调查方式相适应，因而，不同的统计问题、调查对象和方式适用不同的问卷类型。按照不同的分类标准，可将调查问卷分成不同的类型。

（1）根据问卷发放方式的不同，可将调查问卷分为邮寄式问卷、报刊式问卷、入户访问式问卷、电话调查问卷和网上调查问卷五种。

邮寄式问卷是通过邮局传递发送的问卷。通过邮局将事先设计好的问卷邮寄给选定的被调查者，并要求被调查者按规定的要求填写后回寄给调查者。邮寄式问卷的匿名性较好，缺点是问卷回收率低。

报刊式问卷是随报刊传递发送的问卷，要求报刊读者对问题如实作答并回寄给报刊编辑部。报刊式问卷有稳定的传递渠道，匿名性好，费用省，因此有很大的适用性，缺点也是回收率不高。

入户访问式问卷是由调查者按照事先设计好的调查提纲或调查问卷对被调查者提问，然后再由调查者根据被调查者的口头回答填写的问卷。入户访问式问卷的回收率高，也便于设计一些便于深入讨论的问题，但不便于涉及敏感性问题。

电话调查问卷就是通过电话中介来对被调查者进行访问调查的问卷类型。此种问卷要求简单明了，现实中在问卷设计上要充分考虑几个因素：通话时间限制、听觉功能的局限性、记忆的规律、记录的需要。电话调查问卷一般应用于问题相对简单明确，但需及时得到调查结果的调查项目。

网上调查问卷是在因特网上制作，并通过因特网来进行调查的问卷类型。此种问卷不受时间、空间限制，便于获得大量信息，特别是对于敏感性问题，相对而言更容易获得满意的答案。

（2）根据问卷的填答方式不同，可分成自填式问卷和代填式问卷。

自填式问卷是指由调查者发给(或邮寄给)被调查者，由被调查者自己填写的问卷。主要适用于报刊问卷调查、邮寄问卷调查、网上问卷调查和派员送发问卷调查。一般而言，自填式问卷要求格式清晰，问题简单，说明详细，侧重于被调查者能够接受并正确理解和填答问卷。

代填式问卷则是由调查者按照事先设计好的问卷或问卷提纲向被调查者提问，然后根据被调查者的回答进行填写的问卷。主要适用于派员访问调查、座谈会调查以及电话调查等。在问卷的设计上更注重问卷的实地处理。

（三）问卷设计的原则

问卷设计既要有科学性，又要有艺术性。每个问题的内容、形式、位置、顺序都必须仔细斟酌。

1. 一致性原则

问卷内容应与调查所希望了解的内容相一致。在许多调查中，调查发起者提出调查目的后，并不能清楚完整地提出具体的调查内容，此时设计人员应当与数据使用者积极沟通，相互协调，设法挖掘出调查发起者的潜在需求。必要时可以通过预调查，探索本次调查可能涉及的问题，通过结果的分析，找出要达到调查目的以及问卷还应包括哪些方面的具体内容。

2. 准确性原则

问题设置要规范，命题要准确，提问要清晰明确，便于回答。问卷用词要清楚明了，表达要简洁易懂，一般使用日常用语，避免被调查者可能不熟悉的俗语、缩写或专业术语。当涉及被调查者可能不太了解的专业术语时，需对其作出阐释。问题要提得清楚、明确、具体，语意表达要准确，不能模棱两可，不要转弯抹角，避免用“一般”、“大约”或“经常”等模糊性词语。问卷应能提供规范的记录方式和编码方式，保证被调查者或调查员记录的答案准确清晰，设计的编码能准确代表原资料的信息，以满足录入、编码和分析环节的要求。

3. 逻辑性原则

问卷的设计要有整体感，这种整体感就是问题与问题之间要具有逻辑性，独立的问题本身也不能出现逻辑上的谬误。问题设置紧密相关，因而能够获得比较完整的信息。调查对象也会感到问题集中，提问有章法。相反，假如问题是发散的，带有意识流痕迹的，问卷就会给人以随意性而不是严谨性的感觉。

4. 可维护性原则

问卷的设计往往不是一次性完成的，好的问卷需要经过反复的修改和检验，直到错误全部修正后，再正式开展大规模的调查。一份便于修正的问卷应当结构清晰，不同的调查项目之间有明确的界限，当一个项目的内容需要进行调整时，不会影响到问卷的其它部分。为了便于维护与更新，可以考虑使用模块化的设计方法，即将问卷划分为若干个功能块，每个功能块由若干道题构成，功能块内部具有较强的联系，功能块之间具有相对的独立性。

5. 效率原则

在保证获得同样信息的条件下，应选择最简捷的询问方式，以使问卷的长度、题量和难度最小，节省调查成本，实现效率和成本之间的均衡。比如，为避免被调查者在答题时出现疲劳状态，随意作答或不愿合作，问卷篇幅一般尽可能短小精悍，问题不能过多，题目量最好限定在 20 道左右(控制在 20 分钟内答完)，每个问题都必须和调研目标紧密联系，并需要考虑题目之间是否存在同语重复，相互矛盾等问题。

应该指出的是，上述五项原则有时相互矛盾，难以同时满足，并且由于调查费用等客观因素的限制，问卷设计不可能做到尽善尽美，在实践中如何权衡贯彻各项原则，还需要凭经验加以判断。

二、统计调查问卷的结构

调查问卷的主要内容是关于调查事项的若干问题和答案，但仅有这些内容是不够的。一份完整的调查问卷，通常由标题、开头、正文和结尾四个部分组成。

(一) 问卷的标题

调查问卷的标题是概括说明调查研究主题，使被调查者对所要回答的问题有一个大致的了解。例如，“大学生消费情况调查问卷”，一看便知是有关大学生消费问题的调查。标题应该准确、醒目、突出，准确而概括地表达问卷的性质和内容，观点新颖，言简意赅，明确具体。

（二）问卷的开头

问卷的开头一般有问候语、填表说明和过程性说明。

1. 问候语

问候语是为了引起被调查者的重视，消除他们的顾虑，激发他们的参与意识，以取得被调查者的合作。因此，语气应亲切、诚恳、有礼貌，并说明调查目的与意义、调查人员所代表的研究机构或调查公司的介绍、本人身份、保密原则以及酬谢方式，以消除被调查者的疑虑。同时，不能拖沓冗长，引起被调查者的反感。

2. 填表说明

填表说明主要告诉被调查者如何填写问卷，注意什么事项等。目的在于规范和帮助受访者回答问卷。填表说明可以集中放在问卷前面，也可以分散到各有关问题之前。尤其对自填式问卷，填表说明一定要详细清楚，而且位置要醒目。否则，即使被调查者理解了题意，也可能回答错误，引起数据偏差。如可能造成单选题回答成多选题，排序题回答成选择题等情况。

3. 过程性说明

过程性说明主要用于识别问卷、访问员、被访问者的地址等，也可用于检查访问者的工作，防止舞弊行为，便于校对检查、更正错误等。

以下为住宅商品房消费者满意度调查问卷。

尊敬的消费者：

您好！感谢您百忙中参加我们的调查活动。您所参加的调查是由中国消费者协会和厦门市消费者权益保护委员会组织联合开展的调查活动。您的真实回答有助于我们了解当前商品房市场的相关情况，为我们进一步做好消费者权益保护工作打好基础。您的个人资料我们绝对保密。感谢您的参与！

中国消费者协会

厦门市消费者权益保护委员会

××年×月×日

问卷填写要求： 请按照调查问卷的提问顺序和填答提示逐一填答，以免漏答。第 5 题有 3 问，请将合适的选项序号填在“　　”上；第 7，10，11，12 和 13 题均包含若干小题，每个小题均请回答，请在所给的分值上划“○”；第 15，16 和 19 题为多选题，请在合适的选项序号上划“○”；第 20，21 和 27 题请直接在“　　”上填写数字；其余题目均为“单选题”，请在题号前的“□”内填上选项的序号。

城市编号：□□　　小区/楼盘编号：□□　　问卷编号：□□□

调 查 员：　　督 导 员：　　审 核 人：

（三）问卷的正文

问卷的正文一般包括资料搜集、被调查者的基本情况和编码三个部分。

1. 资料搜集

搜集资料部分是问卷的主体，也是使用问卷的目的所在。该部分是调查问卷的核心部分，它包括了所要调查的全部问题，主要由各种形式的问题和答案组成，是调研主题所涉及的具体内容。在拟定主体部分问答题时，问题的多少应根据调查目的而定，在能够满足调查目的的前提下越少越好，与调研无关的问题不要问。能通过二手资料调查到的项目不要设计在问卷中，答案的选项不宜太多。

2. 被调查者的基本情况

被调查者的基本情况也是问卷正文的重要内容之一。被调查者往往对这部分问题比较敏感，但这些问题与研究目的密切相关，必不可少，如个人的年龄、性别、文化程度、职业、收入等，家庭的类型、人口数、经济情况等，单位的性质、规模、行业、所在地等，具体内容要依据研究者先期的分析设计而定。

3. 编码

编码一般应用于大规模的问卷调查中。因为在大规模问卷调查中，调查资料的统计汇总工作十分繁重，借助于编码技术和计算机，可大大简化这一工作。编码是将调查问卷中的调查项目以及备选答案给予统一设计的代码。编码既可以在问卷设计的同时就设计好，也可以等调查工作完成以后再进行。前者称为预编码，后者称为后编码。在实际调查中，常采用预编码。

（四）问卷的结尾

问卷的结尾可以设计开放题，征询被调查者的意见、感受，或是记录调查情况，也可以是感谢语以及其他补充说明。

三、统计调查问卷设计的流程和技巧

调查问卷的设计过程一般包括九大步骤：确定所需信息，确定问卷的类型，确定问题的内容，确定问题的类型，确定问题的提法，确定问题的顺序，问卷的排版和布局，问卷的测试，问卷的定稿。

（一）确定所需信息

确定所需信息是问卷设计的前提工作。调查者必须在问卷设计之前，根据调查主题的要求，研究调查内容，列出所需要的全部信息，分析哪些是主要信息，哪些是次要信息，哪些是可要可不要的信息，再分析哪些信息通过问卷调查来取得。

（二）确定问卷的类型

制约问卷类型选择的因素很多，而且研究课题不同，调查项目不同，主导制约因素也不一样。在确定问卷类型时，先必须综合考虑这些制约因素：调研费用、时效性要求、被调查对象、调查内容等。

（三）确定问题的内容

确定问题的内容即确定调查者想要问什么，获取什么信息。确定问题的内容可能会涉及一个个体的差异性问题，也许调查者认为容易的问题对被调查者来说是困难的，而调查者认为熟悉的问题对被调查者来说却是生疏的。因此，确定问题的内容最好与被调查对象联系起来，分析被调查者的具体情况。

（四）确定问题的类型

问题的类型一般有开放式和封闭式两种。

1. 开放式问题

开放式问题调查者只有问题，不提供任何可供选择的答案，由被调查者自由答题。如您对星巴克咖啡的体验营销理念有何看法？这类问题能自然地充分反映调查对象的建设性意见、态度、需求等，因而所获得的材料比较丰富、生动，但缺点是答卷者可能没有耐心完成答卷，特别是在网上进行调查的时候，获得信息的难度较大，也难于编码和统计。

2. 封闭式问题

封闭式问题的后面提供调查者设计的答案，由被调查者根据自己的实际情况选择。它是一种快速有效的调查问卷，便于统计分析，但提供选择答案本身限制了问题回答的范围和方式，这类问卷所获得的信息的价值很大程度上取决于问卷设计自身的科学性、全面性的程度。主要包括三种类型：两项选择题、多项选择题和顺位式问题。

（1）两项选择题。两项选择题提供的答案只有两项，要求被调查者选择其中之一来回答，如是与否，有与没有等。两项选择题的特点是简单明了，缺点是所获信息量太小，两种极端的回答类型有时往往难以了解和分析被调查者群体中客观存在的不同态度层次。

（2）多项选择题。多项选择题是从多个备选答案中选择一个或选择几个答案，这是各种调查问卷中采用最多的一种问题类型。多项选择题的优点是便于回答，便于编码和统计，缺点主要是问题提供答案的排列次序可能引起偏见。这种偏见主要表现在三个方面：第一，对于没有强烈偏好的被调者而言，选择第一个答案的可能性大大高于选择其他答案的可能性；第二，如果被选答案均为数字，没有明显态度的人往往选择中间的数字而不是偏向两端的数；第三，对于 A，B，C 字母编号而言，不知道如何回答的人往往选择 A，因为 A 往往与“高质量”相关联。

（3）顺位式问题。顺位式问题又称序列式问题，它是在多项选择的基础上，要求被调查者对答案按自己认为的重要程度和喜欢程度顺位排列。

例如，你在购买这个品牌的电视机时，主要是考虑的是哪些因素？

① 产品的品牌；　② 价格合理；　③ 售后服务；　④ 外形美观；　⑤ 维修方便。

按重要程度排序：

（五）确定问题的提法

同样一个问题，不同的表达、措辞可能会带来完全不同的提问效果。如何科学、准确的提出所要调查的问题是问卷设计中十分重要的一步，对调查质量有着重要影响。

（1）用词要确切、通俗易懂，避免过于笼统，含义不确切，难于理解。如“一般、经常、很多”等，对于这些词，不同的人可能会有不同的理解，从而造成回答的偏差。如，你喜欢什么样的衣服？你最近一段时间使用什么品牌的化妆品？此外，要考虑被调查者的文化程度的不同，问卷中的用词要通俗，易被人理解，避免使用过于专业的术语。例如，你家本月的收入环比增加多少？同比增加多少？

（2）一个问句一个要点，避免提出带有双重或多重含义的问题。如果在一项提问中包含了两项以上的内容，被调查者就很难回答。例如，你是否觉得这件西装既时髦又舒适？有人认为大学生消费标准太高，应该加强勤俭节约意识的教育，您同意这个观点吗？

(3) 避免使用否定句、反义疑问句。人们往往习惯于肯定陈述的提问，而不习惯否定陈述的提问。否定提问会影响被调查者的思维，或者容易造成相反意愿的回答或选择。例如，你是否不赞成商店搞打折促销活动？你难道不觉得这种产品的新包装美观吗？

(4) 避免问题的从众效应和权威效应。问题不能带有倾向性，而应保持中立，词语中不应暗示出调查者的观点，不要引导被调查者该做出何种回答或该如何选择。引导性提问容易使被调查者不假思索地作出回答或选择，也会从心理上产生顺应反应，从而按着提示作出回答或选择。例如，大家都觉得这部电影拍得不错，你怎么看？

(5) 避免直接提出敏感性问题、个人隐私问题。敏感性问题是指被调查者不愿意让别人知道答案的问题。如个人收入问题、个人生活问题、政治方面的问题等。问卷中要尽量避免提出敏感性问题或容易引起人们反感的问题。对于这类问题，被调查者可能会拒绝回答，或者采用虚报、假报的方法来应付回答，从而影响整个调查的质量。例如，你的家庭月收入是多少元？

(六) 确定问题的顺序

问卷中的问题应遵循一定的排列次序，问题的排列次序会影响被调查者的兴趣、情绪，进而影响其合作积极性。所以一份好的问卷应对问题的排列作出精心的设计。

1. 先封闭后开放

把较易回答的封闭式问题放在前面，使被调查者可以快速回答。再把开放式问题放在问卷的卷末，既让被调查者有时间思考，同时还可以避免被调查者对开放型问题感到为难、反感、费时而放弃作答。

2. 同类组合

把相同性质的问题编排在一起，既便于被调查者回答，又便于对问卷进行统计分析。如果相同主题的问题分散在问卷的各个部分，会使被调查者感到混乱和重复，也不利于联想。

3. 先易后难

问卷的开头部分应安排比较容易的问题，这样可以给被调查者一种轻松、愉快的感觉，以便于他们继续答下去。中间部分最好安排一些核心问题，即调查者需要掌握的资料，这一部分是问卷的核心部分，应该妥善安排。结尾部分可以安排一些背景资料，如职业、年龄、收入等。个人背景资料虽然也属事实性问题，也十分容易回答，但有些问题，诸如收入、年龄等同样属于敏感性问题，因此一般安排在末尾部分。当然，在不涉及敏感性问题的情况下也可将背景资料安排在开头部分。此外，相同性质问题内部，也应先问简单易答的问题，后问较难的问题；先问被调查者较熟悉的问题，后问生疏的问题；先问能引起被调查者兴趣的问题，后问他们可能感到乏味的问题。

4. 注意问题的逻辑顺序

有逻辑顺序的问题一定要按逻辑顺序排列，即使打破上述规则。如：

最近您听到或者看到过一些关于饮料的广告吗？

这些广告中有关于茶饮料的广告？

这些茶饮料广告中有一些是关于电视广告吗？

这些茶饮料电视广告中有一些关于 XX 牌子的茶饮料吗？

关于 XX 牌子茶饮料的电视广告讲了些什么？

（七）问卷的排版和布局

问卷的设计工作基本完成之后，便要着手问卷的排版和布局。问卷的排版和布局总的要求是整齐、美观，便于阅读、作答和统计。

（八）问卷的测试

问卷的初稿设计工作完毕之后，不要急于投入使用，特别是对于一些大规模的问卷调查，最好的办法是先组织问卷的测试，如果发现问题再及时修改。测试通常选择20～100人，样本数不宜太多，也不要太少。如果第一次测试后有很大的改动，可以考虑是否有必要组织第二次测试。

（九）问卷的定稿

当问卷的测试工作完成，确定没有必要进行进一步的修改后，就可以考虑定稿。问卷定稿后交付打印，正式投入使用。

本章小结

(1) 统计调查方案设计就是根据调查研究的目的，恰当地确定调查客体、调查内容，选择合适的调查方式和方法，确定调查时间，进行经费预算，并制定具体的调查组织计划。简而言之，统计调查方案设计就是根据调查研究的目的和调查对象的性质，在进行实际调查之前对调查工作总任务的各个方面和各个阶段进行的通盘考虑和安排，提出相应的调查实施方案，制定出合理的工作程序。

(2) 统计调查方案就是统计调查的工作计划，它包括八项基本内容。

(3) 调查问卷是以事先准备好的询问提纲或调查表作为调查的依据，由一系列问题、备选答案、说明以及代码表组成的文件。

(4) 一份完整的调查问卷通常由标题、开头、正文和结尾四个部分组成。

(5) 调查问卷的设计过程一般包括九大步骤：确定所需信息，确定问卷的类型，确定问题的内容，确定问题的类型，确定问题的提法，确定问题的顺序，问卷的排版和布局，问卷的测试，问卷的定稿。

思考与讨论

1. 统计调查方案设计的意义是什么？
2. 统计调查问卷的类型有哪些？
3. 调查对象、调查单位与填报单位有何联系和区别？
4. 统计调查问卷设计的流程是什么？
5. 统计调查方案包括哪些内容？

应用能力训练

1. 请指出表 2－2 中调查的调查对象、调查单位和填报单位。

表 2－2 统计调查表

调查内容	调查对象	调查单位	填报单位
大学生视力调查			
商业网点商品销售情况调查			
城镇居民生活水平调查			
物流企业汽车调查			
民航货运情况调查			
居民住房调查			
消费品物价调查			
农产品销售渠道调查			
电视机质量情况调查			

2. 我国第六次人口普查的标准时间是 2010 年 11 月 1 日零时。指出下列人口数是否应予以登记？为什么？

(1) 11 月 8 日进行登记时，得知某住户家庭新出生一对双胞胎，其中一个于 10 月 31 日 23 时 55 分出生，另一个于 11 月 1 月零时零 3 分出生。

(2) 11 月 8 日有三对年轻人举行婚礼，其中有两人于 10 月 5 日已办理了结婚登记手续，有两人的结婚手续于 11 月 2 日刚办完，另外两人还未办手续，这几人的婚姻情况在普查表中如何登记？

(3) 11 月 7 日登记时，得知某人于 10 月 31 日上午去世。

(4) 一名司机在 11 月 2 日下午左右发生车祸死亡。

(5) 一名美国华侨回国定居，国籍未变动。

(6) 某医院一名医生出国援助已三年。

(7) 一对夫妇已于 10 月 31 日办好在美国定居的手续。

(8) 11 月 2 日某地区迁来新住户，该家庭共有 3 人，户口关系未迁入，这个家庭的人口数是否应登记在该地区？

3. 你所在的学院食堂伙食如何？大一学生每月零花钱数额为多少？来源及去向如何？大学生就业初期预期薪水和地域如何？对这些问题或者你感兴趣的其他问题，进行模拟统计调查。

要求：

(1) 请设计一个简单的调查方案。

(2) 尝试设计一份调查问卷。

案例分析

大学生消费观调查表

亲爱的同学，为了全面深入地了解你们的消费习性、特点及行为，我们特别邀请您参加此问卷调查。希望您能客观真实地完成此次调查。虽然回答这份调查表的每一道问题都是自愿的，拒绝填写不会受到任何处罚，但您的回答对我们非常重要，调查结果将有助我们为更多的学生提供更好的服务。有关您所填写的信息，我们会绝对保密。问卷从发放、收回到数据处理，我们都有严格的程序，除我们以外的其他任何人(包括您的老师、家长、同学等)都不会看到相关信息。在回答中，如果对问卷有不清楚的地方，请举手示意我们的调查人员，他(或她)会尽力给予解释。多谢您的帮助合作！祝学业进步！

所有答案都没有对错。不用询问别人意见或与人讨论，只需按自己的真实情况，选出你认为最合适或最接近的答案。

问卷的大部分题目都提供了选项。请用铅笔在合适的选择旁的空格填上√。要是不小心涂错，请先用橡皮擦把错的选择擦干净，再在正确的选择旁的空格填上√。

如题目需要填写文字，请清晰整齐地把文字填在横线上。请勿涂污问卷，完成问卷后请交回给调查人员。

1. 您的性别是(　　)。

A. 男(　　)　　B. 女(　　)

2. 您的年级(　　)。

A. 大一　　B. 大二　　C. 大三　　D. 大四

3. 您来自(　　)。

A. 城市　　B. 乡镇　　C. 农村　　D. 其他

4. 您的收入来源主要是(　　)。

A. 父母　　B. 兼职　　C. 奖助学金　　D. 其他

5. 您的消费主要用于哪些方面(　　)。(多选)

A. 学习方面　　B. 饮食方面　　C. 化妆品方面　　D. 服装方面

E. 社交方面　　F. 通信方面　　G. 其他

6. 您每月是否存在提前消费的行为(　　)。

A. 每月都有　　B.经常有　　C. 偶尔有　　D. 从不

7. 对于剩余的生活费，您会怎么做(　　)。

A. 存起来　　B. 买自己喜欢的东西C. 吃几顿丰富的　　D. 投资理财

8. 您是否有记账的习惯(　　)。

A. 每笔都记　　B. 经常性记　　C. 偶尔记　　D. 从不

9. 您消费时考虑最多的因素是什么(　　)。

A. 价格　　B. 实用性　　C. 档次　　D. 其他

10. 您的消费观是(　　)。

A. 够花就行　　B. 有计划消费　　C. 适度超前消费　　D. 可支配资金略有盈余

11. 您一个月大概的花费是多少(　)。

A. 800 元以下　B. 800～1000 元　C. 1000～1500 元　D. 1500 元以上

12. 您买东西时，比较注重哪些方面(　)。(排序)

A. 品牌　B. 质量　C. 外观　D. 价格　E. 其他

13. 你的理财能力如何(　)。

A. 极差　B. 一般　C. 有较强的理财能力

14. 如果你在商品里看见了一件自己非常喜欢的衣服时，您会不会按捺不住而肆意花钱(　)。

A. 会　B. 不会　C. 其他

15. 购物时容易受到什么的影响(　)。

A. 易受打折、促销等影响　B. 受到心理影响

C. 易受同行人的影响　D. 受到当期预算的影响，量入为出

16. 您属于盈余族、月光族还是负债族呢？造成这种状况的原因主要是什么？

17. 如果韩梅梅总是在不知不觉的情况下花费很多钱，那么请问你有什么方法帮助她避免这种情况呢？

全卷完，谢谢您花费了宝贵时间！

调查问卷分析要求：

(1) 该调查问卷由哪几大部分组成？该调查问卷的主题是什么？

(2) 哪部分是说明信？你认为本调查问卷的说明信写得是否符合要求？如果是你来写，你会怎么写？

(3) 该调查问卷中设计了哪些类型的问题？有开放式的问题吗？哪些是封闭式问题？

(4) 该调查问卷中设计的回答方式中哪些是两项选择、多项选择、排序选择、等级评定和双向列联等？每个问题下备选答案的表述、数量及顺序是否恰当？

(5) 这是一份面访调查问卷，你认为它是否同样适合于网上调查或其他调查方式？

(6) 你认为这种调查方式有何优点？其调查结果的质量如何？调查数据与实际情况的误差可能来源于哪些方面？

第三章　统计调查

【学习目的】

（1）掌握统计调查的概念、种类和要求。

（2）理解各种统计调查组织方式的含义、特点、运用原则和条件。

（3）掌握各调查方法的运用条件、特点，并较为熟练地运用恰当的调查方法进行社会经济调查。

【案例导入】

根据《全国人口普查条例》和《国务院关于开展第六次全国人口普查的通知》，我国于2010年11月1日零时为标准时点进行了第六次全国人口普查。人口普查主要调查人口和住户的基本情况，内容包括：性别、年龄、民族、受教育程度、行业、职业、迁移流动、社会保障、婚姻生育、死亡、住房情况等。人口普查的对象是在中华人民共和国（不包括香港、澳门和台湾地区）境内居住的自然人。

全国人口普查是当今世界各国广泛采用的搜集人口资料的一种最基本的科学方法，是提供全国基本人口数据的主要来源。我国的人口普查是从新中国成立后才开始的，从1949年至今，我国分别在1953年、1964年、1982年、1990年、2000年和2010年进行过六次全国性人口普查。

除了人口普查，我国还有定期进行的经济普查、农业普查等，这种普查方式是不是适合所有的调查？如果不是，你认为原因何在？除了普查还有没有其他应用范围也较广泛的调查方式？它们各自有哪些优缺点？这系列问题就是本章即将介绍的内容。

第一节　统计调查的意义和种类

一、统计调查的概念、意义与特点

（一）统计调查的概念

统计调查就是根据统计研究的目的和任务，运用科学的调查方法，有组织、有计划地向客观实际搜集资料的工作过程。例如，要研究国民经济的发展情况，就要搜集构成国民经济的各个部门、行业、各个要素的方方面面的实际资料；要研究某一个企业的经营情况，就要搜集反映该企业生产经营的有关实际资料。

统计调查所搜集的资料有两种情况，一种是直接向调查单位搜集的未经加工、整理的资料，一般称为原始资料，或称为初级资料；另一种是根据研究目的，搜集经初步加工、整理过的，来源于别人调查和科学实验的结果，在一定程度上能够说明总体特征的资料，一般称为次级资料，或称为第二手资料。

(二) 统计调查的意义

统计调查是统计工作的基础环节，所有的统计计算和统计研究都是在原始资料的搜集基础上建立起来的。通过统计调查，取得有关被研究现象的具体资料，从而为统计整理和分析提供科学依据。统计调查阶段的工作质量的高低，直接影响到统计整理和分析结果的可靠性、真实性，决定着整个统计的工作质量，关系到能否确切地反映客观实际，得出正确的结论。所以，统计调查是保证完成统计工作任务，提高统计工作质量的首要环节，是整个统计工作的基础。

(三) 统计调查的特点

统计调查是原始资料的主要来源渠道，与其他社会调查相比较，具有如下一些特点：

(1) 初始性。统计调查直接向调查单位搜集原始资料，具有初始性的特点。

(2) 数量性。统计调查所搜集的各种资料中，主要是数据信息资料，具有鲜明的数量性特点。

(3) 大量性。统计调查的最终目的是掌握现象发展变化的规律，因而，它必须搜集调查对象的足够多的资料，甚至是全部个体资料，才能达到目的。

(4) 总体性。统计调查必须要有全局观念，调查整个现象总体的资料。

(5) 个体性。统计调查直接面对组成调查对象的个体进行调查，并运用个体的资料经过汇总整理、综合分析，进而反映总体特征。

二、统计调查的要求

为了保证调查资料的质量，使统计调查能正确反映客观实际，并作为预测未来、实施经济评价和经济管理的依据，要求统计调查必须做到准确、及时、完整。

1. 准确性

准确性是指统计调查所提供的资料必须符合客观实际，真实可靠，按照事物的本来面貌如实反映问题。

统计数字的真实性是统计工作的生命。统计调查的准确性不仅是技术性问题，而且还是涉及坚持统计制度、统计法规的原则性问题。我国统计立法的核心就是保障统计资料的准确性、客观性。如果统计数字不真实，必将给统计的各个阶段的工作带来不良的影响及严重的后果。为此，要求各地区、各部门和各单位都应该遵守统计制度和工作纪律，做到实事求是，高度负责，杜绝虚报，提供真实、可靠、准确的统计资料。

2. 及时性

及时性是指统计调查工作必须及时进行，搜集的资料必须及时传递，必须在规定的时间内，尽快提供规定的调查资料，完成规定的各项调查任务。

及时性关系到统计资料的使用价值。统计资料是进行管理、决策、制定政策不可缺少的依据，而客观社会经济现象又是不断发展变化的，因而统计数据具有很强的时效性。如果统计工作不及时，或搜集到的资料没有及时传递，即使统计资料相当准确、可靠，也难以发挥作用，成为令人生厌的“雨后送伞”。同时，及时性还关系到统计工作的全局，因为任何一项统计任务的完成，都是许多单位、部门协同工作的结果，其中任何一个环节的统计资料上报不及时，都会影响到整个统计工作的进程，以致贻误决策的时机。

3. 完整性

统计调查的完整性是指调查单位不重复、不遗漏，所列调查项目都应搜集齐全。

只有齐全的统计资料，才能正确地反映所研究的社会经济现象的整体情况。如果统计资料残缺不全，或重复太多，就不可能反映研究对象的全貌和正确认识社会经济现象总体的特征，最终也就难以总结出经济现象的规律性并做出正确的决断，甚至可能得出截然相反的结论。

三、统计调查的种类

统计研究对象的复杂性和统计研究目的的针对性决定了统计调查方法的多样性。根据不同的调查对象和调查目的，有必要采取不同的统计调查方法，而不同的统计调查方法又具有不同的特点和作用，因此，应该从不同的角度将众多统计调查方法进行分类。

（一）全面调查和非全面调查

统计调查按调查对象的范围不同，分为全面调查和非全面调查。

（1）全面调查。全面调查是对构成调查对象的所有总体单位一一进行调查登记的一种调查方法。全面统计报表和普查都是全面调查。例如，为了研究我国人口数量、性别比例、不同民族的人口构成、年龄结构、地区结构、受教育程度、收入水平等人口问题而进行的第六次人口普查就属于全面调查。全面调查能够掌握比较全面的、完整的统计资料，了解总体单位的全貌，但它需要花费较多的人力、物力和财力，操作难度较大，一般应慎重进行。

（2）非全面调查。非全面调查是对被研究对象中的一部分单位进行调查登记的一种调查方法。重点调查、抽样调查、典型调查及非全面统计报表等均属于非全面调查。例如，为了了解某城市居民的收入水平，并不需要对该城市的全部居民进行调查，只需搜集该城市中各个收入层次的一部分居民的有关资料就可以推断该城市居民的收入水平。再如，要掌握某批大量生产的产品的质量，也不需要对这批产品进行逐一的质量检验，只需抽出必要的一部分进行检验即可。非全面调查的调查单位少，可以用较少的时间和人力，调查较多的内容，并能推算和说明全面情况，收到事半功倍的效果。其缺点是掌握的资料不够齐全，调查结果有时不够准确。

（二）经常性调查和一次性调查

统计调查按调查登记的时间是否连续，分为经常性调查和一次性调查。

（1）经常性调查。经常性调查是指随着调查对象的发展变化，连续不断地进行调查登记的方法。在进行经常性调查时，被研究对象在数量上的所有变化都被记录下来。通过经常性调查可以了解事物在一定时期内发生、发展的全部过程。例如，商业企业每天对销售量、销售额的登记，单位每天对员工的出勤进行统计，气象部门每天对气象数据的测量等，都属于经常性调查。经常性调查并不要求每天进行调查，对有些现象定期或不定期地登记(时间间隔不超过一年)也属于经常性调查。经常性调查都属于定期调查。

（2）一次性调查。一次性调查是指间隔一定时间，一般是相当长一段时间进行一次的统计调查方法。该调查方式可用来了解经济现象在一定时点上的状态。例如，人口数量、生产设备拥有量等现象，短期内不发生什么变化，不必连续不断地登记，只要间隔一段时间登记其某一时刻或每一天的数量即可。

（三）定期统计报表和专门调查

统计调查按调查的组织形式分类，分为定期统计报表制度和专门调查。

(1) 定期统计报表。定期统计报表制度是一种按国家有关法规的规定，自上而下统一布置、自下而上提供统计资料的一种统计调查方法。统计报表属于经常性调查，它是以一定的原始资料为基础，按照统一的表式、统一的指标、统一的报送时间和报送程序进行填报，是一种严格的报告制度。统计报表在我国的统计工作中占有重要地位，它是我国统计部门和各业务管理部门获取全面而系统的统计资料的一种重要方式，是一种基层单位和各级组织向上级和国家报告工作情况的报告制度。统计报表主要以定期报表为主，如工业、商业、交通等部门的统计报表。

(2) 专门调查。专门调查是为了研究某些专门问题，由进行调查的单位专门组织的登记和调查。专门调查属于一次性调查，包括普查、重点调查、抽样调查和典型调查。专门调查灵活多样，适应性强，既可针对某专项内容进行，又可弥补统计报表的不足。

（四）文案调查法、访问调查法、观察调查法和其他

统计调查按搜集资料方式不同，分为文案调查法、访问调查法、观察调查法、报告法、试验调查法、通讯调查法。

(1) 文案调查法。文案调查法又称资料查阅寻找法、间接调查法、资料分析法或室内研究法。它是利用企业内部和外部现有的各种信息、情报，对调查内容进行分析研究的一种调查方法。

(2) 访问调查法。访问调查法是指调查人员以调查表和有关资料为依据，通过口头交谈等方式逐项向被调查者询问有关情况，将答案记录下来以便了解信息，并据此进行分析研究的一种调查方法。

(3) 观察调查法。观察调查法是指调查者利用自身的感官或借助仪器设备观察被调查者的行为活动，从而获取市场信息资料的调查方法。例如，为准确、及时地了解农作物的收获量，调查人员亲自深入到田间、地块参加农作物的收割和称量；为了解工业产品质量情况，调查人员深入到车间亲自进行产品质量的观察和现场检测等。

(4) 报告法。报告法是指报告单位利用原始记录和核算资料为基础，按照隶属系统逐级向上级单位提供统计资料的一种方法。我国现行的统计报表制度就是采用报告法搜集资料并逐级上报。

(5) 试验调查法。试验调查法是指从影响调查问题的许多可变因素中选出一个或两个因素，将它们置于同一条件下进行小规模的实验，然后对实验结果作出分析，确定研究结果是否值得大规模推广的一种方法，它是研究问题各因素之间因果关系的一种有效手段。

(6) 通讯调查法。通讯调查法又分为电话调查法、邮寄调查法和网络调查法三种。

第二节　统计调查的组织方式

统计调查是整个统计工作的基础，只有通过切实的统计调查取得真实的客观材料，才能充分发挥统计的作用。所以，必须科学地确定统计调查的组织方式，才能保证统计调查获得反映客观实际的材料，而统计调查的组织方式要适应客观形势的要求。

随着社会主义市场经济体制的建立和发展，面对多种经济成分、多种经济类型、多种经营方式等复杂多样的调查对象，在经济结构复杂化和利益主体多元化的格局下，我们充分考虑到各种调查方法的特点和局限性，总结了统计调查的实践经验，借鉴了国际上成功的一些做法，按照建立社会主义市场经济体制的要求，进行了一系列的改革。我国统计工作经过多年的努力，逐步形成了基本的统计调查原则：建立以必要的周期性的普查为基础，以经常性抽样调查为主体，同时辅之以全面统计报表、重点调查和科学推算综合运用的统计调查方法体系。

一、普查

（一）普查的含义

普查是为了某一特定的目的专门组织的一次性全面调查，一般用来调查属于一定时点状态的重要社会经济现象，如人口普查、经济普查等。有些客观现象不需要或不可能进行经常性调查，但需要掌握它的准确情况，这时就可以采用普查的方式搜集资料。普查可以取得某些社会经济现象不宜或不需要通过统计报表去搜集的比较准确的全面统计资料，以搞清一个国家主要的国情国力，作为制定重要政策和长期发展规划的依据。普查是一种重要的调查方式，世界各国在进行本国的国情国力调查时，都采用普查的方式来完成。

（二）普查的特点

(1) 一次性。普查一般用来搜集属于一定时点的现象的总量，这些时点现象的数量在短期内往往变动不大，不必做连续登记，只需间隔一段较长时间进行一次性的调查。而普查的规模大，指标多，任务重，耗费大量人力、物力和时间，不可能进行经常性调查，只能采用一次性调查。例如，我国是一个人口大国，我国的人口普查工作不可能年年搞，更不可能月月搞。我国第六次人口普查与第五次之间就间隔了10年时间。

(2) 时点性。普查的对象主要是时点现象，每次普查都有标准时点。例如，2010年全国第六次人口普查的标准时点就确定为2010年11月1日零时。当然，普查也不排斥搜集某些时期现象的资料。

(3) 全面性。普查对象范围广，调查内容详细，比其他任何方式的调查更能掌握全面、详尽的统计资料，具有重要的分析价值。例如，在我国的第六次人口普查中，普查对象包括了我国的所有公民，调查内容包括了人口数量、性别比例、不同民族的人口构成、年龄结构、地区结构、受教育程度、收入水平等。

（三）普查的组织形式

普查的组织形式有两种：一种是自上而下成立专门普查机构，并由这个机构组织普查队伍对调查单位进行直接登记，如人口普查等；另一种是在各单位的会计统计和业务核算资料、报表资料的基础上，结合实际盘点和实际观察进行调查登记，自下而上由被调查单位自行填报调查表格，并逐级上报来实施普查的形式，如我国的物资库存普查和牲畜普查，便是后一种方式。

（四）普查的实施原则

普查因涉及面广，工作量大，需要动员大量的人力、物力和财力，所以普查不宜经常进行。只有在研究对于国民经济和社会发展具有重大决定意义的问题时，才有可能和必要组织普查。普查的组织原则如下：

(1) 规定统一的普查标准时间。普查标准时间即普查资料的所属时间，以避免搜集资料的重复或遗漏。例如，某地人口普查规定的标准时间是某年某月某日零时。

(2) 确定统一的普查期限。在普查范围内的各调查单位应尽可能同时进行调查，并尽可能在最短期限内完成，以便在方法上、步调上取得一致，以保证调查资料的真实性。

(3) 统一规定普查的项目和指标。普查项目一经统一规定，就不能任意改变或增减，以免影响汇总综合，降低调查资料的质量。

(4) 同类普查应尽量按照一定的周期进行。普查可以不定期进行，但某些重要的普查，应尽可能按照一定的周期进行，这样便于历次调查资料进行动态对比，也便于尽早做好普查的各项准备工作。例如，我国对目前法定的几项全国性的普查的规定：人口普查和农业普查均每 10 年进行一次，调查的标准时间分别为逢 0 和 6 的年份。

二、统计报表

(一) 统计报表制度及其种类

统计报表制度是由基层单位(或下级单位)按照国家或上级部门颁发的统一的表式、统一的指标项目、统一的报送时间和报送程序，自下而上地逐级定期报告统计资料的制度。这种以表格形式提供统计资料的书面报告方式称为统计报表制度。

统计报表制度是国家对国民经济实行宏观调控和业务指导而建立的统计报告制度。国家或有关部门通过统计报表可以获得国民经济和社会发展的基本统计资料。

统计报表所包含的范围比较全面，项目比较系统，分组比较齐全，指标的内容和调查周期相对稳定，目前它是我国统计调查中搜集统计资料的主要方式。

按照不同的角度，统计报表可进行各种分类。

(1) 按调查范围，统计报表可分为全面的统计报表和非全面的统计报表。全面统计报表要求调查对象中的每一个单位都要填报；非全面统计报表只要求调查对象的一部分单位填报。

(2) 按报送周期长短，统计报表可分为日报、周报、旬报、月报、季报和半年报、年报。其中，年报是总结全年经济活动的报表，其内容全面，指标多，分组细，是制订计划、发布公报的重要依据，是最主要、最常用的统计报表。

(3) 按实施范围，统计报表可分为国家统计报表、部门统计报表和地方统计报表。

(4) 按填报单位，统计报表可分为基层报表和综合报表。

(二) 统计报表的内容

(1) 表式。表式指统计报表的具体格式。不同的调查任务有不同的格式，但基本都由三个部分组成，即表头(包括报表标题、表号、报表期别、填报单位、制表单位、计量单位等)、表身(具体填报的数据和资料)和表脚(包括备注、填表人签章、审核人或负责人签章等)。

(2) 填表说明。填表说明包括调查目的、要求和办法、统计范围、分组体系、各种统计目录、指标解释、报送日期、报送方式等，它可使填报单位明确填报任务和填报方法。

（三）统计报表的资料来源

统计报表最基本的资料来源于基层单位的原始记录。从原始记录到统计报表，中间还经过统计台账和企业内部报表。统计台账和企业内部报表属于次级资料。原始记录、统计台账和统计报表之间联系密切，逐层递进。

（1）原始记录。原始记录是基层单位通过一定的表格形式，对生产经营活动的具体内容和状况所进行的最初的数字和文字记载，具有广泛性、群众性、经常性和具体性的特点。如企业的产品产量、工人的出勤和工时记录、库存物资收付记录等。设置原始记录时，应遵循切合实际、统一协调、简明通俗、容易操作的设计原则，这样才能保证原始记录的准确可靠。

（2）统计台账。统计台账是基层单位根据统计报表的要求和基层经营管理的需要，按时间顺序设置的一种系统积累统计资料的表册。统计台账能把分散的、不断发生的原始记录积累起来，使其条理化、系统化，这样既有利于及时地填报统计报表，又可保证统计报表的质量。

（3）企业内部报表。企业内部报表是基层单位编制的用以反映企业内部车间或班组一定时期内生产、劳动、设备、原材料和财务成本的情况及综合成果的报表，是编制企业统计报表、制订计划、指导生产的依据。

三、抽样调查

（一）抽样调查的意义

抽样调查是从全部调查研究对象中，抽取一部分单位进行调查，根据调查的结果推断总体数量特征的一种非全面调查方法。例如，要检验某种产品的质量，就要从整个产品中随机抽取若干个产品进行检验，看它们是否合格，计算出样本的有关指标，然后以此推断全部产品的相应指标。抽样调查是实践中应用最为广泛的一种调查方法。

（二）抽样调查的优点

作为一种非全面调查，抽样调查与其他非全面调查比较，具有如下显著优点：

（1）经济性强。这是抽样调查最显著的一个优点。由于调查的样本单位通常是总体单位中很小的一部分，调查的工作量小，因而可以节省大量的人力、物力、财力，调查费用较低。

（2）时效性高。抽样调查可以迅速、及时地获得所需要的信息。由于工作量小，调查的准备时间、调查时间和数据处理的时间就可以大大缩减，从而提高数据的时效性。与普查等全面调查相比，抽样调查可以频繁地进行，随着事物的发生和发展及时取得有关信息，以弥补普查等全面调查的不足。例如，在两次全国人口普查间各年的人口数据就是通过抽样调查取得的。

（3）适用面广。抽样调查可以获得更广泛的信息，它适用于各个领域、各种问题的调查。从使用范围和问题来看，抽样调查可用于调查全面调查能够调查的现象，也能调查全面调查不能调查的现象，可以作为经常性调查使用，也可以因时制宜地作为一次性调查使用，特别适合对一些特殊现象的调查，如具有破坏性、不能进行全面调查的现象。从调查项目和标志上看，抽样调查的内容和标志可以更详细、深入，能获得更全面、更广泛的数据。

(4) 准确性高。抽样调查的数据质量有时比全面调查更高，因为全面调查的工作量大，环节多，登记性误差往往很大，而抽样调查由于工作量小，可使各环节的工作做得更细致，误差往往较小。当然，用样本去推断总体不可避免地会有推断误差，但这种误差的大小是可以计算并进行控制的，因此抽样推断的结果是可靠的。现在世界上许多国家都广泛采用抽样调查方法。

四、重点调查

(一) 重点调查的意义

重点调查是在全部调查单位中，只选择一部分重点单位进行调查，借以了解总体基本情况的一种非全面调查。所谓重点单位，是指这样一些单位，其数目在全部单位数中只占很小的比重，但其调查的标志值在总体的标志总量中却占很大的比重，通过对这部分单位进行调查，就能够从数量上反映出总体的基本情况。例如，要了解我国原油生产的产量情况，只需要对大庆油田、胜利油田和中原油田等几个大油田进行调查，就能及时掌握全国原油产量的基本情况。因为这些重点原油生产企业在全国原油企业中虽然是少数，但它们的产量却占有很大的比重，足以反映我国原油生产的基本情况。可见，采用重点调查要比全面调查节省人力、物力和时间，能及时了解、掌握调查对象的基本情况。因此，一般情况下，当调查任务只要求掌握基本情况，而部分单位又能比较集中地反映所研究的项目和指标时，采用重点调查是比较适宜的。

(二) 重点单位的选择

正确选择重点单位是组织重点调查的关键。重点单位不是固定不变的，随着调查任务、调查对象、调查时间的不同会有所变化。因此，要随着情况的变化随时调整重点单位。选择重点单位的一般原则：选出的重点单位要尽可能少，而它们的指标值在总体指标中所占的比重要尽可能大；其次，要求选中的单位其管理制度必须健全完善，统计工作扎实，这样才能及时提供详细准确的资料。

五、典型调查

(一) 典型调查的意义

典型调查是在调查对象中，有意识地选取若干具有典型意义的或有代表性的单位进行的一种非全面调查。这种调查方法是对调查对象进行周密的、深入的、详细的观察，找出有普遍意义的或有规律性的结论，从个别中了解一般，从个性中了解共性的一种调查方法。

(二) 典型调查的特点

(1) 典型调查是深入细致的调查。典型调查的范围小，调查单位少，因而调查标志可以多一些，可以用来调查研究比较复杂的专门问题，特别是一些刚出现尚未形成规律性的现象，通过对典型单位做深入细致的调查，进行深挖式的剖析，可以得出现象未来发展变化的规律和趋势。

(2) 调查单位的选取具有主观性。调查单位是根据调查目的和任务，在对调查总体进行初步分析的基础上，有意识地选择出来的。因此，最能充分体现出调查对象的共性，确切反映调查单位的一般情况。

（3）调查的内容具有很大的灵活性。根据需要，调查既可以从事物的数量方面，也可以从事物的质量方面进行研究。搞好典型调查的关键是正确选择典型单位，保证其有充分的代表性。典型单位的多少要根据调查对象的特点来确定。如果调查对象的各单位之间差异较小，发展比较均衡，可选择一个或若干个典型单位进行“解剖麻雀”式的调查；如果调查对象的各单位之间差异较大，发展很不均衡，或者研究的问题比较复杂，可采取“划类选典”式的调查，从各种类型中选取少数典型单位进行调查。

上述各统计调查方式都各有其不同特点和作用，但同时也各有局限性和不足之处，我们应扬长避短，灵活运用，发挥统计调查的最大作用，达到事半功倍的目的。

第三节 统计调查的方法

调查必须选用科学的方法，调查方法选择恰当与否对调查结果影响甚大。各种调查方法都有利有弊，只有了解各种方法，才能正确选择和应用。

一、文案调查法

（一）文案调查法的概念及特点

文案调查法又称资料查阅法，是利用企业内部和外部现有的各种信息、情报资料，对调查内容进行分析研究的一种调查方法，是一种间接调查方法。

与实地调查相比，文案调查有以下几个特点：

（1）文案调查是收集已经加工过的二手资料，而不是对原始资料的搜集。

（2）文案调查以收集文献性信息为主，它具体表现为收集各种文献资料。在我国，目前仍主要以收集印刷型文献资料为主。当代印刷型文献资料又有许多新的特点，如数量急剧增加，分布十分广泛，内容重复交叉，质量良莠不齐等。

（3）文案调查所收集的资料包括动态和静态两个方面，尤其偏重于从动态角度收集各种反映调查对象变化的历史与现实资料。

（二）文案调查法的基本要求

文案调查的特点决定了调查人员在进行文案调查时，应该满足以下几个方面的要求：

（1）广泛性。文案调查对现有资料的收集必须周详，要通过各种信息渠道，利用各种机会，采取各种方式大量收集各方面有价值的资料。一般来说，既要有宏观资料，又要有微观资料；既要有历史资料，又要有现实资料；既要有综合资料，又要有典型资料。

（2）针对性。要着重收集与调查主题紧密相关的资料，善于对一般性资料进行摘录、整理、传递和选择，以得到有参考价值的信息。

（3）时效性。要考虑所收集资料的时间是否能保证调查的需要。随着知识更新速度加快，调查活动的节奏也越来越快，资料适用的时间在缩短，因此，只有反映最新情况的资料才是价值最高的资料。

（4）连续性。要注意所收集的资料在时间上是否连续。只有连续性的资料才便于动态比较，便于掌握事物发展变化的特点和规律。

(三) 文案调查法的渠道

文案调查所收集的资料包括企业内部资料和企业外部资料。

1. 内部资料的收集

内部资料的收集主要是收集调查对象活动的各种记录，主要包括以下四种：

(1) 业务资料。业务资料包括与调查对象活动有关的各种资料，如订货单、进货单、发货单、合同文本、发票、销售记录、业务员访问报告等。通过对这些资料的了解和分析，可以掌握本企业所生产和经营的商品的供应情况，分地区、分用户的需求变化情况。

(2) 统计资料。统计资料主要包括各类统计报表，企业生产、销售、库存等各种数据资料，各类统计分析资料等。企业统计资料是研究企业经营活动数量特征及规律的重要定量依据，也是企业进行预测和决策的基础。

(3) 财务资料。财务资料是由企业财务部门提供的各种财务、会计核算和分析资料，包括生产成本、销售成本、各种商品价格及经营利润等。财务资料反映了企业活劳动和物化劳动占用和消耗情况及所取得的经济效益，通过对这些资料的研究，可以确定企业的发展背景，考核企业经济效益。

(4) 企业积累的其他资料。如平时剪报、各种调研报告、经验总结、顾客意见和建议、同业卷宗及有关照片和录像等。这些资料都对市场研究有着一定的参考作用。例如，根据顾客对企业经营、商品质量和售后服务的意见，就可以对如何改进加以研究。

2. 外部资料的收集

外部资料主要包括以下几个方面：

(1) 统计部门以及各级、各类政府主管部门公布的有关资料。国家统计局和各地方统计局都定期发布统计公报等信息，并定期出版各类统计年鉴，内容包括人口数量、国民收入、居民购买力水平等，这些均是很有权威和价值的信息。此外，计委、财政、工商、税务、银行等各主管部门和职能部门也都设有各种调查机构，定期或不定期地公布有关政策、法规、价格和市场供求等信息。这些信息都具有综合性强、辐射面广的特点。

(2) 各种经济信息中心、专业信息咨询机构、各行业协会和联合会提供的信息和有关行业情报。这些机构的信息系统资料齐全，信息灵敏度高，为了满足各类用户的需要，它们通常还提供资料的代购、咨询、检索和定向服务，是获取资料的重要来源。

(3) 国内外有关的书籍、报刊、杂志所提供的文献资料，包括各种统计资料、广告资料、市场行情和各种预测资料等。

(4) 有关生产和经营机构提供的商品目录、广告说明书、专利资料及商品价目表等。

(5) 各种国际组织、学会团体、外国使馆、商会所提供的国际信息。

(6) 国内外各种博览会、展销会、交易会、订货会等促销会议以及专业性、学术性经验交流会议上所发放的文件和材料。

(7) 各地电台、电视台提供的市场信息。近年来全国各地的电台和电视台为适应形势发展的需要，都相继开设了各种专题节目。

(8) 互联网。互联网是将世界各地的计算机联系在一起的网络，它是获取信息的最新工具，对任何调查而言，互联网都是最重要的信息来源。互联网上的原始电子信息比其他任何形式存在的信息都多，这些电子信息里面，有很多内容是调查所需要的情报。

（四）文案调查法的优缺点

1. 文案调查法的优点

（1）文案调查可以发现问题并提供重要参考信息。

根据调查的实践经验，文案调查常被作为调查的首选方式。几乎所有的调查都可始于收集现有资料，只有当现有资料不能提供足够的证据时，才进行实地调查。因此，文案调查可以作为一种独立的调查方法加以采用。

（2）文案调查可以为实地调查创造条件。

如有必要进行实地调查，文案调查可为实地调查提供经验和大量背景资料。具体表现在：

第一，通过文案调查可以初步了解调查对象的性质、范围、内容和重点等，并能提供实地调查无法或难以取得的各方面的宏观资料，便于进一步开展和组织实地调查，取得良好的效果。

第二，文案调查所收集的资料可用来证实各种调查假设，即可通过对以往类似调查资料的研究来指导实地调查的设计，用文案调查资料与实地调查资料进行对比，鉴别和证明实地调查结果的准确性和可靠性。

第三，利用文案资料并经实地调查可以推算所需掌握的数据。

第四，利用文案调查资料可以帮助探讨现象发生的各种原因并进行说明。

（3）文案调查省时、省力。

实地调查费时费力，操作起来比较困难，而文案调查如果经调查人员精心策划，具有较强的机动灵活性，能随时根据需要收集、整理和分析各种调查信息。所以，文案调查法可用于有关部门和企业进行经常性的调查。

（4）文案调查不受时空限制。

从时间上看，文案调查不仅可以掌握现实资料，还可获得实地调查所无法取得的历史资料；从空间上看，文案调查既能对内部资料进行收集，还可掌握大量的有关外部环境方面的资料，尤其适用于因地域遥远，条件各异，采用实地调查需要更多的时间和经费的调查。

2. 文案调查法的缺点

（1）文案调查收集的主要是历史资料，其中过时资料比较多，现实中正在发生变化的新情况、新问题难以得到及时的反映。

（2）所收集的资料和调查的目的往往不能很好地吻合。

（3）对调查人员的要求比较高，需要具有扎实的理论知识、较深的专业技能，否则无法对资料进行鉴别和应用。

二、访问调查法

（一）访问调查法的概念及类型

访问调查法是访问者通过当面、电话或书面等方式向被访问者提出问题，由被访问者回答，以此搜集有关资料，获得信息的方法。

按照访问方式的不同，访问调查法分为直接访问法和间接访问法。直接访问就是调查者和被调查者进行面对面的交谈。这种调查方式具体又分为“走出去”和“请进来”两种，前者是调查者到被调查者中去进行访问；后者是请被调查者到调查者安排的地方进行访问。间接访问是调查者通过电话、电脑、问卷等中介工具对被调查者进行访问。这种访问方式的特点是调查者与被调查者不直接见面，但也是用语言交流的方法搜集信息资料。

按照调查者同被调查者接触方式的不同，访问调查法分为以下几种类型。

1. 面谈访问法

面谈访问法是指调查人员与被调查者面对面直接询问、交谈来获取市场信息资料的方法。按参加面谈的被调查者人数不同，又分为个人面谈和集体面谈两种形式。

(1) 个人面谈。个人面谈是指调查人员面对面询问个别被调查者来收集市场信息资料的方式。这是最方便、最灵活的访问调查法。个人面谈的好处是可以对调查问题进行较深入的询问，谈话内容伸缩性强，彼此可以沟通，能够产生激励效果。个人面谈还可能控制问题的次序，谈话主题集中，有针对性，可获得较丰富的信息。但个人面谈受双方自身条件和双方合作态度限制，调查花费时间长，调查面不能广泛。

(2) 集体面谈。集体面谈是指调查者邀请若干被调查者通过召开座谈会形式，向被调查者了解、收集信息资料的调查方法。集体面谈的实质是每次都同时访问多个被调查者，因此也称为集体访问。采用集体座谈会形式进行访问、收集信息资料时，应把握以下要点：第一，明确访问主题，准备访问提纲和具体内容。集体访问必须向被调查者说明访问目的和具体内容，此外访问者还应具体落实访问时间、地点，并准确通知每位被访问者。第二，要选择好被访问者。参加集体座谈会的被访问者人数一般在 10 人左右。根据调查问题的目的，必须选择那些具有代表性的、敢于发表见解的、语言表达能力较强的人参加会议。第三，访问者在调查会中只起主持人和把握会议主题和进程的作用，对被访问者提供的信息进行记录。一般情况下访问者不对访问内容发表意见，也不对被访问者意见加以评论，以免对被访问者发生倾向性影响。

2. 电话访问法

电话访问是指调查人员通过电话向被调查者询问有关内容，收集信息资料的调查方法。电话调查一般以电话簿为基础进行随机抽样，然后拨通电话来调查。在发达国家，由于电话普及率很高，运用电话调查向分散的消费个人(或家庭)进行调查比较普遍。近年来，由于我国经济的高速发展，通讯事业不断进步，电话已进入消费者家庭，采用电话调查的条件已经初步具备。电话调查的优点：取得信息资料的速度快；节省调查时间和经费；覆盖面广，可以对任何有电话的地区、单位和个人进行调查；方式十分方便、灵活。缺点：调查对象不全面，电话访问无法搜集无电话的那一部分被调查者的意见和看法；对问题的了解不够深入，只能调查较为简单的问题；访问的时间不宜过长。

3. 邮寄访问法

邮寄访问法是指调查人员将设计印刷好的调查问卷邮寄给已选定的被调查者，由被调查者按要求填写后再寄回来，从而获得信息的调查方式。采用邮寄调查法首先是要选择好邮寄调查的对象。一般可利用各种通讯录、名册等，也可利用电脑。电脑中储存了大量客户的名单，可以从中抽选部分客户作为邮寄调查的对象。其次，要努力提高调查问卷的回收率。邮寄调查的问卷回收率低。为了提高问卷回收率，一般有以下两种方法：一是在寄出调查问卷时，一定要附上空白信封和邮票，在信封上已事先写好调查单位的地址，并贴足邮票，这会使被调查者感到真诚，并增强了回答问卷的责任感；二是物质上的激励，即随问卷附上某种有价值的东西，如优惠购物券、小礼物等。

邮寄调查法的优点：调查的空间范围大，调查对象的数量可大大增加；不必受调查者所在地区限制；调查成本较低，只需花费少量邮资和印刷费用；可以节省大量的人力、物力、财力；被调查者有较充分的时间填写问卷。邮寄调查法的缺点：问卷回收率较低，寄出的问卷往往不能按期收回；调查所需时间较长，邮寄往返和被调查者思考、填写都需要一定的时间；邮寄调查无法对被调查者填写问卷进行必要的解释和指导，容易产生填写的差错。

4. 留置访问法

留置访问法是调查人员将调查问卷当面交给被调查者，并详细说明调查目的和填写要求，留下问卷，由被调查者自行填写，再由调查人员定期收回问卷的一种调查方法。留置调查的优点是问卷回收率高；被调查者可以当面了解填写问卷的要求，避免由于误解提问内容而产生误差；填写时间较充裕，便于思考回忆。其主要缺点是调查地域范围小；调查费用高；所花费的时间比较长。

5. 网上访问法

网上访问法是指将事先设计好的调查问卷通过网络要求被调查者填答而获得信息的调查方法。优点是提交速度快，样本容量大，人机之间增强了交互性，成本较低。但是网络访问的样本不全面，难以保证其代表性。

（二）访问调查法的优缺点

1. 访问调查法的优点

（1）能广泛深入地了解各种社会经济现象。调查人员可以提出许多不宜在人多的场合讨论的问题，做到深入细致地了解受访者的真实情况和意见。

（2）调查资料的可靠性较高。访问人员可以当场记录内容，这样可以减少调查误差。

（3）能灵活处理访问过程中的问题。在访问过程中可以根据情况灵活掌握访问次序，并随时解释受访者的问题。

（4）能提高访问的成功率。与其他调查方式相比较，访问调查的成功率比较高，特别是采用随机抽样方式选取的受访者，有效回答率普遍较高。

2. 访问调查法的缺点

（1）一定的主观性。访问过程很难完全排除主观因素的影响，如调查双方的社会经验、地位、价值观念、思维方式等，都会或多或少地影响到调查结果，使调查结果难于做到完全客观。其中，访问者的主观因素可以尽量避免，而受访者主观因素的影响是无法完全控制的。

（2）访问调查所花费时间较长，费用较高，人力也比较多。

（3）对于一些比较敏感的问题是不宜当面询问的，使得访问调查法在调查项目范围上受到一定的限制。

（4）调查容易受到气候、调查时间等客观环境因素的干扰。

三、观察调查法

（一）观察调查法的概念及特点

观察调查法是指调查者利用自身的感官或借助仪器设备观察被调查者的行为活动，从而获取信息的调查方法。

观察调查法最大的特点是被调查者是处在自然状态下接受调查的，即当被调查者被调查时，并不感觉到自己正在被调查。这是因为观察调查法不像访问调查法那样，在访问调查法中，调查者与被调查者直接见面谈话或通过问卷向被调查者提出问题要求回答，被调查者明显感觉到自己正在被调查。在观察调查法中，调查者凭直观感觉或是利用录像机等仪器设备记录考察被调查者的行为活动，所以被调查者并不感到自己被调查。例如，某厂要调查顾客喜爱什么样品牌、性能、价格的洗发水，就派人到销售现场调查，即观察顾客选购洗发水的行为状况，此时顾客并不意识到自己正在被调查。观察调查法要求在自然状态下对调查对象进行考察。同时，观察调查法是观察者（即调查者）有目的、有计划的认识市场现象的活动，它不是随便看看而已，这也是观察调查法的重要特点。

（二）观察调查法的类型

(1) 人工观察和仪器观察。这是根据观察是否要借助仪器来划分的。人工观察是由调查人员凭借自己的感觉器官观察记录有关内容，由调查人员根据实际情况对观察到的现象作出合理的推断。仪器观察是随科学技术的进步，一些先进的设备、手段，如录音、摄像等，进入调查领域而出现的一种新的观察方法。如通过在商场的不同部位安装摄像系统可以较好地记录售货人员和顾客的行为表现。借助仪器设备进行现场观察记录效率较高，也比较客观。

(2) 参与观察和非参与观察。这是根据调查者是否参与到被调查者的活动中来划分的。参与观察是指调查者参与到被调查者的活动中进行观察。例如，一些商场中的企业信息员，他们为获得与本企业产品有关的信息，常年以售货员的身份在商场从事销售工作，观察顾客购买本企业产品的情况及同类竞争性产品的销售情况。参与观察也被为局内观察。非参与观察是指调查者不参与到被调查者的活动中来进行观察，即以局外人的身份进行观察，也称局外观察。如企业信息员不以售货员的身份出现，而以旁观者的身份观察本企业产品和竞争者产品的销售状况。

(3) 现场观察和痕迹观察。这是根据调查者观察人或事的时间点不同来划分的。现场观察是指对所发生的事或人的行为的直接观察和记录，也称为直接观察。例如，调查者到商场、经销店、各种展销会、交易会等现场，亲自观察和纪录顾客的购买情况、购买情绪、同类产品竞争程度、新类产品竞争程度、新产品的设计以及各种商品的性能、样式、价格、包装等。痕迹观察不是观察被调查者正在进行的活动行为，而是观察被调查者活动行为留下来的痕迹，也称为间接观察。对被调查者的活动留下的痕迹进行观察也可以收集到有价值的信息资料。例如，美国一家广告公司为了进行电视广告收视率调查，经用户同意，在1200个家庭的电视机上安装了电子记录器与公司总部相连。当观众收看电视时，就能把所看电视的频道、节目记录下来，这样就可以了解观众喜欢什么样的电视台和电视节目，确定广告播出的黄金时间。近年来，国外还流行一种调查形式——食品橱观察。调查人员访问居民家庭，要求看一看食品橱，记录食品存放数量、品种、时间，从而得到食品消费的市场信息。这也是痕迹观察法的一种。还有的调查人员从居民垃圾中收集信息，将城市各处生活垃圾抽样收集，清点分类，从而得到生活消费的信息资料。

（三）观察调查法的优缺点

1. 观察调查法的优点

（1）直观、可靠，能客观地收集丰富的第一手市场信息资料。观察调查法最大的特点是被调查者是处在自然状态下接受调查的，被观察者能够保持正常的活动规律，从而可以客观地搜集、记录观察现场实况，搜集第一手资料，调查结果更接近实际。

（2）简便、易行，有较大灵活性，可随时随地进行调查。

（3）受干扰少。它有利于对无法、无需或无意进行语言交流的市场现象进行调查。

2. 观察调查法的缺点

（1）观察调查要受到时间、空间的限制，只能适用小范围的微观市场调查。观察主要看到现在正在发生的现象，观察的地域也比较狭窄。

（2）只能观察表面现象，而对其内在原因、动机、消费观念以及对问题的看法、观点和意见等无从认识。

（3）观察的样本量比较小。由于观察调查法比较复杂，人、财、物花费都较大，还需要有足够的时间，因此一般不可能有较大的样本量。

四、实验调查法

（一）实验调查法的概念及特点

实验调查法是根据统计调查的目的，把调查对象置于一定的条件下，进行实验对比来收集信息资料的调查方法。如，某酒厂的瓶酒销售量上不去，初步分析可能是瓶酒包装太陈旧，缺乏吸引力。该厂决定对瓶酒包装进行更新的实验，即先对少量瓶酒由旧包装改为新包装，然后再拿到市场上试销，看看新包装的瓶酒销售量能否增加。如果试销结果销售量大增，那么企业就可以决策是否对所有的瓶酒进行新包装。

实验调查法通过对实验对象和环境以及实验过程的有效控制，来达到分辨各因素之间的相互影响关系及程度，从而为决策提供依据。实验调查法的最大特点是把调查对象置于非自然状态下开展市场调查。实验调查法的核心问题是将实验变量或因素的效果从众多因素的作用中分离出来并给以鉴定。

（二）实验调查法的优缺点

1. 实验调查法的优点

（1）能够直接掌握大量的第一手实际资料，说明某现象的发展变化主要是由实验活动引发的。这是市场实验调查最突出的优点，也是其他调查方法不能做到的。

（2）能够揭示或确立社会经济现象之间的相关关系。因为市场实验调查不是等待某种现象发生再去调查，而是积极主动地改变某种条件，促进市场现象的发展，以达到实验目的。所以实验调查不但能够说明某市场是什么样，而且能够说明它为什么是这样。

(3) 有利于探索解决市场问题的具体途径和方法。在社会经济活动中，不论是宏观管理还是微观管理，都有很多具体的方针政策、措施方法等方面的问题需要不断探索、研究和制定，实验调查法为此提供了重要的手段。因为只有经过实践检验的方针政策、措施方法，才能证明其正确性和可行性，实验调查过程恰恰起到了这个作用。

(4) 实验调查还具有可重复性。这使得实验调查的结论具有较高的准确性，具有较大的说服力。

2. 市场实验调查法的缺点

(1) 实验对象和实验环境的选择难以具有充分的代表性。实验调查的结论总带有一定的特殊性，其应用范围是很有限的。

(2) 实验调查中很难对实验过程进行充分有效的控制。这是因为很多影响因素是无法也不能排除的，而对它们又很难一一测定或综合测定出来，因此，准确区分和检测实验效果与非实验效果就很困难，在实验效果中往往混杂着非实验因素的影响结果。

(3) 市场实验调查法对调查者的要求比较高，花费的时间也比较长。

五、通讯调查法

通讯调查法主要包括电话调查法、邮寄调查法和网络调查法。虽然形式上和前面介绍的访问调查法相似，但通讯法属于间接采访方法。随着电话、计算机以及互联网技术的普及，这类调查方法的应用也会越来越广泛。下面主要介绍一下网络调查法。

网络调查法是传统调查方式在新的信息传播媒体上的应用。它是由调查人员将调查表或问卷通过互联网送至被调查者手中，由被调查者在网上自主选择填写作答来取得资料的一种调查方法。互联网的特征是容易进入，查询速度快，数据容量大，同其他资源连接方便。在互联网上要查找的东西，只要网上有，便可立即得到。例如，某家银行经理急需一篇在国外某报纸当天发表的有关某公司的文章，请调查公司代为寻找。调查公司查该报社的网页，不但发现了文章而且可以免费下载，还通过该网址的超文本链接将一个文档中的关键词同其他文档的关键词链接，发现了更多有关该公司的信息。

互联网的发展使信息搜集变得容易，从而大大推动了调查的发展。过去，要搜集所需情报需要耗费大量的时间，奔走很多地方。今天，文案调查人员坐在计算机前便能轻松地获得大量信息，只要在正确的地方查寻就可能找到，许多宝贵的信息都是免费的。比如，及时了解政府政策的变化是调查的一项重要内容，从网上就可以得到有关法律和规章的全文，而且从网上获取这些资料比上图书馆查找方便得多。如果想要了解某些信息的具体细节，在图书馆中查找效率很低。但如果利用搜索引擎查找，打入需要查寻的关键字，电脑就自动帮助找出来，可以获得包含该条文的原始文件的全文。因此，互联网作为一种信息沟通渠道，具有开放性、自由性、平等性、广泛性和直接性的特点。由于这些特点，网络调查具有传统调查不可比拟的优势，具有成本低、速度快、隐匿性好(可以保证资料具有较强的真实性)和互动性等特点。

虽然网络调查与传统调查方式相比具有较明显的优势，但由于我国目前的网络管理还处于探索阶段，这就使得网络调查的应用技术不尽成熟，仍然存在调查的客观性与识别资料的真实性、可靠性的问题。随着网络管理及网络应用技术的日渐完善和成熟，这些问题会逐步得到解决。

六、报告法

这种调查方法是各地方、各部门、各单位按照《统计法》的规定，必须向国家履行的一种义务。报告法由于采用统一的项目、统一的表式、统计的上报时间、统一的上报要求、统一的上报程序，适宜进行大量单位的调查。这种方法可以促进被调查单位建立、健全原始资料的登记和审核的工作制度。缺点是当被调查单位的自身利益受到影响时，可能出现虚报和瞒报的现象，而且上报的资料不够生动、具体。

本章小结

（1）统计调查就是根据统计研究的目的和任务，运用科学的调查方法，有组织、有计划地向客观实际搜集各种原始资料的工作过程。它是统计工作的基础环节，要求做到准确、及时和完整。

（2）统计研究对象的复杂性和统计研究目的的针对性，决定了统计调查的多样性。从不同的角度出发，可以将统计调查分作为不同的类型。

（3）常用的统计调查组织方式包括普查、统计报表、抽样调查、重点调查和典型调查。

（4）我国统计调查原则是建立以必要的、周期性的普查为基础，以经常性抽样调查为主体，同时辅之以全面统计报表、重点调查和科学推算综合运用的统计调查方法体系。

（5）统计调查必须选用科学的方法，调查方法选择恰当与否对调查结果影响甚大。常用的统计调查方法有文案调查法、访问调查法、观察调查法、试验调查法、通讯调查法、报告法等。

思考与讨论

1. 什么是统计调查？它有哪些种类？
2. 什么是统计报表制度？其资料来源有哪些？
3. 简述抽样调查的优点。
4. 试述普查、重点调查、典型调查、抽样调查的不同之处。
5. 简述典型调查的特点。

应用能力训练

关于大学生课余生活的调查

为了解大学生课余生活状况，改善大学生课余生活水平，提高大学生在该方面的认知，端正大学生对课余生活的理性思考，鼓励大学生拥有丰富健康的课余生活，促进大学生在各方面的协调发展，调查组对某高校大学生的课余生活情况进行了抽样调查。调查显示信息如下。

一、大学生课余时间及课余活动状况

一是课余时间比较充裕。统计的100名大学生中，周一至周五平均每天的课余时间多在三到六小时的人数为63人，占总人数的63%，而九小时以上的人数仅占5%。二是课余生活类型以娱乐主导为主。在学生课余活动中，选择率最高的是上网，占89%，而和同学闲聊及打扑克、棋牌等也分别占55%和35%，这说明大学生课余生活类型是以娱乐主导为主。

这里所说的课余生活是指在课余时间里所做的各种活动，课余时间分为两部分：一部分是周一至周五从早九点到晚九点期间除去用于上课的时间外所剩余的时间；另一部分是周末的全天时间。

二、对比分析

1. 不同性别的大学生课余生活的对比分析

男、女大学生在购物和健身方面有着明显的性别差异。在购物这一项上，女生占36%，而男生只有16%；相反，在健身一项上，男生占22%，而女生则占7%。此外，周末从事最多的活动是上网。调查结果发现，在这一问题上男女比例也存在着不同，其中男生占23%，女生占3%。可以看出，男女在课余生活上有着不同的兴趣和爱好。

2. 不同年级的大学生课余生活的对比分析

不同年级的大学生课余生活的差异主要通过如何安排课余生活来反映。调查显示，大一的学生在安排课余生活时最易受学校活动或课程安排影响，而大二、大三的学生在安排课余生活时主要由自己决定。这也说明了高年级的学生与低年级的学生相比，在安排课余生活上更有自主权。

3. 不同时间的大学生课余生活的对比分析

首先，在周一至周五的课余时间里，学生们所从事的最多的活动是学习(包括读课外书)，占总人数的37%；而在周末的时间里，学生们所从事的最多的活动则是上网。其次，在周一至周五的课余时间与周末的时间里，学生们使用网络的目的也不同，在周一至周五的课余时间使用网络主要是用于学习；而在周末的时间使用网络主要是聊天、看电视节目等。这充分说明了当代的大学生能够结合自己的实际课余时间去从事课余活动。

4. 大学生主观想法与实际行为的对比分析

在回答“您认为课余时间最应该用来做什么”的问题时，有42%的同学选择学习社会经验和技能，而在课余活动中选择兼职或义工的人仅有15%。此外，对于以下三种说法：① 在课余时间里就应该尽情地娱乐交友；② 在课余时间里应该抓紧时间学习；③ 在课余时间里学习固然重要，但也要适当放松。同意第一种说法的同学占37%，同意第二种说法的同学占49%，同意第三种说法的同学占83%。这说明了同学们都认为在课余时间里要劳逸结合，但实际上在课余时间里上网的比例却大于学习的比例。

总之，调查结果表明，课余生活对于大学生的影响表现为消极影响大于积极影响。数据显示，课余生活在提高学习成绩方面所占的比重仅占24%，远远小于课余生活对大学生所造成的无所事事及上网花费金钱和时间的负面影响。

讨论与分析：

1. 上述调查属于什么类型的调查？可以采用哪些具体的调查方法进行调查？

2. 这次调查的调查目的、调查对象、调查单位以及调查内容是什么？

第四章　统计整理

【学习目的】

(1) 掌握统计整理、统计分组、分配数列及统计表的含义和内容。

(2) 重点掌握统计分组的方法，在分组的基础上进行次数分配数列的编制。

(3) 学会用统计表和统计图来表现统计资料。

【案例导入】

2008 年北京奥运会上，我国奥运健儿取得了奖牌榜第二、金牌榜第一位的优异成绩，国人无不欢欣鼓舞，精神振奋。表 4－1 是整理出来的前十名国家奖牌榜，你可以从中得出哪些重要的结论？如果用更直观形象的图形来描述，你能试试吗？

表 4－1　2008 年奥运会前十名奖牌榜

排名	国家	金牌数	银牌数	铜牌数	奖牌数合计
1	中国	51	21	28	100
2	美国	36	38	36	110
3	俄罗斯	23	21	28	72
4	英国	19	13	15	47
5	德国	16	10	15	41
6	澳大利亚	14	15	17	46
7	韩国	13	10	8	31
8	日本	9	6	10	25
9	意大利	8	10	10	28
10	法国	7	16	17	40

通过统计调查中获取的数据往往是原始零乱和不系统的，而经过统计整理后，现象总体的数量特征才能充分地显示出来。本章就来介绍统计整理的步骤和方法。

第一节　统计整理的意义与内容

一、统计整理的意义

统计整理就是根据统计研究目的和任务的要求，对统计调查阶段所搜集到的大量原始资料进行加工与汇总，使其系统化、条理化、科学化，最后形成能够反映现象总体综合特征的统计资料的工作过程。对于已整理过的初级资料进行再整理也属于统计整理范畴。

通过统计调查所搜集到的统计资料，只是反映总体单位的、分散的、不系统的、零乱的原始资料，所反映的问题常常是现象的表面，不能深刻揭示现象的本质，更不能从量的方面反映现象发展变化的规律性，于是就有必要对统计调查所获得的原始资料进行科学的整理。统计整理就是人们对社会现象从感性认识上升到理性认识的过渡阶段，是统计工作中一个十分重要的中间环节，它既是统计调查的继续和深入，又是统计分析的基础和前提，起着承前启后的重要作用。因此，统计整理的质量不仅直接关系到调查资料能否发挥其应有的作用，而且也直接影响到统计分析和统计预测能否得出正确的结论。

二、统计整理的工作步骤

统计整理的基本工作步骤如下：

(1) 对调查资料进行审核。在对调查资料进行汇总整理前，应对原始调查资料按照统计调查开始前提出的要求进行认真的审核，审核其完整性、及时性、准确性，做到及时纠正错误。

(2) 进行统计分组。按照整理表的要求选择最能说明现象本质特征的分组标志对原始资料进行科学的统计分组。

(3) 进行汇总加工，编制分配数列。按统计分组的要求对统计调查单位的项目进行分组汇总，并在此基础上加以全面汇总，计算出综合指标，编制分配数列，使之能反映调查对象的全貌。

(4) 编制统计表和绘制统计图。将汇总整理后所得的结果采用恰当的统计表格或统计图形简明扼要、形象生动地表达出来。

(5) 将统计资料进行系统积累。

三、统计资料的审核

在着手汇总统计资料前，必须对调查所得到的统计资料进行认真的检查，以保证统计汇总工作的质量。

统计资料审核的主要任务是检查统计资料的完整性、及时性和正确性。检查统计资料的完整性和及时性，主要是检查所有调查单位的资料是否齐全，是否按规定时间报送。检查资料的正确性主要是检查统计调查所取得的资料是否准确可靠，还要检查调查资料中各项指标统计的范围、口径、计算单位、计算方法等是否符合要求。

统计资料正确性的检查方法一般分为逻辑检查和计算检查。

逻辑检查指从逻辑上判断统计资料是否合理，查看各个项目之间有无互相矛盾之处。例如，检查某市各企业填报的期末全部职工人数及其工资收入资料时发现，某企业全部职工年末人数为5000人，工资总额为1 000 000元，推断即知，该企业全部职工月平均工资收入才200元，这违反了该市的最低工资收入标准，不合逻辑，显然存在错误，应该进行更正。

计算检查是从各项目数字的计算结果上检查调查资料是否正确。例如，各项目相加之总和是否等于合计数，出现在不同表格中的同一指标数值是否一致等。

在检查统计资料的过程中，如发现问题应及时处理，以便在对资料进行汇总前消灭差错。

第二节 统计分组

一、统计分组的意义与作用

(一) 统计分组的意义

统计分组就是根据统计研究的需要，按照某种标志将统计总体区分为若干个组成部分的一种统计方法。

统计总体的变异性是统计分组的依据。统计分组的做法对总体来说是“分”，而对总体单位来说却是“合”。对社会经济现象进行统计分组的根本目的是把同质总体中具有不同性质的单位分开，把性质相同的单位合并在一个组，保持各组内统计资料的一致性和组与组之间的统计资料的差异性，以便进一步运用各种统计方法，研究现象的数量表现和数量关系，从而正确地认识事物的本质及其规律性。例如，按照人口性别、年龄、民族、文化程度、职业、企业的占地面积、职工人数、生产能力、产量等标志就可分别对个人和单位进行各种各样的分组。

科学的统计分组在统计资料整理中占有十分重要的地位，它是统计研究中最重要、最基本的方法之一。人们对社会现象进行的不同类型的研究，以及对现象内容结构及其相互关系等的研究，都是通过统计分组进行的。

(二) 统计分组的作用

1. 划分社会经济现象的类型

统计分组是确定社会经济现象各种类型的基础，它能将复杂的社会经济现象划分为各种不同的类型，从数量方面研究其不同的特征。例如，将国民经济各产业部门按其出现的先后顺序划分为第一产业、第二产业和第三产业，此外，工业企业可按所有制不同、按轻重工业等进行划分，这都说明了不同的经济类型的特点。

2. 反映现象的内部结构

通过统计分组可以反映总体内部各部分之间的差别和相互关系，表明现象总体的内部结构。现象总体按某种标志划分为不同的类型或性质不同的组后，可以通过计算分析，观察出各个组的总体单位数在总体单位总量中所占的比重，或各个组的标志值在相应的总体标志总量中所占的比重，进而了解现象总体的内部结构，反映现象总体的性质特征，研究现象发展变化的趋势及其规律性。

表 4－2 2014 年我国人口总数及其年龄构成情况统计表

指标	人口数 /万人	构成比重 /(%)	比上年增长 /(%)
0～14 岁	22 558	16.49	1.02
15～64 岁	100 469	73.45	－0.11
65 岁以上	13 755	10.06	4.51
全国人口总数 / 万人	136 782	100.00	0.52

（资料来源：国家统计局网站—国家统计局数据库）

从表 4-2 中可以看出 2014 年全国人口数据及按年龄的分布情况。我国 2014 年的全国人口的增长率为 5.2‰，是一个较为理想的水平。从具体各项数据看，一方面，15～64 岁就业人口的增长速度出现了下降；另一方面，65 岁以上的老龄人口的增长幅度却达到了 4.51%，远高于全国人口的平均增幅，说明我国人口已经进入老龄化的国家，政府应注意考虑有关老龄人口的政策与措施。

3. 研究现象之间的依存关系

社会经济现象之间总是存在着相互联系、相互依存、相互制约的关系，可通过统计分组，将总体单位的数量标志中的一个标志作为分组标志进行分组，分析其他标志与该分组标志的关系的变化情况，以此分析现象之间的数量关系，如收入和劳动生产率之间的关系、销售额与流通费用率之间的关系等。

从表 4-3 所示的分组资料中可看出，社会商品零售总额的高低和居民储蓄存款余额有着依存关系，居民储蓄存款较高，说明居民收入较高，可用于购买零售商品的支出就较多，社会消费品零售商品总额较多；反之，用于购买零售商品的支出较少，则社会消费品零售总额较少。

研究现象之间依存关系的方法多种多样，用统计分组法反映这种关系，将现象按影响因素分组，计算各组的平均指标或相对指标，可达到揭示其数量变化特征和规律的目的。

表 4-3　近十年我国居民存款与消费情况统计表

年份	居民储蓄存款余额/亿元	社会消费品零售总额/亿元
2005	141 050.99	68 352.6
2006	161 587.30	79 145.2
2007	172 534.19	93 571.6
2008	217 885.35	114 830.1
2009	260 771.66	132 678.4
2010	303 302.49	156 998.4
2011	343 635.89	183 918.6
2012	399 551.00	210 307.0
2013	447 601.57	242 842.8
2014	485 261.30	271 896.1

（资料来源：国家统计局网站—国家统计局数据库）

二、分组标志的选择与分组界限的确定

（一）分组标志的选择

1. 正确选择分组标志的必要性

分组标志是进行统计分组的依据或标准。统计分组的关键是正确选择分组标志，如职工按收入分组、消费品物价按时间分组、人口按年龄分组、学生按学习成绩分组等。分组标志不同，所进行的分组就不同，由此所得出的结论也就不同。由此可见，正确选择分组标志是保证实现统计分组任务的关键，是统计研究获得正确结论的前提。

2. 正确选择分组标志的原则

分组标志的正确选择，必须遵循以下基本原则：

(1) 根据统计研究的目的与任务来选择分组标志。行为总是受动机的支配的，任何一个总体单位都有许许多多个标志，究竟选择什么样的标志对总体中各单位进行分组，要依据统计研究的目的和任务来确定。例如，要研究某单位的生产经营情况，则其经营规模、职工人数、上交税金、盈利能力、业务收入等都可以成为调查标志；如果要了解某学校学生的身体健康情况，当然应选择健康状况作为分组标志。

(2) 选择最能反映事物本质特征的标志进行分组。每一个总体单位一般总是具有多个标志，其中有的标志是反映其本质特征的，而有些则是反映其非本质特征的。因此，进行统计分组时，要根据统计分组的目的，从众多的标志中选择最能反映现象本质特征的标志作为分组标志，并进行统计分组。例如，要说明改革开放以来我国居民家庭总体生活水平提高的情况，可供选择的分组标志有居民家庭人口数、就业人口数、赡养人口数、家庭工资收入总额、家庭成员人均工资额、家庭收入总额、家庭成员人均收入额等。这些标志均能在一定意义和一定程度上反映我国改革开放以来居民家庭总体生活水平的改善情况，但比较而言，最能体现我国居民家庭总体生活水平高低的标志是居民家庭人均收入额。

(3) 根据具体的历史条件来选择分组标志。社会现象总是随着时间、地点、条件的变化而变化的。同一标志在某一历史条件下最能反映事物的本质特征，而在另一历史条件下不一定能反映事物的本质特征。因此，随着历史条件的变化，分组标志也应改变。例如，研究企业职工的政治面貌时，在强调阶级斗争的时代中，家庭成分是作为一个十分重要的标志来使用的，而现在一般不用或很少使用这一标志，通常选用企业职工的政治信仰等标志进行分组。

(二) 分组界限的确定

分组标志选定以后，各组界限的划分也是一个重要的问题。划分各组界限是在分组标志的变异范围内，划定各相邻组之间的性质界限和数量界限。确定分组界限必须遵循“互斥”原则和“穷尽”原则。“穷尽”原则是指总体中的每一个单位都有组可归，不能出现遗漏现象。“互斥”原则是指在特定的分组标志下，总体中的任何一个单位只能归属于某一个组，而不能同时归属于几个组。

确定品质标志分组界限时，有些现象较为简单，而有些则较为复杂，一般要考虑两个因素，即事物的特点与统计研究的任务作为分组的标准。

数量标志分组界限的确定主要应考虑数量标志的变异范围，并根据数量标志的变异范围划定各组界限，然后进行统计分组。例如，研究居民家庭贫富状况时，按恩格尔系数(食品类支出占整个居民家庭消费支出的比重)，将其在60%以上者划分为贫困家庭，50%～60%为温饱家庭，40%～50%为小康家庭，40%以下的为富裕家庭。又如，研究某学院学生学习《统计学基础》课程的成绩，可以分为60分以下，60～70，70～80，80～90以及90分以上等几组，对于比较复杂的数量标志分组界限的划分，如人口的年龄分组，要根据不同的情况进行处理，其中相当部分具有统一的规定标准。例如，我国大型工业企业的划分标准为年销售收入和资产总额均在5亿元及以上；特大型企业的标准定为年销售收入和资产总额均在50亿元以上；中型企业的标准为年销售收入和资产总额均在5000万元及以上；其余的均为小型企业。

三、简单分组与复合分组

1. 简单分组

简单分组是指被研究现象只按某一个标志进行的分组。例如，根据国家统计局的实际做法，对我国各项税收按税种分组，分为国内增值税、营业税、国内消费税、关税、个人所得税、企业所得税。

简单分组只反映总体某一方面的数量状态和结构特征，较容易被理解和接受，但它说明问题较单一，不能从多方面和多角度去反映现象的数量特征。

2. 复合分组

复合分组是指被研究现象按两个或两个以上的标志重叠进行的分组，即在按某一标志分组的基础上再按另一标志进行进一步的分组。例如，为了了解学生的年龄、性别等方面对高校学生学习方面的影响情况，对某校学生按学习成绩和性别两个标志进行的复合分组：

男生

60 分以下

60～70

70～80

80～90

90 分以上

女生

60 分以下

60～70

70～80

80～90

90 分以上

这样分组的结果就形成了几层重叠的组别。其特点是：可以从几个不同的角度了解总体内部的差别和关系，比简单分组更全面、更深入地研究问题。但在应用时要注意：第一，复合分组的标志不宜过多。复合分组随着分组标志的增加，所分组数也会成倍增加，被分配到各组的总体单位就会更加分散，这样容易出现相同性质的总体单位被分到了不同的组中，违背了“组内同质性，组间差异性”的原则，因而失去了通过分组来分析问题的意义。第二，只有在总体包括的单位数很多的条件下适当采取复合分组才有意义。

社会现象是复杂的，需要从各个方面进行观察和研究，以获得对事物全面的认识，这就需要采用相互联系、相互补充的多个分组标志对总体进行多种分组，即分组体系。例如，对人口总体进行统计研究，必须按性别、按年龄、按民族、按婚姻状况等进行多种分组，形成分组体系，才能对人口总体的自然构成有较深刻的认识。

四、统计分组的方法

统计分组按分组标志的性质不同，分为品质标志分组和数量标志分组。这是最为常用的和最为重要的统计分组类型，这两种分组的具体处理方法是有区别的。下面主要围绕这两种分组阐述统计分组的具体技术方法。

（一）品质标志分组的方法

按品质标志分组时，分组的组数的多少取决于两个因素：事物的特点与统计研究的任务。事物本身所具有的既定的属性是确定组数的基本依据。例如，企业职工按工种分组、按文化程度分组、按性别分组，企业按行业分组、按规模分组，这些属性不易发生变动，因而对其进行的分组也较容易进行。但是，城乡界限的确定、工农业界限的划分、按经济成分分组等就有一定的难度，通常的做法是根据分组任务的要求，经过事先的研究，由国家或主管部门规定统一的划分标准，编制出统一的分类目录。例如，1998 年国家统计局重新制定颁布了《关于统计上划分经济成分的规定》和新的《关于划分企业登记注册类型的规定》进行规范分类。

此外，较为常见的分类目录还有《工业产品目录》、《工业企业生产结构分类目录》、《工业设备目录》和《工业行业分类目录》等。

（二）数量标志分组的方法

数量标志是说明总体单位数量特征的，一般用数量来具体表现的标志。数量标志分组又叫变量分组，是统计分组中最重要和最常用的内容。

1. 单项式分组与组距式分组

变量分组按其变量值是否存在变动范围，可分为单项式分组和组距式分组两种。

（1）单项式分组又称单项分组或单变量分组，其分组的特点是每一个组只有一个变量值。一般来说，当离散型变量的变量值的变动范围不大，总体单位数也不多时可考虑采用单项分组。

例如，某地区妇女生育次数的统计就可以采用单项分组：0，1，2，3，4，5。

（2）组距式分组又称组距分组，它是以在一定范围内的变量值为一组而进行的统计分组。一般地，在进行变量分组时，恰遇离散型变量且其变量值的变动范围较大，总体单位又多时，如果进行单项分组，则会造成组数太多，使各组的总体单位数相应较少，不利于反映总体分布的规律性，此时采用组距分组较为恰当。此外，由连续型变量进行统计分组时，由于连续型变量的变量值不能一一列举，单项分组会造成总体单位的遗漏，因而只能进行组距分组。

例如，要了解某班学生《统计学基础》的学习情况时，按考试成绩分为 60 以下，60～70，70～80，80～90，90 以上等共五个组。

组距式分组假定变量值在各组内的分布是均匀的，而实际情况却未必如此，因此，采用组距式分组会使资料的真实性受到一定程度的影响。

组距＝每组的最大值－该组的最小值

进行组距式分组时，还应该注意组数与组距的确定问题。如果分组太多、太细，组距就会很小，容易将属于同类性质的单位划分到不同的组中；如果组数太少，组距就会很大，又容易把不同性质的单位划分到同一组中。这两种情况都违反了“组内同质性，组间差异性”的统计分组准则，达不到正确反映客观事实的目的。因此，组数多少为宜，组距多大为好，是先考虑组数的安排还是先考虑组距的确定，不能作机械规定。一般应该在大致了解原始资料分布集中趋势的基础上，对两者进行通盘考虑和安排。

2. 等距分组与异距分组

在组距式分组中，各组的组距可以相等，也可以不相等。各组组距均相等的组距分组叫等距分组，各组组距不完全相等的叫异距分组，也称为不等距分组。

一般来说，在标志值变动比较均匀的情况下，可采用等距分组，如学生按成绩分组、企业产品按合格率分组等。在标志值变动很不均匀，变动幅度较大时，采用不等距分组，更能反映现象本身的性质和特点。例如，从业人员的收入就应该采用不等距方式进行分组：2000 元以下，2000～5000，5000～8000，8000～15 000，15 000 以上。再如，我国 2010 年第六次人口普查时，对于人口的年龄采用的就是不等距分组：0～14 岁，15～64 岁，65 岁以上。

3. 组限与组中值

(1) 组限。组限是指组距式分组中每组的上限和下限。组距式分组中每组的最大值又称为上限，最小值又称为下限，故上述组距的公式一般表述为

$$组距=上限-下限$$

组限的表示方法有两种，即重叠组限(又叫连续组限)和不重叠组限(又叫不连续组限)。一般情况下，离散型变量在进行组距式分组时相邻两组的上、下限不重合，即采用不重叠组限。例如，企业按职工人数分组：

100 以下

101～500

501～2000

2001～10 000

10 001 以上

在实际工作中，离散型变量进行的组距分组，对组限的表示方法并未作明确的要求，因此，企业按职工人数分组也可用重叠组限来表示，即

100 以下

100～500

500～2000

2000～10 000

10 000 以上

连续型变量进行组距分组时，为避免出现部分标志值在汇总中被遗漏的情况，一般要求相邻两组的组限重叠，即连续变量在进行组距分组时，组限的表示方法只能采用重叠组限的方法。例如，企业按增加值分组(单位为万元)：

100 以下

100～1000

1000～5000

5000 以上

采用重叠组限的方式进行变量分组，在汇总整理时通常把处于前、后两组上、下限相

重合的总体单位统一划归为后一组(即下限所在组)，即遵循所谓的"上限不在内原则"。

在组距分组中，凡出现"…以上"或"…以下"字样的组，一般是第一组和最后一组，叫开口组，开口组是组限不全的组。反之，第一组有下限，最后一组有上限(即组限齐全的组)称为闭口组。

(2) 组中值。组中值是组距分组中各组的上限和下限的中点数值。

在组距分组中，其组内变量值位于上下限之间，能说明下限至上限的变动距离，却不能反映组内各单位变量值的具体分配情况。在进行组距分组时，为满足统计研究的需要，必须假设各单位变量值在组内是均匀分布的，这样就可以用组中值作为该组内各单位不同的变量值的一个代表值。

组中值的计算公式为

$$\text{中值}=\frac{\text{上限}+\text{下限}}{2}$$

需要注意的是，开口组组中值的确定是参照相邻组组距来确定的，即将相邻组组距作为本组组距以计算组中值。

组中值只是各组平均值的代表值，并非各组平均值，它对组内平均值的代表性的高低取决于其组内标志值均匀分布的程度。故凡用组中值计算的结果一般只是近似值。组中值在组距数列中具有重要作用，是研究总体单位某标志集中趋势或离散趋势程度不可缺少的重要计算数据。

第三节　分配数列

一、分配数列的意义和种类

(一) 分配数列的意义

分配数列也称次数分布或次数分配，是统计资料经过对某一标志分组后按一定的分组顺序，列出各组的总体单位数，形成的一个反映总体单位在各组间分配情况的统计数列。分布在各组的总体单位数叫次数，又称频数；各组次数与总次数之比叫比率，又称频率。

分配数列是进行统计分析的重要基础，是统计资料整理的一种重要形式和结果。它可以表明总体的分布特征及内部结构情况，并可用于研究总体某一标志的平均水平及其变动的规律性。

分配数列的构成必须同时具备两个要素：一是按分组标志划分的各类型组；二是分配于各组的总体单位数。

(二) 分配数列的种类

按选用的分组标志的性质不同，分配数列可分为品质数列和变量数列。

1. 品质数列

按品质标志分组所编制的分配数列叫品质数列，它由分组的名称和次数两个要素构成。例如，根据国家统计局的数据库提供的资料显示见表 4-4。

表 4-4　2014 年年末我国人口的性别构成统计表

性　别	人口数/万人	占总人口的比重/(%)
男	70 079	51.23
女	66 703	48.77
合　计	136 782	100

(资料来源：国家统计局网站—国家统计局数据库)

对于品质数列，如果分组标志选择得当，分组标准定得合理，那么事物性质的差异表现得也比较清楚，总体中各组的划分也较容易解决，从而能准确地反映总体的分布特征。

2. 变量数列

按数量标志分组形成的分配数列称为变量数列。

按照变量类型的不同，变量数列可分为离散变量和连续变量。

按其变量值是否存在变动范围，变量数列可分为单项式变量数列和组距式变量数列两种。

单项式变量数列又称单项数列或单变量数列，是现象总体按采用单项式分组后形成的变量数列，示例如表 4-5 所示。

表 4-5　某地区妇女生育孩次分布

生育孩次数	比重/(%)
0	20
1	75
2	3
3	1.2
4	0.7
5	0.1
合　计	100

组距式变量数列又称组距数列，它是现象总体采用组距式分组编制的变量数列。其中等距数列示例见表 4-6。

表 4-6　某班学生“统计学基础”考试成绩表

学生考试成绩/分	人数/人	频率/(%)
60 以下	2	4
60～70	10	20
70～80	18	36
80～90	15	30
90 以上	5	10
合计	50	100

异距数列示例见表 4-7。

表 4-7 某公司某月职工工资统计表

职工按月工资额分组/元	职工人数/人
2 000 元以下	10
2 000～5 000	40
5 000～10 000	80
10 000～15 000	15
15 000 元以上	5
合计	150

二、变量数列的编制与分布

(一) 变量数列的编制方法

第一步，将原始资料按数字大小依次进行排列。

第二步，确定变量的类型和分组的方法(如是单项式分组还是组距式分组)。

第三步，确定组数和组距。

第四步，确定组限及其表示方法。

第五步，汇总各组的次数，并计算频率。

【例 4-1】 某车间 30 名工人某日加工的零件数量统计如下：

30 20 28 29 30 31 29 30 29 29 30 27 30 29 28 31 30 27 27 29 30 28 29 29 29 31 29 29 30 29

要求编制变量数列。

解 第一步，重新排序。将 30 位工人加工的零件数量按照由小到大的顺序排列，排列结果如下：

27 27 27 28 28 28 29 29 29 29 29 29 29 29 29 29 29 29 30 30 30 31 30 30 30 30 30 31 31 31

第二步，确定变量的类型和分组的方法。由于该变量是离散变量，而且变动幅度从 27 到 31，变动范围不大，因此可以采用单项式方法进行分组。

第三步，确定组数和组距。单项式分组不存在组距问题，组数为五组，即变量从 27 到 31 的变动范围中，每一个变量为一个组。

第四步，确定组限及其表示方法。单项分组不存在组限问题。

第五步，汇总各组的次数，并计算频率。将计算结果列入表 4-8。

表 4-8 某车间工人加工零件数量统计表

工人按加工零件数分组	工人人数 /人	比重/(%)
27	3	10
28	3	10
29	12	40
30	9	30
31	3	10
合计	30	100

【例 4-2】 某企业销售部 30 名推销员销售额的完成情况(%)如下：

98 102 82 106 108 112 109 108 87 125 113 105 116 99 107 115 104 129 85 119 102 106 117 93 111 107 123 114 116 103

根据以上资料，要求编制变量数列。

解 第一步，将原始资料依次重新排列如下：

82 85 87 93 98 99 102 102 103 104 105 106 106 107 107 108 108 109 111 112 113 114 115 116 116 117 119 123 125 129

第二步，确定变量类型和分组方法。由于销售额的完成情况属于连续变量，因此只能编制组距数列。

第三步，确定组数和组距。根据前面所学内容，组数太多或太少均是不可取的，组数在 5～15 组为宜，组距采用 5，10 或 10 的整数倍为好，并尽量采取等距分组。考虑到本例变量值的变动范围不是很大，变动也相对均匀，可以把 30 名推销员销售额的完成情况分为 5 组，并采用等距分组的方法，每组的组距定为 10%。

第四步，确定组限及其表示方法。

本例中的变量为连续变量，故其组限的表达方法只能采取连续组限的方法。

在确定组限时应该注意：

第一，最小组的下限应该低于最小变量值；同理，最大组的上限应该高于最大变量值。

第二，组限的确定应该有利于反映总体分布的规律性。

第三，如果组距为 5，10，…，100，则每组的下限最好是它们的倍数。

因此，本例中第一组的下限定为 80。

第五步，汇总各组的次数，并计算频率。

表 4-9 某企业推销员销售额完成情况统计表

销售额完成情况/(%)	推销员人数/人	频率/(%)
80～90	3	10
90～100	3	10
100～110	12	40
110～120	9	30
120～130	3	10
合计	30	100

表 4-9 基本上反映出推销员销售额的完成情况。为了统计分析的需要，有时还需要观察某一数值以下或某一数值以上的频数或频率之和，这就需要计算累计频数和累计频率。

按累计的方向不同，累计频数与频率分为向上累计和向下累计。向下累计是从变量值高的组向变量值低的组逐组累计频数或频率，每组的累计频数或频率表示大于该组下限值的频数或频率共有多少。向上累计是从变量值低的组向变量值高的组逐组累计频数或频率，每组的累计频数或频率表示小于该组上限值的频数或频率共有多少。表 4-9 中推销员的销售额资料如果采用累计频数和累计频率的方法，计算结果如表 4-10 所示。

如果想知道完成销售额的推销员有多少，占多大比例，则可以查表找出完成销售额100%以上的累计频数和累计频率，即100～110这一组对应的向下累计频数或累计频率，可得完成销售额任务的推销员有24人，占80%。如果想知道没有完成销售额的推销员有多少，占多大比例，则可以查表找出完成销售额100%以下的累计频数或累计频率，即90～100这一组对应的向上累计频数或累计频率，可得没有完成销售额计划的推销员有6人，占20%。

表4-10　某企业推销员销售额完成情况统计表

销售额完成情况/(%)	频数/人	频率/(%)	向上累计		向下累计	
			频数/人	频率/(%)	频数/人	频率/(%)
80～90	3	10	3	10	30	100
90～100	3	10	6	20	27	90
100～110	12	40	18	60	24	80
110～120	9	30	27	90	12	40
120～130	3	10	30	100	3	10
合计	30	100	—	—	—	—

(二) 次数分布的主要类型

不同的社会经济现象会呈现出不同的次数分布。次数分布的主要类型有如下三种。

1. 钟形分布

钟形分布又称为正态分布，其分布的特征是“两头小，中间大”，所绘图形似一口古钟，如图4-1所示。

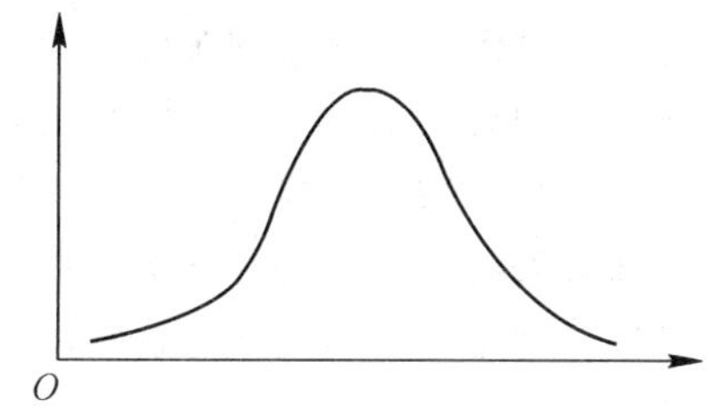

图4-1　钟形分布示意图

从图4-1中可以看出，靠近中间的变量值分布的次数多，靠近两边的变量值分布的次数少。大多数社会经济现象的次数分布都服从于这种分布，如职工工资收入、商品市场价格、学生学习成绩、居民家庭住房面积等现象。

2. U形分布

U形分布的特征是“两头大，中间小”，所绘图形似一口倒置的古钟，故又称其为倒钟形分布。

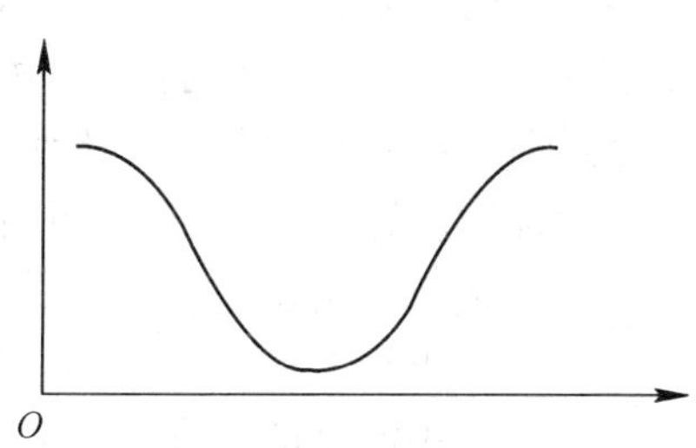

图4-2　U形分布示意图

从图4-2中可以看出，靠近中间的变量值分布的次数少，靠近两边的变量值分布的次数多。人口死亡现象按年龄分布就服从于该分布。

3. J形分布

J形分布因其所绘图形似英文字母J而得名。J形分布有正、反J形两种分布。正J形分布是次数随着变量值的增大而增多，如投资额按利润率大小分布；反J形分布是次数随着变量值的增多而减少，如单位成本按生产数量的分布，如图4-3所示。

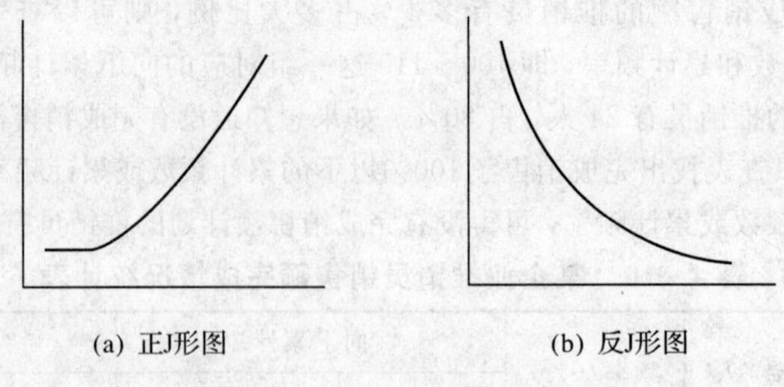

图 4-3　J形分布示意图

第四节　统计表与统计图

经过汇总整理的统计数据资料需要采用恰当的方式进行表现。表现统计资料的常见方式有文字描述、统计表和统计图。后两种方式既直观，又简练，容易被人接受和掌握，是表现统计资料，尤其是统计数据资料的良好方式。

一、统计表

（一）统计表的意义与结构

1. 统计表的含义

经过汇总整理后的统计资料，应按照规定要求填列在一定的表格内。统计表就是用纵横交叉的线条来表现统计资料的表格，是表现统计资料的最常见的方式之一。统计表能够将大量统计数字资料加以综合组织安排，使资料更加系统化、标准化，更加紧凑、简明、醒目和有条理，便于人们阅读、对照比较，说明问题清楚，从而更加容易发现现象之间的规律性。利用统计表还便于资料的汇总和审查，便于计算和分析。因此，统计表是统计分析的重要工具。

2. 统计表的结构

从形式上看，统计表由四个部分组成，即总标题、横行标题、纵栏标题和数字资料。总标题为整个统计表的名称，用来简明扼要地说明全表的主要内容，一般列在表的上端中部；横行标题是表中各横行的名称，在统计表中通常用来表示各组的名称，它代表统计表所要说明的对象，一般列在表的左方；纵栏标题是表中各纵栏的名称，在统计表中通常用来表示统计指标的名称，一般列在表的上方；数字资料列在各横行标题与各纵栏标题交叉处，即统计表的右下方。统计表中任何一个数字的含义都由横行标题和纵栏标题共同说明。统计表示例见表 4-11。

从表的内容上看，统计表包括主词和宾词两个部分。主词是统计表所要说明的对象，也就是统计表所要反映的总体或总体的各个分组；宾词是说明总体的各个指标。一般情况下，主词排列在统计表的左方，即列于横行；宾词排列在表的上方，即列于纵栏。

（二）统计表的种类

统计表的样式见表 4-11。

表 4-11 2014年四大直辖市主要经济指标统计表

指标 城市	天津市	北京市	上海市	重庆市
生产总值/亿元	15 722	21 330	23 560	14 265
社会消费品零售总额/亿元	4 738.65	9 098.09	8 718.65	5 096.20
城镇居民人均可支配收入/元	31 506	43 910	47 710	25 147

主词栏　　　　宾词栏

（资料来源：国家统计局网站—国家统计局数据库）

按照主词是否分组和分组的程度不同，统计表分为简单表、分组表和复合表三类。

1. 简单表

统计表的主词未经任何分组的表称为简单表。它的特点是反映的内容只按顺序或逻辑排列，并有合计数，一般在对调查得到的原始资料进行初步整理时采用这种形式。简单表的主词可以按总体单位简单排列，也可以按时间先后顺序简单排列。按总体单位简单排列的简单表见表 4-12，按时间先后顺序简单排列的简单表见表 4-13。

表 4-12 某系某年各年级英语成绩统计表

年　级	英语平均成绩/分	名　次
一年级	85	1
二年级	84	2
三年级	80	3
总平均分	81	—

表 4-13 某公司上半年利润完成情况

月份	计划利润/万元	实际利润/万元	计划完成/(%)
1	200	220	110
2	200	240	120
3	200	250	125
4	200	260	130
5	200	270	135
6	200	280	140
合计	1 200	1 520	126.67

2. 分组表

分组表即统计表的主词按某一个标志进行分组的统计表。其主词可按品质标志分组，也可按数量标志分组，示例见表 4-14。

表 4-14　2014 年我国国内生产总值统计表

按产业分组	国内生产总值/亿元	比重/(%)
第一产业	58 336.7	9.17
第二产业	271 764.5	42.72
第三产业	306 038.2	48.11
合计	636 139.4	100.00

(资料来源：国家统计局网站—国家统计局数据库)

3. 复合表

复合表即统计表的主词按两个或两个以上标志进行重叠分组的统计表。复合表能把更多的标志结合起来，可更深入地分析现象的特征和规律性。示例见表 4-15。

表 4-15　某地区某年企业销售收入和职工人数统计表

项目	销售收入/万元	职工人数/人
国有企业	22 550	68 650
大型企业	9750	13 600
中型企业	8500	45 000
小型企业	4300	10 050
集体企业	17 300	22 400
大型企业	7300	7500
中型企业	5400	10 400
小型企业	4600	4500
合计	39 850	91 050

统计表还可以按照宾词设计进行分类，分为宾词简单排列、宾词分组平行排列和宾词分组层叠排列三种。宾词简单排列是指宾词不进行任何分组，只按一定顺序排列在统计表上；宾词分组平行排列是指宾词栏中各分组标志彼此分开，平行排列；宾词分组层叠排列是统计指标同时有层次地按两个或两个以上的标志进行分组，各种分组层叠在一起。

(三) 统计表的编制规则

(1) 表的各种标题，特别是总标题，要简明确切，概括地反映出统计表的基本内容，表明统计资料所属地点和时间。

(2) 表中的横行标题各行、纵栏标题各栏一般按先局部后整体的原则排列，即先排列各个项目，后排列总体。当没有必要列出所有项目时，可先列总体，后列其中一部分项目。

(3) 如果统计表的栏数较多，通常应加以编号。主词栏和计量单位各栏一般用甲、乙、丙等文字编号，宾词栏各统计指标一般用 1，2，3 等数字编号。

(4) 表中的数字要对准位数，填写整齐，当某项无数字时，用规定符号表示。例如，当缺乏某资料时，有的规定用“—”表示，有的规定用符号“…”表示。尤其对于用电子计算机汇总的统计表，填写的符号都有特殊的要求，必须按具体规定填写计量单位栏，若整个统计表只用一种计量单位，可省去计量单位栏，将计量单位写在统计表的右上方。

(5) 统计表的上、下横线一般用粗线条封口，左右两端不封口，即统计表采用“开口表”格式。

二、统计图

(一) 统计图的意义

统计图是利用几何图形、事物的形象和地图来反映统计指标间数列关系的一种图形，它是表示统计资料的一种特殊方式。这种利用图形描述统计资料和分析研究成果的方法称为统计图示法。

与其他统计资料的表现方式相比，统计图具有形象、生动、通俗易懂、鲜明醒目、富有表现力和便于比较等特点，它可使人们一目了然地认识客观事物的状态、形成、相互关系及发展趋势。所以，统计图示法在社会经济生活中得到了越来越广泛的应用，绘制统计图就成为了统计整理的重要内容之一。

(二) 统计图的种类

1. 几何图

几何图是利用点、线和面等几何图形来表现统计资料的一种统计图。几何图分为直方图、平面图和曲线图等，都是以图形的大小、长短、多少来表示统计资料的。

(1) 直方图。直方图又称条形图，是用宽度、高度或长度不同的条形来表示现象之间对比关系的统计图。

图 4-4 是水平直方图，反映的是某企业三个销售部门销售收入方面的不同水平。

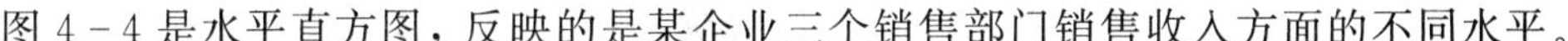

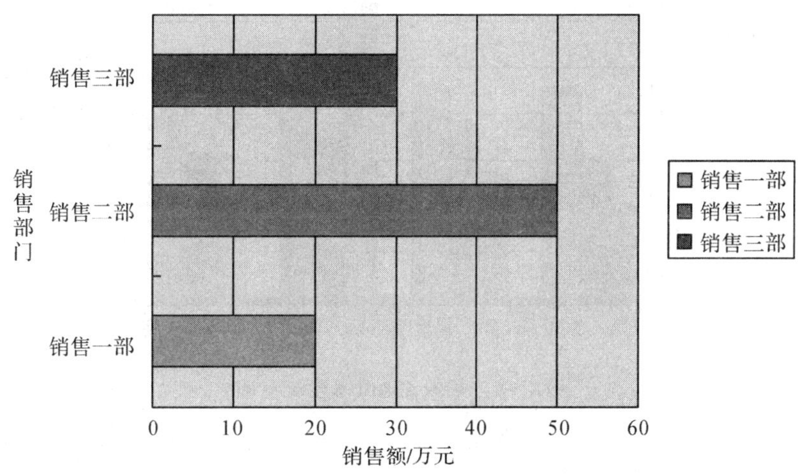

图 4-4　某企业各销售部门销售收入统计图(水平直方图)

如果将该公司三个销售部门的销售收入绘制成竖直直方图，见图 4-5。

图 4-6 表现的是立体直方图，它既可以表现不同时间，还可以表现不同空间在降水量方面的具体数据，较为全面。

图 4-7 则是说明某地区一、二、三产业分布的结构直方图。

(2) 平面图。平面图是以几何图形的面积来表示统计指标值大小的一种图形。它可以用来比较同类指标的大小，说明总体结构。平面图主要采用圆形图。

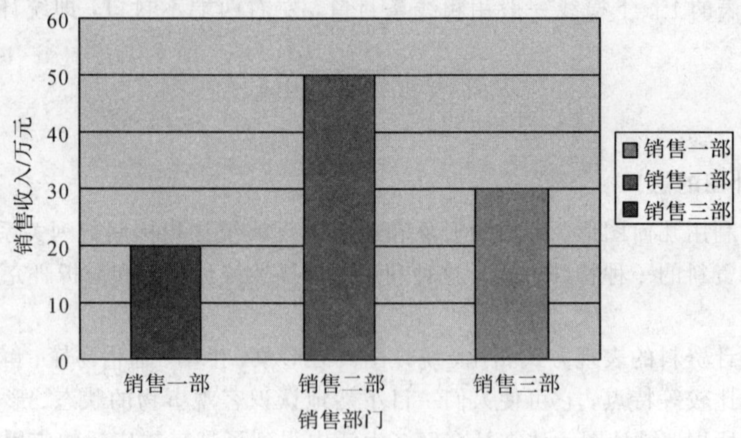

图 4-5 某企业各销售部门销售收入统计图(竖直直方图)

圆形图又称饼状图，是以圆形面积或以圆内各扇形面积的大小来表示指标数值大小的图形，它用于比较指标和反映总体内部结构。图 4-8 就是说明某商业企业某年 10 月销售商品的结构平面图，它形象地表明了该商业企业销售商品中，食品和衣着类有较大比重，从而说明了人们的消费观念。

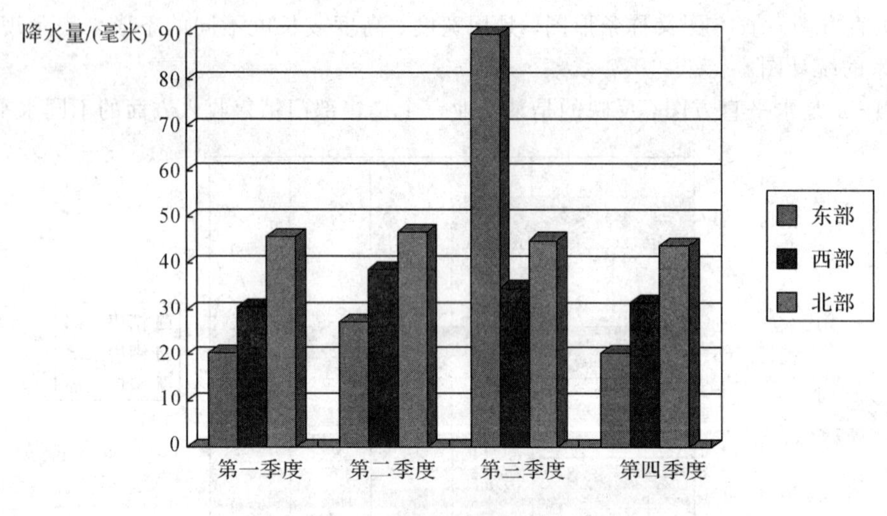

图 4-6 某国各地降水量统计图

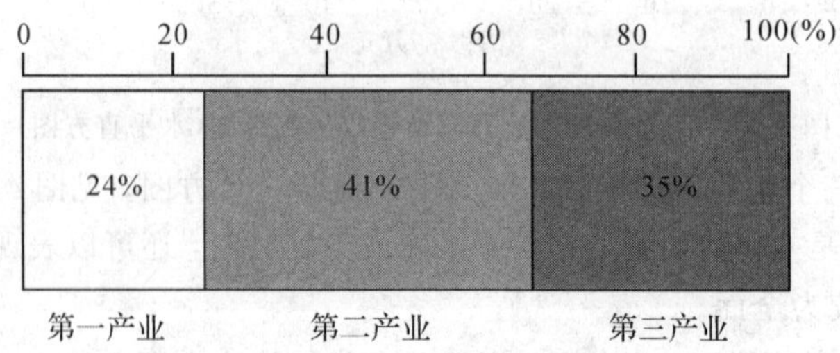

图 4-7 某地区一、二、三产业结构统计图

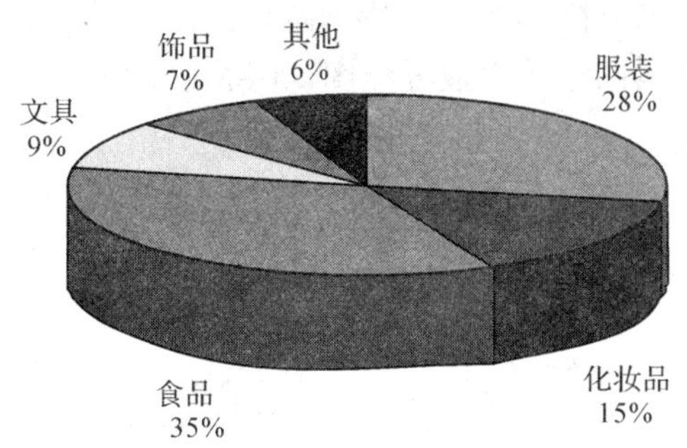

图 4-8 某商业企业某年 10 月销售商品的结构

(3) 曲线图。曲线图又称折线图或线形图，是用曲线的升降来表示数值的大小和发展变化的图形。它是反映总体次数分布规律的一种有效方法。曲线图分为动态曲线图、计划完成情况曲线图和分配曲线图等。

动态曲线图是反映不同时期发展水平变动的图形，从曲线的倾斜度还可以看出发展速度的快慢。图 4-9 是说明我国近十年职工平均货币工资的动态曲线图。

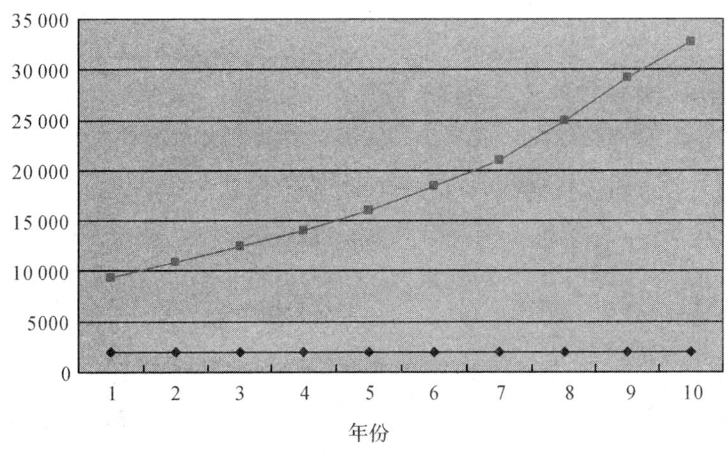

图 4-9 我国职工平均货币工资统计图

计划完成曲线图是用不同线条来代表计划数和实际数，以反映计划完成情况的图形。示例见图 4-10。

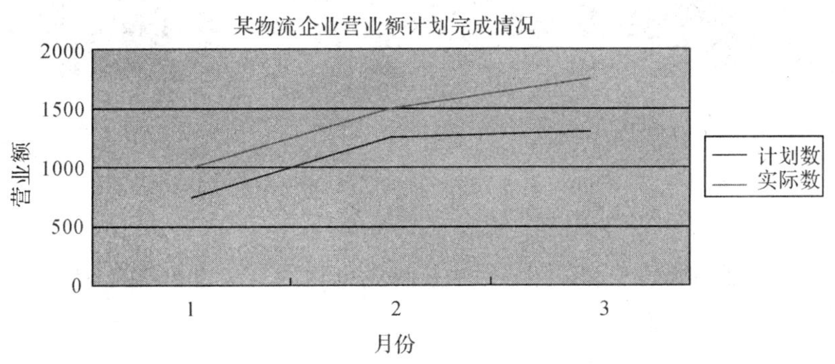

图 4-10 某物流企业营业额计划完成情况曲线图

分配曲线图是用曲线的升降起伏来反映总体单位在总体各组中的分配情况及次数分配变化规律的图形。分配曲线图也叫次数分配图，它是分配数列的图形表示法。分配曲线图如图 4－11 所示。

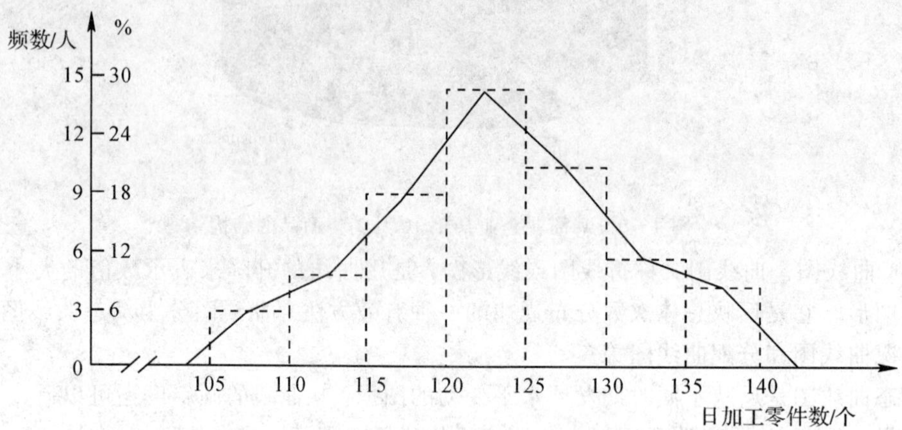

图 4－11　日加工零件分配曲线图

2. 象形图

象形图是利用事物的形象来表明现象的特点和数量对比关系的图形。这类图形实质上是几何图形的变形，它也是以图形的大小、长短、多少来表示统计资料的。象形图鲜明生动，富有表现力。它常用于比较同类指标。示例见图 4－12。

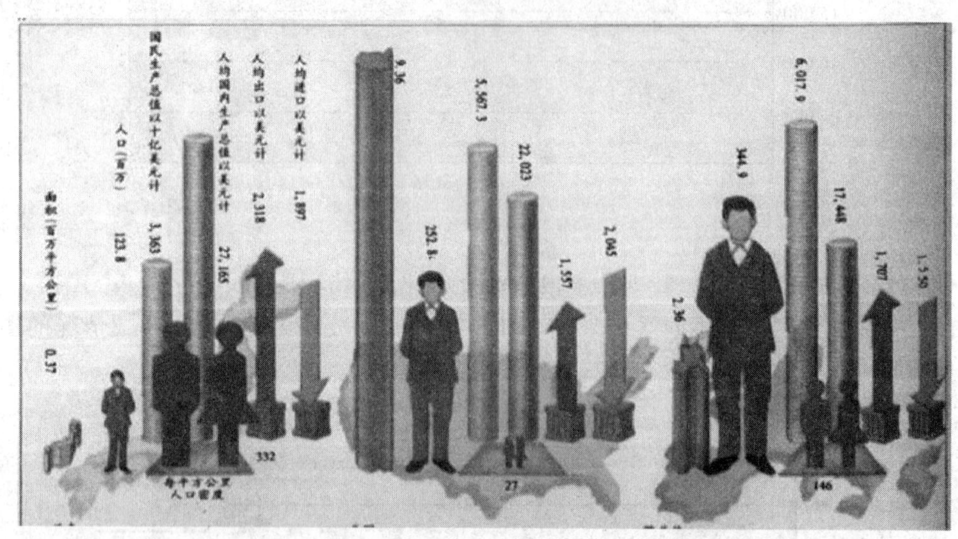

图 4－12　日本、美国、欧共体有关人口分布密度指标比较

3. 统计地图

统计地图是以地图为背景，采用点、线、面或事物的形象在地图上显示现象的分布状况的一种统计图。示例见图 4－13。

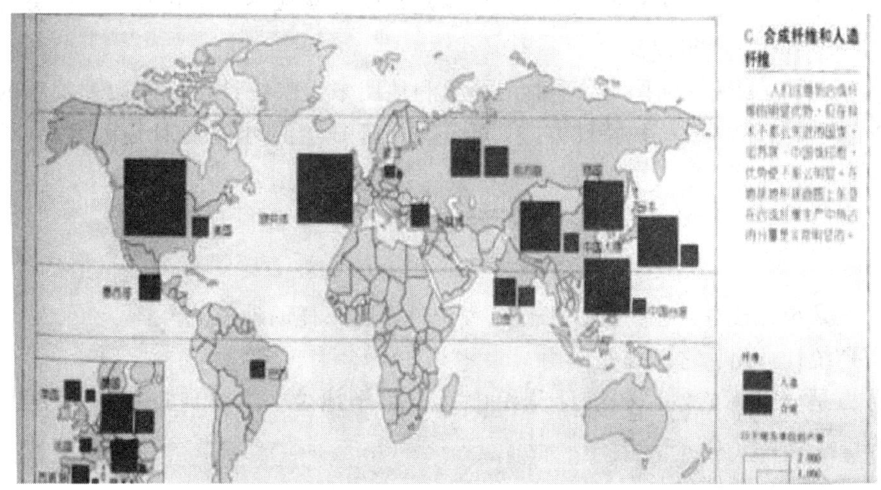

图 4-13　某年我国合成纤维人造纤维的地域分布图

（三）绘制统计图的基本要求和原则

为了使统计图能准确、生动地反映被研究对象的数量特征，在编制统计图时应注意以下编制规则：

(1) 各种图形的适用条件不同，应选择恰当的图形来表示统计数据。

(2) 图的标题应简明扼要地说明想要表达的内容。图的标题位于图的下方，字体是最大的。

(3) 有纵横轴的图形，横轴表示研究对象，尺度要等距，自左至右排列由小到大。纵轴一般表示现象出现的频数或频率，从零开始等距，由下至上从小到大排列。数字位于左侧，要注明单位。

(4) 线条粗细有差别，图形线条最粗，坐标线条较细。

(5) 在同一图形上比较多个事物时取的尺度要相同，比较的对象不宜过多。

(6) 图形上尽量不要写数字，如要说明则应该列于图注中。

本章小结

统计整理是根据统计研究任务的要求，对统计调查阶段所搜集到的大量原始资料进行加工与汇总，使其系统化、条理化、科学化，最后形成能够反映现象总体综合特征的统计资料的统计工作过程。它统计工作的中间环节，具有承上启下的重要作用。

(1) 统计分组就是根据统计研究的需要，按照某种标志将统计总体区分为若干个组成部分的一种统计方法。分组标志是进行统计分组的依据或标准，正确选择分组标志是保证实现分组任务的关键。统计分组可分为数量标志分组和品质标志分组，简单分组和复合分组。

(2) 分配数数列是统计资料经过对某一标志分组后按一定的分组顺序，列出各组的总体单位数，形成的一个反映总体单位在各组中分配情况的数列，也称次数分配或次数分布。分配数列分为品质数列和变量数列。

(3) 统计表就是以纵横交叉的线条所绘制的表格来表现统计资料的一种形式。统计表从形式上主要由总标题、横行标题、纵栏标题和数字资料四个部分组成；统计表从内容上主要由主词栏和宾词栏组成。

(4) 统计图是利用几何图形、事物的形象和地图来反映统计指标间数列关系的一种图形，它是表示统计资料的一种特殊方式，可分为几何图、象形图、统计地图等。

思考与讨论

1. 什么是统计整理？它在统计工作过程中处于什么样的地位？

2. 何谓统计分组？它有哪些作用？

3. 什么是分组标志？它在统计分组中处于什么地位？应如何进行统计分组标志的选择？

4. 统计分组有哪些分类？

5. 如何进行具体的统计分组工作？

6. 何谓分配数列？它有哪几个方面的构成内容？可以分成哪几种类型？

7. 什么是统计表？它从形式和内容上包括哪些方面？

8. 什么是统计图？常见的统计图有哪些？

应用能力训练

1. 某学院经济管理专业某班学生的统计学考试成绩(分)为

81　51　78　85　66　71　63　83　52　95

78　72　85　78　82　90　80　55　95　67

72　85　77　70　90　70　76　69　58　89

80　61　67　86　89　63　78　74　82　88

96　62　81　44　76　86　73　83　85　93

根据上述资料，完成下列要求：

(1) 编制组距数列，说明每一组的上限、下限、组中值。

(2) 说明为什么不能编制单项数列而要编制组距数列。

(3) 选择一个适当的图形，绘制该班统计学成绩的统计图。

2. 某百货公司连续 40 天的商品销售额(万元)资料如下：

41　25　29　47　38　34　30　38　43　40

46　36　45　37　37　36　45　43　33　44

32　28　46　34　30　37　44　26　38　44

42　36　37　37　49　39　42　32　36　35

(1) 请问根据上面的数据，应该进行单项式分组还是组距式分组？为什么？

(2) 将上面的数据进行适当的分组。如果是组距式分组，列表说明每组的上限、下限和组中值。

(3) 绘制频数分布的直方图和折线图。

案例分析

为了研究和分析大学生的网络消费状况，引导大学生树立正确的消费观念、价值取向、消费习惯等，某调查组对在校大学生进行了网络购物情况的调查。以下是问卷调查数据的部分整理结果，如图 4－14 至图 4－17 所示。

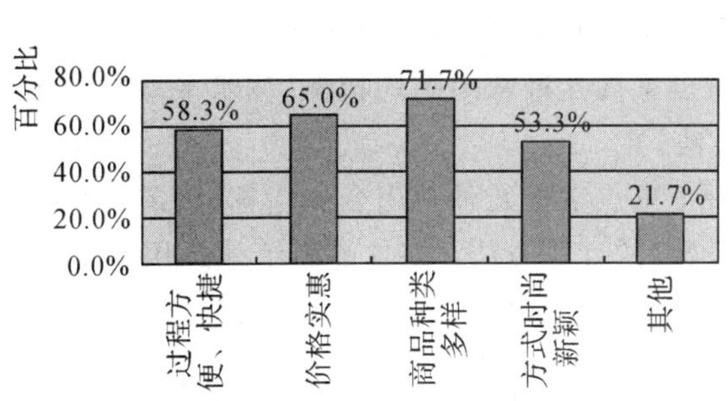

图 4－14 选择网上购物的原因分析

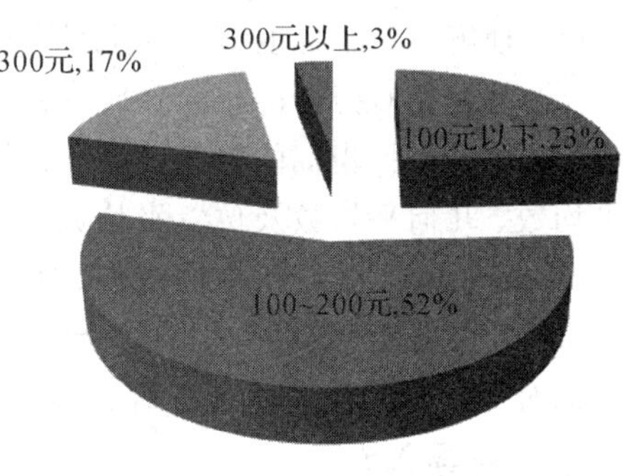

图 4－15 月平均网购消费额

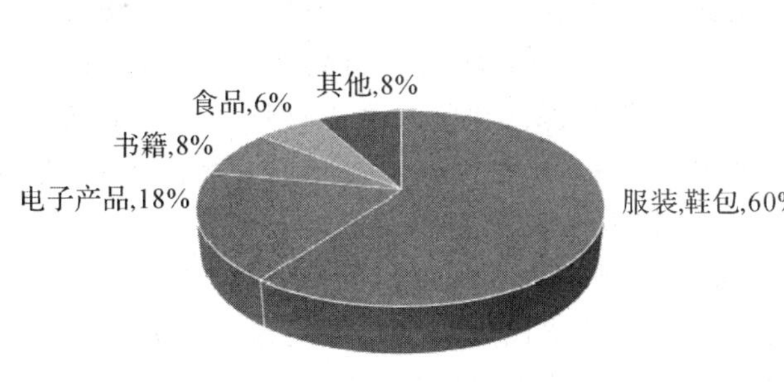

图 4－16 网购商品构成情况

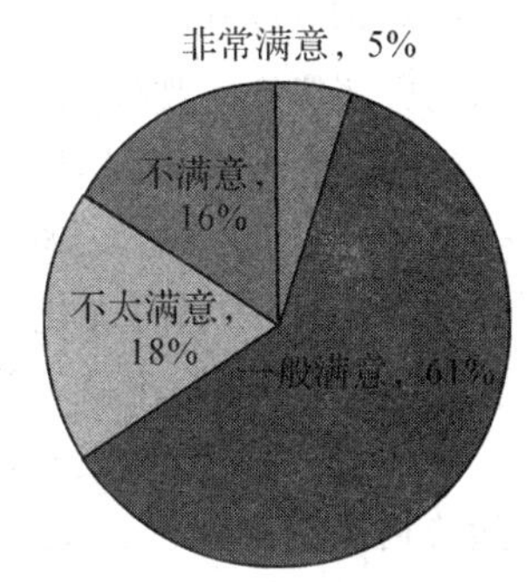

图 4－17 网购满意度

根据以上资料，要求：

1. 试用统计表分别描述上述图形的结果。
2. 针对这几幅统计图，你能得出什么基本的结论？试用文字进行简要叙述。
3. 用文字、表格、图形等方式来描述数据的整理结果各有什么优点和缺点？

第五章　综合指标分析

【学习目的】

(1) 理解总量指标的概念、作用和种类。

(2) 掌握相对指标的概念、类别和作用，重点掌握几种常用相对指标的计算方法。

(3) 掌握平均指标的概念、类别和作用，重点掌握几种常用平均指标(算术平均数、调和平均数、几何平均数及位置平均数)的计算方法。

(4) 掌握标志变异指标的概念、类别和作用，重点掌握几种常用变异指标(极差、平均差、标准差及全距系数、平均差系数、标准差系数)的计算方法，并且能熟练地运用标志变异指标对平均指标代表性进行对比分析。

【案例导入】

2015 年我国经济保持了总体平稳、稳中有进、稳中有好的发展态势。

全年国内生产总值 676 708 亿元，按可比价格计算，比上年增长 6.9%。分季度看，一季度同比增长 7.0%，二季度增长 7.0%，三季度增长 6.9%，四季度增长 6.8%。

居民消费价格温和上涨。全年居民消费价格比上年上涨 1.4%。其中，城市上涨 1.5%，农村上涨 1.3%。分类别看，食品价格同比上涨 2.3%，烟酒及用品上涨 2.1%，衣着上涨 2.7%，家庭设备用品及维修服务上涨 1.0%，医疗保健和个人用品上涨 2.0%，交通和通信下降 1.7%，娱乐教育文化用品及服务上涨 1.4%，居住上涨 0.7%。在食品价格中，粮食价格上涨 2.0%，油脂价格下降 3.2%，猪肉价格上涨 9.5%，鲜菜价格上涨 7.4%。

居民收入稳定增长。全年全国居民人均可支配收入 21 966 元，比上年名义增长 8.9%，扣除价格因素实际增长 7.4%。按常住地分，城镇居民人均可支配收入 31 195 元，比上年增长 8.2%，农村居民人均可支配收入 11 422 元，比上年增长 8.9%。城乡居民人均收入倍差 2.73，比上年缩小 0.02。2015 年全国居民收入基尼系数为 0.462。农民工月均收入水平 3072 元，比上年增长 7.2%。

人口就业总体稳定。从年龄构成看，16 周岁以上至 60 周岁以下(不含 60 周岁)的劳动年龄人口 91 096 万人，比上年末减少 487 万人，占总人口的比重为 66.3%；60 周岁及以上人口 22 200 万人，占总人口的 16.1%；65 周岁及以上人口 14 386 万人，占总人口的 10.5%。年末全国就业人员 77 451 万人，其中城镇就业人员 40 410 万人。

(资料摘自：国家统计局最新发布《2015 年国民经济运行稳中有进、稳中有好》)

这篇统计公报里涉及了一些我们日常听到、看到的经济指标，如国内生产总值 GDP、居民消费价格指数(CPI)、基尼系数、就业率等。通过对这些综合指标的计算可以深入分析一定社会经济现象数量方面的特征及趋势，它们是一国国民经济宏观发展计划制定和检查的重要依据。

在前面的学习中，我们已经通过统计整理对总体数量分布的形状和特征有了大致的了解，本章将深入对研究对象进行综合指标分析，主要包括：反映总体达到的总规模或总水平的总量指标、反映研究对象的数量对比关系的相对指标、反映数据分布集中趋势的平均指标和反映分布离散程度的离散指标。本章重点介绍上述综合指标的含义、特点、计算方法及其应用条件。

第一节　总量指标

一、总量指标的定义与作用

（一）总量指标的定义

总量指标又称统计绝对指标，或称绝对数，是反映社会经济现象发展的总规模、总水平的综合指标。具体而言，它是反映客观事物现象总体在一定时间、地点条件下的总规模、总水平或工作总量的综合指标。例如，根据国家统计局公布的数据，初步核算2014年末全国总人口136 782万人，国内生产总值为635 910.0亿元，国家外汇储备38 430.18亿美元，社会消费品零售总额271 896.1亿元，全国财政收入140 370.03亿元，全国税收收入119 175.31亿元，全年粮食产量60 702.61万吨，年末全国民用汽车保有量为14 598.11万辆。这些指标都是总量指标。

总量指标是最基本的统计指标，具有相应的计量单位，可以通过直接或间接的方式获取。它主要反映被研究对象在一定时期或时点的规模、水平或性质相同总体规模的数量差异，这里的研究对象既可以是一个国家或地区，也可以是一个部门或一个单位。例如，国家的人口总数、土地总面积、国民生产总值、进出口总额，某城市的在校学生数，某工厂的在册职工人数等等。

（二）总量指标的作用

总量指标在社会经济统计中具有重要的作用，主要表现在以下几方面：

（1）总量指标是认识社会经济现象的起点。

人们要想了解一个国家或一个地区的国民经济和社会发展状况，首先就要准确地掌握客观现象在一定时间、地点条件下的发展规模或水平，然后才能更深入地认识社会。例如，为了科学地指导国民经济和社会的协调发展，就必须通过总量指标正确地反映社会主义再生产的基本条件和国民经济各部门的工作成果，即反映我国土地面积、人口和劳动资源、自然资源、国民财富、钢产量、工业总产值、粮食产量、农业总产值、国民收入额以及教育文化等方面的发展状况。

（2）总量指标是制定政策、编制计划、进行科学管理的重要依据。

一个国家或地区为更有效地指导经济建设，保持国民经济协调发展，就必须了解和分析各部门之间的经济关系。它虽然可以用相对数、平均数来反映，但归根结底还是需要掌握各部门在各个不同时间的总量指标。因此，总量指标又是实现宏观经济调控和企业经营管理的基本指标。

（3）总量指标是计算相对指标和平均指标的基础。

总量指标是统计整理汇总后，首先得到的能说明具体社会经济总量的综合性数字，是最基本的统计指标。相对指标和平均指标一般都是由两个有联系的总量指标相对比而计算出来的，它们是总量指标的派生指标。总量指标计算是否科学、合理、准确，将会直接影响相对指标和平均指标的准确性，也影响统计分析的准确性。例如，要计算男女性别比率，必须采用男性人数、女性人数这两个总量指标；要计算某单位职工劳动生产率，须用该单位工业增加值和职工总人数两个总量指标相除所得。

二、总量指标的种类

按不同的标准，总量指标分为不同的种类。

（一）总体单位总量和总体标志总量

按指标反映总体的内容不同，总量指标分为总体单位总量和总体标志总量。

总体单位总量即总体单位数，它是总体内所有单位的合计数，主要用来说明总体本身规模的大小，它在总体中具有唯一性。如研究全国工业企业的生产经营状况时，全国工业企业数就是总体单位总量；又如要研究某市高校基本情况，该市高校总数即为总体单位总量。

总体标志总量是总体各单位某一数量标志的标志值的总和，主要用来说明总体各单位某一标志值总量的大小。在同一总体可有多个标志总量。例如，当研究全国工业企业的生产经营状况时，全国工业企业的职工人数、工资总额、工业增加值和利税总额等，都是总体标志总量。

需要指出的是，一个总量指标究竟属于总体单位总量还是总体标志总量并不是固定不变的，而是随着研究目的的不同和研究对象的变化而变化的。一个总量指标常常在一种情况下为总体标志总量，在另一种情况下则表现为总体单位总量。例如，为调查了解全国工业企业职工的工资水平，那么，全国工业企业的职工人数就不再是总体标志总量，而成了总体单位总量。明确总体单位总量和总体标志总量之间的差别，对计算和区分相对指标和平均指标具有重要的意义。

（二）时期指标和时点指标

按指标反映的时间状况不同，总量指标分为时期指标和时点指标。

时期指标是反映社会经济现象在一定时期内发展变化过程总量的指标，如人口出生数、商品销售额、产品产量、产品产值、基本建设投资额等。

时点指标则是反映社会经济现象在一定时点上状况的数量的指标，如人口数、设备台数、商品库存数、固定资产总额、房屋的居住面积、企业数等。

为了正确区分时期指标与时点指标，还须弄清它们各自的特点。

(1) 时期指标无重复计算，可以累加，说明较长时期内现象发生的总量，如年销售收入额是月销售收入额的累计数，表示年内各月销售收入额的总和；而时点指标有重复计算，除在空间上或计算过程中可相加外，一般相加无实际意义，如月末人口数之和不等于年末人口数。

(2) 时期指标数值的大小与时期长短有直接关系。在一般情况下，时期越长，数值越大，如年销售量必定大于年内某月销售量，但在有些情况下，如利润等若出现负数时，则可能出现时期越长，数值越小的情况；而时点指标数值与时点间隔长短没有直接关系，如年末设备台数并不一定比年内某月月末设备台数多。

(3) 时期指标的数值一般通过连续登记取得；而时点指标的数值则通过间断登记取

得。区分时期指标和时点指标决定了统计处理与应用上的不同，在运用时期和时点指标时，注意同一指标若从不同的角度考虑，则总量指标的性质也不同，如年末人口数和年初人口数是时点指标，但年末人口数一年初人口数＝年内人口净增数则为时期指标。

三、总量指标的计量单位

总量指标数值是对各种具体社会经济现象计量的结果，它说明各种具体现象的规模和水平，不是抽象的数字，因此，它是具有计量单位的有名数。根据总量指标所反映的社会经济现象的性质和内容，一般采用三种计量单位，即实物单位、货币单位和劳动时间单位。

（一）实物单位

实物单位是根据现象的自然属性和特点采用的计量单位，主要有自然单位、度量衡单位、标准实物单位、复合单位等。

自然单位是按照被研究现象的自然状况来度量其数量的一种计量单位，如人口以人为单位，汽车以辆为单位，电脑以台为单位进行计量。

度量衡单位是按照统一的度量衡制度的规定来度量其数量的一种计量单位，如煤炭以吨为单位，棉布以尺或米为单位，运输里程以千米为单位等。采用度量衡单位主要是由于有些现象无法采用自然单位来表明其数量，如粮食、钢铁等。另外，有些实物如鸡蛋等，虽然也可以采用自然单位，但不如用度量衡单位准确方便。

标准实物单位是按照统一折算标准来度量被研究现象数量的一种计量单位，如将各种不同含量的化肥用折纯法折合成含量100％来计算其总量，将各种不同发热量的能源统一折合成29.3千焦/千克的标准煤单位来计算其总量等。在统计中为了准确地反映某些事物的具体数量和相应的效能，还有一种复合单位，即将两种计量单位结合在一起以乘积表示事物的数量，如货物周转量就是用吨×千米来表示铁路货运工作量的。

用实物单位来计量的总量指标称为实物指标。实物指标的优点是能直接反映产品的使用价值或现象的具体内容，因而能直接表明事物的规模水平。其缺点是综合能力较差，性质不同的计量单位或不同经济用途的实物量不能相加，无法进行汇总，因而不能反映复杂现象的总体规模和总水平。

（二）货币单位

货币单位是用货币来度量社会劳动成果、劳动消耗或社会财富的计量单位，如国内生产总值、社会商品零售额、产品成本、工资总额和商品进出口总额等。其计量的货币单位通常是元、万元、亿元等。国际交往中使用的外国货币单位有美元、欧元等。不同国家或地区一般都有自己的货币名称和货币单位。

（三）劳动时间单位

劳动时间单位是以劳动过程中消耗的劳动时间来表示的计量单位。它反映劳动消耗量的大小，间接衡量劳动成果的多少，一般以工时、工日、台时、人工数等表示。如工厂考核职工出勤情况，每天要登记出勤人数，把一个月的出勤人数汇总就不能用人来计量，而应用工日来计算。劳动量指标为成本核算、评价劳动时间利用程度和计算劳动生产率提供依据，也是企业编制生产计划和检查生产计划完成情况的依据。但由于各企业的定额水平不同，劳动量指标不适宜在各企业间进行汇总，往往只限于企业内部的业务核算。

四、总量指标的统计要求

(1) 对总量指标的实质(如含义、范围等)要做严格的确定。

正确统计总量指标的首要问题就是要明确规定每项总量指标的含义和范围。例如，要计算国内生产总值、工业增加值等总量指标，首先应清楚这些指标的涵义、性质，才能据此确定统计范围、统计方法。要解决好这个问题，必须正确理解被研究现象的性质、涵义，同时要熟悉党的方针政策和统计制度的有关规定，才能统一计算口径，正确计算出它们的总量。

(2) 注意现象的同质性。

在计算实物指标的总量时，只有同质现象才能计算。同质性是由事物的性质或用途决定的。例如，可以把各种煤炭如无烟煤、烟煤、褐煤等看作一类产品来计算它们的总量，但不能把煤炭与钢铁混合起来计算。

(3) 每项指标要有统一的计量单位。

具体核算总量指标时，究竟采用哪一种计量单位要根据被研究现象的性质、特点以及统计研究的目的而定，同时要注意与国家统一规定的计量单位一致，以便汇总并保证统计资料的准确性。

第二节　相对指标

总量指标虽然可以综合反映社会经济现象的规模、水平和工作总量，但由于现象总体的复杂性，仅根据总量指标是远远不够的，难以对客观现象做出正确的判断。例如，我国某些矿产资源丰富，但人均储量却十分有限。因此要对事物做深入的了解，就需要对总体的组成和其各部分之间的数量关系进行分析、比较，这时就要借助于在总量指标的基础上产生的相对指标，利用相对指标来对事物进行判断、鉴别和比较，这是统计综合指标分析法的基本内容之一。

一、相对指标的意义、作用及其表现形式

(一) 相对指标的意义

相对指标又称统计相对数，简称相对数，是两个相互有联系的现象数值的比率，用以反映现象的发展程度、结构、强度、普遍程度或比例关系。例如，据国家统计局《2015 年全国 1%人口抽样调查主要数据公报》资料显示：截止 2015 年 11 月 1 日零时，全国大陆 31 个省、自治区、直辖市和现役军人的人口为 137 349 万人，同第六次全国人口普查 2010 年 11 月 1 日零时的 133 972 万人相比，五年共增加 3 377 万人，增长 2.52%，年平均增长率为 0.50%。其中，男性人口为 70 356 万人，占 51.22%；女性人口为 66 993 万人，占 48.78%。总人口性别比(以女性为 100，男性对女性的比例)由 2010 年第六次全国人口普查的 105.20 下降为 105.02。以上这些数据中，人口数年增长率、男性或女性占总人口数的比例、男女性别比等都是相对指标。

相对指标在社会经济领域中是广泛存在的。相对指标就是把两个具体数值抽象化，通过这种抽象，可以对现象之间所存在的固有的联系进行更深入的认识。所以，借助于相对

指标对社会经济现象进行比较分析是统计分析的基本方法。

（二）相对指标的作用

(1) 相对指标能够反映社会经济现象之间的数量对比关系。通过数量之间的对比，可以清楚反映现象内部结构和现象之间的数量联系程度，可以弥补总量指标的不足，使人们清楚了解现象的相对水平和普遍程度。例如，某企业去年实现利润 50 万元，今年实现 55 万元，则今年利润增长了 10%，这是总量指标不能说明的。

(2) 相对指标把社会经济现象的绝对差异抽象化，使那些不能对比分析的统计指标可以找到比较的基础。相对指标是将现象绝对数方面的差异加以抽象，这样就使原来不能直接对比的总量指标可以进行对比，使我们对现象之间所存在的固定的联系进行更深入的认识。例如，考察不同地区居民生活的富裕程度时，由于各地区客观条件不同，不能用总量指标直接对比，但如果都以各自的食品支出总额和消费支出总额指标作为依据，计算结构相对指标恩格尔系数，就可以进行比较和深入分析了。再如，不同类型、不同产品和不同条件的企业，它们的计划完成情况无法直接用总量指标进行比较，如果运用计划完成程度相对指标，就可以对企业生产经营成果做出合理评价，示例见表 5-1。

表 5-1　企业计划完成情况对比表

	计划利润/万元	实际利润/万元	计划完成程度/(%)
甲 企 业	100	110	110
乙 企 业	50	58	116

从表 5-1 中可以看出，甲、乙企业都超额完成了计划任务，但乙企业比甲企业完成计划情况好。

(3) 相对指标可以说明总体内在的结构特征，为深入分析事物的性质提供依据。例如，计算一个地区不同经济类型的结构可以说明该地区经济的性质。又如，计算一个地区的第一、二、三产业的比例可以说明该地区社会经济现代化程度等。

（三）相对指标的表现形式

相对指标是子项指标数值与母项指标数值对比之后得到的一个比率，所以它的表现形式是相对数。由于分子和分母指标表示的社会经济内容的不同，从而使得相对指标数值的表现形式分为两类：一是有名数；二是无名数。

(1) 有名数。有名数又称复名数，它是用分子与分母的双重单位计量表示，主要用于强度相对指标的计算与分析，表明事物的密度、强度和普遍程度等。例如，人口密度指标的计量单位为人/平方公里，平均每位学生拥有的图书量为册/人，家庭拥有私家车数为辆/户，平均每人分摊的粮食产量为千克/人等。

(2) 无名数。无名数是一种抽象化的数值，多数相对指标都用无名数表示，其表现形式一般为倍数、系数、成数、百分数、千分数、翻番数等。

倍数和系数是将对比的基数抽象化为 1 而计算出来的相对指标。两个指标数值对比，分子数值大于分母数值时多用倍数表示。如果两个指标数值对比，分子数值和分母数值差别不大时一般用系数表示，如工资等级系数、固定资产的磨损系数等。

成数是将对比的基数抽象化为 10 而计算出来的相对指标。基数分为 10 份，每份一成。例如，某地某年的棉花增产两成，即增产了十分之二。成数的概念经常用于工农业生产中。

百分数是将对比的基数抽象化为 100 而计算出来的相对指标，用符号%表示，是相对指标最常用的一种形式。

千分数是将对比的基数抽象化为 1 000 而计算出来的相对指标，用符号‰表示。它适用于分子比分母数值小很多的情况。如人口增长率、人口出生率和存贷款利率等。

翻番数指当一个数是另一个数的 2^m 倍时，则番数是 m。例如，某地区 2010 工业增加值为 220 亿元，计划在 2012 年翻一番(即达到 440 亿元)，在 2015 年翻两番(即达到 880 亿元)，在 2020 年翻三番(即达到 1760 亿元)。

二、相对指标的种类及计算方法

随着统计分析目的的不同，两个相互联系的指标数值对比可以采取不同的比较标准(即对比的基础)，而对比所起的作用也有所不同，从而形成不同的相对指标。在实际工作中，相对指标一般有六种主要形式，即结构相对指标、比例相对指标、比较相对指标、强度相对指标、动态相对指标和计划完成程度相对指标。

(一) 结构相对指标

结构相对指标也称为结构相对数或比重。它是在分组的基础上，以总体单位作为比较标准，求出各组数量占总体总量的比重，借以反映总体内部结构的一种综合指标。一般用百分数、成数或系数表示。其计算公式为

$$结构相对数=\frac{各组总量}{总体总量}\times 100\% \tag{5.1}$$

研究社会经济现象总体时，不仅要掌握其总量，而且要揭示总体内部的组成数量表现，亦要对总体内部的结构进行数量分析，进而更深入认识现象的内部特征，显示现象内部的各部分特殊性质及其在总体中占有的地位，这就需要计算结构相对指标。因此，结构相对指标在统计分析中的应用也很广泛。表 5-2 是《2015 年全国 1%人口抽样调查主要数据公报》中显示的我国人口的年龄构成情况，其中，各年龄结构人口数占总人口数的比重就是结构相对指标。

表 5-2　我国人口的年龄构成情况表(截止 2015 年 11 月 1 日零时)

	人 数/万人	所占比例/(%)
总　人　口	137 349	100
0～14 岁人口	22 696	16.52
15～59 岁人口	92 471	67.33
60 岁及以上人口	22 182	16.15

(资料来源：国家统计局网站)

值得注意的是，由于结构相对指标是总体各部分数值与总体全部数值之比，所以，各部分所占的比重之和必定是100%或者 1。其分子、分母指标既可以是总体单位总量，也可以是总体标志总量，但分子、分母的位置不能互换。

结构相对指标在统计分析中应用非常广泛，常应用于消费结构分析。消费结构是指各类消费支出在总消费支出中所占的比重。19 世纪德国统计学家恩格尔通过对英国、法国、德国、比利时等国居民家庭收支进行分析研究，提出了恩格尔定律，即随着家庭收入的增

加，家庭收入或总支出中用于食品方面的支出比重越来越小。反映这个定律的结构相对数成为恩格尔系数。恩格尔系数＝食品支出总额/消费支出总额。

将不同时期的结构相对指标进行对比，可以通过总体结构的变动观察客观事物变化的进程。一般来说，事物的变化总是先从内部结构演变开始的，这种变化常常反映了事物发展由量变到质变的过程。掌握这一进程并加以分析，才能使我们认识事物发展的规律性。

（二）比例相对指标

比例相对指标是反映总体内部各个组成部分之间的数量对比关系的综合指标，用以分析总体范围内各个局部、各个分组之间的比例关系和协调平衡状态。它是同一总体中某一部分数值与另一部分数值静态对比的结果。其计算公式为

$$\text{比例相对指标}=\frac{\text{总体中某一部分数值}}{\text{总体中另一部分数值}}\times 100\% \tag{5.2}$$

比例相对指标的计算结果通常以百分比来表示，还有以比较基数单位为 1，100，1000 时被比较单位数是多少的形式来表示的。例如，表 5－3 中的民族比即为比例相对指标。

表 5－3 历次普查总人口民族构成

普查年份	汉族/万人	少数民族/万人	民族比(以少数民族人数为 1)
1982	93 670	6723	13.93
1990	104 248	9120	11.43
2000	115 940	10 643	10.89
2010	122 593	11 379	10.77

（资料来源：国家统计局网站）

计算比例相对指标时一般用总量指标进行对比，而根据分析任务和提供资料的情况，也可以运用现象总体各部分的相对数和平均值进行对比。值得注意的是，比例相对指标的分子、分母应都属于同一总体内部，计算时分子、分母可以互换位置。利用比例相对指标可以分析国民经济中各种比例关系，调整不合理的比例，促使社会主义市场经济稳步协调发展。

（三）比较相对指标

比较相对指标就是将不同地区、单位或企业之间的同类指标数值作静态对比而得出的综合指标，表明同类事物在不同空间条件下的差异程度或相对状态。比较相对指标可以用百分数、倍数和系数表示。计算公式可以概括为

$$\text{比较相对指标}=\frac{\text{甲单位某指标数值}}{\text{乙单位同类指标数值}}\times 100\% \tag{5.3}$$

式中，分子与分母现象所属统计指标的含义、口径、计算方法和计量单位必须一致。

例如，我国 2014 年北京市生产总值为 23 567.7 万元，青海省生产总值为 2303.32 万元，则北京生产总值为青海省的 10.23 倍。

计算比较相对指标要求对比的分子、分母必须是同质现象，而且在指标类型、时间、计算方法、计量单位等方面都必须具有可比性。同时，计算过程中其分子、分母可互换。在实际工作中，运用比较相对指标对不同国家、不同地区、不同单位的同类指标对比，有助于揭露矛盾，找出差距，挖掘潜力，可以促进事物进一步发展。例如，可用各单位的技术经济指标与同类企业的先进水平对比，与国家规定质量标准对比，从而找出差距，为提

高单位生产水平和管理水平提供依据。

(四) 强度相对指标

强度相对指标又称为强度相对数，是两个性质不同但有一定联系的总量指标对比的结果，用来分析不同事物之间的数量对比关系，表明现象的强度、密度和普遍程度的综合指标，常用来比较不同国家、地区或部门的经济实力或社会服务的水平。其计算公式为

$$强度相对指标=\frac{某种现象总量指标数值}{另一有联系而性质不同的现象的总量指标数值} \tag{5.4}$$

强度相对指标与其他相对指标的区别在于，它不是同类现象指标的对比，如人口密度、人均收入、人均粮食产量等都属于强度相对指标。例如，人均国内生产总值就是国内生产总值与国内人口总数两个不同现象之比。表 5 - 4 为我国近年来人均国内生产总值(人均 GDP)资料。

表 5 - 4　我国人均国内生产总值统计表

年　份	GDP(国内生产总值)/亿元	年平均人口数/亿人	人均 GDP/(元/人)
2010	408 903.0	12.3772	30 567
2011	484 123.5	13.4412	36 018
2012	534 123.0	13.5070	39 544
2013	588 018.8	13.5738	43 320
2014	635 910.0	13.6377	46 629

（资料来源：国家统计局网站数据库及国家统计局网）

强度相对指标通常以双重计量单位表示，即用复名数表示，如表 5 - 4 中的人均 GDP 的计量单位；也有一些强度相对指标是采用无名数表示，如人口出生率、人口死亡率采用千分数表示，经营费用率则用百分数表示。

由于强度相对指标的分子和分母可以互换，有时可以形成正指标和逆指标两种计算方法。强度相对指标数值的大小与现象的强度、密度和普遍程度成正比的是正指标；强度相对指标数值的大小与现象的强度、密度和普遍程度成反比的是逆指标。例如，在医疗卫生统计中，每千人拥有的医生数是正指标，每个医生所服务的人口数是逆指标。一般来说，正指标越大越好，逆指标越小越好。再如，利用表 5 - 4 中 2014 年的数据，计算

$$每十万元产值负担人口=\frac{13.6377}{635910.0}\times 10^5=2.14\ 人$$

上述结果表明，我国平均每十万元国内生产总值要负担 2.14 人，这就是逆指标，该指标数值越大，表明强度越低；而 2014 年我国人均 GDP 为 46629 元/人，这是正指标，该指标数值越大，表明强度越高。

不过，在实际工作中，并不是所有的强度相对指标都有正指标和逆指标之分。例如，人口出生率、人口死亡率等指标的分子、分母是不能互换的。因此，在计算和应用强度相对指标时，应根据研究目的、使用习惯以及说明问题的难易程度来选择使用正指标或逆指标。

同时还需要注意的是，强度相对指标常带有平均或分摊的含义，但由于它的分子、分母分属两个不同总体，所以它和平均指标是存在区别的。

强度相对指标应用十分广泛，它可以反映一个国家、地区或部门的经济实力，也可以借助这种指标进行国家、地区之间的比较，确定发展不平衡和发展的差距。计算强度相对指标时必须注意社会经济现象之间的内在的、本质的联系，这样两个指标的对比才会有现实的经济意义。例如，人口数与土地面积相比能够说明人口的密度，但若用总销售额与土地面积相比就没有意义了。

(五) 动态相对指标

动态相对指标又称为动态相对数或发展速度，是将同一现象在不同时期的两个数值进行动态对比而得出的结果，表明现象在时间上发展变化的方向和变化程度。通常以百分数(%)或倍数表示。其计算公式为

$$\text{动态相对指标} = \frac{\text{报告期指标数值}}{\text{基期指标数值}} \times 100\% \tag{5.5}$$

通常把用来作为比较标准的时期称为基期，而把同基期对比的时期称为报告期或计算期。

【例 5-1】 2014 年末全国 31 个省、自治区、直辖市和现役军人的总人口为 136 782 万人，2010 年年末全国总人口为 134 091 万人，则

$$\text{动态相对指标} = \frac{136\ 782}{134\ 091} \times 100\% = 102\%$$

计算结果表明，我国 2014 年年末的人口数是 2010 年的 102%，比 2010 年增长了 2%。动态相对指标对于分析研究社会经济现象的发展变化过程具有重要意义，将在第八章予以详细讲述。

(六) 计划完成程度相对指标

1. 计划完成程度指标的含义与基本公式

计划完成程度相对指标简称计划完成程度指标或计划完成百分比，它是社会经济现象在某时期内实际完成数值与计划任务数值对比的结果。一般用百分数来表示，用以检查和监督计划的执行情况。其计算公式为

$$\text{计划完成程度相对指标} = \frac{\text{实际完成数}}{\text{计划任务数}} \times 100\% \tag{5.6}$$

式中，分母是原定的计划指标，分子则是计划执行过程中或执行过程结束后统计出来的实际完成数。一般要求在指标含义、计算口径、计算方法、计量单位、空间范围等方面一致。但分子与分母也就是实际完成数与计划任务数所包含的时期长短可以是相同的，也可以不同，两者对比的意义有所区别。

2. 计划完成程度指标计算结果的评价标准

第一，对于越大越优的现象。有的计划完成程度指标是以下限的方式给出的，主要是一些成果性指标，如销售收入、利润额等，这时计算的计划完成程度指标应以等于或大于 100%为好。大于 100%表明超额完成计划，等于 100%表明完成计划，而小于 100%则表明未完成计划。

第二，对于越小越优的现象。有的计划完成程度指标是以上限的方式给出的，主要是一些支出性(或消耗性)指标，如产品成本、原材料消耗等，此时计算的计划完成程度指标

应以小于100%为好。小于100%表明超额完成计划，等于100%表明完成计划，而大于100%则表明未完成计划。

3. 计划完成程度指标的计算方法

计划完成数是计算计划完成程度的基数，由于计划任务数下达的表现形式不同，可以把计划任务规定为绝对指标，也可以规定为相对指标或平均指标，因此，计划完成程度相对指标在计算形式上有以下几种不同的计算方法。

1）当计划完成任务数为绝对数时

这是计算计划完成程度指标的基本方法，又分为短期和长期两种情况。

(1) 短期计划完成程度指标的计算。

① 当计划完成数与实际数是同期时，可用某计划数与该期实际数对比来说明某一时期计划执行的结果。

【例5-2】 某零售企业2015年商品销售额计划为1 000万元，实际完成1 200万元，则

$$销售额计划完成程度=\frac{1200}{1000}\times 100\%=120\%$$

② 当是计划完成数与实际数是不同时期时，可计算计划时期某一段累计完成数占全计划的百分比，即进行进度计划完成的计算与分析。其计算公式为

$$计划完成程度指标=\frac{累计至报告期止实际完成数}{全期计划完成数}\times 100\% \tag{5.7}$$

【例5-3】 某企业某年的计划销售额为2.0亿元，该年上半年实际实现销售额为1.3亿元，则计算截止到该年上半年的计划执行进度为

$$计划完成程度指标=\frac{1.3}{2.0}\times 100\%=65\%$$

这说明该企业上半年完成了全年计划的65%。

(2) 长期计划完成程度指标的计算。

根据任务规定的要求和方法不同，检查长期计划的完成情况有以下两种方法。

① 累计法。在长期计划中，计划指标是按计划期内各年总和来规定任务时，则采用累计法计算。如固定资产投资、造林、新增生产能力等计划指标。其计算公式为

$$计划完成程度指标=\frac{计划期全期累计实际完成数}{计划期累计计划数}\times 100\% \tag{5.8}$$

【例5-4】 某地区"十二五"计划规定五年累计完成固定资产投资额为300亿元，实际执行情况如表5-5所示。

表5-5　某地区"十二五"期间固定资产投资完成情况

年　份	一年	二年	三年	四年	五　年			
					一季	二季	三季	四季
实际完成投资额/亿元	53	55	61	65	21	21	24	30

$$计划完成程度指标=\frac{53+55+61+65+21+21+24+30}{300}\times 100\%=110\%$$

超计划投资额 30 亿元，即 330－300＝30 亿元。

结果表明，该地区固定资产投资超额完成计划 10％，超额 30 亿元。

利用累计法检查长期计划执行情况时，将计划完成时间减去自计划执行之日起至累计实际数量已达到计划任务的时间，剩下的时间即为提前完成任务的时间。如在例 5－4 中，该地区“十二五”计划固定资产投资总额从执行计划的第一年开始累计至第五年第三季度止，实际完成投资额已达 300 亿元(53＋55＋61＋65＋21＋21＋24＝300)，说明提前一个季度完成了五年计划的投资任务。

② 水平法。在长期计划中，如果计划任务(指标)按期末那一年规定应达到的水平规定，则采用水平法。一般地，哪一期中达到了计划数，则该期就完成了计划。如人口、产值、总量、商品的流转额等计划均可采用水平法进行计算与检查。其计算公式为

$$计划完成程度指标=\frac{计划期末实际完成的水平}{计划定期末应达到的水平}\times 100\% \tag{5.9}$$

【例 5－5】 某地区五年计划规定最后一年的钢产量达到 1000 万吨，实际执行情况见表 5－6。

表 5－6　某地区钢产量五年计划执行情况

	第一年	第二年	第三年		第四年				第五年			
			上半年	下半年	一季	二季	三季	四季	一季	二季	三季	四季
钢产量/万吨	780	800	400	450	220	230	240	250	250	260	268	275

$$计划完成程度指标=\frac{250+260+268+275}{1000}\times 100\%=105.3\%$$

计算结果表明，超额完成产量计划 53 吨，即 1053－1000＝53 万吨。

利用水平法检查长期执行情况时，也可计算提前完成计划的时间，计算时可根据连续一年时间(不论是否在一个日历年度，只要连续 12 个月即可)的实际数和计划数规定最后一年的数量相比较来确定。达到计划规定最后一年的计划水平，往后推算所剩余的时间即为提前完成计划的时间。如在例 5－5 中，钢产量从第四年第三季度算起到第五年第二季度末至连续 12 个月的钢产量为 1000 万吨，达到了计划规定的水平，说明提前两个季度完成了计划任务。

2) 当计划完成任务数为相对数时

在实际工作中，计划任务有时是用计划完成提高或降低百分比的形式来表示的。这时计算计划完成程度指标就不能直接用实际提高或降低的百分数除以计划提高或降低的百分数，还要考虑基期的基数(100％)。其计算公式为

$$计划完成程度指标=\frac{100\%+实际提高率}{100\%+计划提高率}\times 100\% \tag{5.10}$$

或

$$计划完成程度指标=\frac{100\%-实际降低率}{100\%-计划降低率}\times 100\% \tag{5.11}$$

【例 5-6】 某工业企业 2013 年规定甲产品单位成本比上年降低 5%，实际降低了 7%，则该企业甲产品单位成本降低率计划完成程度为

$$\text{计划完成程度指标} = \frac{100\% - 5\%}{100\% - 7\%} \times 100\% = \frac{93\%}{95\%} \times 100\% = 97.7\%$$

计算结果表明，该企业甲产品实际单位成本比计划任务多降低了 2.3%。

以上介绍的这六种相对指标从不同的角度出发，运用不同的对比方法，对两个同类指标数值进行静态的或动态的比较，对总体各部分之间的关系进行数量分析，对两个不同总体之间的联系程度和比例作比较，是统计中常用的基本数量分析方法之一。

三、相对指标的应用原则

统计相对指标是一种抽象化的指标数值，是对现象进行对比分析的一个重要手段，要使这种对比分析准确地、深刻地反映出现象之间的联系，充分发挥统计相对指标在统计分析中的作用，在计算和应用相对指标时应该遵循以下原则。

（一）可比性原则

相对指标是两个有关的指标数值之比，对比结果的正确性直接取决于两个指标数值的可比性。如果违反可比性这一基本原则计算相对指标，就会失去其实际意义，导致不正确的结论。

对比指标的可比性是指对比的指标在含义、内容、范围、时间、空间和计算方法等口径方面是否协调一致，相互适应。如果各个时期的统计数字因行政区划、组织机构、隶属关系的变更，或因统计制度方法的改变不能直接对比的，就应以报告期的口径为准，调整基期的数字。许多用金额表示的价值指标，由于价格的变动，各期的数字进行对比，不能反映实际的发展变化程度，一般要按不变价格换算，以消除价格变动的影响。

（二）定性分析与定量分析相结合的原则

计算对比指标数值的方法简便易行，但要正确地计算和运用相对数，还要注重定性分析与定量分析相结合的原则。因为事物之间的对比分析必须是同类型的指标，只有通过统计分组，才能确定被研究现象的同质总体，便于同类现象之间的对比分析。这说明要在确定事物性质的基础上，再进行数量上的比较或分析，而统计分组在一定意义上也是一种统计的定性分类或分析。即使是同一种相对指标在不同地区或不同时间进行比较时，也必须先对现象的性质进行分析，判断是否具有可比性。同时，通过定性分析可以确定两个指标数值的对比是否合理。

例如，将不识字人口数与全部人口数对比来计算文盲率显然是不合理的，因为其中包括未达学龄的人数和不到接受初中文化教育年龄的人数在内，不能如实反映文盲人数在相应的人口数中所占的比重。通常计算文盲率的公式为

$$\text{文盲率} = (15\text{ 岁以上不识字人口数} \div 15\text{ 岁以上全部人口数}) \times 100\%$$

（三）相对指标和总量指标结合运用的原则

绝大多数的相对指标都是两个有关的总量指标数值之比，用抽象化的比值来表明事物之间对比关系的程度，而不能反映事物在绝对量方面的差别，其 50%不一定大，万分之一不一定小。因此，在一般情况下，相对指标离开了据以形成对比关系的总量指标就不能深

入地说明问题，而必须将相对指标和绝对指标结合应用才能真正反映出事物的本质特征。

关于这一点，马克思曾明确指出：如果一个工人每星期的工资是 2 先令，后来他的工资提高到 4 先令，那么工资水平就提高了 100%，……。所以，不应当为工资水平提高的动听的百分比所迷惑。我们必须经常这样问：原来的工资数是多少？

（四）各种相对指标综合应用的原则

各种相对指标的具体作用不同，都是从不同的侧面来说明所研究的问题。为了全面而深入地说明现象及其发展过程的规律性，应该根据统计研究的目的，综合应用各种相对指标。例如，为了研究工业生产情况，既要利用生产计划的完成情况指标，又要计算生产发展的动态相对数和强度相对数。又如，分析生产计划的执行情况，有必要全面分析总产值计划、品种计划、劳动生产率计划和成本计划等完成情况。

此外，把几种相对指标结合起来运用，可以比较、分析现象变动中的相互关系，更好地阐明现象之间的发展变化情况。由此可见，综合运用结构相对数、比较相对数、动态相对数等多种相对指标，有助于我们剖析事物变动中的相互关系及其后果。

第三节　平均指标

一、平均指标的定义与种类

（一）平均指标的定义和特点

平均指标又称为统计平均数，它是统计分析中最常用的统计指标之一。它反映了社会经济现象中某一总体各单位某一数量在一定时间、地点、条件下所达到的一般水平，或者反映某一总体、某一指标在不同时间上发展的一般水平。

统计认识社会经济现象总体的特征主要是通过一系列指标来表现的。指标从其反映总体特征看，可归纳为集中趋势和离中趋势两类。反映总体集中趋势的代表值即为平均指标。也就是说，平均指标是通过平均将总体各单位数量标志表现的差异抽象化，用一个数值说明总体的一般水平。如某单位职工的月平均工资、学生《统计学基础》的平均成绩、某年我国人均收入、我国近十年房价的平均增长速度等。

平均指标具有三个特点：

(1) 同质性，即总体内各单位的性质是相同的，如果各单位性质上存在着差异，就不能计算平均数。

(2) 抽象性，即总体内各同质单位虽然存在数量差异，但在计算平均数时并不考虑这种差异，即把这种差异平均掉了。

(3) 代表性，即尽管各总体单位的标志值大小不一，但我们可以用平均数这一指标值来代表所有标志值。

（二）平均指标的意义

平均指标在实际应用中具有十分重要的作用和意义，主要表现在：

(1) 反映总体各单位变量分布的集中趋势和一般水平。例如，要了解城镇单位在岗职工年工资水平情况，只需计算出其平均工资就可以反映职工工资的一般水平。又如，要评价商业企业工作成绩好坏，用平均劳动效率、人均创利额等平均指标就可进行对比。这是平均指标的本质属性，平均指标的其他属性和作用都是在其基础上衍生出来的。

(2) 反映同类现象在不同时间和空间上的变化规律和发展水平。通过平均指标在不同时间和空间上的对比分析，可以表现社会经济现象在不同条件下的差异和现象的发展过程、趋势及其变动规律，使不同范围的总体水平具有可比性。例如，表 5-7 中通过对四川省 2010 年—2014 年城镇居民人均可支配收入进行比较，反映出了四川省居民生活水平呈逐年提高的趋势。

表 5-7　四川省城镇居民人均可支配收入统计表

年份	2010 年	2011 年	2012	2013 年	2014 年
人均可支配收入/元	15 461.2	17 899.1	20 307.0	22 227.51	24 234.41

（资料来源：国家统计局网站数据库）

(3) 作为论断事物和问题决策的一种数量标准或参考。由于总体各单位的数量特征有差异性，不便于直接对比，因此，只有作为代表总体数量特征的平均数才是比较事物的数量标准。例如，对某班或某校学生成绩的优劣不是以个别学生的成绩来说明的，而是用全班或全校学生的平均成绩为依据的。

(4) 分析现象之间的依存关系。例如，分析施肥量和农作物的平均变量的依存关系、劳动生产率和平均单位成本间的依存关系。

(5) 其他统计指标的计算基础。在统计指标的计算中有很多都要以平均指标作为计算基础，如平均差、标准差、方差、相关系数等。

(三) 平均指标的种类

平均指标按其性质可分为静态平均数和动态平均数。静态平均数反映的是同质总体内各单位某一数量标志在一定时间、地点、条件下的一般水平，而动态平均数反映的是某一总体、某一指标值在不同时间上的一般水平。本章主要介绍静态平均数。

静态平均数按其表现形式可分为数值平均数和位置平均数。凡根据总体各单位标志值计算的平均数称为数值平均数，常见的主要包括算术平均数、调和平均数和几何平均数；凡根据总体标志值在分配数列总的位置确定的平均数称为位置平均数，常见的有中位数和众数。

二、数值平均数

数值平均数是根据各单位数量标志值计算而得的，主要包括算术平均数、调和平均数和几何平均数等。

(一) 算术平均数

算术平均数也称均值，是平均指标中最常用、最基本的一种平均指标，其基本计算形式是用总体的单位总量去除总体标志总量。算术平均数的基本计算公式是

$$\text{算术平均数}=\frac{\text{总体标志总量}}{\text{总体单位总量}} \tag{5.12}$$

在社会经济现象中，总体的标志总量常是总体单位标志值的算术总和。例如，工人工资总额是各个工人工资的总和，粮食总产量是各块地播种面积产量的总和等。在掌握了标

志总量和总体单位数的资料后，就可以按照公式(5.12)来进行计算和分析了。

值得注意的是，平均指标和强度相对指标都是比值，二者在计算方法和计算结果的含义方面存在相近似的地方，例如，两者都有平均与分摊的含义，也都采用复名数进行表示，因而很容易将二者混淆。因此，在计算和运用平均指标与强度相对指标时，必须注意二者的区别。第一，平均指标是在同质总体中进行计算和比较的，而强度相对指标则是在两个具有联系的现象之间进行计算和分析的，其分子和分母属于两个总体；第二，强度相对指标的分子和分母虽然有联系，但在数量上没有依存关系，联系不够密切。在平均指标的计算中，其分子标志总量将随着分母单位总量的变动而变动，子项依存于母项。说明它们之间不仅存在经济联系，而且联系十分密切，达到了一一对应的程度。例如，全国人均钢铁产量指标中，其分子是全国钢铁总产量，分母是全国人口数，由于钢铁产量不是全国人口生产的结果，它对全国人口数没有依存关系，属于强度相对指标；而钢铁企业工人的人均钢铁产量，其分子是钢铁总产量，分母则是生产这些钢铁的工人的人数，分子分母属同一总体，因而该指标是平均指标。因此，在利用基本公式计算算术平均数时，要特别注意子项(总体的标志总量)与母项(总体的单位总量)在总体范围上的可比性，强调二者必须属于同一总体。

在具体计算算术平均数时，由于掌握的资料有未进行分组和已进行分组两种情况，算术平均数的计算又可以分为简单算术平均数和加权算术平均数。

1. 简单算术平均数

简单算术平均数是在资料未进行分组时，将总体各单位的每一个标志值一一加总得到标志总量，然后除以单位总量所求出的平均指标。其计算公式是

$$\bar{x}=\frac{x_1+x_2+x_3+\cdots+x_n}{n}=\frac{\sum x}{n} \tag{5.13}$$

其中，$\bar{x}$ 表示总体平均指标，x 表示总体中各标志值，n 表示总体中各标志值的数量，$\sum$ 表示求和。

简单算术平均数只受到一个因素的影响，即总体中各标志值的大小。

2. 加权算术平均数

加权算术平均数是在统计调查资料已经整理分组的条件下，计算平均指标的一种形式，它是先以各组的单位数乘以各组标志值求得各组的标志总量，再将各组标志总量相加求出总体单位总量，最后用总体标志总量除以总体单位总量求出平均数。

计算加权算术平均数有两种情况：一是根据单项式变量数列计算；二是根据组距式变量数列进行计算。

(1) 由单项数列计算算术平均数。

其计算公式是

$$\bar{x}=\frac{x_1f_1+x_2f_2+x_3f_3+\cdots+x_nf_n}{f_1+f_2+f_3+\cdots+f_n}=\frac{\sum xf}{\sum f} \tag{5.14}$$

其中，$\bar{x}$，x，n，$\sum$ 意义同公式(5-13)所述，f 表示总体中各组标志值出现的次数(权重)。

【例 5-7】 表 5-8 是对某工厂某车间 10 名工人的月工资进行分组后的统计表，试计算该车间的人均月工资。

表 5-8　某生产车间工人月工资分组表

月工资 x/元	工人数 f/人	比重/(%)
720	2	20
780	1	10
930	3	30
985	4	40
合计	10	100

解　该车间工人的人均月工资为

$$\bar{x}=\frac{x_1f_1+x_2f_2+x_3f_3+x_4f_4}{f_1+f_2+f_3+f_4}=\frac{\sum xf}{\sum f}$$

$$=\frac{720\times 2+780\times 1+930\times 3+985\times 4}{2+1+3+4}=\frac{8950}{10}$$

$$=895(\text{元})$$

在上例中，该车间 10 名工人的各组月工资发生改变，或者各组月工资的工人数发生改变时，其平均指标都会发生改变。

由上例可见，加权算术平均数不仅决定于总体中各组标志值(x)，同时也决定于各组中标志值出现次数(f)。次数多的标志值对平均数的影响要大一些，次数少的标志值对平均数的影响相应要小一些。标志值次数的多少对平均指标值的大小有权衡轻重的影响作用，所以称其为权数。

实际工作中，利用加权算术平均法计算平均数时，权数既可以是绝对数，如上例中的工人人数，也可以是各组的次数(频数)占总次数的比重(频率)。前者称为绝对权重，后者称为相对权重。相对权重可以由绝对权重计算而得。其计算公式为

$$\text{相对权重}=\frac{\text{各组标志值出现的次数}}{\text{总体中所有标志值出现的次数}}=\frac{f}{\sum f} \tag{5.15}$$

【例 5-8】　表 5-8 中第一组月工资为 720 元的绝对权重为 2，相对权重为$\frac{2}{10}=20\%$。其他各组月工资的相对权重同理可得。

利用相对权重计算平均指标的公式为

$$\bar{x}=\sum xf \tag{5.16}$$

其中，$\bar{x}$ 表示总体平均指标，x 表示各组标志值，f 表示各组标志值的相对权重。

上例中利用相对权重计算平均指标的过程如下：

$$\bar{x}=\sum xf=720\times 20\%+780\times 10\%+930\times 30\%+985\times 40\%=895(\text{元})$$

各组标志值的相对权重之和为 100%。

可见，权数的权衡轻重作用实质体现在各组单位数占总体单位数的比重的大小上。比重的大小反映对平均数大小的影响程度，通过比重可以直接表明该组标志值所占的地位。

需要说明的是，当各组频数或频率相等时，权数的意义就消失了。这时加权算术平均数就等于简单算术平均数，所以简单算术平均数是加权算术平均数的一个特例。

(2) 由组距数列计算算术平均数。

在实际工作中各组标志值往往不是一个具体的数值，而是一个数值区间，这时需要先对各组数值区间计算出组中值，以组中值作为该组的标志值进入后期平均指标的计算。当然，这种用组中值来代替计算的算术平均数不可避免地会存在一定程度的误差，所以由组距数列计算的平均数一般只能是近似值。

【例 5－9】 根据某商场食品部员工日销售额的调查资料整理编制的组距数列如表 5－9 所示，计算员工的平均销售额。(表中后两栏为计算栏)

表 5－9 某商场食品部员工日销售额统计表

按日销售额 分组/元	职工人数/人 f	组中值 x	各组销售额 xf
2000 以下	2	1750	3500
2000～2500	5	2250	11 250
2500～3000	7	2750	19 250
3000～3500	7	3250	22 750
3500 以上	3	3750	11 250
合计	24	—	68 000

解 该商场食品部员工的平均销售额为

$$\bar{x}=\frac{x_1f_1+x_2f_2+x_3f_3+\cdots+x_5f_5}{f_1+f_2+f_3+\cdots+f_5}$$

$$=\frac{1750\times2+2250\times5+2750\times7+3250\times7+3750\times3}{2+5+7+7+3}=\frac{68000}{24}=2833.33(\text{元})$$

3. 算术平均数的数学性质

(1) 算术平均数与总体单位数的乘积等于各总体单位标志值的总和，即

$$n\bar{x}=\sum x$$

(2) 各总体单位标志值与算术平均数离差之和等于 0，即

$$\sum(x-\bar{x})=0 \quad \text{或} \quad \sum(x-\bar{x})f=0$$

各组标志值对算术平均数的偏差$(x-\bar{x})$叫离差。

(3) 各总体单位标志值与算术平均数离差平方和为最小，即

$$\sum(x-\bar{x})^2=\text{最小值}$$

(二) 调和平均数

调和平均数是总体中各个标志值的倒数的算术平均数的倒数，又称为倒数平均数。与算术平均数一样，由于掌握的资料不同，调和平均数也有简单调和平均数和加权调和平均数两种。

1. 简单调和平均数

如果掌握的资料是未分组的总体各单位的标志值和标志总量，则用简单调和平均数计算平均指标。简单调和平均数是标志值倒数的简单算术平均数的倒数。在各个标志值相应的标志总量均为一个单位的情况下求平均数时，用简单式。其计算公式为

$$\overline{x_h}=\frac{1}{\frac{\sum\frac{1}{x}}{n}}=\frac{n}{\sum\frac{1}{x}} \tag{5.17}$$

其中，$\overline{x_h}$表示调和平均数，x，n 意义同公式(5-13)所述。

【例 5-10】 某集贸市场西红柿的价格，早市每千克 1 元，午市每千克 0.50 元，晚市每千克 0.25 元，若早、中、晚各买 1 元钱，则当天所买的西红柿平均价格是多少？

这道题若用用算术平均数计算，则：① 早、中、晚各买 1 元钱，合计花 3 元；② 早上用 1 元钱可买 1/1=1 千克，中午用 1 元钱可买 2 千克，晚上用 1 元钱可买 4 千克，合计共买西红柿 7 千克；③ 平均价格数为 3÷7=0.43(元)

若用简单调和平均数计算，则更为简便，过程如下：

解 $$\overline{x_h}=\frac{1}{\frac{\sum\frac{1}{x}}{n}}=\frac{n}{\sum\frac{1}{x}}=\frac{1}{\frac{\frac{1}{1}+\frac{1}{0.5}+\frac{1}{0.25}}{3}}=\frac{3}{\frac{1}{1}+\frac{1}{0.5}+\frac{1}{0.25}}=0.43(\text{元})$$

从形式上看，调和平均数和算术平均数有明显的区别，但从计算内容上来看，两者是一致的，均为总体标志总量与总体单位总量的对比。

2. 加权调和平均数

如果掌握的资料是各组的标志值和标志值的权重，而未掌握各组单位数，则用加权调和平均数计算平均指标。其计算公式为

$$\overline{x_h}=\frac{1}{\frac{\sum\frac{1}{x}m}{\sum m}}=\frac{\sum m}{\sum\frac{1}{x}m} \tag{5.18}$$

其中，$\overline{x_h}$，x，n 意义同公式(5.17)所述，m 表示各组标志值的权重。

【例 5-11】 某商店 A、B、C 三种钢笔的价格和销售额资料如表 5-10 所示，试计算该商店三种钢笔售出的平均价格。

表 5-10 某商店钢笔销售情况统计表

钢笔名称	价格 x/元	销售额 m/元	m/x
A	20	5800	290
B	36	19 800	550
C	50	3400	68
合计	—	29000	908

解 $$\overline{x_h}=\frac{1}{\frac{\sum\frac{1}{x}m}{\sum m}}=\frac{\sum m}{\sum\frac{1}{x}m}=\frac{29000}{908}=31.94(\text{元})$$

调和平均数和算术平均数的数学性质基本相同，同一资料采用两种方法计算结果也相同。采用算术平均数还是调和平均数仅仅是因为已知的统计资料的不同。由于已知条件不同，因而

造成计算的程序和外形不同。一般当统计资料反映的是计算公式的分母时采用算术平均数计算平均指标；当统计资料反映的是计算公式的分子时采用调和平均数计算平均指标。

因此，通常我们将调和平均数称作算术平均数的变形。

(三) 几何平均数

描述社会经济现象发展的平均比率和平均速度最适用的一种方法是几何平均数。几何平均数是用 n 个变量相乘再开 n 次方的算术根来计算的平均数。凡是标志值的连乘积等于总比率或总速度的场合都适宜采用几何平均法计算平均比率或平均速度。同样，几何平均数根据统计资料是否分组分为简单几何平均数和加权几何平均数两种。

1. 简单几何平均数

简单几何平均数适用于未经分组的统计资料计算平均比率和平均速度。简单几何平均数是 n 个标志值(比率)连乘积的 n 次方根，计算公式为

$$\overline{x_g}=\sqrt[n]{x_1x_2\cdots.x_n}=\sqrt[n]{\prod x} \tag{5.19}$$

共中，$\overline{x_g}$表示几何平均数，x 表示总体各标志值。

【例 5-12】 某企业生产某种产品要经过三道工序，第一道工序的产品合格率是92%，第二道工序的产品合格率是 95%，第三道工序的产品合格率是 90%，要求计算该产品三道工序的平均合格率。

显然对这样的问题不能用算术平均的办法来计算，因为假如该产品投入 100 只，经过第一道工序后仅有 92 只进入第二道工序(100×92%=92 只)，类推可知，最后成品的合格率只有 92%×95%×90%=78.66%，如将各工序的产品合格率视为变量 x(各单位标志值)，最后成品的合格率即为标志总量，它是变量 x 的连乘积。故要计算三道工序的产品平均合格率，只能用几何平均数的公式计算，即

解

$$\overline{x_g}=\sqrt[3]{x_1x_2\cdots x_n}=\sqrt[3]{92\%\times 95\%\times 90\%}=92.31\%$$

2. 加权几何平均数

加权几何平均数适用于已经分组的统计资料计算平均比率和平均速度。加权几何平均数的计算公式为

$$\overline{x_g}=\sqrt[\sum f]{x_1^{f_1}x_2^{f_2}\cdots x_n^{f_n}}=\sqrt[\sum f]{\prod x^f} \tag{5.20}$$

其中，f 表示各组的权值，x_g、x 含义同式(5.19)。

【例 5-13】 某笔银行贷款期限为 10 年，年息按复利计算，年利率及有关资料如表5-11所示，求平均年利率。

表 5-11　银行贷款利率与本利率统计表

年利率/(%)	年数 f/年	本利率 x/(%)	x^f
6	2	106	1.1236
7	5	107	1.4026
8	2	108	1.1664
9	1	109	1.09
合计	10	—	—

解　平均本利率为

$$\overline{x_g}=\sqrt[\sum f]{x_1^{f_1}x_2^{f_2}\cdots x_4^{f_4}}=\sqrt[10]{1.06^2\times 1.07^5\times 1.08^2\times 1.09^1}=1.072$$

平均年利率为

$$1.072-1=7.2\%$$

几何平均数在应用的时候有一定的局限性：第一，几何平均数受极端标志值的影响。如果被平均的标志值中某一标志值为零，则计算结果为零；如果被平均的标志值中某一标志值为负数，则计算出的几何平均数就会为负数或虚数。第二，几何平均数应用范围较小，主要适用于计算统计资料的标志值呈等比数列或接近等比数列的平均指标。

三、位置平均数

上述介绍的三类数值平均数都是根据总体各单位的标志值计算的，而位置平均数是根据总体各单位标志值在统计资料中所处的位置来确定的平均指标，主要包括众数和中位数。

（一）众数

1. 众数的定义

众数是指在总体中出现次数最多的那个标志值，也就是该总体各单位中最普通、最常出现的标志值，通常用 M_o 表示。众数作为总体中出现次数最多的数值，能直观地说明总体各单位该标志值的集中趋势，故能说明该现象数量方面的一般水平。如某年级学生年龄的众数、球鞋型号分布的众数、工人工资水平的众数等。因此，众数在社会经济现象的管理决策中有着非常广泛的应用。

2. 众数的确定方法

众数的确定根据所掌握的统计资料分为两种情况。

(1) 单项数列条件下确定众数。

在单项式数列情况下，确定众数比较简单，只需通过观察找出次数出现最多的那个标志值即可。

【例 5－14】 某市经抽样 1000 户进行调查，发现其家庭世代结构情况如表 5－12 所示。

表 5－12　某市抽样调查家庭世代结构情况统计表

家庭户类型结构	调查户数/户
一代户	780
二代户	200
三代户	15
四代户	5
合计	1000

通过直接观察即可得出，一代户的户数最多。所以，一代户是该市这 1000 户家庭的众数。

(2) 组距数列条件下计算众数。

统计资料为组距数列计算众数分为两步：第一步，先根据单项数列确定众数的方法，找出众数所在组；第二步，利用下列公式计算众数值。计算公式分为下限公式和上限公式。

下限公式为

$$M_0 = L + \frac{\Delta_1}{\Delta_1 + \Delta_2} \times i \tag{5.21}$$

上限公式为

$$M_0 = U - \frac{\Delta_2}{\Delta_1 + \Delta_2} \times i \tag{5.22}$$

其中，M_0表示众数，L 表示众数所在组的下限，U 表示众数所在组的上限，Δ_1 表示众数组次数与下一组(L 方向邻近组)次数之差，Δ_2表示众数组次数与上一组(U 方向邻近组)次数之差，i 表示众数组的组距。

通过上述公式计算出来的众数是近似值。

【例 5-15】 某年某地大学生消费支出调查资料如表 5-13 所示，求大学生消费额的众数。

表 5-13 某地大学生消费支出情况统计表

月消费额	组中值/元	调查人数/人
400 以下	350	80
400～500	450	180
500～600	550	430
600～700	650	220
700～800	750	70
800 以上	850	20
合计	—	1000

解 第一步，确定众数所在组。通过观察 500～600(元)分组出现的次数为 430 次，是所有分组中最多的，故 500～600(元)分组为众数所在组。

第二步，利用公式近似计算众数。

下限公式：

$$M_0 = L + \frac{\Delta_1}{\Delta_1 + \Delta_2} \times i = 500 + \frac{(430 - 180)}{(430 - 180) + (430 - 220)} \times 100 = 554.35(\text{元})$$

上限公式：

$$M_0 = U - \frac{\Delta_2}{\Delta_1 + \Delta_2} \times i = 600 - \frac{(430 - 220)}{(430 - 180) + (430 - 220)} \times 100 = 554.35(\text{元})$$

所以，554.35 元是这 1000 名被调查大学生月消费额的众数。

3. 众数的应用特点

利用众数计算平均指标要注意把握众数的以下特点：

(1) 众数是一个位置代表值，它一般不受极端变量值的影响。

(2) 众数的确定适用于总体单位数较多，并有明显集中趋势的统计数列。若标志值的分布呈均匀分布，该数列无众数。

(3) 统计资料若为非等距数列，则需要把它转换为等距数列方可运用上述公式进行计算。

(4) 若统计资料中出现众数所在组在两个以上，众数的计算就没有实际意义了。

(二) 中位数

1. 中位数的定义

中位数也是位置平均数，它是将总体各单位的标志值按大小顺序排列后，处于中点位置的那个标志值，通常用 M_e 表示。中位数将数列分为相等的两部分，一部分的标志值小于中位数，另一部分的标志值大于中位数。在许多情况下，当不易计算平均值时，可用中位数代表总体的一般水平。例如，人口年龄中位数可表示人口总体年龄的一般水平。

2. 中位数的确定方法

根据掌握的统计资料的不同，中位数的确定分为下面三种情况。

(1) 根据未分组资料确定中位数。

统计资料未进行分组时需分两步：第一步，将统计总体中各标志值按大小排序；第二步，寻找中位数所在的位置，它对应的标志值就是中位数。

设排序后的标志值为 x_1，x_2，x_3，…，x_n，则中位数可以按下面两种情况来确定：

① 当 n 为奇数时，M_e 为第 $x_{\frac{n+1}{2}}$ 个标志值。

② 当 n 为偶数时，从理论上讲，M_e 应该在第 $x_{\frac{n}{2}}$ 和第 $x_{\frac{n}{2}+1}$ 个标志值的中间，因此可以用下面的公式计算这种情况下的中位数。

$$M_e=\frac{x_{\frac{n}{2}}+x_{\frac{n}{2}+1}}{2} \tag{5.23}$$

【例 5-16】 设有 9 个工人生产某种产品，其日产量件数按大小顺序排列为 6，7，7，7 8，9，9，10，14。

则其中位数位次 $\frac{n+1}{2}=\frac{9+1}{2}=5$ ，即处于第 5 位的那个标志值为中位数，即 $M_e=$ 8 件。

【例 5-17】 设有 10 个工人生产某种产品，其日产量件数按大小顺序排列为：6，7，7，7，8，9，9，10，14，18。

中点位置在$\frac{10}{2}=5$ 和$\frac{10}{2}+1=6$ 之间，即中位数处在第 5 个标志值与第 6 个标志值之间中点的位置，即 $M_e=\frac{8+9}{2}=8.5$ 件。

(2) 由单项式数列确定中位数。

根据单项式分配数列确定中位数需分三步：第一步，计算累计次数，向上累计或向下累计；第二步，确定中间位置；第三步，找出中位数。

中位数同样也分为以下两种情况：

① 当 $\sum f$ 为奇数时，有

$$M_e=x_{\frac{\sum f+1}{2}} \tag{5.24}$$

② 当 $\sum f$ 为偶数时，有

$$M_e = \frac{x_{\frac{\sum f}{2}} + x_{\frac{\sum f}{2}+1}}{2} \tag{5.25}$$

【例 5－18】 某学院 2014 到 2015 学年共有 30 名同学获得奖学金，其分布情况见表 5－14，请根据所给资料计算其中位数。(后两栏为计算栏)

表 5－14 学生获奖学金分布情况及计算表

奖学金金额/元	人数/人	人数累计	
		向下累计	向上累计
300	3	3	30
500	6	9	27
800	8	17	21
1000	7	24	13
1500	6	30	6
合计	30	30	30

解 以表 5－14 中资料计算，中位数位置为：$\frac{30}{2}=15$ 人和$\frac{30}{2}+1=16$ 人之间，即中位数在第 15 人和第 16 人中间的位置上。然后通过向上累计法还是向下累计法，我们确定出第 15 位和第 16 位同学的奖学金对应的都是第三组，所以有

$$M_e = \frac{x_{\frac{\sum f}{2}} + x_{\frac{\sum f}{2}+1}}{2} = \frac{x_{15} + x_{16}}{2} = \frac{800+800}{2} = 800(\text{元})$$

即 800 元就是中位数。

(3) 由组距式资料确定中位数。

在组距数列的条件下计算中位数较为复杂，需要分为两步：第一步，先确定中位数所在组，即第 $\frac{\sum f}{2}$ 标志值所在组；第二步，利用下限公式或上限公式近似计算中位数。

下限公式：

$$M_e = L + \frac{\frac{\sum f}{2} - S_{m-1}}{f_m} \times i \tag{5.26}$$

上限公式：

$$M_e = U - \frac{\frac{\sum f}{2} - S_{m+1}}{f_m} \times i \tag{5.27}$$

其中，M_e 表示中位数，L 表示中位数所在组的下限，U 表示中位数所在组的上限，S_{m-1} 表示中位数所在组前面各组的累积频数，S_{m+1} 表示中位数所在组后面各组的累积频数，f 表示中位数所在组的频数，i 表示中位数所在组的组距。

【例 5－19】 以表 5－15 资料来说明组距数列条件下中位数的计算方法。

表 5－15　大学生消费支出累计数计算表

月消费额	调查人数/人	向上累计	向下累计
400 以下	80	80	1000
400～500	180	260	920
500～600	430	690	740
600～700	220	910	310
700～800	70	980	90
800 以上	20	1000	20
合计	1000	—	—

解　第一步，确定中位数所在组。中位数位置位于$\frac{1000}{2}=500$，即第 500 位同学消费所在组，通过对组距式分组资料的向上累计或向下累计，我们可以发现第 500 位同学消费所在组是 500～600 组。

第二步，利用公式计算中位数。

下限公式：

$$M_e=L+\frac{\frac{\sum f}{2}-S_{m-1}}{f_m}\times i=500+\frac{500-260}{430}\times 100=555.81(\text{元})$$

上限公式：

$$M_e=U-\frac{\frac{\sum f}{2}-S_{m+1}}{f_m}\times i=600-\frac{500-310}{430}\times 100=555.81(\text{元})$$

3. 中位数的应用特点

(1) 中位数属于位置平均数，它处于频数分布的中点。

(2) 中位数不受极端值、开口组的影响，所以当总体单位标志值分布十分偏斜时，用中位数进行集中趋势分析较好。社会经济统计中，对只能用等级、名次等表示的社会经济现象一般也用中位数代表其平均水平。

(3) 中位数可以在分组数列，也可以在简单资料中进行计算。

(4) 中位数的测定要将标志值按大小顺序排列，如果资料不全则无法确定。

四、应用平均指标应注意的问题

(1) 平均数只能应用于同质总体中。

所谓同质性，就是社会经济现象的各个单位在被平均的标志上具有同类性，不同质的现象不能用来计算平均指标，这是计算平均指标的基本前提。否则，平均数不仅不能反映总体的本质特征，而且还会抹杀现象之间的本质区别，歪曲现象真相。

(2) 正确理解众数、中位数、算术平均数之间的关系。

众数和中位数属于位置平均数，算术平均数属于数值平均数。在正态分布中三者的值完全相等；在右偏分布中，算术平均数＞中位数＞众数；在左偏分布中，众数＞中位数＞算术平均数。

(3) 根据统计资料的实际情况，灵活运用不同的计算方法。

如果所提供的资料中极值非常明显，宜采用位置平均数作为变量的平均指标，这样可以消除极值对结果的影响。如果所提供的资料是算术平均数基本公式分母的直接资料，而不是分子的直接资料，应采用算术平均数计算平均指标；如果所提供的资料是算术平均数基本公式分子的直接资料，而不是分母的直接资料，应采用调和平均数计算平均指标。如果所提供的资料未进行分组，则采用简单平均数计算平均指标；如果所提供的资料已经进行分组，则采用加权平均数计算平均指标。

(4) 用分布数列来补充说明平均数。

由于平均指标将各单位标志值的差异抽象化了，反映的是总体各单位该标志值的一般水平，因而掩盖了总体各单位的差异及其分布情况，有时这种差异是不能被忽视的。

(5) 把平均指标和具体情况结合起来分析。

平均数代表的是现象在具体的时间、地点、条件下的一般水平，所以在用平均指标进行统计分析时，一定要把对具体的时间、地点、条件的分析结合起来，才能全面地认识问题，正确地评价事物。

(6) 把平均指标与变异指标结合起来。

平均指标描述标志值的集中趋势，变异指标是描述标志值的离中趋势。把两者结合起来可以更加完整地反映统计总体的客观情况。

第四节　标志变异指标

平均指标包括数值平均数和位置平均数，它们都是现象一般水平的代表值，反映现象分布的集中趋势。但是，仅仅用集中趋势指标来描述现象的特征是不够的。

【例 5-20】 有甲、乙两个培训班，各有 10 名学员，其年龄(岁)形成的数列如下：

甲班　19　23　29　35　36　37　44　48　49　60

乙班　30　37　38　38　38　39　39　40　40　41

经计算，这两个班的平均年龄均为 38 岁，但两班年龄的分散程度却不同。乙班的年龄比较集中、整齐，即变异较小，从而用平均年龄 38 岁来表示代表性较好；而甲班的年龄比较分散，参差不齐，变动较大，用平均年龄 38 岁作为代表，其代表性较差。

从此例可看出，平均水平掩盖了总体内部各单位标志值的差异程度。所以，在分析实际问题时，除了要反映总体的一般水平外，还需要把总体内部各单位标志值之间的差异程度反映出来，即需用标志变异指标来反映这些问题。

一、标志变异指标的意义与作用

测定离散程度的指标称为标志变异指标，标志变异指标又称标志变动度，它综合反映总体各个单位标志值的差异程度或离散程度。通过变异指标可以表明总体标志值分布状况的特征。

平均指标将总体各单位标志值的差异抽象化，从一个侧面反映总体各单位标志值的集中趋势和程度。标志变异指标则从另一个侧面反映总体各单位标志值的差别大小、变动范围和离散程度。平均指标与标志变异指标分别反映同一总体在数量上的集中趋势与离散趋势，两者相辅相成，有助于科学全面地描述客观现象特征，反映现象总体的数量规律。

标志变异指标的作用主要表现为以下几方面：

(1) 标志变异指标反映总体单位标志值分布的离散程度。这是标志变异指标的本质属性。一般而言，标志变异指标越大，单位标志值分布的离散程度就大；标志变异指标越小，单位标志值分布的离散程度就小。

(2) 标志变异指标可以说明平均数代表性的大小。平均指标代表性的高低主要取决于各单位标志值之间的差异程度。一般而言，变异指标越大，平均指标的代表性就小；变异指标越小，平均指标的代表性就大。

(3) 标志变异指标可以反映社会经济活动过程的稳当性、节奏性和均衡性。标志变异指标在产品质量控制、投资风险分析、分配管理等经济活动中经常被采用。一般而言，标志变异指标越大，社会经济活动过程的稳定性、节奏性和均衡性就越差；标志变异指标越小，社会经济活动过程的稳定性、节奏性和均衡性就越好。

常用的标志变异指标有极差、平均差、方差、标准差和离散系数等。

二、标志变异指标的计算与应用

标志变异指标一般可分为两类，一类是绝对指标，主要包括极差、四分位差、平均差、方差、标准差；另一类是相对指标，包括全距系数、平均差系数和标准差系数等离散系数，其中最常见的是标准差系数。

这里主要介绍常用的极差、平均差、标准差及离散系数的计算。

(一) 极差

1. 极差的定义

极差又称为全距，是统计总体各单位标志值中最大值和最小值之差，反映总体某一数值特征的变动范围。它是测定标志变异程度最简单的指标，一般用 R 表示。

2. 极差的计算

根据所掌握的资料是否分组，极差的计算可分为下面两种情况。

(1) 在资料未分组时，采用以下公式计算极差：极差＝最大标志值－最小标志值，即

$$R = x_{\max} - x_{\min} \tag{5.28}$$

其中，R 表示极差，$x_{\max}$ 表示最大标志值，$x_{\min}$ 表示最小标志值。

(2) 对于已经分组(闭口组)的统计资料可以采用以下公式近似计算极差：

$$R = U_{\max} - L_{\min} \tag{5.29}$$

其中，R 表示极差，$U_{\max}$ 表示最大组的上限，$L_{\min}$ 表示最小组的下限。

【例 5-21】 绵阳某电子有限公司 2015 年 1 月～12 月生产的金属基覆铜板长度资料如表 5-16 所示，试计算其每月平均长度和全年极差。

表 5-16　绵阳特瑞电子有限公司金属基覆铜板长度资料统计表

月份	1	2	3	4	5	6	7	8	9	10	11	12
长度/米	152	163	220	273	358	372	366	359	335	327	310	302

解　按月平均金属基覆铜板的长度为

$$\bar{x} = \frac{\sum x}{n} = \frac{3537}{12} = 294.75(\text{米})$$

全年极差为

$$R=x_{max}-x_{min}=372-152=220(\text{米})$$

例 5-21 中若对每天的生产资料进行整理分析，可以形成每个月的平均长度和每个月的极差。通过这两个指标中可以对企业生产过程进行定量描述，对生产进行科学管理。

极差的优点在于它是描述数据离散程度最简单的测度值，计算简单，意义明确，易于理解。在实际工作中适用于度量变化比较稳定的现象的离中趋势，常用于检查工业产品质量。但是极差只反映两个极端标志值的差距，未考虑中间数据的变异情况，尤其是标志值中出现异常值时，极差就不能确切反映标志值的变动情况。所以极差的缺点在于不能全面、综合地反映各单位标志的变异程度，在应用时有较大的极限性，但它可以与其他指标配合使用。

(二) 平均差

1. 平均差的定义

平均差是总体中各标志值与其平均数的离差绝对值的算术平均数。这是反映各变量值平均离散程度的一个综合指标，一般用 $A.D$ 表示。平均差与极差的不同在于平均差考虑了总体中各单位标志值变动对标志变异程度的影响。

一般而言，平均差越大，说明标志变动程度越大，该算术平均数的代表性就越小；反之平均差越小，说明标志变动程度越小，该算术平均数的代表性就越大。

2. 平均差的计算

根据所掌握的资料是否分组，平均差的计算可分为下面两种情况。

1) 简单平均差

在资料未分组或标志值数列的次数完全相等时，采用简单算术平均法来计算平均差。其计算公式为

$$A.D=\frac{\sum|x-\bar{x}|}{n} \tag{5.30}$$

【例 5-22】 根据表 5-17 中甲、乙培训班学员年龄的资料，计算简单平均差。

表 5-17　简单平均差计算表

甲班			乙班		
学员年龄/岁	离差$(x-\bar{x})$	离差绝对值	学员年龄/岁	离差$(x-\bar{x})$	离差绝对值
19	−19	19	30	−8	8
23	−15	15	37	−1	1
29	−9	9	38	0	0
35	−3	3	38	0	0
36	−2	2	38	0	0
37	−1	1	39	1	1
44	6	6	39	1	1
48	10	10	40	2	2
49	11	11	40	2	2
60	22	22	41	3	3
合计	0	98	合计	0	18

解 甲班学员年龄平均差：

$$A.D=\frac{\sum|x-\bar{x}|}{n}=\frac{98}{10}=9.8(岁)$$

乙班学员年龄平均差：

$$A.D=\frac{\sum|x-\bar{x}|}{n}=\frac{18}{10}=1.8(岁)$$

从平均差的计算结果看出，甲班学员年龄的平均差明显的大于乙班学员年龄，说明乙班学员的年龄稳定性较好，其平均年龄的代表性要大于甲班学员平均年龄的代表性。

2）加权平均差

当掌握的资料经过加工整理的分布数列，应采用加权平均法计算平均差。其计算公式为

$$A.D=\frac{\sum|x-\bar{x}|f}{\sum f}=\sum|x-\bar{x}|\frac{f}{\sum f} \tag{5.31}$$

【例 5-23】 表 5-18 是某地大学生 2013 年消费情况，试计算人月消费额的平均差（算术平均数 458 元）

表 5-18　大学生消费资料平均差指标计算表

月消费额/元	组中值(x)	人数(f)	$\lvert x-\bar{x}\rvert$	$\lvert x-\bar{x}\rvert f$
300 以下	250	80	208	16 640
300～400	350	180	108	19 440
400～500	450	430	8	3440
500～600	550	220	92	20 240
600～700	650	70	192	13 440
700 以上	750	20	292	5840
合 计	—	1000	—	79 040

解：

$$A.D=\frac{\sum|x-\bar{x}|f}{\sum f}=\sum|x-\bar{x}|\frac{f}{\sum f}=\frac{79040}{1000}=79.04(元)$$

3. 平均差的优点和缺点

平均差跟极差相比，考虑了统计总体中全部标志值的差异，能较为准确地反映统计总体中各标志值的平均变异程度。不过平均差为了避免离差正负抵消而采用取绝对平均值的方法，在应用时存在一定的局限性。

(三) 标准差

1. 标准差的定义

标准差又称均方差或均方根差，是总体各单位标志值与其平均数离差平方和的平均数的平方根。它是测定标志变异程度最常用的综合指标，用 σ 表示。标准差的平方就是方差 (σ^2)，其含义与平均差基本相同，也是各个标志值对其算术平均数的平均离差，但在数学处理上有所不同。平均差是利用绝对值来消除离差的正负号，标准差是利用平方的方法来消除离差的正负号。比较起来，标准差在数学处理上比平均差优越。所以，测定总体各单

位数量标志值的平均离差通常以标准差为标准。

一般而言，标准差越大，说明标志变动程度越大，该算术平均数的代表性就越小；反之标准差越小，说明标志变动程度越小，该算术平均数的代表性就越大。

2. 标准差的计算

根据掌握的统计资料是否分组，标准差的计算分为简单和加权两种形式。

1）简单标准差

如掌握的资料未分组时，可用简单标准差来计算，其计算公式为

$$\sigma = \sqrt{\frac{\sum (x-\bar{x})^2}{n}} \tag{5.32}$$

2）加权标准差

如掌握的资料为分组资料时，可采用下面公式计算加权标准差：

$$\sigma = \sqrt{\frac{\sum (x-\bar{x})^2 f}{\sum f}} \tag{5.33}$$

【例 5-24】 对于未分组资料，仍以甲、乙两班学员的年龄为例，计算其标准差，见表 5-19。

表 5-19 甲、乙两班学员年龄的标准差计算表

甲班（平均年龄为 38 岁）		乙班（平均年龄为 38 岁）	
学员年龄（标准值 x）	标准值与平均数离差平方 $(x-\bar{x})^2$	学员年龄（标准值 x）	标准值与平均数离差平方 $(x-\bar{x})^2$
19	361	30	64
23	225	37	1
29	81	38	0
35	9	38	0
36	4	38	0
37	1	39	1
44	36	39	1
48	100	40	4
49	121	40	4
60	484	41	9
合计	1422	合计	84

解 由表 5-19 所示资料计算可得

甲班标准差：

$$\sigma = \sqrt{\frac{\sum (x-\bar{x})^2}{n}} = \sqrt{\frac{1422}{10}} = 11.9（岁）$$

乙班标准差：

$$\sigma = \sqrt{\frac{\sum (x-\bar{x})^2}{n}} = \sqrt{\frac{84}{10}} = 2.9（岁）$$

由此，可说明乙班学员平均年龄的代表性大于甲班。

【例 5-25】 已知甲车间工人的平均日产量 42 千克，其标准差为 5.6 千克。乙车间工人的产量资料如表 5-20 所示，计算乙车间工人的平均日产量及标准差。

表 5-20　乙车间工人的平均日产量标准差计算表

工人按日产量/千克	工人数(f)	组中值(x)	总产量	离差平方$(x-\bar{x})^2$	离差平方$(x-\bar{x})^2f$
20～30	10	25	250	289	2890
30～40	70	35	2450	49	3430
40～50	90	45	4050	9	810
50～60	30	55	1650	169	5070
合 计	200	—	8400	516	12 200

解　乙车间平均产量：

$$\bar{x}=\frac{\sum xf}{\sum f}=\frac{8400}{200}=42(\text{千克})$$

乙车间标准差：

$$\sigma=\sqrt{\frac{\sum(x-\bar{x})^2f}{\sum f}}=\sqrt{\frac{12200}{200}}=7.8(\text{千克})$$

由此，可说明乙车间工人平均日产量的代表性小于甲车间。

3. 标准差的优点

标准差的优点较多，它既采用了差异的平均的原理，又使用了全部标志值进行计算，较为全面；同时它又回避了极差、平均差等指标的缺点，是实际工作中使用较多的一个十分重要的统计分析指标。

除非是特别要求，否则只要要求计算差异、误差等，就优先考虑标准差。

以上介绍的极差平均差和标准差均属于绝对指标，它们的数值大小不仅受统计资料中标志值的平均水平高低的影响，而且都有计量单位。因此，对于不同的统计总体只有在它们的平均值相等的情况下，才能用绝对指标比较其离散程度。

而当两数列标志值水平不一样或计量单位不同时，要判断总体各单位标志值的离散程度，评价其平均数代表性，应进一步计算其标志变异的相对程度，这个相对指标就是离散系数。

(四) 离散系数

离散系数也称为变异系数，是极差、平均差或标准差等变异指标与算术平均数的比率，以相对数形式表示。变异系数分为全距系数、平均差系数和标准差系数。其中，最常用的离散系数是标准差系数 v_σ，它是标准差与其平均数的比率。其计算公式如下：

$$v_\sigma=\frac{\sigma}{\bar{x}}\times 100\% \tag{5.34}$$

变异系数一般用百分数表示。离散系数越大，说明数据的离散程度越大，其平均数的代表性就越小；反之，离散系数越小，说明数据的离散程度越小，其平均数的代表性就越大。

【例 5-26】 某车间某小组有 6 个工人，分别带了 1 个徒工，其日产量(件)数列如下：

甲组(6 个工人组)：62　65　70　73　80　82

乙组(6 个徒工组)：8　13　17　19　22　24

由以上资料可以算出：

甲组平均数为

$$\bar{x}_{甲}=\frac{\sum x}{n}=\frac{432}{6}=72(件)$$

乙组平均数为

$$\bar{x}_{乙}=\frac{\sum x}{n}=\frac{103}{6}=17.17(件)$$

通过观察可以看出，甲组标志值变异程度较小，平均数更具有代表性，但进一步计算

甲组标准差为

$$\sigma_{甲}=\sqrt{\frac{\sum(x-\bar{x}_{甲})^2}{n}}=7.28(件)$$

乙组标准差为

$$\sigma_{乙}=\sqrt{\frac{\sum(x-\bar{x}_{乙})^2}{n}}=5.4(件)$$

计算结果发现，甲组标准差大于乙组标准差，似乎可得出甲组平均数比乙组平均数代表性差的结论，但这与事实不符。究其原因，是因为两数列原有标志值水平(即平均数)不一样，所以不能直接用其标准差进行比较，还需要计算离散系数。

下面我们来计算甲乙两组的离散系数。

$$v_{\sigma甲}=\frac{\sigma_{甲}}{\bar{x}_{甲}}\times 100\%=\frac{7.28}{72}\times 100\%=10.1\%$$

$$v_{\sigma乙}=\frac{\sigma_{乙}}{\bar{x}_{乙}}\times 100\%=\frac{5.4}{17.17}\times 100\%=31.45\%$$

由于 $v_{\sigma甲}<v_{\sigma乙}$，即甲组的离散系数小于乙组的离散系数，因此可得出结论：甲组的平均成绩的代表性高于乙组。

可见，相对指标可以消除不同统计总体中标志值平均水平高低的影响和不同单位的影响，反映不同水平和不同性质的标志值数列的变异程度。

三、应用标志变异指标应注意的问题

在标志变异指标的运用时要注意以下几点：

(1) 把标志变异指标和平均指标结合起来，准确描述统计总体特征。

在统计工作中，标志变异指标和平均指标相互补充，相互支撑。平均指标说明统计总体某一数量特征的一般水平和普遍性，标志变异指标可以说明平均指标的代表性大小。因此，只有把变异指标和平均指标结合起来才能客观反映统计资料中标志值的分布特征。

(2) 把标志变异绝对指标和相对指标结合起来。

变异指标中极差、平均差、标准差属于绝对指标，当不同的统计总体其平均值相等时，可以用绝对指标比较它们的离散程度。全距系数、平均差系数、标准差系数属于相对指标，相对指标消除了不同统计总体中标志值平均水平高低的影响和不同单位的影响。因此，即使是不同的统计总体在某一特征上的数值标志值有不等的平均值或不同单位，都可

以用相对指标来比较它们的离散程度。

(3) 根据统计资料是否分组，标志变异指标也有简单变异指标和加权变异指标两种。

第五节　SPSS 描述统计数据的特征

用 SPSS 软件可以很方便地计算集中趋势和离中趋势。本小节通过举例来说明如何用 SPSS 来描述统计数据的特征。集中趋势和离中趋势以及频数、频率的分析是用频率分析模块来进行的。

一、频率分析模块简介

频率分析可以分析一组数据的频数、频率、均值、中位数、众数、最大值、最小值、分位数(四分位数、十分位数和百分位数)、极差、方差、标准差以及偏度和峰度等数据。

在 SPSS 软件的“分析”菜单中，选择“分析”菜单中的“描述统计”子菜单，在弹出的选项中选择“频率”命令，如图 5-1 所示。

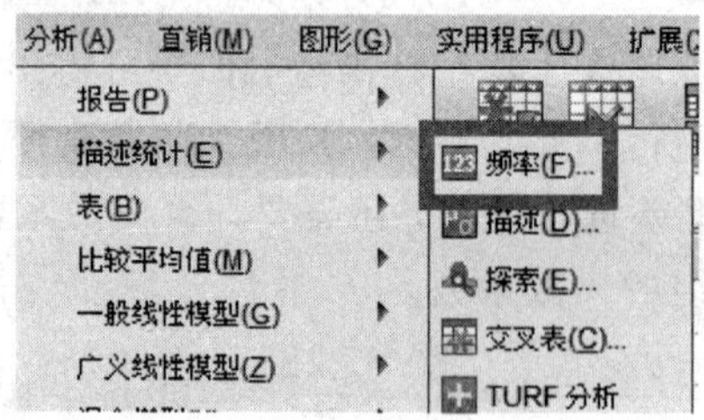

图 5-1　频率分析命令

在弹出的“频率”对话框中，首先将需要分析的变量从左侧的待选窗口选入右侧的选定窗口，如图 5-2 所示。对话框中，选中左下角的“显示频率表”后，会在分析结果中显示频率分析表。单击右侧的“统计”按钮，会出现频率分析统计子对话框，如图 5-3 所示。

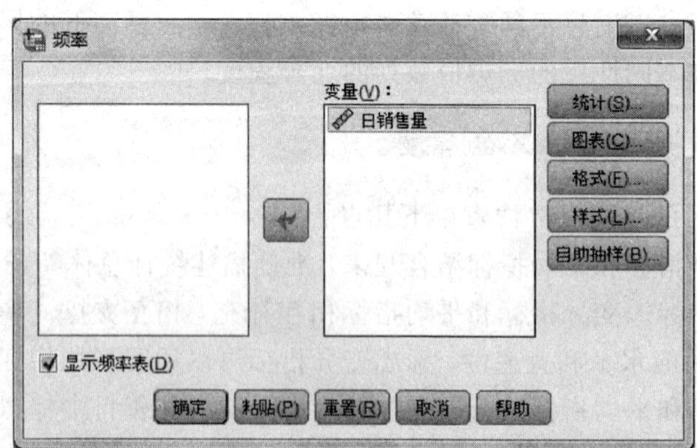

图 5-2　频率分析对话框

该对话框中各选项对应的意义如下：

(1) 四分位数：计算并显示四分位数。

(2) 分割点：输入一个正整数 n，则计算且输出这一组数据的 n 分位数。

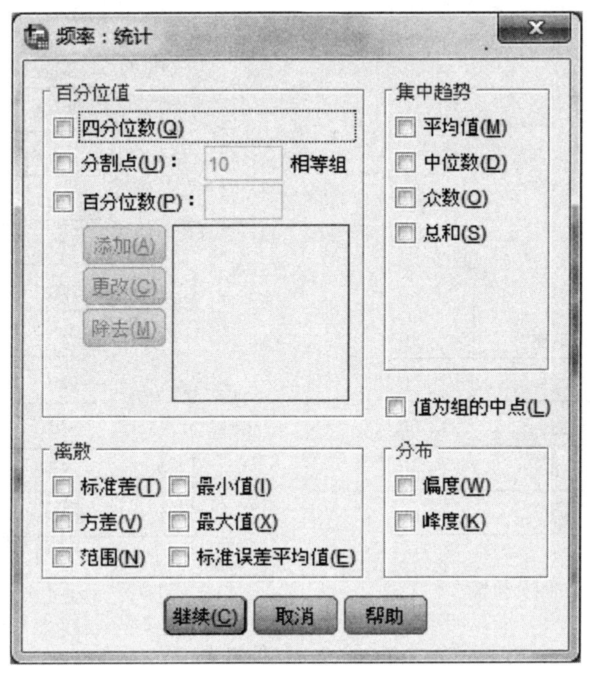

图 5－3　频率分析的统计子对话框

(3) 百分位数：输入 0～100 之间的数值，点击“添加”按钮，计算并显示所选择的百分位数。“更改”和“除去”按钮可以对数值进行编辑。

(4) 集中趋势：选中对应的选项则计算并显示对应的计算结果。

(5) 离散：选中对应的选项则计算并显示对应的计算结果。

(6) 分布：选中对应的选项则计算并显示对应的标准误差。

(7) 值为组的中点：如果数据分组，那么用各组的中位数代表该组的值。

二、举例说明

【例 5－27】 某夏令营参营学生年龄统计如下：

15，14，16，15，17，14，19，15，16，18，17，14，14，16，15，16，14，16，17，18，17，15，19，13，14，15，14，16，14，14。

用频率分析模块对该组数据进行分析。

解　利用 SPSS 进行数据分析。

(1) 集中趋势分析。

输入数据后，在图 5－3 的对话框中选择“四分位数”、“分割点”选项，在“分割点”选项的输入框中，输入正整数 10，这样就能计算并输出这一组数据的四分位数和十分位数，结果见图 5－4。

同时选上选项“平均值”、“中位数”、“众数”三个选项，结果见图 5－5。

(2)离中趋势分析。

在“频率”的“统计”对话框中，选择“标准差”、“方差”、“范围”选项，可以得到离中趋势表，如图 5－6 所示。

年龄

个案数	有效	30
	缺失	0
百分位楼	15	14.00
	16	15.00
	17	17.00

(a) 四分位数

年龄

个案数	有效	30
	缺失	0
百分位楼	10	14.00
	20	14.00
	30	14.00
	40	15.00
	50	15.00
	60	16.00
	70	16.00
	80	17.00
	90	18.00

(b) 十分位数

图 5－4　分位数表

年龄

个案数	有效	30
	缺失	0
平均值		15.57
中位数		15.00
众数		14

图 5－5　集中趋势表

(3)偏斜度与峰度分析。

在“频率”的“统计”对话框中，选择“偏度”、“峰度”选项，即可得到偏斜度和峰度分析表，如图 5－7 所示。

年龄

个案数	有效	30
	缺失	0
标准差		1.612
方差		2.599
范围		6

图 5－6　离中趋势表

年龄

个案数	有效	30
	缺失	0
偏度		.612
偏度标准误差		.427
峰度		-.427
峰度标准误差		.833

图 5－7　偏斜度和峰度分析表

注意：以上分析可以同时进行。

本章小结

(1) 总量指标又称统计绝对数，它是反映社会经济现象发展的总规模、总水平的综合指标。它既是认识社会经济现象的起点，又是进行经济管理的主要依据，同时还是计算相对指标和平均指标的基础。总量指标的种类包括总体单位总量和总体标志总量以及时期指标和时点指标。总量指标的计量单位一般采用实物单位、货币单位和劳动时间单位。

(2) 相对指标是两个相互有联系的现象数量的比率，用以反映现象的发展程度、结构、强度、普遍程度或比例关系。相对指标为人们深入认识事物发展状况提供客观依据，使不能直接对比的现象找到可以比较的基础。常用的相对指标包括结构相对指标、比例相对指标、比较相对指标、强度相对指标、动态相对指标和计划完成程度相对指标等六种种类。它们分别从不同的角度出发，对总体各部分之间的关系进行数量分析，对两个不同总体之间的联系程度和比例作比较。

(3) 平均指标是描述数据分布集中趋势的指标。平均指标代表了各单位标志值的一般水平，是对同质总体内各单位数量的差异进行抽象概括，其中个别标志值的偶然性被相互抵消，从而反映出总体分布的集中趋势。平均指标分为数值平均数和位置平均数。数值平均数包括算术平均数、调和平均数和几何平均数，位置平均数包括众数和中位数。

(4) 标志变异指标又称标志变动度，它综合反映总体各个单位标志值的差异程度或离散程度。平均指标代表现象的一般水平，反映各单位某一数量标志的共性，而标志变异指标反映它们之间差异性。变异指标可以分为绝对指标和相对指标。极差、平均差、标准差属于绝对指标，全距系数、平均差系数、标准差系数属于相对指标。相对指标是各类绝对指标与相应的平均数之比。根据统计资料是否分组，平均差和标准差可以分为简单和加权两种。

(5) 可以利用 SPSS 进行平均指标和标志变异指标的计算与分析。

思考与讨论

1. 什么是总量指标？它在社会经济统计中有何作用？计算总量指标有哪些要求？

2. 什么是相对指标？它有哪几种形式？有什么作用？

3. 强度相对指标与其他相对指标的区别是什么？

4. "如果计划完成情况相对指标大于 100%，则肯定完成了计划任务"这句话正确吗？为什么？

5. 总体标志的差异性和总体平均指标的代表性有什么关系？为什么说平均数和标志变异度指标是从两个方面来表现总体的共同特征的？

6. 算术平均数、中位数、众数之间的关系是怎样的？

7. 2014 年在东部地区务工的外出农民工为 10 664 万人，比上年增加 210 万人，增长 2.0%，占全国外出农民工人数的 38.9%；在中部地区务工的外出农民工为 9 446 万人，比上年增加 111 万人，增长 1.2%，占全国外出农民工人数的 34.5%；在西部地区务工的外出农民工为 7 285 万人，比上年增加 180 万人，增长 2.5%，占全国外出农民工人数的 26.6%。

调查表明，西部地区农民工数量增长快于其他地区，增长速度分别比东部、中部地区高出0.5和1.3个百分点。(资料来源：国家统计局《我国农民工监测调查报告》)

请问：以上诸指标中哪些是总量指标？哪些是相对指标？并指出它们分别属于什么相对指标。

8. 某学院证券与投资专业共有150名学生选修“统计学基础”，在期末考试中，男生平均成绩为78分，女生平均成绩为82分，请思考与讨论：

(1) 若150名学生中，男女生各占一半，全体学生平均成绩为多少？

(2) 若150名学生中，男生100人，女生50人，全体学生的平均成绩为多少？

(3) 若150名学生中，男生60人，女生90人，全体学生的平均成绩为多少？

(4) 比较上述三种情况下，全体学生平均成绩的变化，解释其变化的原因。

9. A 城市的10个家庭，他们的年收入(万元)分别为2.5，2.6，2.6，2.7，2.7，2.8，3.1，3.25，3.5，40.0。这10个家庭的平均年收入为多少？你认为这个平均收入的代表性如何，试分析原因。

10. 一次抽样结果表明：幼儿总体的平均体重为15公斤，体重的标准差为3公斤；成人的平均体重为60公斤，体重的标准差为6公斤。那么幼儿和成人相比，哪一类总体的体重差异程度较大(即平均体重的代表性相对小)？为什么？

应用能力训练

1. 甲、乙两地区某年主要农产品产量资料如表5-21所示。

表5-21　甲、乙两地区主要农产品产量

	甲地区	乙地区
粮食/万吨	260	210
油料/万吨	4	16
棉花/万吨	3	4
水果/万吨	45	22

该年甲、乙两地区年平均人口数分别为1800万人和1400万人。

要求：根据上述资料，对两地区的总量指标和强度相对指标进行对比，求出各自的比较相对指标，并进行分析。

2. 表5-22列出了我国人口和土地面积的资料。

表5-22　2013年和2015年我国人口和土地面积统计表

	2010年	2015年
人口总数/万人	133 972	137 349
男/万人	68 685	70 356
女/万人	65 287	66 993

(数据来源：中华人民共和国国家统计局《第六次全国人口普查公报》和《2015年全国1%人口抽样调查主要数据公报》)

请根据资料计算出全部可能的相对指标，并指出他们属于哪一种相对指标。

3. 某公司下属 10 个企业生产同一种产品，该产品的合格率资料如表 5-23 所示。

表 5-23　10 个企业产品的合格率情况

合格率/(%)	企业数	产品总量/件
70～80	2	34 000
80～90	3	70 000
90～100	5	36 000
合计	10	140 000

计算该产品的平均合格率。

4. 某市场上有三种鸡蛋，每公斤分别为 16 元、18 元、20 元，试计算：

(1) 各买 10 公斤，平均每公斤多少钱？

(2) 各买 10 元，平均每公斤多少钱？

5. 某企业的销售额 2011 年比 2010 年增长 7.5%，2012 年比 2011 年增长 9.8%，2013 年比 2012 年增长 6.3%，2014 年比 2013 年增长 11.4%。计算 2010 年至 2014 年该企业销售额的平均增长速度。

6. 某车间 40 名工人日加工零件数(件)如下：

21，24，28，50，48，27，32，38，45，39

29，46，46，50，31，35，38，47，49，29

27，49，32，36，41，40，33，39，28，44

36，45，45，26，39，44，37，24，28，40

(1) 根据以上资料分成如下几组：21～25，26～30，31～35，36～40，41～45，46～50。计算出各组的频数和频率，编制次数分配数列。

(2) 根据整理表计算工人的平均日产量零件数。

(3) 根据分组后的数据计算日加工零件数的中位数和众数，并判断该企业职工月收入的分布特点。

7. 某 LED 生产企业的甲乙两个车间生产的同种 LED 灯，抽查其耐用时间的分组资料如表 5-24 所示。

表 5-24　甲乙车间生产的同种 LED 灯合格率抽查情况

耐用时间/月	抽查 LED 灯数/只	
	甲车间	乙车间
48 以下	3	3
48～60	7	8
60～72	9	10
72～84	10	10
84～96	8	7
96 以上	3	2
合计	40	40

(1) 比较哪个车间生产的 LED 灯耐用时间长?

(2) 比较哪个车间生产的 LED 灯耐用时间差异较大?

8. 表 5-25 是某两只沪市上市股票在 2015 年某连续两周交易日的收盘价格。

表 5-25　A、B 两只股票的收盘价格情况

交易日	1	2	3	4	5	6	7	8	9	10
A 股票/元	21	23	22	21	20	22	21	21	20	22
B 股票/元	32	36	40	42	37	36	45	43	40	44

(1) 画出两只股票价格的统计图(用什么图最合适?),计算所有描述性统计指标。

(2) 哪只股票的平均价格更加稳定?

(3) 作为投资者,问题 2 的结论有何参考价值?

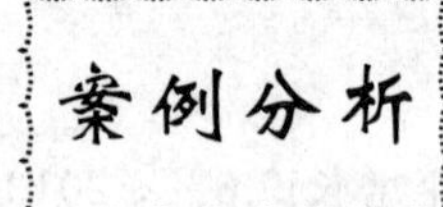

1. 阅读下文,回答问题。

中国 GDP 总量全球第二不值得惊喜

不管是人均,还是经济增长的质量和结构,或是经济发展的收益,我们都还有很长的路要走,世界第二只是总量的超越,并不值得惊喜,我们需要客观的判断。

中国 GDP 总量超过日本终于得到了权威确认,日本内阁府于 2011 年 2 月 14 日发布的数据显示,2010 年日本名义 GDP 为 54 742 亿美元,比中国少 4044 亿美元,排名全球第三。

自去年第二季度以来,关于中国 GDP 总量超过日本的消息就一直被外界关注,尤其是西方媒体更是对中国的经济增长奇迹大书特书,当然国内也有不少的 GDP 粉丝,他们也对这个全球第二抱有很深的情结。然而,如果仅停留在总量的表面上,那无异于“只见树木不见森林”。

实际上,这个世界第二并没有多大惊喜,从中国经济发展的历程来看,世界第二只是一个时间问题。我们需要思考的是,作为普通老百姓能够从这个世界第二中获得什么?其实,随着世界第二的到来,我们的发展问题并不轻松,我们还有很长的一段发展距离。诚如美国《华尔街日报》的文章所指出,自从工业革命以来,美国、英国、德国和日本就凭借高工作效率变得富裕起来,在经济上超过了中国和印度这样的人口大国。然而在最近的 30 年里,中国经济却快速增长。尽管他们的人均 GDP 仍然不尽如人意,但 13 亿庞大的人口数量让中国迅速位居世界前列。文章称,中国拥有 11 倍于日本的人口,因此人均 GDP 只要超过日本的 1/11 即可在经济总量上超越日本。如果中国想要击败美国,其人均 GDP 就要达到美国的 1/4,因为目前中国人口是美国的四倍。然而现在中国的人均收入仅为美国的 1/11。

毫无疑问,中国虽然在总量上已经超日,但人均年收入相距甚远。从数据上来看,中国人均 GDP 为 3800 美元,在全球排 105 位,确实差得很远。但是我们疑惑的是,中国的人均年收入有这么高吗?事实上,中国一直就没有覆盖全国人口的人均年收入数据,而只有两个以城乡户籍区分的人均数，即城镇居民人均可支配收入和农村居民人均纯收入。根据国家统计局公布的数据显示，2010 年城镇居民人均可支配收入为 19 109 元，农村居民人均纯收入为 5919 元。目前中国的城市化率接近 50%，也就是说，城镇居民数量与农村居民数量基本相等，照此计算，去年中国总体上的人均年收入应该为 12 500 元左右，约合 2000 美元。那么这个人均年收入又是怎么来的呢？其实就是把人均 GDP 当成人均年收入了，或者把北京、上海等地人均年收入当成全国人均数据了。

透过数字，我们可以看到，资源生态环境的压力渐趋增大，产业结构调整的任务远未完成，转变发展方式也是征途漫漫，工业化还处于中后期阶段，城镇化在推进过程中同样存在很多问题。此外，从居民收入差距来看，除城乡差距外，地区差距也很明显。据统计，2009 年，上海市农民人均收入为 12 324 元，北京为 11 986 元。而甘肃则为 3134 元，青海为 3346 元，云南为 3369 元，均不及上海市水平的三分之一。还有，2009 年上海市人均 GDP 为 11 320.41 美元，而贵州省不及上海的九分之一，仅为 1 350.98 美元。至于看病难、看病贵、社会保障水平低等老问题还没有从根源上得到整治，在教育、住房和医疗等民生领域尚有诸多欠账。中国经济总量很大，可本质上还是发展中国家。要真正达到中等发达国家得到 2049 年，人均 GDP 达到 25 000～30 000 美元的水平，这还需要较长时间。

再从目前我国的经济增长结构看，我们的效益以及利润都还有很大差距。2010 年我国经济增长 10.3%，看增速可观也很乐观，一旦透过增速看效益，难免平添一份忧思。从去年年底的节能减排就可以看到，我们的资源环境成本透支问题短期内难以扭转。事实上，GDP 所能反映的只是经济发展的速度和规模，而经济发展质量和效益则差强人意。从整体来看，在三大产业中，第一产业的经济效益亟待提高，第二产业产能过剩形势严峻，节能减排降耗任务艰巨，第三产业的发展仍然严重不足，我国的经济发展还走在粗放、低效的通道上。

而从经济发展的收益来看，大量的收益以及利润都被国际跨国公司所享有，我国获得的只是一个最基本的人力加工费。海关的数据显示，2010 年，在出口贸易中外商一直占到 50%以上。可见，不仅经济发展方式还需要持续转变，效益也还有很大提升空间。

因此，不管是人均，还是经济增长的质量和结构，或是经济发展的收益，我们都还有很长的路要走，世界第二只是总量的超越，并不值得惊喜，我们需要客观的判断。

（资料来源：周子勋. 中国 GDP 总量全球第二不值得惊喜. 中国经济时报，2011 年 2 月 15 日）

思考和讨论要求：

(1) 该报道中提及了哪些总量指标？它们分别是时期指标还是时点指标？它们的计量单位是实物单位还是货币单位？

(2) 该分析报告中有哪些类别的相对指标？弄清楚它们的计算方式及具体含义。

(3) 该报道中诸如“中国拥有 11 倍于日本的人口”，“中国的人均收入仅为美国的 1/11”，“而贵州省人均收入不及上海的九分之一”，“ 2010 年，在出口贸易中外商一直占到 50%以上”，多处使用了倍数、百分数、系数等概念，试弄清楚它们各自的含义及如何计算的。

(4) 这篇报道的中心思想是什么？结合我们本章所学关于总量指标与相对指标应结合

运用的原则，试用一段文字来阐述你的观点。

2. 统计小知识

几类常用的宏观经济指标：GDP、CPI、基尼系数、就业率

对于一国来说，GDP 增长、CPI 稳定及就业充分往往是最重要的社会经济目标，下面我们就来看看这些经济指标的具体意义。

(1) GDP：国内生产总值(Gross Domestic Product)是指在一定时期内(一个季度或一年)，一个国家或地区的经济中所生产出的全部最终产品和劳务的价值，常被公认为衡量国家经济状况的最佳指标。国内生产总值共有四个不同的组成部分，其中包括消费、私人投资、政府支出和净出口额。

GDP 是一个总量指标，它的增速经常用来衡量一国国力与财富的增长速度。而同时更多人也认为，人均 GDP 这一强度相对指标用来衡量一国人民生活水平会更加客观(人均国内生产总值＝GDP 总额/总人口)。

(2) CPI：居民消费指数(Consumer Price Index) 是对一个固定的消费品篮子价格的衡量，计算公式为：CPI＝(一组固定商品按当期价格计算的价值/一组固定商品按基期价格计算的价值)×100％。我国的 CPI 包括食品、衣着、医疗保健和个人用品、交通及通讯、娱乐教育文化用品及服务、居住、杂项商品与服务等八类。

CPI 是一个动态相对指标，是用与居民生活有关的商品及劳务价格统计出来的物价变动指标，通常作为观察通货膨胀水平的重要指标。一般说来，当 CPI＞3％的增幅时称之为通货膨胀；而当 CPI＞5％的增幅时，称之为严重的通货膨胀。

(3) 失业率(Unemployment Rate)是指失业人口占劳动人口的比率(一定时期全部就业人口中有工作意愿而仍未有工作的劳动力数字)，失业率(％)＝一国适龄失业人口/该国适龄总人口，是一个结构相对指标。

(4) 基尼系数(Gini coefficient)是一个结构相对指标，它是在全部居民收入中，用于进行不平均分配的那部分收入所占的比例，实际数值只能介于 0～1 之间，基尼系数越小收入分配越平均，基尼系数越大收入分配越不平均。国际上通常把 0.4 作为贫富差距的警戒线，大于这一数值容易出现社会动荡。

第六章 抽样推断

【学习目的】

(1) 理解抽样推断的含义、特点与作用。

(2) 理解抽样误差的含义、影响因素。

(3) 掌握抽样误差的表现形式及其计算方法。

(4) 掌握抽样推断的基本方法，理解并区分几种常用的抽样调查组织方式。

(5) 掌握假设检验的一般方法与程序。

(6) 用 SPSS 进行抽样推断和假设检验。

【案例导入】

据悉，2016 年中央电视台主办的春节联欢晚会收视率为 30.98%。电视收视率是指某一时段内收看某电视频道(或某电视节目)的人数(或家户数)占电视观众总人数(或家户数)的百分比。在我国关于收视率数据的采集方法目前主要有日记法和人员测量仪法两种。

日记法是指通过由样本户中所有 4 岁及以上家庭成员填写日记卡来收集收视信息的方法。样本户中每一家庭成员都有各自的日记卡，要求他们把每天收看电视的情况(包括收看的频道和时间段)随时记录在自己的日记卡上。日记卡上所列的时间间隔为 15 分钟。每一张日记卡可记录一周的收视情况。

人员测量仪法是指利用人员测量仪来收集电视收视信息的方法，是目前国际上最新的收视调查手段。样本家庭的每个成员在手动控制监测器上都有自己的按钮，而且还留有客人的按钮。当家庭成员开始看电视时，必须先按一下手动控制监测器上代表自己的按钮，不看电视时，再按一下这个按钮。测量仪会把收看电视的所有信息以每分钟为时间段(甚至可以精确到秒)储存下来，然后通过电话线传送到总部的中心计算机(或通过掌上电脑入户取数据)。

你也许会好奇收视率这个数据的准确性，也就是说，用它来代替全国甚至全世界收看春节联欢晚会的人数(或家户数)比重，难道没有误差吗? 如果有误差，怎么又会使用这种方法呢? 这种抽样调查法有什么特点和科学性? 这些就是我们即将在本章内学到的知识。

第一节 抽样推断概述

一、抽样推断的概念、特点与意义

1. 抽样推断的概念

抽样推断是根据随机原则，从调查总体中抽取部分单位组成样本进行调查，利用样本的实际数据计算样本指标，并据以推算总体相应数量特征的一种统计分析方法。在实际工作中，我们不可能对每一项调查项目都进行全面系统的调查，比如市场商品需求量、城市居民家庭收支状况、居民消费情况等是很难对每个单位进行观察和估计的，只能通过组织抽样调查，取得部分实际资料来估计和判断总体数量特征，以达到对总体数量特征的认识。

2. 抽样推断的特点

抽样推断的特点归纳起来有以下几点：

(1) 抽样推断是一种由部分推算整体的研究方法。虽然认识总体的数量特征是目的，但在实际生活中人们通常只能掌握部分的实际资料，在认识上就形成了全局与局部的矛盾。这种矛盾在现实中是大量存在的。例如，要了解某一品种棉花纤维的长度，一般不可能对每根纤维都进行检测；又如，要了解某种种子的发芽率，通常也不可能对所有的种子都进行催芽试验；城市居民家庭收支、民意测验等，也难以开展挨家挨户的调查。如果在方法上不能解决这个问题，那么统计的认识活动就会受到限制，统计科学也很难得到发展。抽样推断原理解决了这一矛盾，它科学地论证了样本指标和相应的总体参数之间存在着内在联系，而且两者的误差分布也是有规律可循的，这就有效地提供了通过实际调查所得到的部分信息，以此推断总体数量特征的方法，大大提高了统计分析的认识能力。

(2) 抽样推断建立在随机抽样的基础上。所谓随机原则，就是总体中样本单位的中选或不中选不受主观因素的影响，每个单位都有相等的中选可能性，最终哪些单位被告抽中，哪些单位不被抽中，由偶然因素决定。按随机原则抽取样本单位是抽样推断的前提。坚持随机原则，就有更大的可能性使所抽取的样本保持和总体类似的结构，使样本成为真正的总体“缩影”。当然，坚持随机原则并不意味着不发挥人们对客观事物已有的认识作用。充分利用已有的辅助信息，改善抽样调查的组织形式，减少抽样估计的误差，正是抽样调查所要考虑的。

(3) 抽样推断运用概率估计的方法。利用样本指标来估计总体参数，在数学上运用不确定的概率估计的方法，而非确定的数学分析方法。概率估计的基本思路是抽取样本并根据实际观察所取得的数据，计算一定的抽样指标并用其来代表相应的总体指标究竟可能性有多大，或者说抽样指标与总体指标之间误差不超过一定范围的可能性有多大。如果估计的准确性和可靠性都达到了允许的要求，就可以用该抽样指标作为总体指标的估计值，否则就要改善抽样组织，重新进行抽样，直到符合要求为止。

(4) 抽样推断的误差可以事先计算，并加以控制。抽样推断是以部分资料推算全体，虽然也存在一定的误差，但与其他统计估算不同，它的抽样误差范围可以事先通过有关资料加以计算，并且能够采取各种组织措施来控制这一误差的范围，保证抽样推断的结果达到一定的可靠程度。

3. 抽样推断的意义

随着抽样理论和技术的不断发展，抽样推断发挥着日益重要的作用，具体表现在以下几个方面：

(1) 对那些不可能进行全面调查或很难进行全面调查的问题，应该采用抽样推断的方法。

如对那些具有破坏性或消耗性的产品进行质量检验，像炮弹的杀伤半径的检验、灯泡的使用寿命的检验、电视机抗震能力试验、罐头食品的卫生检查等，都是不可能进行全面调查的，只能采用抽样推断的方法。另外，无限总体或总体的范围过大时，很难进行全面调查，而只能采用抽样推断的方法。例如，对江河湖海中的鱼尾数、大气或海洋的污染情况等的调查，都属于这种情况。

(2) 对那些不便于、不需要采用全面调查的问题可以采用抽样推断的方法。

某些理论上可以进行全面调查的现象，采用抽样推断可以达到事半功倍的效果。如要了解全国城乡居民的家庭收入状况，从理论上讲这是有限总体，可以挨门逐户进行全面调查，但是调查范围太大，调查单位太多，实际上难以办到，缺乏可操作性，也没有必要。

采用抽样推断既可以节省人力、物力、费用和时间，提高调查结果的时效性，又能达到和全面调查同样的目的和效果。

(3) 抽样推断可以用来检验和修正全面调查资料。

全面调查的调查单位多，涉及面广，参加推断汇总的人员也多，水平不齐，因而发生登记误差和计算性误差的可能性就大。在全面调查结束后，选择一定范围进行抽样推断，可以检验全面调查资料的质量，可以用抽样推断结果对全面调查资料进行修正，进一步提高全面调查资料的准确性。如人口普查后，可用抽样调查来检验其准确性，对其调查资料进行补充和修正。

(4) 抽样推断方法可以用于工业生产过程中的质量控制。

抽样推断不但广泛地用于生产结果的核算和估计，而且也有效地应用于对成批或大量连续生产的工业产品在生产过程中进行质量控制，检查生产过程是否正常。根据抽样推断反映的产品质量信息，能够进一步分析生产过程是否失控，从而找出影响因素，以便及时采取措施，使生产能正常进行，防止出现不必要的损失。

(5) 利用抽样推断的方法，可以对某种总体的假设进行检验，来判断这种假设的真伪，以决定取舍。

由于事物的发展是复杂的、随机的和不确定的，因此，人们可以借助抽样推断，对某些未知总体的假设进行真伪判断，以此获得比较正确的决策。例如，新教学法的采用、新工艺新技术的改革、新医疗方法的使用等是否收到明显效果，须对未知的或不完全知道的总体作出一些假设，然后利用抽样推断的方法，根据实验材料对所作的假设进行检验，最后作出判断。

总之，抽样推断是一种科学实用的统计方法，在自然科学与社会科学领域都有着广泛的应用。

二、抽样推断的内容

抽样推断的前提是我们对总体的数量特征不了解或了解很少，而抽样推断的目的并不在于了解样本的数量特征，而在于掌握总体的有关指标。利用抽样推断方法去解决这类问题，可以有多种途径，因此抽样推断的主要内容也就有两个方面，即参数估计和假设检验。两者的基础是共同的，即都是利用样本观察值所提供的信息，对总体作出估计或判断，但两者应用的角度有所不同，解决问题的着重点也有所区别。

1. 参数估计

根据所获得的样本资料，对所研究现象总体的数量特征(如总体的水平、结构、规模等数量特征)进行估计，这种推断方法称为总体参数的估计。例如，粮食产量抽样调查、居民收入抽样调查、产品质量抽样调查、民意抽样测验等都是属于参数估计的推断方法。

总体参数的估计是统计推断的中心内容，其基本思想是对不同的估计问题构造不同的函数，来反映部分单位与总体之间的主要关系信息，并舍弃无关的次要部分，利用其主要关系来对总体作出推算和分析。由于社会经济统计在绝大多数场合都要求对总体的各项综合指标作出客观的估计，而参数估计恰好能满足这一方面的要求，所以参数估计推断方法在实际工作中被广泛采用。参数估计包括许多内容，如确定估计值，确定估计的优良标准并加以判别，求估计值和被估计参数之间的误差范围，计算在一定误差范围内所作推断的可靠程度等。

2. 假设检验

假设检验是用来判断样本与样本、样本与总体的差异是由抽样误差引起还是本质差别造成的统计推断方法。其基本原理是先对总体的特征作出某种假设，然后通过抽样研究的统计推理，对此假设应该被拒绝还是接受作出推断。例如，对某些生物现象进行抽样时，由于生物个体差异是客观存在的，以至于差异个体也有被抽取到的几率，所以抽样误差不可避免，因此，我们不能仅凭个别样本的值来下结论。当遇到两个或几个样本均数(或率)，或样本均数(或率)与已知总体均数(或率)有大有小时，应当考虑到造成这种差别的原因有两种可能：一是这两个或几个样本均数(或率)来自同一总体，其差别仅仅由于抽样误差即偶然性所造成；二是这两个或几个样本均数(或率)来自不同的总体，即其差别不仅由抽样误差造成，而主要是由实验因素不同所引起的。假设检验的目的就在于排除抽样误差的影响，区分差别在统计上是否成立，并了解事件发生的概率。

在质量管理工作中经常遇到两者进行比较的情况，如采购原材料的验证，抽样所得到的数据在目标值两边波动，有时波动很大，这时如何进行判定这些原料是否达到了规定的要求呢？再例如，你先后做了两批实验，得到两组数据，你想知道在这两批实验中合格率有无显著变化，那怎么做呢？你可以使用假设检验这种统计方法来比较你的数据，它可以告诉你两者是否相等，同时也可以告诉你，在你做出这样的结论时你所承担的风险。假设检验的思想是先假设两者相等，然后用统计的方法来计算验证你的假设是否正确。

总而言之，假设检验是指根据经验或不成熟的认识，在对总体的有关分布函数、分布参数或数字特征等信息作出某种假设的前提下，为了确定该假设的正确性，而从总体中随机抽取部分单位，利用部分与总体之间的关系来对所提出的假设作出判断，以决定是否接受该假设的过程。

三、抽样推断中的基本概念

(一) 总体和样本

全及总体简称总体，又称母体，它是指所要认识的、具有某种共同性质的许多单位的集合体。例如，研究全国农村居民的家庭收入情况，全部农村居民户就是所要研究的全及总体。再如，要研究某学校学生的学习情况，该学校的所有学生构成了全及总体。可见，全及总体既是我们所要研究的对象，又是样本所赖以抽取的母体。全及总体的单位数反映总体的容量，用符号 N 来表示。

样本总体或抽样总体简称样本，又称子样，是指从全及总体中按照随机原则抽取的一部分单位构成的集合体。它是统计对象中的一部分，它能反映出统计总体的基本特征。例如，从全市少年儿童中抽取100人进行健康状况调查，这100人即构成了一个样本总体。样本的单位数称为样本容量，通常用小写英文字母 n 来表示。根据样本容量 n 的多少，可以划分大样本和小样本。当 n 达到或超过30个时，称为大样本。在社会经济现象的抽样调查中，绝大多数采取大样本。当 n 在30个以下时，称为小样本。样本总体的单位数远比全及总体的单位数少，n/N 称为抽样比例，通常是一个很小的数。在具体抽样工作中，应根据被研究对象的性质和具体的任务来确定抽样比例。随着样本容量的增大，样本对总体的代表性会越来越高，并且当样本单位数足够多时，样本平均数愈接近总体平均数。

对于一次抽样调查而言，全及总体是唯一确定的，样本总体却是不确定的，一个全及总体可能抽出很多个样本总体，样本的个数和样本的容量有关，也和抽样的方法有关。

（二）变量总体和属性总体

根据研究内容不同，总体有变量总体和属性总体之分。如果每一个总体单位就所研究的标志可以取不同的量，此时的研究总体称为变量总体。如果有些现象总体就所研究的标志只表现为两种性质上的差异，例如，产品的质量表现为合格或不合格，对某一电视节目，观众表现为收看或不收看，学生成绩表现为及格或不及格等，这些只表现为是或否、有或无的标志称为交替标志，也称作是非标志，此时的研究总体称为属性总体。

（三）总体指标和样本指标

1. 总体指标

无论对于总体还是样本都可以使用平均数、中位数、众数与标准差等量来描述它们的特征。在统计学中，当用它们来描述总体的特征时，称为全及指标。由于全及总体是唯一确定的，因此全及指标的数值是确定的，也是唯一的，它反映总体的某种属性或特征，也称为总体参数。因此，参数是总体的数量特征。对于某个总体来说，其参数是定值。但是在某一实际问题中，总体参数通常是未知的，这就需要通过样本数据所提供的总体的有关信息对参数进行推断。

一个总体常常有多个参数，这些参数从各个不同的角度反映总体分布的基本情况和特征。通常人们最关心的就是表示总体分布集中趋势和离散趋势的两个参数，即总体的平均数、方差和标准差。

总体参数由于标志的性质不同计算方法也不同。

1）在变量总体条件下

平均数：

$$\bar{X} = \frac{\sum X}{N} \text{（简单算术平均数）} \tag{6.1}$$

或

$$\bar{X} = \frac{\sum XF}{N} \text{（加权算术平均数）} \tag{6.2}$$

方差：

$$\sigma^2 = \frac{\sum (X - \bar{X})^2}{N} \text{（简单式）} \tag{6.3}$$

或

$$\sigma^2=\frac{\sum (X-\bar{X})^2\cdot F}{\sum F}\text{（加权式）} \tag{6.4}$$

标准差：

$$\sigma^2=\sqrt{\frac{\sum (X-\bar{X})^2}{N}}\text{（简单式）} \tag{6.5}$$

或

$$\sigma^2=\sqrt{\frac{\sum (X-\bar{X})^2\cdot F}{\sum F}}\text{（加权式）} \tag{6.6}$$

式中，X 表示总体各单位标志值，F 表示总体各单位权值，$\bar{X}$ 表示总体平均数，σ^2 表示总体方差，σ 表示总体标准差。

2）在属性总体条件下

对于总体中的属性标志，由于各单位标志表现不能用数量来表示，因此总体参数常以成数 P 来表示总体中具有某种性质的单位数在总体全部单位数中所占的比重，以 Q 来表示总体中不具有某种性质的单位数在总体中所占的比重。

设在 N 个单位中，具有某种属性的总体单位数为 N_1，不具有某种属性的总体单位数为 N_0，$N_1+N_0=N$，则有

$$P=\frac{N_1}{N};\ Q=\frac{N_0}{N}=\frac{N-N_1}{N}=1-P \tag{6.7}$$

其中，P、Q 代表总体成数。可以看出，同一总体两种成数之和等于 1。

2. 样本指标

根据样本总体各单位标志值或属性特征计算的指标称为样本指标，也称样本统计量。由于样本是随机变量，而统计量是样本变量的函数，所以统计量也是随机变量。统计量与总体参数相对应，有样本平均数（或样本成数）、样本标准差（或样本方差）。统计量一方面表示样本本身的分布状况和特征，另一方面也是总体参数的估计量。

1）在变量总体条件下

平均数：

$$\bar{x}=\frac{\sum x}{n}\text{（简单算术平均数）} \tag{6.8}$$

或

$$\bar{x}=\frac{\sum xf}{\sum f}\text{（加权算术平均数）} \tag{6.9}$$

方差：

$$s^2=\frac{\sum (x-\bar{x})^2}{n}\text{（简单式）} \tag{6.10}$$

或

$$s^2=\frac{\sum(x-\bar{x})^2 f}{\sum f}\text{（加权式）} \tag{6.11}$$

标准差：

$$s=\sqrt{\frac{\sum(x-\bar{x})^2}{n}}\text{（简单式）} \tag{6.12}$$

或

$$s=\sqrt{\frac{\sum(x-\bar{x})^2 f}{\sum f}}\text{（加权式）} \tag{6.13}$$

式中，$\bar{x}$ 表示样本平均数，x 表示样本各单位标志值，f 表示样本各单位权值，n 表示样本容量，s^2 表示样本方差，s 表示样本标准差。

2）在属性总体条件下

由于样本各单位的标志表现不能用数量表示，因此样本统计量通常以成数 p 来表示样本中具有某种性质的单位数在样本单位数中所占的比重，以 q 来表示样本中不具有某种性质的单位数在样本中所占的比重。

设在样本 n 个单位中，具有某种属性的样本单位数为 n_1，不具有某种属性的样本单位数为 n_0，$n_1+n_0=n$，则有

$$p=\frac{n_1}{n};\ q=\frac{n_0}{n}=\frac{n-n_1}{n}=1-p \tag{6.14}$$

其中，p、q 代表样本成数。可以看出，同一样本两种成数之和等于 1。

现将上述基本概念及其代表符号归纳于表 6－1。

表 6－1 有关成数指标计算表

	全及指标	样本指标
单位数	N	n
平均数	$\bar{X}=P$	$\bar{x}=p$
成数	$P=\frac{N_1}{N}$ $Q=\frac{N_0}{N}$ $P+Q=1$	$P=\frac{n_1}{n}$ $q=\frac{n_0}{n}$ $p+q=1$
方差	$\sigma^2=P(1-P)$	$s^2=p(1-p)$
标准差	$\sigma=\sqrt{P(1-P)}$	$s=\sqrt{p(1-p)}$

（四）重复抽样和不重复抽样

从抽样方法来看，抽样可以有重复抽样和不重复抽样两种。

1. 重复抽样

重复抽样是指从总体 N 个单位中，随机抽取一个样本单位，对其有关标志或标志表现进行登记之后又放回总体，第二次再从全部 N 个单位中抽取第二个样本单位，对其有关标志和标志表现登记之后再放回去，依此类推，直到抽够样本容量 n 为止。因此，重复抽样的样本是由 n 次相互独立的连续试验构成的，每次试验在完全相同的条件下进行，每个单

位中选的机会在各次抽样中完全相等。例如，从总体 10 个单位中抽取 2 个单位为样本，抽取第一个样本单位时每个总体单位被抽中的机会为 1/10，抽取第二个样本单位时，每个总体单位被抽中的机会仍然是 1/10。可见，在重复抽样时，有

(1) 总体数目在抽样过程中始终不变(始终为 N)；

(2) 总体中各单位被抽中的可能性前后相同；

(3) 总体中各单位有被重复抽中的可能。

2. 不重复抽样

不重复抽样是从总体 N 个单位中，随机抽取一个样本单位，登记其标志之后不再放回总体，而是从剩下的总体单位($N-1$)中抽取第二个样本单位，依次类推，最后从剩下的($N-n+1$)个单位中抽取第 n 个样本单位为止。因此，不重复抽样的样本也由 n 次连续抽选的结果构成，但连续 n 次抽选的结果不是相互独立的，每次抽取的结果都影响下一次抽取，因而每个单位的中选机会在各次抽样中是不相同的。例如，从总体 10 个单位中抽取 2 个单位为样本，抽取第一个样本单位时每个总体单位都有 1/10 中选机会，而抽取第二个样本单位时，每个总体单位就有 1/9 的中选机会，因此每个总体单位在各次抽取时的中选机会是不同的。可见，在不重复抽样时，有

(1) 总体数目在抽取过程中逐渐减少(每次减少 1)；

(2) 总体中各单位被抽中的可能性前后不断变化；

(3) 总体中各单位没有被重复抽中的可能。

第二节 抽样误差

一、抽样误差的概念

抽样误差是指按照随机原则抽样，所得的样本指标和总体指标之间的数量差别。用抽样指标来估计总体指标是否可行，关键问题在于抽样误差。抽样误差的大小表明抽样效果的好坏，如果误差超过了允许的限度，抽样调查就失去了意义，所以必须对抽样误差加以讨论。

在统计调查过程中所得出的统计数字与客观实际数量之间存在一定的差别，统称为统计误差。由于造成统计误差的原因不同，它可以分为登记性误差和代表性误差。

登记性误差是指在调查过程中，由于主客观原因的影响而引起的诸如测量错误、记录错误、计算错误、抄录错误以及被调查者所报不实、遗漏或重复调查等原因而造成的误差。在一切调查中，都可能产生登记性误差。登记性误差可以通过提高调查人员的思想素质和业务水平，改进调查方法和组织工作，建立严格的工作责任制加以避免或降到最低限度。

代表性误差是指在抽样调查中，由于样本不足以代表总体而引起的误差。代表性误差的发生有两种情况：一种是由于违反抽样调查的随机原则，如有意多选较好的单位或较坏的单位进行调查。这样做的结果是计算出来的抽样指标必然会出现偏高或偏低的现象，造成系统性误差。系统性误差和登记性误差都属于思想、作风、技术问题，可以防止和避免，也可以采取措施将其减小到最小限度。另一种情况是，即使遵守随机原则，但由于调查范围的非全面性及样本的随机性也会产生样本指标与总体指标之间的误差，这个误差称为随

机(性)误差，也称为偶然(性)误差。在随机抽样的前提下，抽中的样本的内部结构与总体内部结构完全一致的情形属极小概率事件，现实中几乎不可能发生。例如，某专业100个同学中有60个男同学和40个女同学，现在随机抽取10个同学为样本，由于随机的原因未必都能抽到6个男同学和4个女同学，使得利用样本计算的性别比例指标不能代表该专业全体同学的性别比例指标，而使样本指标与总体指标之间存在绝对离差，这就是抽样误差。又如，假设全部10000件商品中，有95%的合格品和5%的不合格品，而在随机抽取的100件商品中，也恰好有95件合格品和5件不合格品的情况是很少或几乎不可能发生的。因此，偶然误差的产生是不可能避免的。

抽样误差是指由于随机抽样的偶然因素使样本结构不足以代表总体结构而引起的抽样指标与总体指标之间的离差。它既不是登记性误差，也不是系统性误差，而是偶然性的代表性误差。只要进行随机抽样，就必然产生这种随机性的抽样误差。因此，抽样误差是抽样调查所固有的，客观存在的，除非进行全面调查，否则就无法避免与消除，但可以运用数学方法计算其数量界限，并通过抽样设计控制其范围。

二、抽样误差的表现形式

（一）抽样实际误差

抽样实际误差是指在某一次具体的抽样调查中，由随机因素引起的样本指标与总体指标之间的离差，常用R表示。如样本平均数与总体平均数之间的绝对离差、样本成数与总体成数之间的绝对离差。但是，在抽样中，由于总体指标数值是未知的，因此，抽样实际误差的数值是无法计算与测定的。同时，由于总体指标有确定的数值，而样本指标的数值随着样本的不同而不同，它是随机变量，因此，抽样实际误差也是随机变量。

（二）抽样平均误差

由于样本是按随机原则抽取的，故在同一总体中，按相同的抽样数目，可以抽出许多样本，而每次抽出的样本都可以计算出相应的样本平均数、样本成数和抽样误差。也就是说，理论上可以计算出很多个抽样误差，它们带有偶然性，有的可能是正误差，有的可能是负误差，有的绝对值可能大些，有的绝对值可能小些。为了用样本指标去推算总体指标，就需要计算这些抽样误差的平均数，这就是抽样平均误差，用以反映抽样误差的一般水平。

抽样平均误差就是样本平均数或样本成数的标准差，它反映样本平均数(或样本成数)与总体平均数(或总体成数)的平均误差程度，通常用μ表示。

设以$\mu_{\bar{x}}$表示抽样平均数的抽样平均误差，μ_p表示抽样成数的抽样平均误差，M表示样本的可能数目，则有

$$\mu_{\bar{x}} = \sqrt{\frac{\sum(\bar{x}-\bar{X})^2}{M}} \tag{6.15}$$

$$\mu_p = \sqrt{\frac{\sum(p-P)^2}{M}} \tag{6.16}$$

公式(6.15)和公式(6.16)是理论上计算抽样误差的公式，在实际操作中由于样本的可能数目很多，总体指标X或P也是未知的，故按上述公式来计算抽样平均误差实际上是

不可能的。因此，抽样平均误差只能通过样本指标的标准差与总体标准差及样本单位数之间的关系来计算，另外还要考虑抽样组织形式和抽样方法。下面仅就纯随机抽样组织形式下的重复抽样和不重复抽样两种抽样方法的抽样平均误差的计算进行介绍。

1. 平均数的抽样平均误差

1）在简单随机重复抽样下

在重复抽样的条件下，抽样平均数的平均误差与总体的变异程度和样本容量大小两个因素有关。它们的具体关系如下：

$$\mu_{\bar{x}}=\sqrt{\frac{\sigma^2}{n}}=\frac{\sigma}{\sqrt{n}} \tag{6.17}$$

式中，σ 表示总体标准差，σ^2 表示总体方差，n 表示样本单位数，即样本容量。

由式(6.17)可以看出，抽样平均误差和总体标准差成正比，总体标准差越大，抽样平均误差也大；反之，总体标准差小，抽样平均误差也小。抽样平均误差与样本单位数的平方根成反比。因此，要减小抽样平均误差，以提高样本指标的代表性，可以增大样本单位数 n。例如，抽样平均误差要减少 1/2，则样本单位数必须增大到 4 倍；抽样平均误差要减少到原来的 1/3，则样本的单位数就要增大到 9 倍。

2）在简单随机不重复抽样下

在不重复抽样条件下，抽样平均数的平均误差不但与总体的变异程度、样本容量有关，而且与总体单位数的多少有关。它们的关系如下：

$$\mu_{\bar{x}}=\sqrt{\frac{\sigma^2}{n}\cdot\frac{N-n}{N-1}} \tag{6.18}$$

式中，N 表示总体单位数。

与重复抽样公式相比，不重复抽样误差等于重复抽样误差乘以修正因子$\frac{N-n}{N-1}$的平方根。由于这个修正因子总是小于1，因而不重复抽样平均误差总是小于重复抽样平均误差。但在总体单位数 N 很大的情况下，这个因子十分接近于 1，两种抽样平均误差就相差很小，因而在实际工作中按不重复抽样方法进行抽样时，也往往简便地用重复抽样的公式来计算抽样平均误差。

另外，当 N 的值较大时，修正因子：

$$\frac{N-n}{N-1}\approx\frac{N-n}{N}=1-\frac{n}{N}$$

于是公式(6.18)可简化为

$$\mu_{\bar{x}}=\sqrt{\frac{\sigma^2}{n}\left(1-\frac{n}{N}\right)} \tag{6.19}$$

上面介绍的重复或不重复抽样条件下的抽样平均误差公式，都要在掌握总体标准差的数值后才能计算，而总体标准差一般是未知的。实际工作中可做以下处理：

第一，用样本标准差代替总体标准差，即用 s 代替 σ。只要抽样总体分布接近总体分布，样本标准差就相当接近总体标准差，不过样本标准差只能在抽样调查后方能计算。

第二，用历史资料代替。如果历史上做过同类型的全面调查或抽样调查，就用过去所掌握的总体标准差或样本标准差。但需要注意：一是要注意历史上总体变量变异程度与现实总体变量变异程度是否接近；二是要注意在若干个可供选择的历史资料中，应选取方差最大者，这样才能保证足够的样本容量，确保样本的代表性。

第三，用预先估计资料代替。例如农产品产量的抽样调查中，用农作物预计估产资料计算出总体方差。

第四，用小型试验抽样资料代替。若是无历史资料，也无预计估计资料，但是又必须在抽样调查之前计算出抽样估计，可以在大规模正式抽样调查之前，进行一次小型的试验抽样来取得方差的数据。

【例 6-1】 某灯泡厂生产电灯泡 100 000 个，从中随机抽取 500 个测定其耐用时间，所得分组资料见表 6-2。

表 6-2　某灯泡厂灯泡耐用时间统计

按灯泡耐用时间分组/小时	组中值(x)	灯泡个数(f)	xf	$(x-\bar{x})$	$(x-\bar{x})^2$	$(x-\bar{x})^2 f$
850 以下	800	50	40 000	−222	49 284	2 464 200
850～950	900	100	90 000	−122	14 884	1 488 400
950～1050	1000	150	150 000	−22	484	72 600
1050～1150	1100	110	1 211 000	78	6 084	669 240
1150～1250	1200	70	84 000	178	31 684	2 217 880
1250 以上	1300	20	26 000	278	77 284	1 545 680
合计	—	500	511 000	—	—	8 458 000

解　已知 $n=500$，$N=100\ 000$

灯泡平均耐用时数：

$$\bar{x}=\frac{\sum xf}{\sum f}=\frac{511\ 000}{500}=1\ 022(\text{小时})$$

样本标准差：

$$s=\sqrt{\frac{\sum (x-\bar{x})^2 f}{\sum f}}=\sqrt{\frac{8\ 458\ 000}{500}}=\sqrt{16\ 916}=130.06(\text{小时})$$

按重复抽样的公式计算，抽样平均误差为

$$\mu_{\bar{x}}=\frac{s}{\sqrt{n}}=\frac{130.06}{\sqrt{500}}=5.82(\text{小时})$$

按不重复抽样的公式计算，抽样平均误差为

$$\mu_{\bar{x}}=\sqrt{\frac{s^2}{n}\left(1-\frac{n}{N}\right)}=\sqrt{\frac{16\ 916}{500}\left(1-\frac{500}{100\ 000}\right)}=5.80(\text{小时})$$

此例中，抽样平均误差的计算是用样本标准差代替总体标准差而得到的。可以看到，用重复抽样公式和不重复抽样公式计算的结果相差甚微。

2. 抽样成数的抽样平均误差

抽样成数的平均误差表明各样本成数和总体成数绝对离差的一般水平。由于总体成数可以表现为总体是非标志(0，1)分布的平均数，而且它的标准差也可以从总体成数推算出来。

$$\overline{X_P}=P$$

$$\sigma_P=\sqrt{P(1-P)} \tag{6.20}$$

因此，从抽样平均数的抽样平均误差和总体标准差的关系中很容易推算出抽样成数平均误差的计算公式。

1）在简单随机重复抽样条件下

$$\mu_p=\sqrt{\frac{P(1-P)}{n}} \tag{6.21}$$

式中，P 表示总体成数，n 表示样本单位数。

2）简单随机不重复抽样条件下

$$\mu_p=\sqrt{\frac{P(1-P)}{n}\cdot\left(\frac{N-n}{N-1}\right)} \tag{6.22}$$

在总体单位数 N 很大的情况下，μ_p 近似为

$$\mu_p=\sqrt{\frac{P(1-P)}{n}\left(1-\frac{n}{N}\right)} \tag{6.23}$$

抽样成数的平均误差的计算方法与抽样平均数的平均误差的计算方法大致相同。在抽样成数平均误差公式中的 P 是总体的成数，一般是未知的，这时通常采用实际的样本成数或已掌握的历史同类现象的相应成数来代替。

同时，抽样成数的总体方差有其特殊之处：当 $P=50\%$时，成数的方差 $P(1-P)$为最大值 0.25，也就是说，当两种表现的总体单位各占一半时，它的变异程度最大。因此，在没有总体方差或总体标准差时，可以用样本方差 s^2 代替总体方差，即用 $p(1-p)$代替 $P(1-P)$，或选用成数方差最大值 0.25 代替。

【例 6－2】 某电子元件厂生产某种电子元件，按以往正常的生产经验，产品中属一级品的占 60%。现在从 10 000 件电子元件中抽取 100 件检验，用以推断 10 000 件产品的一级品率，试计算一级品率的抽样平均误差。

解 根据已知条件，$P=60\%$。

在重复抽样条件下，一级品率的抽样成数的平均误差为

$$\mu_p=\sqrt{\frac{P(1-P)}{n}}=\sqrt{\frac{0.24}{100}}=4.90\%$$

在不重复抽样条件下，一级品率的抽样成数的平均误差为

$$\mu_p=\sqrt{\frac{P(1-P)}{n}\left(1-\frac{n}{N}\right)}=\sqrt{\frac{0.24}{100}\times\left(1-\frac{100}{10000}\right)}=4.87\%$$

【例 6－3】 某电子元件厂对 5 000 只电器元件进行耐高温时间测试，从中随机抽取 2%，测得其样本合格率为 90 %，标准差为 3 小时。试计算抽样平均数的抽样平均误差和抽样成数的抽样平均误差。

解 已知 $N=5000$，$\frac{n}{N}=2\%$，$p=90\%$，$s=3$

在变量总体条件下，有

① 重复抽样：

$$\mu_{\bar{x}}=\frac{s}{\sqrt{n}}=\frac{3}{\sqrt{5000\times 2\%}}=0.3(\text{小时})$$

② 不重复抽样：

$$\mu_{\bar{x}}=\sqrt{\frac{s^2}{n}\left(1-\frac{n}{N}\right)}=\sqrt{\frac{3^2}{100}(1-2\%)}=0.297(\text{小时})$$

在属性总体条件下，有

① 重复抽样：

$$\mu_p=\sqrt{\frac{p(1-p)}{n}}=\sqrt{\frac{0.9\times 0.1}{100}}=3\%$$

② 不重复抽样：

$$\mu_p=\sqrt{\frac{p(1-p)}{n}\left(1-\frac{n}{N}\right)}=\sqrt{\frac{0.9\times 0.1}{100}(1-2\%)}=2.97\%$$

（三）抽样极限误差及其可靠程度

1. 抽样极限误差的概念

抽样极限误差是从另一个角度计算的抽样误差。以样本的抽样指标来估计总体指标，要达到完全准确、毫无误差，几乎是不可能的。所以，估计总体指标的同时就必须考虑估计误差的大小。如果误差太大，样本的价值就愈小，但也不是误差愈小愈好，因为在一定限度之后减少抽样误差势必增加很多费用。因此，在进行抽样估计时，应该根据所研究对象的变异程度和分析任务的要求确定可允许的误差范围，在这个范围内的数字都算是有效的。通常把这种可允许的误差范围称为抽样极限误差，它是样本指标和总体指标之间抽样误差的可能范围。由于总体指标是客观存在的唯一确定的数值，而样本指标则围绕着总体指标左右变动，与总体指标之间的差别可能是正的（大于总体指标），也可能是负的（小于总体指标），因此抽样极限误差采取绝对值的形式，通常用 Δ 表示。

设 $\Delta_{\bar{x}}$、Δ_p 分别表示抽样平均数的极限误差和抽样成数的极限误差，则有

$$\Delta_{\bar{x}}=|\bar{x}-\bar{X}| \tag{6.24}$$

$$\Delta_p=|p-P| \tag{6.25}$$

式(6.24)和式(6.25)可以变换为下列的不等式关系：

$$\bar{x}-\Delta_{\bar{x}}\leqslant\bar{X}\leqslant\bar{x}+\Delta_{\bar{x}} \tag{6.26}$$

$$p-\Delta_p\leqslant P\leqslant p+\Delta_p \tag{6.27}$$

式(6.26)表示被估计的总体平均数 $\bar{X}$ 以抽样平均数 $\bar{x}$ 为中心，在 $\bar{x}-\Delta_{\bar{x}}$ 至 $\bar{x}+\Delta_{\bar{x}}$ 之间变动，区间($\bar{x}-\Delta_{\bar{x}}$，$\bar{x}+\Delta_{\bar{x}}$)称为平均数的估计区间或平均数的置信区间，区间的总长度为 $2\Delta_{\bar{x}}$，在这个区间内，抽样平均数和总体平均数之间的绝对离差不超过 $\Delta_{\bar{x}}$。

同样，式(6.27)表明被估计的总体成数 P 以样本成数 p 为中心，在 $p-\Delta_p$ 至 $p+\Delta_p$ 之间变动，在($p-\Delta_p$，$p+\Delta_p$)区间内，抽样成数与总体成数之间的绝对离差不超过 Δ_p。

【例 6－4】 要估计某乡粮食亩产量和总产量水平，从 8000 亩粮食作物中，用不重复抽样方法抽取 400 亩，求得平均亩产为 450 千克。如果确定抽样极限误差为 5 千克，这就要求某乡粮食亩产为 450±5 千克，即在 445 千克至 455 千克之间，而粮食总产量为 8000×(450±5)千克，即在 3560 吨至 3640 吨之间。

【例 6-5】 要估计某农作物秧苗的成活率，从播种这一品种的秧苗地块随机抽取秧苗 1000 棵，其中死苗 80 棵，则样本秧苗成活率 $p=(1000-80)/1000=92\%$。如果确定抽样极限误差 Δp 为 2%，这就要求该种秧苗的成活率 P 为 $92\%\pm2\%$，即在 90%至 94%之间。

2. 抽样误差的概率度

由于样本指标与抽样误差都是随机变量，因而总体指标在我们所希望的置信区间 $(\bar{x}-\Delta_{\bar{x}}, \bar{x}+\Delta_{\bar{x}})$ 或 $(p-\Delta_p, p+\Delta_p)$ 范围内并非必然事件，我们只能在一定的概率保证下，希望总体指标在给定的误差区间范围之内。因此要研究抽样误差范围的可靠程度，即抽样误差的概率度。

抽样极限误差通常需要以抽样平均误差 $\mu_{\bar{x}}$ 或 μ_p 为标准单位来衡量。把抽样极限误差 $\Delta_{\bar{x}}$ 或 Δ_p 分别除以 $\mu_{\bar{x}}$ 或 μ_p，得相对数 t，它表示误差范围为抽样平均误差的若干倍。t 是测量估计可靠程度的一个参数，称为抽样平均误差的概率度。

如在例 6-4 中，已知某乡粮食亩产的标准差为 82 千克，总体单位数 $N=8000$ 亩，样本单位数 $n=400$ 亩，则可求得抽样平均误差为

$$\mu_{\bar{x}}=\sqrt{\frac{\sigma^2}{n}\left(\frac{n}{1-N}\right)}=\sqrt{\frac{82^2}{400}\left(1-\frac{400}{8000}\right)}=4(\text{千克})$$

此时，如果我们用概率度 $t=\dfrac{\Delta_{\bar{x}}}{\mu_{\bar{x}}}=\dfrac{5}{4}=1.25$ 来表示极限误差的范围，即 $1.25\mu_{\bar{x}}$ 来规定误差范围的大小，这就要求某乡的粮食平均亩产为 $450\pm1.25\mu_{\bar{x}}$ 千克。

又如，在例 6-5 中，已知秧苗成活率为 92%，则可以求得成活率的抽样平均误差为

$$\mu_p=\sqrt{\frac{p(1-p)}{n}}=\sqrt{\frac{92\%\times8\%}{1000}}=0.86\%$$

此时，如果概率度 $t=\dfrac{\Delta_p}{\mu_p}=\dfrac{2\%}{0.86\%}=2.33$，那么极限误差范围的大小是 $2.33\mu_p$，也就是说，要求该农作物秧苗成活率 P 为 $92\%\pm2.33\mu_p$。

3. 抽样估计的置信度

抽样估计的置信度就是表明抽样指标和总体指标的误差不超过一定范围的概率保证程度，它是概率度的函数，通常用 $F(t)$ 表示。通过正态分布概率表(见附录 2)便可以查找抽样误差的概率。

【例 6-6】 设样本粮食平均亩产量 $\bar{x}$ 为 350 千克，又知抽样平均误差 $\mu_{\bar{x}}=6.25$ 千克，求总体粮食平均亩产量 $\overline{X}$ 在 345～355 千克之间的估计置信度。

解 根据公式可得

$$t=\frac{\Delta_{\bar{x}}}{\mu_{\bar{x}}}=\frac{|\bar{x}-\overline{X}|}{\mu_{\bar{x}}}=\frac{5}{6.25}=0.8$$

查正态分布概率表可知，当 $t=0.8$ 时，估计置信度 $F(t)=0.5763$，即总体平均亩产在 345～355 千克之间的概率保证程度为 57.63%。现在如果允许误差范围扩大至 10 千克，即总体平均亩产在 340～360 千克之间，则概率度 t 为

$$t=\frac{\Delta_{\bar{x}}}{\mu_{\bar{x}}}=\frac{|\bar{x}-\overline{X}|}{\mu_{\bar{x}}}=\frac{10}{6.25}=1.6$$

查正态分布概率表可知，当 $t=1.6$ 时，估计置信度 $F(t)=0.8904$，这时概率保证程度

提高到 89.04%，即基本上达到了足够可信的程度。

在一定的抽样平均误差条件下，概率度 t 越大，则极限误差 Δ 越大，区间$(\bar{x}-\Delta_{\bar{x}}, \bar{x}+\Delta_{\bar{x}})$或$(p-\Delta_p, p+\Delta_p)$范围越宽，总体指标落在该区间内的概率(可能性)越大，抽样估计的可靠程度越高；反之，t 越小，极限误差范围 Δ 越小，区间$(\bar{x}-\Delta_{\bar{x}}, \bar{x}+\Delta_{\bar{x}})$或$(p-\Delta_p, p+\Delta_p)$范围越窄，总体指标落在该区间内的概率(可能性)越小，抽样估计的可靠程度越低。因此，概率度 t 与估计的置信度 $F(t)$成正比，两者的关系见正态分布概率表。

三、影响抽样误差大小的因素

1. 总体各单位标志值的差异程度

在其他条件相同的情况下，总体标志的差异程度越大，抽样误差越大，反之越小。如果总体单位标志值相等，即标志变动度为零，这时抽样指标就完全等于总体指标，抽样误差也就不存在了。

2. 样本容量即样本单位数

在其他条件相同的情况下，样本单位数越多，抽样误差越小。因为样本单位数越多，样本就越能反映总体的数量特征，如果把样本单位数扩大到接近总体单位数，那么抽样调查也就近似于全面调查，抽样误差就缩小到几乎完全消失的程度。

3. 抽样调查的组织方式和抽样方法

不同的抽样组织形式就有不同的抽样调查，而且同一种组织形式的合理程度不同，抽样效果也不同。一般来说，分层抽样、等距抽样误差较小，简单随机抽样、整群抽样误差较大。抽样方法不同，抽样误差也不同，重复抽样的误差比不重复抽样的误差要大些。

第三节　抽样估计

抽样估计就是利用实际调查计算的样本指标值来估计相应的总体指标的数值。由于总体指标是表明总体数量特征的参数，所以抽样估计也称为参数估计。参数估计分为点估计和区间估计，以下分别加以介绍。

一、点估计

1. 点估计的含义

点估计也叫定值估计，就是用样本指标直接代表总体指标的估计方法，即以样本指标的实际值作为相应总体指标的估计值。也就是说，点估计是不考虑抽样误差的参数估计。例如，以实际计算的抽样平均数 $\bar{x}$ 作为相应总体平均数 $\bar{X}$ 的估计值，或以抽样成数 p 作为相应总体成数 P 的估计值。设$\hat{\bar{X}}$表示总体平均数的估计量，$\hat{P}$ 表示总体成数的估计量，则有

$$\bar{x}=\hat{\bar{X}} \quad 或 \quad p=\hat{P} \tag{6.28}$$

【例 6－7】 从某地区的 1 000 000 亩小麦中随机抽取 100 亩进行抽样调查，测得平均

亩产量 $\bar{x}$ 为 300 千克，则全地区 1 000 000 亩小麦的平均亩产量为 300 千克。

2. 抽样估计的优良估计标准

要估计总体指标，并非只能用一个样本指标，而可能有多个样本指标可供选择，即对于同一总体参数可能会有不同的估计量，究竟其中哪个估计量是总体参数的最优估计量呢？评价估计量的优劣常用以下三个标准：

(1) 无偏性。无偏性即以样本指标估计总体指标时，要求样本指标值的平均数等于被估计的总体指标值本身。这就是说，虽然每一次的样本指标和总体指标值之间都可能有误差，但在多次反复的估计中，各个样本指标值的平均数应该等于所估计的总体指标值本身，即样本指标的估计平均来说是没有偏误的。例如，样本平均值 $\bar{x}$ 是总体平均值 $\overline{X}$ 的无偏估计量。

(2) 一致性。一致性也称相合性，是指以样本指标估计总体指标时要求当样本的单位数充分大时，样本指标也充分地靠近总体指标。这就是说，随着样本单位数 n 的无限增加，样本指标和未知的总体指标之差的绝对值小于任意小的数，它的可能性也趋近于必然性。

(3) 有效性。有效性即以样本指标估计总体指标要求作为优良估计量的方差应该比其他估计量的方差小。例如，用样本平均数或总体某一变量值来估计总体平均数，虽然两者都是无偏的，而且在每一次估计中，两种估计量和总体平均数都可能有离差，但样本平均数更靠近于总体平均数的周围，一般来说，其离差比较小，所以样本平均数是更为有效的估计量。

点估计的方法原理直观，计算简便，常为实际工作所采用。但不足之处是没有表明抽样估计的误差，更没有表明误差在一定范围内的概率保证程度有多大。要解决这个问题，就必须采用区间估计方法。

二、区间估计

1. 区间估计的概念

区间估计是以一定的概率保证，根据样本指标估计总体指标的可能范围的一种估计方法。由于点估计量与总体的未知参数并不完全相等，故它们之间必然存在着一定的误差，并且不能确知误差的大小、估计精度的高低，以及估计的可靠程度等信息。为此，区间估计将考虑这些因素，即把样本指标和抽样平均误差结合起来，去推断总体指标的可能范围，并给出总体指标落在这个区间的概率保证程度。

由此可见，总体指标的区间估计必须同时具备估计值、抽样极限误差范围和概率保证程度三个要素。通俗地理解，抽样极限误差范围 Δ 表示区间估计范围的大小，决定估计的精度即准确性。区间范围大说明估计精度低；区间范围小说明估计精度高。区间估计的可靠程度即概率保证程度 $F(t)$，t 值大表示估计的可靠程度高；t 值小表示估计的可靠程度低。因此，当抽样平均误差 μ 一定时，随着区间估计可靠程度的提高，t 值越来越大，而估计的区间范围也随之增大，估计的精度随之降低；反之，随着区间估计可靠程度的降低，t 值越来越小，而估计的区间范围也随之缩小，估计的精度随之提高。

因此，对于一个具体的样本，提高了估计精度的要求，必然就降低了估计的可靠性；同样，提高了估计可靠性的要求，也就必然降低了估计的精度。

区间估计的可靠程度和精度之间是矛盾的，因此在抽样估计的时候，只能对其中的一个要素提出要求，另一个要素会相应地发生变动。

2. 区间估计的模式

在进行总体指标的区间估计时，根据所给定的条件不同，总体平均数和总体成数有两套估计模式可供选择使用。下面分别举例说明。

（1）在给定误差范围条件下的区间估计模式。

第一步，抽取样本，计算抽样指标，如计算抽样平均数 $\bar{x}$ 或抽样成数 p 作为相应总体指标的估计值，并计算样本标准差或方差以推算抽样平均误差。

第二步，根据给定的抽样极限误差范围 Δ，估计总体指标的上限和下限。

第三步，将抽样极限误差 Δ 除以抽样平均误差 μ，求出概率度 t，再根据 t 值查正态分布概率表求出相应的概率保证程度 $F(t)$，并对总体指标做区间估计。

【例 6－8】 对一批某型号的电子元件进行耐用性能检查，按重复随机抽样的资料分组列表如表 6－3 所示。要求估计耐用时数的允许误差范围 $\Delta_x=10.5$ 小时，试估计该批电子元件的平均耐用时数。

表 6－3　某型号电子元件耐用时数分组统计

耐用时数/小时	组中值(x)	元件数量(f)	xf	$(x-\bar{x})$	$(x-\bar{x})^2$	$(x-\bar{x})^2f$
900 以下	875	1	875	－180.5	32 580.25	32 580.25
900～950	925	2	1850	－130.5	17 030.25	34 060.5
950～1000	975	6	5850	－80.5	6 480.25	38 881.5
1000～1050	1025	35	35 875	－30.5	930.25	32 558.75
1050～1100	1075	43	46 225	19.5	380.25	16 350.75
1100～1150	1125	9	10 125	69.5	4830.25	43 472.25
1150～1200	1175	3	3525	119.5	14 280.25	42 840.75
1200 以下	1225	1	1225	169.5	28 730.25	28 730.25
合计	—	100	105 550	—	—	269 475

解　第一步，计算 $\bar{x}$，s，$\mu_{\bar{x}}$：

$$\bar{x}=\frac{\sum xf}{\sum f}=\frac{105\ 550}{100}=1\ 055.5(\text{小时})$$

$$s=\sqrt{\frac{\sum(x-\bar{x})^2f}{\sum f}}=51.91(\text{小时})$$

$$\mu_{\bar{x}}=\frac{s}{\sqrt{n}}=\frac{51.91}{\sqrt{100}}=5.191(\text{小时})$$

第二步，根据给定的 $\Delta_{\bar{x}}=10.5$ 小时，计算总体平均数的上限和下限：

$$\text{下限}=\bar{x}-\Delta_{\bar{x}}=1055.5-10.5=1045(\text{小时})$$

$$上限=\bar{x}+\Delta_{\bar{x}}=1055.5+10.5=1066(小时)$$

第三步，根据 $t=\frac{\Delta_{\bar{x}}}{\mu_{\bar{x}}}=\frac{10.5}{5.191}=2.02$，查正态分布概率表得概率 $F(t)=95.66\%$。

推断的结论是：以 95.66%的概率保证程度，估计该批电子元件的耐用时数在 1045～1066 小时之间。

【例 6-9】 在例 6-8 所给数据中，设该厂的产品质量检验标准规定，元件耐用时数达到 1000 小时以上为合格品，要求合格率估计的误差范围不超过 4%，试估计该批电子元件的合格率。

解 第一步，计算 p，s_p^2，μ_p(在重复抽样条件下)：

$$p=1-\frac{9}{100}=91\%$$

$$s_p^2=p(1-p)=0.91\times0.09=0.0819$$

$$\mu_p=\sqrt{\frac{p(1-p)}{n}}=\sqrt{\frac{0.0819}{100}}=2.86\%$$

第二步，根据该给定的 $\Delta_p=4\%$，求总体合格率的上下限：

$$下限=p-\Delta_p=91\%-4\%=87\%$$

$$上限=p+\Delta_p=91\%+4\%=95\%$$

第三步，根据 $t=\frac{\Delta_p}{\mu_p}=\frac{4\%}{2.86\%}=1.4$，查正态分布概率表得概率 $F(t)=83.85\%$。

通过计算得出如下估计：可以 83.85%的概率保证程度，估计该批电子元件的合格率在 87%～95%之间。

(2) 在给定概率保证程度下的区间估计模式。

第一步，抽取样本，计算抽样指标，如计算抽样平均数 $\bar{x}$ 和抽样成数 p 作为总体指标的估计值，并计算样本标准差或方差以推算抽样平均误差。

第二步，根据给定的置信度 $F(t)$的要求，查正态分布概率表求得概率度 t 值。

第三步，根据概率度 t 和抽样平均误差 μ 推算抽样极限误差 Δ，并根据抽样极限误差求出被估计总体指标的上下限。

【例 6-10】 对我国某城市进行居民家庭人均旅游消费支出调查，随机抽取 400 户居民家庭，调查得知居民家庭人均年旅游消费支出为 550 元，标准差为 100 元，要求以 95%的概率保证程度，估计该市人均年旅游消费支出额。

解 第一步，根据抽样资料已知：

样本每户年人均消费支出：

$$\bar{x}=550(元)$$

样本标准差：

$$s=100(元)$$

在重复抽样条件下，有

$$\mu_{\bar{x}}=\frac{s}{\sqrt{n}}=\frac{100}{\sqrt{400}}=5(元)$$

第二步，根据给定的概率保证程度 $F(t)=95\%$，查得正态分布概率表得 $t=1.96$。

第三步，计算 $\Delta_{\bar{x}}=t\mu_{\bar{x}}=1.96\times5=9.80$(元)，则该市居民家庭年人均旅游消费支额的上、下限为

$$下限=\bar{x}-\Delta_{\bar{x}}=550-9.80=540.20(元)$$

$$上限=\bar{x}+\Delta_{\bar{x}}=550+9.80=559.80(元)$$

结论：以95%的概率保证程度，估计该市居民家庭年人均旅游消费支出额在540.20元～559.80元之间。

【例6-11】 某市电视台为了解观众对某电视栏目的喜爱程度，在该市随机对900名居民进行调查，结果有540名居民喜欢该电视栏目，要求以90%的概率保证程度，估计该市居民喜欢该电视栏目的比重。

解　第一步，根据抽样资料计算。

样本喜欢程度比重：

$$p=\frac{n_1}{n}=\frac{540}{900}=60\%$$

样本方差：

$$s_p^2=p(1-p)=0.6\times0.4=0.24$$

按重复抽样的公式计算抽样平均误差：

$$\mu_p=\sqrt{\frac{p(1-p)}{n}}=\sqrt{\frac{0.24}{900}}=1.63\%$$

第二步，根据给定的置信度 $F(t)=90\%$，查正态分布概率表得概率度 $t=1.640$。

第三步，计算 $\Delta_p=t\times U_p=1.64\times1.63\%=2.67\%$，则总体比率的上下限为

$$下限=p-\Delta_p=60\%-2.67\%=57.33\%$$

$$上限=p+\Delta_p=60\%+2.67\%=62.67\%$$

结论：以概率90%的保证程度，估计该市居民对此电视栏目喜爱的比率在57.33 %～62.67%之间。

3. 区间估计与点估计的区别

(1) 区间估计不像点估计那样用一个数值对总体指标进行估计，而是用一个范围对总体指标进行估计；

(2) 点估计是一个确切的估计值，而区间估计是区间，根据概率度的要求可宽可窄；

(3) 点估计无法回答估计值的可靠程度，而区间估计可以回答估计区间的可靠程度。

三、对总体总量指标的推断

进行抽样调查，利用样本平均数推断总体平均数，利用样本成数推断总体成数，是抽样推断的主要内容，但还需要利用抽样调查资料进一步推断总体的总量指标。因为总体平均数或成数有点估计和区间估计之分，所以对总量指标的推断也分为点估计和区间估计两种。点估计是样本指标值乘以总体单位数，即 $\bar{x}N$，pN 是总体总量指标的点估计值。区间估计是总体指标的区间估计值乘以总体单位数，即 $[(\bar{x}-\Delta_{\bar{x}})N，(\bar{x}+\Delta_{\bar{x}})N]$，$[(p-\Delta_p)N，(p+\Delta_p)N]$是总体总量指标的区间估计值。

第四节 样本容量的确定

一、确定样本容量应考虑的因素

(一) 确定必要抽样数目的意义和原则

组织抽样调查的一项重要工作就是要确定合适的样本容量。样本容量直接关系到调查的精度、调查费用、调查时间、需要配合的人力物力等诸多方面。合适的样本容量称为必要的抽样数目。必要抽样数目是指为了完成抽样调查任务，满足抽样调查的各项要求而科学计算的需要抽取的样本单位数，即样本单位数 n 的具体数值。

抽样推断的目的是用样本资料推断总体。抽样推断的基础是样本，而样本是按随机原则从全及总体中抽取一部分单位来组成的集合体。在遵从随机原则的条件下，样本容量究竟应该多大才合适呢？这是抽样调查中的一个至关重要的问题。抽样单位数目太多会增加抽样组织的困难，造成人力、物力的浪费；抽样单位数目太少又会使误差增大，不能有效地反映总体情况，直接影响到抽样推断结果的准确性。其次，抽样推断的一个重要方面则是要求推断的结果在满足一定可靠性的条件下，保证抽样误差不超过预先规定的范围。当可靠性要求已确定时，抽样误差的控制尤为重要。

抽样单位数目是影响抽样误差大小的重要因素，在其他条件相同时，可以用增加或减少抽样单位数目的方法来控制抽样误差的大小，以达到用最合适的抽样单位数满足抽样调查任务的要求。确定必要的抽样单位数 n 的一般原则是在保证达到预期的可靠程度和精度的要求下，抽取必要的抽样单位数。

(二) 影响必要抽样数目的因素

1. 总体各单位间的标志变异程度

在其他条件不变的情况下，总体标准差或方差大，总体各单位的标志值相对比较分散时，为了提高样本的代表性，就要多抽一些样本单位。当总体单位标志值相对比较集中时，就可以少抽一些单位。

2. 抽样极限误差的大小

在其他条件不变的情况下，抽样极限误差越大，意味着推断的精度要求越低，可以少抽些样本单位。反之，缩小抽样极限误差，就要增加必要的抽样数目。

3. 调查结果的概率保证程度

在其他条件不变的情况下，对调查结果的概率保证程度要求越高，必要抽样数目应当越多；相反，概率保证程度要求越低，必要抽样数目相对可以少些。

4. 抽取样本的方法

在其他条件不变的情况下，抽取样本的方法不同，必要抽样数目也就不同。一般来讲，在同样的条件下，由于重复抽样的误差要比不重复抽样的误差大些，重复抽样比不重复抽样所需要的样本单位数要多些。不过，总体单位数 N 很大时，二者的差异很小。所以为简便起见，实际中当总体单位数很大时，一般都按重复抽样公式计算必要的抽样数目。

5. 抽样的组织方式

不同的抽样组织方式有不同的抽样误差，所以，在误差要求相同的情况下，不同抽样组织方式所必需的抽样数目也不同。一般采用分层抽样和等距抽样时，样本容量可以定得小些；若采用简单随机抽样和整群抽样方式，样本容量就要定得大些。

二、样本容量的确定

(一) 变量总体条件下的计算公式

(1) 重复抽样条件下，由于 $\Delta_{\bar{x}}=t\mu_{\bar{x}}$ 且 $\mu_{\bar{x}}=\sqrt{\dfrac{\sigma^2}{n}}$，代入上式得 $\Delta_{\bar{x}}=t\sqrt{\dfrac{\sigma^2}{n}}$，所以有

$$n=\frac{t^2\sigma^2}{\Delta_{\bar{x}}^2} \tag{6.29}$$

从式(6.29)可以看出，如果确定了抽样极限误差、总体标准差以及概率度，就能确定必要样本容量。

(2) 不重复抽样条件下，由于 $\Delta_{\bar{x}}=t\mu_{\bar{x}}$ 且 $\mu_{\bar{x}}=\sqrt{\dfrac{\sigma^2}{n}\left(1-\dfrac{n}{N}\right)}$，于是有 $\Delta_{\bar{x}}=t\sqrt{\dfrac{\sigma^2}{n}\left(1-\dfrac{n}{N}\right)}$，可得

$$n=\frac{Nt^2\sigma^2}{N\Delta_{\bar{x}}^2+t^2\sigma^2} \tag{6.30}$$

【例 6-12】 对某油田的 2000 口油井的年产油量进行抽样调查。根据历史资料可知，油井年产油量的标准差为 200 吨，若要求抽样误差不超过 15 吨，概率保证程度为 95.45%，试求需要调查多少口油井？

解 $F(t)=95.45\%$，$t=2$

重复抽样条件下的必要样本容量：

$$n=\frac{t^2\sigma^2}{\Delta_{\bar{x}}^2}=\frac{2^2\times200^2}{15^2}=711.11\approx712(\text{口})$$

即在重复抽样条件下需要抽查 712 口油井。

不重复抽样条件下的必要样本容量：

$$n=\frac{Nt^2\sigma^2}{N\Delta_{\bar{x}}^2+t^2\sigma^2}=\frac{2\,000\times2^2\times200^2}{2000\times15^2+2^2\times200^2}=524.59\approx525(\text{口})$$

即在不重复抽样条件下需要抽查 525 口油井。

(二) 属性总体条件下的计算公式

(1) 重复抽样条件下，由于 $\Delta_p=t\mu_p$ 且 $\mu_p=\sqrt{\dfrac{p(1-p)}{n}}$，代入上式得

$$\Delta_p=t\sqrt{\frac{p(1-p)}{n}}$$

$$n=\frac{t^2p(1-p)}{\Delta_p^2} \tag{6.31}$$

(2) 不重复抽样条件下，由于 $\Delta_p = t\mu_p$ 且 $\mu_p = \sqrt{\frac{p(1-p)}{n}\left(1-\frac{n}{N}\right)}$，代入上式得

$$\Delta_p = t\sqrt{\frac{p(1-p)}{n}\left(1-\frac{n}{N}\right)}$$

$$n = \frac{Nt^2 p(1-p)}{N\Delta_p^2 + t^2 p(1-p)} \tag{6.32}$$

【例 6-13】 某社区想通过抽样调查了解居民参加体育活动的比率，根据历史资料知道居民中参加过体育活动的人占 50%，如果把误差范围设定在 5%，问以 95% 的置信度进行参数估计，需要多大的样本？

解 $F(t)=95\%$，$t=1.96$

重复抽样条件下的必要样本容量：

$$n = \frac{t^2 p(1-p)}{\Delta_p^2} = \frac{1.96^2 \times 0.5 \times 0.5}{5\%^2} = 384.16 \approx 385(\text{人})$$

即以 95% 的置信度进行参数估计，需要 385 人的样本容量。

现将以上公式整理如下，见表 6-4。

表 6-4　必要的样本容量计算表

抽样方法	变量总体(平均数)	属性总体(成数)
重复抽样	$n = \frac{t^2\sigma^2}{\Delta_{\bar{x}}^2}$	$n = \frac{t^2 p(1-p)}{\Delta_p^2}$
不重复抽样	$n = \frac{Nt^2\sigma^2}{N\Delta_{\bar{x}}^2 + t^2\sigma^2}$	$n = \frac{Nt^2 p(1-p)}{N\Delta_p^2 + t^2 p(1-p)}$

第五节　抽样调查的组织方式

由于抽样调查的目的不同，调查对象和特点不同，抽样调查的组织方式也不同，在实际工作中，常用的抽样调查组织方式有简单随机抽样、分层抽样、等距抽样、整群抽样等。

一、简单随机抽样

简单随机抽样又称纯随机抽样，是对总体中的所有单位不进行任何分组、排队，完全随机地从总体 N 个单位中抽取 n 个单位作为样本。这种抽样方法简单易行，是抽样调查中最基本、最单纯的抽样组织方式。采用这种抽样方式，总体中的各个单位具有同等被抽中的机会。具体方法有以下几种。

(一) 直接抽选法

直接抽选法就是从总体中直接随机抽选样本的方法。例如，从仓库中存放的所有同类产品中随机指定若干箱产品进行质量检验，从农贸市场不同的摊位中随意选择若干摊位进行调查或访问等。

(二) 抽签法

先将总体中的所有个体编号(号码可以从 1 到 N)，并把号码写在形状、大小相同的号

签上，号签可以用小球、卡片、纸条等制作，然后将这些号签放在同一个箱子里，进行均匀搅拌。抽签时，每次从中抽出1个号签，连续抽取 n 次，就得到一个容量为 n 的样本。对个体编号时，也可以利用已有的编号，例如从全班学生中抽取样本时，可以利用学生的学号、座位号等。抽签法简便易行，当总体的个体数不多时，适宜采用这种方法。

（三）随机号码表法

随机号码表法亦称乱数表法，就是利用随机号码表抽取样本的方法。随机号码表又称为乱数表，它是将0～9的10个自然数随机排列成表，以备查用。其特点是无论横行、竖行或隔行读均无规律。因此，利用此表进行抽样，可保证随机原则的实现，并简化抽样工作。随机号码表法的步骤是：首先将总体中所有的单位加以编号，根据编号的位数确定选用随机数码表中若干栏数字。然后从任意一栏、任意一行的数字开始数，向任意方向数过去，碰上属于编号范围内的数码就定下来作为样本单位，碰上超出范围的数码不选，重复的数码不再选，直至达到预定的样本容量为止。

表6-5是从随机号码表中摘取一部分组成的表，下面简单举例说明抽取样本的过程。

假如要从30个总体单位中抽取5个单位，首先要将总体单位按1～30编号。编号最多是两位数，因此从随机号码表上取两列作为计算单位。假定从该表的第3列开始，即从43开始，顺次序向下数。第二个数字24在编号1～30范围内，被抽取作为样本单位。下面的62，85，56，77超出了范围，全不用。17在范围之内，作为样本单位，依次还可选取出12，07，28等。

这种方法虽然要编号，但免除了做号签和搅拌均匀的工作，因而比较简单。如果总体单位数很多，只要把数字栏数放宽就可以了。例如，从4000个单位中抽取50个单位，则从随机号码表中任取4列数字作为计算单位顺序数下去，只要碰到4000以内的数码就作为样本单位，超出4000的不选，重复的不再选，直至取够50个单位为止。

表6-5 随机号码表

03	47	43	73	86	36	96	47	36	61
97	74	24	67	62	42	81	14	57	20
16	76	02	27	66	56	50	26	71	07
12	56	85	99	26	96	96	68	27	31
55	59	56	35	64	38	54	82	46	22
16	22	77	94	39	49	54	43	54	82
84	42	17	53	31	57	24	55	06	88
63	01	63	78	59	16	95	55	67	19
33	21	12	34	29	78	64	56	07	82
57	60	86	32	44	09	47	27	96	54
18	18	07	92	46	44	17	16	58	09
26	62	38	97	75	84	16	07	44	99
23	42	40	54	74	82	97	77	77	81
62	36	28	19	95	50	92	26	11	97
37	85	94	35	12	83	39	50	08	30

简单随机抽样适用于以下几种情况：

(1) 总体单位分布比较均匀，各单位变量值差异不大。

(2) 总体单位数较少，各单位排列无次序。

(3) 抽到的样本单位数较分散时，不影响调查效果。

二、分层抽样

分层抽样又叫类型抽样或分类抽样。它是先对总体各单位按主要标志加以分组，其后再从各组中按随机原则抽取一定样本单位构成样本的抽样方式。例如，在农产品产量调查中，按地势分为山区、丘陵、平原三类；在职工生活调查中，按部门分为工业、商业、交通、文教等部门。然后在分类基础上，再抽取样本单位。

分层抽样的特点是由于通过划类分层，增大了各类型中单位间的共同性，容易抽出具有代表性的调查样本。该方法适用于总体情况复杂，各单位之间差异较大，单位较多的情况。

分层抽样首先把总体各单位分成两个或两个以上的相互独立的完全的组(如男性和女性)，再从两个或两个以上的组中进行简单随机抽样，样本相互独立。总体各单位按主要标志加以分组，分组的标志与关心的总体特征相关。例如，正在进行有关啤酒品牌知名度方面的调查，初步判别，在啤酒方面男性的知识与和女性的不同，那么性别应是划分层次的适当标准。如果不以这种方式进行分层抽样，分层抽样就得不到什么效果，花再多时间、精力和物资也是白费。

经过划类分组后，确定各类型组抽样单位数一般有两种方法。

第一，等比例抽样，即按各个类组的单位数量占调查总体单位数量的比例，分配各类组的样本数量进行抽样。

第二，不等比例抽样，即各类型组所抽取的单位数按各类型组标志值的变动程度来确定，变动程度大的类型组多抽取一些单位，变动程度小的少抽取一些单位，没有统一的比例关系。

在实际工作中，由于事先很难了解各组的标志变异程度，所以，大多数分层抽样采用等比例抽样。

三、等距抽样

等距抽样又称机械抽样或系统抽样。它是事先把总体的全部单位按某一标志排列，然后按固定顺序和间隔来抽取调查单位的一种抽样方式。在等距抽样中，先将总体从 $1\sim N$ 相继编号，并计算抽样距离 $K=N/n$，其中，N 为总体单位数，n 为样本容量。然后在 $1\sim K$ 中抽一随机数 k_1 作为样本的第一个单位，接着取 k_1+K，k_1+2K，…，直至抽够 n 个单位为止。

例如，一个学校有 3000 多学生，需要抽出 120 人进行某项调查，可利用学生名册进行排队。从 1 号排到 3000 号，抽选的间隔是 3000÷120＝25 人。先从第 1 组 25 人中随机确定第 1 个被抽选人，若假定是第 15 号，然后每隔 25 人抽出 1 个，即有 15 号、40 号、65 号、…，共 120 人。

按等距抽样方式来抽取调查单位，能够使抽出的调查单位更均匀地分布在总体中。因此，等距抽样的误差一般较简单随机抽样的小，特别是当研究现象的变量差异程度大，而在实际工作中，又不可抽取更多的单位进行调查时，采用等距抽样是极好的选择。这是实际工作常用的一种方法，这种抽取样本单位的工作可以由计算机完成。

四、整群抽样

整群抽样又称聚类抽样，是将总体中各单位划分成若干个互不交叉、互不重复的集合，称之为群，然后以群为单位，从中随机抽取部分群，对中选群的所有单位进行全面调查的一种抽样方式。例如，对冷库中箱装鲜蛋进行抽样调查时，就是以箱为单位抽出后进行观察。又如，对产品质量进行检验时，可每隔 50 分钟抽取 10 分钟所生产的全部产品进行检验，这 10 分钟生产的产品就不是一件、两件产品，可能是十件、几十件，即有多少算多少，算作一个群。

简单随机抽样、分层抽样、等距抽样所抽取的样本单位都是个体，而整群抽样所抽取的样本是由若干样本组成的群。整群抽样与分层抽样在形式上有相似之处，但实际上差别很大。分层抽样要求各层之间的差异很大，层内个体或单元差异小，而整群抽样要求群与群之间的差异比较小，群内个体或单元差异大；分层抽样的样本是从每个层内抽取若干单元或个体构成，而整群抽样则是要么整群抽取，要么整群不被抽取。当总体是由若干个有着自然界限和区分的子群(或类别、层次)所组成，同时不同子群相互之间差很大，而每个子群内部的差异不大时，则适合于分层抽样的方法；反之，当不同子群之间差别不大，而每个子群内部的异质性比较大时，则特别适合于采用整群抽样的方法。

整群抽样的优点是实施方便，节省经费。缺点是往往由于不同群之间的差异较大，由此引起的抽样误差往往大于简单随机抽样。因此，整群抽样作为随机抽样的一种特殊组织方式，多用于研究对象较广、总体单位较多的抽样调查，如进行产品的质量检验。

第六节　假设检验

参数估计和假设检验是统计推断的两个组成部分，它们都是利用样本对总体进行某种推断，但推断的角度不同。例如，在参数估计中，是用样本指标去估计总体指标，如用 $\bar{x}$ 去估计 $\overline{X}$，在估计前 $\overline{X}$ 是未知的；而在假设检验中，则是先对总体指标的数值提出一个假设，如 $\overline{X}<30$，然后用样本资料去判断这个假设是否成立。

一、假设检验的概念

假设检验是根据一定假设条件由样本推断总体的一种方法，它根据问题的需要对所研究的总体参数作某种假设，然后抽取样本，构造适当的统计量，对假设的正确性进行判断，作出拒绝或接受假设的判断。

假设检验的基本思想是小概率反证法思想。小概率思想是指小概率事件($p<0.01$ 或 $p<0.05$)在一次试验中基本上不会发生。反证法思想是先提出假设(检验假设)，再用适当的统计方法确定假设成立的可能性大小。如可能性小，则认为假设不成立；若可能性大，则还不能认为假设不成立。

二、假设检验的一般方法

（一）原假设和备择假设

假设检验是借助样本统计量来检验关于总体的假设是“是”还是“否”。首先需要根据已知的信息，提出原假设和备择假设。其中，原假设是要根据检验结果予以拒绝或接受的假设，以 H_0 表示；备择假设是原假设被否定之后应选择的、与原假设不相容（即对立）的假设，以 H_1 表示。例如，对总体随机变量 X 的平均数 μ 不小于给定值 μ_0 的假设检验为 H_0：$\mu \geqslant \mu_0$ 及 H_1：$\mu < \mu_0$；又如，对两批不合格品率 π_1 和 π_2 相等的假设检验为 H_0：$\pi_1 = \pi_2$ 及 H_1：$\pi_1 \neq \pi_2$。

（二）显著性水平 α

在进行假设检验时，事先确定一个可允许的作为判断界限的小概率标准非常重要，这个小概率标准就是显著性水平。假设检验过程中，依据显著性水平大小把概率划分为两个区间，小于给定标准的概率区间称为拒绝域，大于这个标准则为接受域。假设给定的小概率标准为 $\alpha=0.1$，即凡是概率小于 10% 的事件都称为小概率事件，都属于拒绝域。若事件属于接受域，则原假设成立而无显著差异；若事件属于拒绝域，则拒绝原假设而认为有显著差异。显著性水平 α 所对应的概率称为 α 的临界值，是原假设的拒绝域和接受域的分界线。仅以单边右侧检验为例，我们称概率小于 α 的事件为小概率事件，等同于大于临界值的事件就是小概率事件，可以直接利用概率表查找临界值作为判断的依据。显著性水平 α 并不是一个固定不变的数字，它的大小随着研究的问题的性质及对结论准确性所作的要求不同而变动，主要依据拒绝域所可能承担的风险来决定。显著性水平数值越大，则原假设被拒绝的可能性越大，原假设为真而被否定的风险也越大。一般而言，显著性水平 α 采用 0.01，0.05 和 0.10 等数值。

（三）双边检验和单边检验

根据研究问题的性质，有两种不同的构造假设的方法，据此，统计假设检验可分为双边检验和单边检验两种类型。

1. 双边检验

双边检验是指当验样本所取自的总体参数值和某个特定值有没有显著性差异，而不是差异的方向是正差异还是负差异时，所采用的一种统计检查方法。双边检验时，把风险平分在右侧和左侧。比如显著性水平为 0.05，即概率曲线左右两侧各占 0.025。

在双边检验中，假设形式为

$$H_0:\ \mu = \mu_0;\ H_1:\ \mu \neq \mu_0$$

2. 单边检验

单边检验是指当检验样本所取自的总体参数值是偏高（大于）或是偏低（小于）于某个特定值时，所采用的一种单方向的检查方法。它包括左边检验和右边检验两种。如果所要检验的是样本所取自的总体的参数值是否大于某个特定值，应采用右边检验；反之，若检验其是否小于某个特定值，则采用左边检验。

在单边检验中，假设采用不等式的形式。

（1）右边检验：

$$H_0: \mu \geqslant \mu_0; H_1: \mu < \mu_0$$

(2) 左边检验:

$$H_0: \mu \leqslant \mu_0; H_1: \mu > \mu_0$$

(四) 假设检验中的两类错误

我们已经在假设检验的基本思想中指出，假设检验所依据的基本原理是小概率反证法思想。但小概率事件，无论其概率多么小，还是有可能发生的，所以进行假设检验时，不可能保证不犯错误，做到百分之百的正确，而总是要承担一定的风险。正确决策与错误决策的所有可能归纳为表 6-6 所示的内容。

表 6-6 假设检验决策结果表

对 H_0的决策	真实状况	
	H_0真实	H_0不真实
接受 H_0	决策正确(概率为 $1-\alpha$)	第二类错误(概率为 β)
拒绝 H_0	第一类错误(概率为 α)	决策正确(概率为 $1-\beta$)

第一类错误就是弃真错误。当原假设 H_0成立时拒绝了 H_0，即当应该接受原假设但反而拒绝了这个假设时所犯的错误。假设检验是以小概率反证法为基础的一种分析方法。给定一个显著性水平 α，通过计算发现样本平均数的差异出现的概率等于或小于 α，由于认为此事件出现的可能性很小，所以拒绝接受原假设。但是，可能性很小的事件并不等于它完全不可能发生，而且仍然以 α 的概率存在。这样，我们做出拒绝原假设的判断是要冒一定风险的，要冒把正确的假设当成错误的而拒绝的风险，即犯弃真错误，也就是犯第一类错误的概率为显著性水平 α。

第二类错误就是取伪错误。当原假设 H_0不成立时接受了 H_0，即当应该拒绝原假设但反而接受了这个假设时所犯的错误。犯第二类错误的概率用 β 表示。

在进行检验决策时，我们总是希望所有真实的原假设都能够被接受，所有不真实的原假设都被拒绝，即希望两类错误发生的概率 α 和 β 都越小越好。然而实际上却很难做到，当样本容量 n 确定后，当 α 变小时，则检验的拒绝域变小，相应的接受域会变大，因此 β 值也就随之变大；相反，若 β 变小，则不难想到 α 又会变大。因此，做检验时，通常是控制犯第一类错误的概率 α，而不考虑犯第二类错误的概率 β。由于显著性水平 α 是预先给定的，因而犯第一类错误的概率是可以控制的，而犯第二类错误的概率通常是不可控制的。

(五) 假设检验的一般步骤

假设检验的一般步骤可以总结为以下几个步骤:

(1) 据所研究问题的要求，提出原假设 H_0和备择假设 H_1。

(2) 确定适当的检验统计量。与推断估计一样，假设检验也要根据样本数据进行统计推断。用于判断是否接受原假设的统计量称为检验统计量。在实际应用时，检验统计量的选择及其分布要根据总体方差是否已知、样本容量大小等多种因素来确定。

(3) 规定检验的显著性水平 α，就是选择发生第一类错误的最大允许概率。求出否定原假设和接受原假设的临界值，从而确定 α 水平下的拒绝域。

(4) 计算检验统计量的值，作出统计决策。用检验统计量的值与临界值进行比较，判断原假设是否成立。如果检验统计量的值落在拒绝域里，则否定原假设；否则，认为原假设成立。

三、总体均值的假设检验

（一）总体方差已知的检验

在假设检验中，设 $x_1, x_2, \cdots, x_n$ 为来自总体 $N(\mu, \sigma^2)$ 的样本，样本均值服从期望值为 μ，方差为 $\frac{\sigma^2}{n}$ 的正态分布，因此可以选择 Z 作为检验统计量。

$$Z=\frac{\bar{x}-\mu_0}{\sigma/\sqrt{n}}$$

当 H_0 为真时，检验统计量 Z 服从均值为 0，方差为 1 的标准正态分布。

1. 双边检验

在正态分布中，$|Z|\geqslant Z_{\alpha/2}$ 的概率很小，只有 α 大小。例如，当 $\alpha=0.05$ 时，临界值 $|Z_{\alpha/2}|=1.96$，也就是说，$|Z|\geqslant 1.96$ 的概率只有 5%。从总体中抽取一个样本，计算 $|Z|$ 值，如果该值是大于 1.96 的，则小概率事件发生了，有理由认为该样本不是抽取自假设的总体，所以拒绝原假设。因此，双边检验中的决策规则是

当 $|Z|\geqslant Z_{\alpha/2}$ 时，拒绝原假设 H_0；

$|Z|<Z_{\alpha/2}$ 时，接受原假设 H_0。

【例 6－14】 医院想了解病人的候诊时间与以往相比是否发生了显著变化。往年的情况是，平均每个病人的候诊时间是 40 分钟，方差为 400 分钟，现在抽取 100 名病人进行调查，其平均候诊时间为 45 分钟。试帮助医院做出决策。（$\alpha=0.01$）

解 根据题意建立假设为

$$H_0: \mu=40\text{ 分钟}; H_1: \mu\neq 40\text{ 分钟}$$

总体方差 σ^2 已知，选择 Z 作为检验统计量。

已知 $\bar{x}=45$ 分钟，$\mu_0=40$ 分钟，$\sigma^2=400$ 分钟，$n=100$ 名，则有

$$Z=\frac{\bar{x}-\mu_0}{\sigma/\sqrt{n}}=\frac{45-40}{20/100}=2.5$$

当 $\alpha=0.01$ 时，查标准正态分布表可知 Z 的临界值 $Z_{\alpha/2}=2.575$。

因为 $|Z|=2.5<Z_{\alpha/2}=2.575$，所以接受原假设，即该医院病人候诊时间无显著变化。

2. 单边检验

(1) 左边检验。在正态分布中，$Z\leqslant -Z_\alpha$ 的概率很小，只有 α 大小。例如，当 $\alpha=0.05$ 时，临界值 $-Z_\alpha=-1.645$，也就是说，$Z\leqslant -1.645$ 的概率只有 5%。若从总体中抽取一个样本，计算 Z 值，如果小于 -1.645，则小概率事件发生了，所以拒绝原假设。因此，左边检验的决策规则为

当 $Z\leqslant -Z_\alpha$ 时，拒绝原假设 H_0；

当 $Z>-Z_\alpha$ 时，接受原假设 H_0。

(2) 右边检验。在正态分布中，$Z\geqslant Z_\alpha$ 的概率很小，只有 α 大小。例如，当 $\alpha=0.05$ 时，临界值 $Z_\alpha=1.645$，也就是说，$Z\geqslant 1.645$ 的概率只有 5%。若从总体中抽取一个样本，

计算 Z 值，如果大于 1.645，则小概率事件发生了，所以拒绝原假设。因此，右边检验的决策规则为

当 $Z \geqslant Z_\alpha$ 时，拒绝原假设 H_0；

当 $Z < Z_\alpha$ 时，接受原假设 H_0。

【例 6-15】 某电池生产厂家声称其生产的某种 5 号电池平均使用寿命在 4 小时以上，标准差为 1 小时。现在从中抽取 25 节电池，测得其平均使用寿命为 3.5 小时，判断厂家的说法是否正确。($\alpha=0.05$，电池使用寿命服从正态分布)

解 根据题意建立假设为

$$H_0: \mu \leqslant 4 \text{ 小时}; H_1: \mu > 4 \text{ 小时}$$

总体方差 σ^2 已知，选择 Z 作为检验统计量。

已知 $\bar{x}=3.5$ 小时，$\mu_0=4$ 小时，$\sigma^2=1$ 小时，$n=25$ 节，则有

$$Z=\frac{\bar{x}-\mu_0}{\sigma/\sqrt{n}}=\frac{3.5-4}{1/\sqrt{25}}=-2.5$$

当 $\alpha=0.05$ 时，查标准正态分布表可知 Z 的临界值 $Z_\alpha=1.645$。

因为 $Z=-2.5<Z_\alpha=1.645$，所以接受原假设，即不能认为厂家的声称是正确的。

(二) 总体方差未知的检验

在假设检验中，当总体方差 σ^2 未知时，需要用样本方差 $s^2=\frac{\sum(x-\bar{x})^2}{n-1}$ 作为总体方差的估计量，此时样本平均数服从期望值为 μ，方差为 s^2/n，自由度为 $n-1$ 的 t 分布，因此可以选择 t 作为检验统计量。

$$t=\frac{\bar{x}-\mu_0}{s/\sqrt{n}}$$

在大样本情况下，t 分布和标准正态分布极为相似，因此，在大样本下，可用 Z 检验来近似代替 t 检验。

【例 6-16】 某汽车轮胎厂宣称，该厂一等品轮胎的平均寿命在一定形势和正常行驶条件下大于 25 000 千米。对一个由 15 个轮胎组成的随机样本进行试验，得到的平均值和标准差分别为 27 000 千米和 5 000 千米。假设轮胎寿命近似服从正态分布，试问是否可以相信该厂家的宣称。($\alpha=0.05$)

解 根据题意建立假设为

$$H_0: \mu \leqslant 25000; H_1: \mu > 25000$$

由于总体方差 σ^2 未知，选择 t 作为检验统计量。

$$t=\frac{\bar{x}-\mu_0}{s/\sqrt{n}}=\frac{27\ 000-25\ 000}{5000/\sqrt{15}}=1.55$$

当 $\alpha=0.05$ 时，查 t 分布表得 $t_{0.05}(14)=1.76$。由于 $t<t_{0.05}(14)$，所以只能接受原假设，即没有充分的理由相信该厂家的宣称。

无论是哪一种检验过程，小样本容量的总体均值检验必须先确定或有理由假定总体服从正态分布。如果实际情况无法满足这样的前提，唯一的途径就是尽可能增加样本容量，

使其达到大样本标准，进而转换成大样本情形下的总体均值检验问题。

第七节　用 SPSS 作参数估计和假设检验

本章前面的学习讲解了总体参数的点估计和区间估计问题。它们主要是根据样本数据来推算，也给出了样本均值 $\overline{x}$、样本方差 s^2 和样本标准差 s 的计算公式。实际中，我们可以使用 SPSS 软件来计算相应的样本指标，从而估计出总体参数，再进一步得到总体参数的致信区间。

一、用 SPSS 作参数估计

(一) μ 和 σ^2 的点估计

1. 用频率模块进行计算

标准差、方差、均值的计算方法和前面第五章的计算方法相同，只需要在开始选择分析变量时，将要进行分析的变量都选入频率对话框的选中框中即可。

2. 用描述模块来计算

SPSS 软件的描述计算功能是在“分析”菜单的“描述”命令中。如图 6-1 所示。

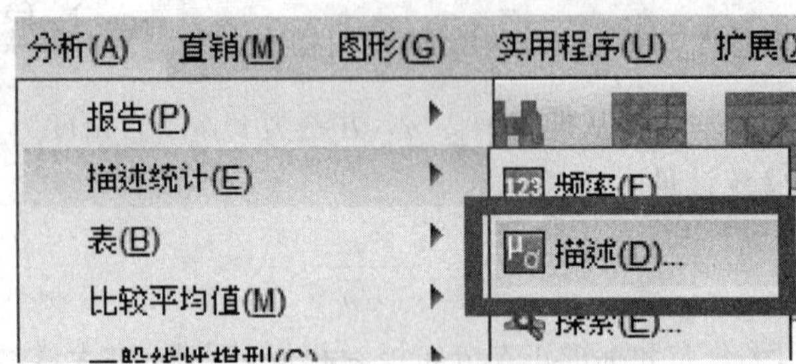

图 6-1　“分析”菜单中的“描述”统计分析功能

执行描述统计计算功能，可按照以下步骤进行：

(1) 从变量清单中选中需进行分析的变量到选定清单中。将描述对话框左下角的“将标准化值另存为变量”选项选中。选择该选项，系统会根据选定变量的观测值产生一个相应的标准化变量，称为原变量的 Z 得分，并在数据窗口中产生相应的新变量，新变量名会在原变量名前加前缀 z。

标准化按下列公式计算：

$$Z_{\mathrm{i}}=\frac{X_i-\overline{X}}{S}$$

其中，X_i 是原变量的第 i 个观测值，$\overline{X}$ 为所有观测值的均值，S 为标准差。

(2) 单击“选项”按钮，打开选项对话框，选中其中的“均值”、“标准差”和“方差”选项，确定后即可得到结果。

【例 6-17】 某品牌产品在一个月中的日销售量如表 6-7 所示，请计算出总体平均数、方差的点估计。

表 6－7　某品牌产品一个月的日销售量表

30	32	45	23	50	52	45	34	36	38	21	20	36	39	41
44	48	50	42	47	45	49	42	44	45	39	40	38	39	28

解　整个求解及结果如图 6－2 至图 6－4 所示。

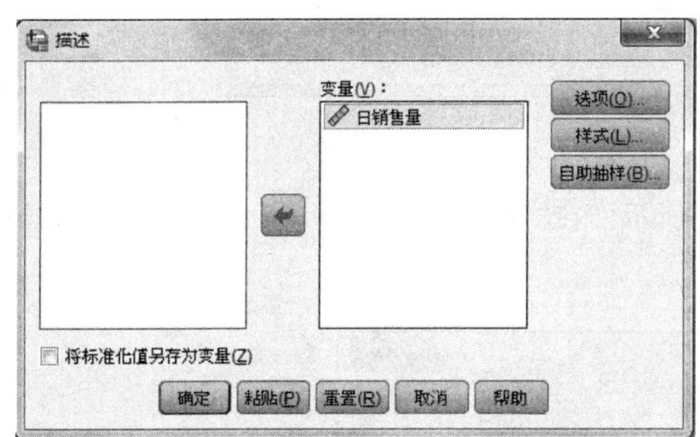

图 6－2　选中需进行描述统计的变量

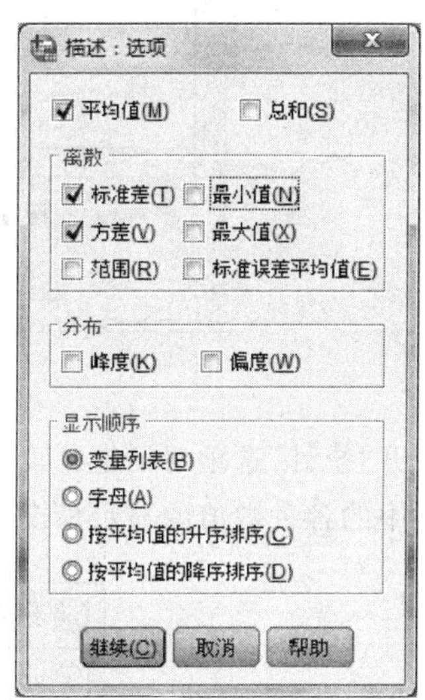

图 6－3　确定“选项”对话框中的内容

描述统计

	个案数	平均值	标准差	方差
日销售量	30	39.4000	8.52016	72.593
有效个案数(成列)	30			

图 6－4　描述统计的计算结果

计算结果说明，总体平均数为 39.4000，标准差为 8.52016，方差为 72.593。

(二) 总体均值的置信区间的计算

该数值的计算是采用“描述统计”命令中的“探索”命令来完成的。如图 6－5 所示，在“探索”命令的对话框中，有以下几个重要的数据选择内容：

(1) 因变量列表：将变量清单中的变量选择进入“因变量列表”中，若单击“确定”按钮，即可获得所有系统默认的选项下做出的数据探索结果。

(2) 因子列表：将变量清单中的变量选择进入“因子列表”中，若单击“确定”按钮，即可获得因变量按照各分组变量进行的各项系统默认的分组探索结果。

(3) 输出选项：“输出”选项中，我们有三种可选方式，分别是“两者”、“统计”、“图”。如果选择“统计”选项，那么在右上角的按钮中“图”按钮会失效，且在最后的输出结果中只显示描述统计量表；选择“图”选项，那么在右上角的按钮中“统计”按钮会失效，且在最后的输出结果中只显示图形；选择“两者”选项，那么输出结果中都同时显示。

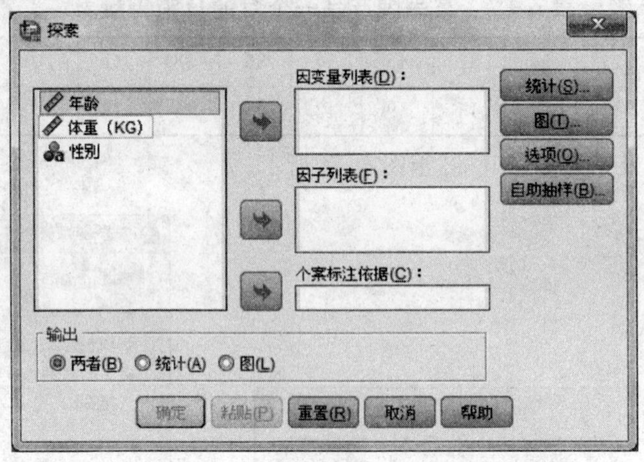

图 6-5 “探索”命令对话框

打开“统计”选项对话框，如图 6-6 所示。在“统计”对话框中，可以设置输出的描述统计量表中的各种数值的显示情况。

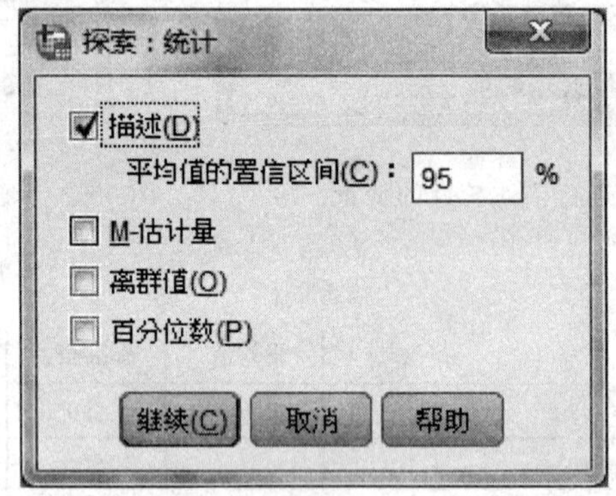

图 6-6 “探索”命令中的“统计”对话框

(1) 描述选项：输出结果显示均值、中位数、5%调整平均数等描述统计量值。

(2) 平均值的置信区间：将显示总体均值的 95%的置信区间，95%是系统默认的置信概率。可以改变此数值，其取值范围是 1～99。

(3) M－估计量：输出结果显示 4 种描述集中趋势的稳健极大似然估量值。

(4) 离群值：输出结果将分别显示 5 个最大的和最小的观测值。

(5) 百分位数：输出结果将显示 5%，10%，25%，50%，75%，90%，95%的百分位数。

在“选项”按钮的弹出对话框中，可对分析的结果进行对应的处理，如图 6-7 所示。

(6) 成列排除个案：剔出分析的因变量观测值中的缺失值，它是系统的默认选项。

(7) 成对排除个案：凡有缺失值的观测量全部剔出。

(8) 报告值：将分组变量中的缺失值归结为一组，输出是作为附加组列出。

【例 6-18】 从某企业管理部分中随机抽取 20 名职工，调查所得结果如表 6-8 所示。

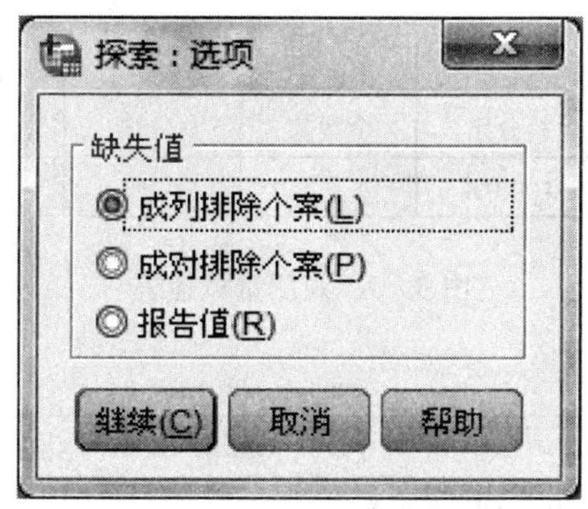

图 6-7 “探索”命令中的“选项”对话框

表 6-8 某企业管理人员调查表

年龄/岁	26	32	28	45	40	55	22	34	26	29
体重/KG	128	142	103	132	122	148	120	130	100	102
性别	男	男	女	男	女	男	男	男	女	女
年龄/岁	35	30	42	45	28	30	39	55	55	30
体重/KG	140	132	160	128	110	126	135	140	128	112
性别	男	男	男	女	女	男	男	男	男	女

试计算：

(1) 该企业管理人员平均年龄 95%的置信区间；

(2) 男女职员平均体重 90%置信区间。

解 (1) 按照前面介绍的“探索”分析命令的使用方法，使用系统默认的选项进行分析计算，可得该企业管理人员平均年龄 95%的置信区间。具体操作过程如图 6-8 所示，结果如图 6-9 和图 6-10 所示。

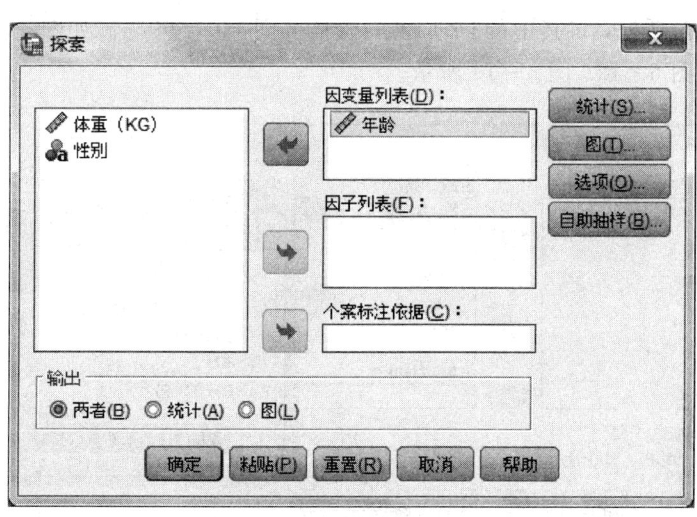

图 6-8 利用“探索”计算例 6-18 中的问题(1)

计算结果说明，该企业管理人员中平均年龄的点估计值为 36.3 岁，平均年龄 95%的置

	个案					
	有效		缺失		总计	
	个案数	百分比	个案数	百分比	个案数	百分比
年龄	20	100.0%	0	0.0%	20	100.0%

图 6-9 观测量概述表

			统计	标准误差
年龄	平均值		36.30	2.298
	平均值的95%置信区间	下限	31.49	
		上限	41.11	
	5%剪除后平均值		36.06	
	中位数		33.00	
	方差		105.589	
	标准差		10.276	
	最小值		22	
	最大值		55	
	全距		33	
	四分位距		16	
	偏度		.739	.512
	峰度		-.550	.992

图 6-10 描述统计量表

信区间为(31.49，41.11)。

(2) 从原变量清单中将体重变量放入“因变量列表”，将性别变量放入“因子列表”中，打开“统计”选项对话框，将其中的“平均值的置信区间”改为 90%。如图 6-11 所示，最终得到计算结果如图 6-12、图 6-13 所示。

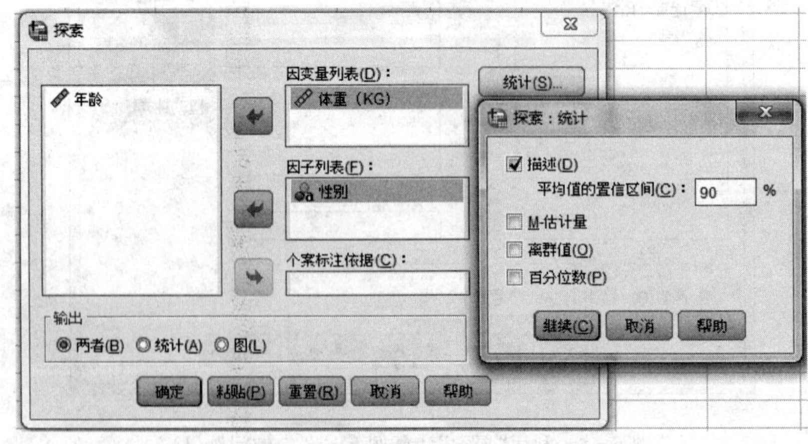

图 6-11 利用“探索”计算例 6-18 中的问题(2)

	性别	有效 个案数	有效 百分比	缺失 个案数	缺失 百分比	总计 个案数	总计 百分比
体重(KG)	男	13	100.0%	0	0.0%	13	100.0%
	女	7	100.0%	0	0.0%	7	100.0%

图 6－12　观测量概述表

	性别			统计	标准误差
体重(KG)	男	平均值		135.4615	2.92780
		平均值的90%置信区间	下限	130.2434	
			上限	140.6797	
		5%剪除后平均值		134.9573	
		中位数		132.0000	
		方差		111.436	
		标准差		10.55632	
		最小值		120.00	
		最大值		160.00	
		全距		40.00	
		四分位距		13.00	
		偏度		.971	.616
		峰度		1.208	1.191
	女	平均值		111.0000	4.01782
		平均值的90%置信区间	下限	103.1927	
			上限	118.8073	
		5%剪除后平均值		110.6667	
		中位数		110.0000	
		方差		113.000	
		标准差		10.63015	
		最小值		100.00	
		最大值		128.00	
		全距		28.00	
		四分位距		20.00	
		偏度		.713	.794
		峰度		-.888	1.587

图 6－13　描述统计量表

计算结果说明，该企业的管理人员中，男性的平均体重点估计为 135.4615，女性的为 111.00，男性和女性的平均体重的 90% 的置信区间分别为(130.2434，140.6797)和(103.1927,118.8073)。

二、用 SPSS 作假设检验

在 SPSS 软件中，有关均值假设检验主要是通过“比较平均值”命令模块来完成的。

(一)“比较平均值”命令模块的使用过程

在该命令模块中，第一个子命令模块——“平均值”是按分组变量计算因变量的描述统计量，如均值、方差、标准差、偏度、峰度等，并按计算结果并列显示，可用作比较分析各组变量值的差异，基本使用步骤如下：

(1) 选择“分析”菜单中的“比较平均值”命令，弹出的子菜单中选择“平均值”命令，得到“平均值”对话框，如图 6-14 所示。

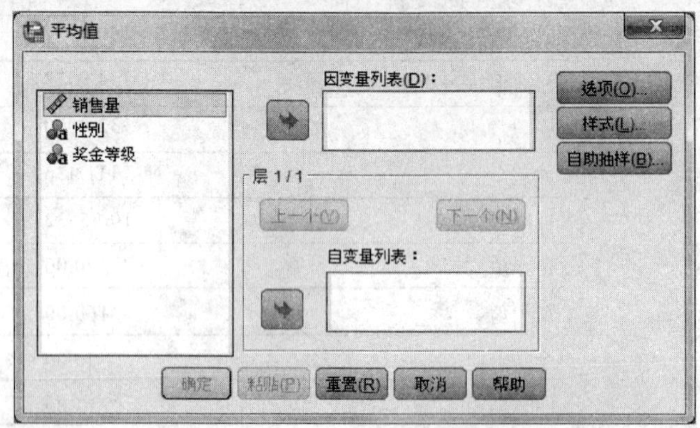

图 6-14 “平均值”命令对话框

将用来分组的变量移入“自变量列表”，这样分析计算的结果会以分组的形式显示出来。选择分组变量时，有两种处理方式，一种是系统默认的方式，选择好分组变量后直接确定，进行计算分析。这时，在输出报告中将按照每个自变量产生一张均值比较结果表。第二种，在选定“自变量列表”后，可以按照变量分层的要求形成层控制变量，在每一层里进一步划分样本。操作方法是在移入上一层分组变量后，单击“下一个”按钮依次移入下属的各层分组变量。如果每层里仅有一个自变量，则对每个自变量以复合表的形式输出结果。

(2)“选项”按钮的应用。单击“选项”按钮，可以打开统计量选项对话，如图 6-15 所示，该对话框中可以选择需要的统计量进行输出显示。

左边列表中显示的为可以选择的统计量列表，右边为已选定统计量的列表，从图 6-15中可以看到，“平均值”、“个案数”、“标准差”为系统默认的输出统计量。

【例 6-19】 表 6-9 为某企业销售员某月完成销售量的调查资料，其中，在奖金等级里，1=金奖，2=银奖，3=合格奖励。试比较分析男女销售员的平均销售量、各等级奖金获得者的销售量之间的差异。

表 6-9 某企业销售人员某月完成销售量调查表

销售量	98	100	68	110	130	54	78	90	81	86
性别	男	女	男	男	女	男	女	男	男	男
奖金等级	2	1	3	1	1	3	3	2	2	2

续表

销售量	98	100	68	110	130	54	78	90	81	86
销售量	92	80	66	60	79	75	104	99	104	83
性别	男	女	男	男	女	女	男	女	男	男
奖金等级	2	3	3	3	3	3	1	2	1	2

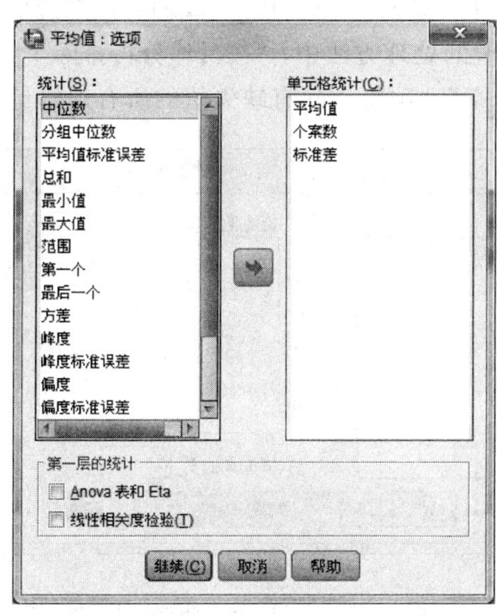

图 6-15　“选项”对话框

解　根据之前的“平均值”命令使用方法，将“销售量”变量移入“因变量列表”，将“性别”变量移入“自变量列表”作为分组输出的显示依据中的第一层，再点击“下一个”按钮，选择分组依据第二层的分组变量“奖金等级”。单击“选项”命令，在“选项”对话框中，除了保持默认的统计量外，再将“最大值”、“最小值”选入“单元格统计”框中，按“确定”按钮进行计算分析，输出结果如图 6-16 所示。

销售量

性别	奖金等级	平均值	个案数	标准差	最小值	最大值
男	金奖	106.0000	3	3.46410	104.00	110.00
	银奖	88.3333	6	6.28225	81.00	98.00
	合格奖励	62.0000	4	6.32456	54.00	68.00
	总计	84.3077	13	17.89034	54.00	110.00
女	金奖	115.0000	2	21.21320	100.00	130.00
	银奖	99.0000	1	.	99.00	99.00
	合格奖励	78.0000	4	2.16025	75.00	80.00
	总计	91.5714	7	19.80620	75.00	130.00
总计	金奖	109.6000	5	11.94990	100.00	130.00
	银奖	89.8571	7	7.01020	81.00	99.00
	合格奖励	70.0000	8	9.60655	54.00	80.00
	总计	86.8500	20	18.40273	54.00	130.00

图 6-16　例 6-19 的分组的平均值比较报告表

(二) 单样本的 *T* 检验

单样本的 T 检验是用于检验正态总体的均值是否发生了变化，单样本的 T 检验使用 SPSS 软件中“分析”菜单→“比较平均值”→“单样本 T 检验”来完成。如图 6－17 所示，在“单样本 T 检验”对话框中，首先在原变量列表中选入检验变量，然后在“检验值”中输入一个指定的值 μ_0(假设检验值)，这就是假设检验问题中提出的原假设 H_0：$\mu=\mu_0$。单击“选项”按钮，在弹出的对话框中，如图 6－18 所示，我们可以对应的设置置信区间百分比以及缺失值的处理方法。缺失值的处理方法中，“按具体分析排除个案”选项是只排除分析变量的缺失值，而“成列排除个案”选项将剔除有缺失值的所有观测量。

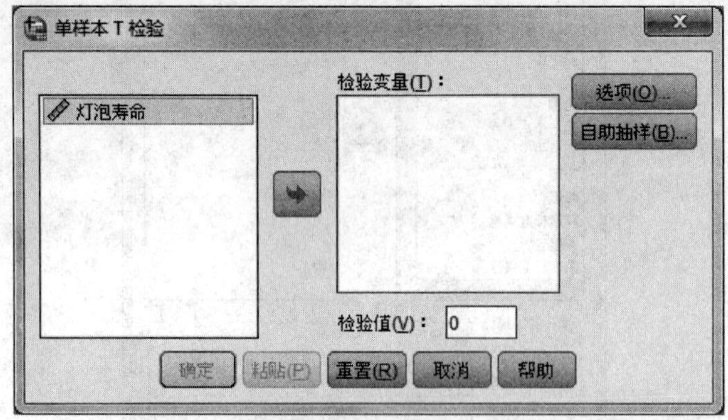

图 6－17　“单样本 T 检验”对话框

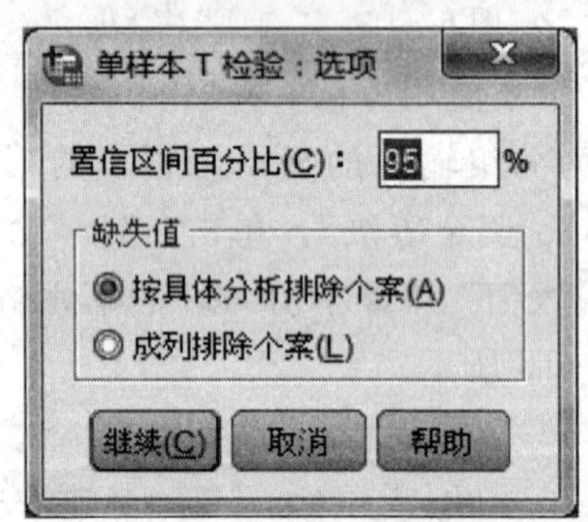

图 6－18　“单样本 T 检验”的“选项”对话框

【例 6－20】　某 LED 灯泡生产厂生产的灯泡的寿命服从正态分布，平均的灯泡寿命 μ_0为 120 000 分钟。现在进行了某种元器件的改良，需要检验灯泡的寿命是否发生了变化。先随机抽取 10 只灯泡，测得它们的使用寿命如表 6－10 所示($\alpha=0.08$)。

表 6－10　抽取灯泡使用寿命

120 342.00	118 982.00	121 010.00	120 992.00	120 765.00
119 902.00	120 982.00	120 428.00	119 340.00	121 206.00

解　首先建立假设：

$$H_0: \mu=120\ 000; \ H_1: \mu\neq 120\ 000$$

根据图 6－17 和图 6－18 中介绍的“单样本 T 检验”功能的使用方法，按照图 6－19 进行计算分析，结果如图 6－20 所示。

图 6－19　使用“单样本 T 检验”计算分析

单样本统计

	个案数	平均值	标准差	标准误差平均值
灯泡寿命	10	120394.9000	762.33303	241.07087

单样本检验

检验值=120000

	t	自由度	显著性(双尾)	平均值差值	差值95%置信区间	
					下限	上限
灯泡寿命	1.638	9	.136	394.90000	−150.4402	940.2402

图 6－20　例 6－20 进行“单样本 T 检验”计算分析的结果

结果说明：在本例中，显著性概率 p 值为 0.136，则有 $p=0.136>\alpha=0.08$，故应当接受 H_0，表明元器件改良后，灯泡的使用寿命没有降低。根据图 6－20 所示的“单样本检验”中置信区间的两个端点(即上限和下限)可以看出，95%的置信区间的两端点一负一正，必然覆盖了总体均值，因此应该接受 H_0。要求出总体均值的置信区间，只要在图 6－19 的对话框中，输入假设检验值为 0 即可。

(三) 独立样本的 *T* 检验

独立样本的 T 检验用于检验来自正态总体的两个彼此独立的样本之间的差异。与之前的单样本 T 检验一样，在 SPSS 软件中使用“分析”菜单→“比较平均值”选项→“独立样本 T 检验”命令来完成。如图 6－21 所示。将对应的变量选入对应的组别中即可进行计算分析。在“定义组”选项对话框中，可以分别输入指定的分组变量的不同数值，以便区分独立样本。

【例 6－21】 某家电销售商宣称，单 SIM 卡手机和双 SIM 卡手机的日均销售量没有什么差别。某调研机构为验证此说法，随机选择了单 SIM 卡手机和双 SIM 卡手机各 6 种品牌的日均销售量如图 6－22 所示，其中手机类型变量中，值标签“1”代表单 SIM 卡手机，值标签“2”代表双 SIM 卡手机。试问这两类手机的日均销售量是否有显著性差异($\alpha=0.05$)?

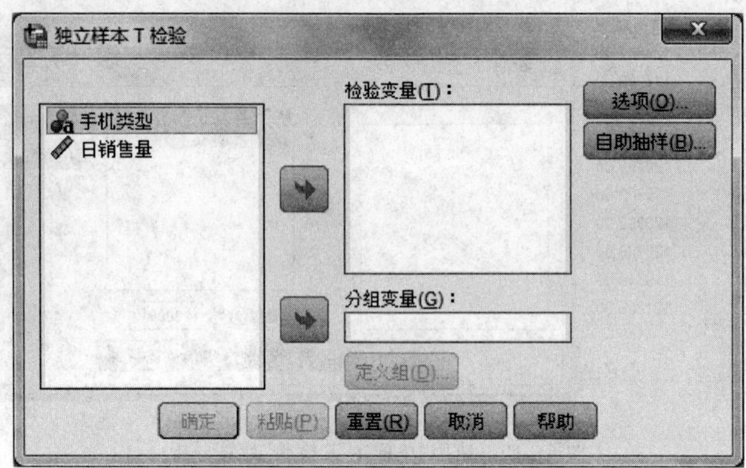

图 6-21 “独立样本 T 检验”对话框

解 建立假设：

$$H_0: \mu_1=\mu_2; \ H_1: \mu_1 \neq \mu_2$$

在图 6-21 所示界面中，将“日均销售量”变量移入检验变量框中，分组变量“手机类型”移入“分组变量”框(注意：处理变量视图时，分组变量为数值型，在值标签中进行定义，1 为单 SIM 卡手机，2 为双 SIM 卡手机)，单击“定义组”按钮，在弹出的“定义组”对话框中分别输入两个组别的数值，如图 6-23 所示。数据设置完毕后按“确定”按钮，即可得到该题计算分析结果，如图 6-24 所示。

	手机类型	日均销售量
1	1	88
2	1	105
3	1	94
4	1	109
5	1	153
6	1	124
7	1	135
8	2	92
9	2	96
10	2	86
11	2	109
12	2	86
13	2	75
14	2	80

图 6-22 两种类型手机的日均销售量情况

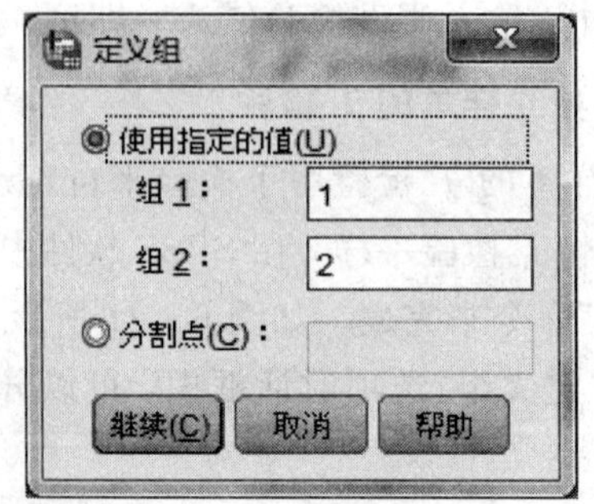

图 6-23 “定义组”对话框的设置

结果说明：

独立样本检验

		莱文方差等同性检验		平均值等同性t检验						
									差值95%置信区间	
		F	显著性	t	自由度	显著性（双尾）	平均值差值	标准误差差值	下限	上限
日均销售量	假定等方差	4.412	.058	2.699	12	.019	26.286	9.738	5.069	47.502
	不假定等方差			2.699	8.653	.025	26.286	9.738	4.122	48.449

图 6－24　例 6－21 进行独立样本的 T 检验计算分析结果

（1）由方差齐性检验可知，$F=4.412$，F 统计量的显著性概率 $p=0.058>0.05$，表明两种类型的手机日均销售量的方差没有显著性差异。

（2）观察 T 检验统计量的值为图 6－24 中第一行的结果（假定等方差），此时 t 统计量的显著性概率 $p=0.019<0.05$，拒绝 H_0，认为两种手机的日均销售量有显著性差异。

（3）观察样本均值差值的 95％的置信区间可以看到，两个端点都为正，表明落在这个区间的均值差值不可能为 0，应该拒绝 H_0。这与上面的检验结果一致。

（四）成对样本 *T* 检验

成对样本的 T 检验用于检验来自正态总体的两个彼此相关的样本均值之间的差异。在 SPSS 软件中，配对样本 T 检验是使用“分析”→“比较平均值”→“成对样本 T 检验”命令来完成的。图 6－25 所示为“成对样本 T 检验”对话框，使用时，只需将需要检验的一对或几对成对的变量移入“配对变量”框即可。单击“选项”按钮即可出现 T 检验的选项对话框，与图 6－18 所示完全相同。

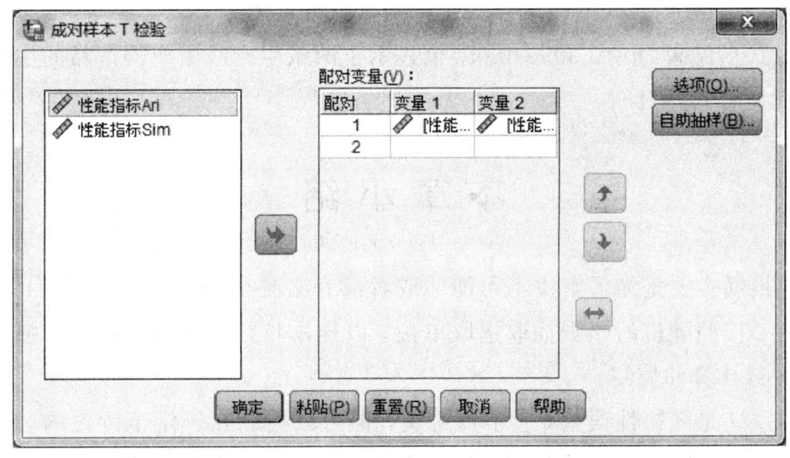

图 6－25　“成对样本 T 检验”对话框

【例 6－22】 某企业在比较两种新型机电一体化生产线对产品的成型指标有无显著影响，现用两条生产线各生产 10 个产品，得到该产品的 10 对主要指标数据如表 6－11 所示，试判断有无显著影响（$\alpha=0.05$）。

表 6－11　两条生产线的产品性能指标数据表

Ari 产品性能指标	0.94	2.04	0.66	1.40	1.88	1.70	0.78	1.04	0.94	1.41
Sim 产品性能指标	0.82	2.00	0.92	1.22	1.68	1.74	0.72	1.04	1.02	1.23

解　建立假设：

$$H_0: \mu_1-\mu_2=0; \quad H_1: \mu_1-\mu_2\neq 0$$

使用“成对样本 T 检验”命令，在对话框中，将两条生产线生产产品的指标变量移入“配对变量”框，如图 6－25 所示。计算分析结果如图 6－26 所示。

配对样本统计

		平均值	个案数	标准差	标准误差平均值
配对1	性能指标Ari	1.2790	10	.47941	.15160
	性能指标Sim	1.2390	10	.42938	.13578

配对样本相关性

		个案数	相关性	显著性
配对1	性能指标Air&性能指标Sim	10	.956	.000

配对样本检验

		配对差值					t	自由度	显著性(双尾)
		平均值	标准差	标准误差平均值	差值95%置信区间 下限	上限			
配对1	性能指标Air-性能指标Sim	.04000	.14298	.04522	-.06228	.14228	.885	9	.399

图 6－26　例 6－22 采用“成对样本 T 检验”计算分析结果

结果说明：根据图 6－26 可以看到，平均值是 0.04，标准差为 0.14298，平均标准误差为 0.04522，95％的置信区间的两端点一正一负，表明应接受 H_0。

T 检验的最后结果($p=0.399>0.05$)也显示了两条生产线生产的产品的主要性能指标的平均值没有显著差异。

本章小结

(1) 抽样推断主要是为了解决不可能的或者没有必要全面进行统计调查的问题，抽样推断的特点是：按照随机的原则抽取选取单位，以样本特征推断总体特征，抽样误差的大小可以事先进行计算和控制。

(2) 抽样误差是随机性误差，它不可避免，但可以控制在一定范围之内。抽样误差包括实际抽样误差、抽样平均误差和抽样极限误差。影响抽样误差的主要因素有样本单位数的多少、总体被研究标志的变异程度、抽样方法和抽样调查的组织形式。

(3) 抽样推断是根据样本的特性来对总体参数进行推测估计的统计方法，分为点估计和区间估计。在抽样推断中，最基本的估计思想都体现在对总体参数的区间估计上，它是统计推断最基本的内容。

(4) 合适的样本容量称为必要的抽样数目，它受总体各单位间的标志变异程度、抽样极限误差的大小、调查结果的概率保证程度、抽取样本单位的方法和抽样组织方式等因素的共同影响。

(5) 假设检验是根据一定假设条件由样本推断总体的一种方法，它先根据问题的需要对所研究的总体参数作出某种假设，然后抽取样本，构造适当的统计量，最后对假设的正确性进行判断，作出拒绝或接受假设的判断。

思考与讨论

1. 什么是抽样估计？抽样估计有哪几方面的特点？

2. 什么是抽样误差？影响抽样误差大小的因素有哪些？

3. 什么是参数和统计量？各有何特点？

4. 什么是抽样平均误差和抽样极限误差？二者有何关系？

5. 为什么说不重复抽样误差总是小于而又接近于重复抽样误差？

6. 参数估计优良的标准是什么？抽样平均数和抽样成数估计是否符合优良估计标准，试加以说明。

7. 什么是概率度？什么是置信度？两者有何关系？

应用能力训练

1. 某企业生产一批日光灯管，随机重复抽取 400 作为使用寿命测试。测试结果，平均寿命 5000 小时，样本标准差为 300 小时，400 中发现 10 只不合格。求平均数的抽样平均误差和成数的抽样平均误差。

2. 某机械厂生产一批零件 10 000 个，检验员甲用简单随机重复抽样方法抽取 300 个，发现有 9 个不合格。检验员乙用简单随机不重复抽样方法抽取 200 个，发现 5 个不合格。试求两种不同抽样方法下合格率的抽样平均误差。

3. 对于一批成品按重复抽样方法抽取 100 件，其中废品 4 件。当概率为 95.45%($t=2$)时，可否认为这批产品的废品率不超过 6%？

4. 在 4000 件产品中按不重复抽样方法抽取 200 件进行检验，结果废品 8 件，当概率为 0.9545($t=2$)时，试估计这批成品的废品率和废品数的范围。

5. 在某乡 2 万亩水稻中重复抽样方法抽取 400 亩，得知平均亩产量为 609 斤，样本标准差为 80 斤，要求以 95.45%($t=2$)的概率保证程度估计该乡水稻的平均亩产量和总产量的区间范围。

6. 调查一批机械零配件合格率。根据过去的资料，合格品率曾经有过 99%，97%和 95%三种情况。现在要求误差不超过 2%，要求估计的把握程度为 95.45%，问采用重复抽样方法需要抽取多少个零配件？如果其他条件不变，将极限误差缩小一半，应抽取多少个零件？

7. 某汽车配件厂生产一种配件，多次测试的一等品稳定在 90%左右。用简单随机抽样形式进行检验。要求误差范围在 3%以内，可靠程度 99.73%，在重复抽样下，必要的样本单位数是多少？

8. 某电子产品使用寿命在 3 000 小时以下为不合格品，现在用简单随机抽样抽样方法，从 5000 个产品中抽取 100 个对其使用寿命进行调查。其结果如表 6 - 12 所示。

表 6-12　电子产品使用寿命调查结果

使用寿命/小时	产品数量/个
3000 以下	2
3000～4 000	30
4000～5 000	50
5000 以上	18
合　　计	100

根据以上资料计算：

(1) 按重复抽样和不重复抽样计算该产品平均寿命的抽样平均误差。

(2) 按重复抽样和不重复抽样计算该产品合格率的抽样平均误差。

(3) 根据重复抽样计算的抽样误差，以 68.27%的概率保证度($t=1$)对该产品的平均使用寿命和合格率进行区间估计。

9. 外贸公司出口一种食品，规定每包规格不低于 150 克，现在用重复抽样的方法抽取其中的 100 包进行检验，其结果如表 6-13 所示。

表 6-13　食品规格检验结果

每包重量/克	包数
148～149	10
149～150	20
150～151	50
151～152	20
	100

要求：

(1) 以 99.73%的概率估计这批食品平均每包重量的范围，以使确定平均重量是否达到规定要求。

(2) 以同样的概率保证估计这批食品合格率范围。

10. 单位按简单随机重复抽样方法抽取 40 名职工，对其业务情况进行考核，考核成绩资料如下：

68，89，88，84，86 ，87 ，75，73 ，72 ，68 ，75，82 ，99 ，58 ，81，54，79 ，76 ，95，76，71，60，91，65，76 ，72，76，85，89，92 ，64 ，57，83 ，81，78 ，77，72，61，70，87。

要求：

(1) 根据上述资料按成绩分成以下几组：60 分以下，60～70 分，70～80 分，80～90 分，90～100 分，并根据分组整理成变量分配数量。

(2) 根据整理后的变量数列，以 95.45%的概率保证程度推断全体职工业务考试成绩的区间范围。

(3) 若其他条件不变，将允许误差范围缩小一半，应抽取多少名职工？

11. 某厂生产一种产品，原月产量服从平均值为 75，方差为 14 的正态分布。设备更新后，为了考察产量是否提高，抽查了 6 个月的产量，求得平均产量为 78，假定方差不变，

则在显著性水平 $\alpha=0.05$ 下，设备更新后的月产量是否有显著提高？

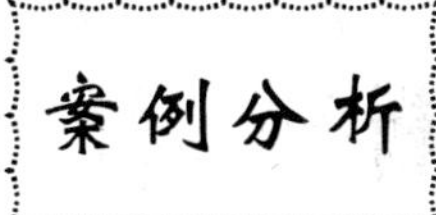

统计工作中，在抽样设计时，就必须决定样本单位数目，也就是必须在调查方案中就设计好样本容量的大小，明确从总体中抽取多少个总体单位进行调查。而关于样本容量大小的问题，一直存在这样的矛盾：样本容量太小，会导致抽样误差太大，就不能满足推断精度的要求；样本容量过大，虽然足以满足推断精度的要求，但付出的人力、财力、物力和时间等代价又会增大，很可能会导致调查无法实施或得不偿失。因此，科学地确定合适的样本容量是抽样调查中很重要的一个环节。在实际应用中，我们应该根据调查的目的认真考虑样本量的大小。

某市妇联为了了解该市妇女每天的家务劳动时间，准备进行一次抽样调查，调查对象为该市的已婚女性。根据历史资料知道，她们每天劳动时间超过 2 小时的人占 90%。这次调查的具体要求是：采用重复抽样的方法来抽取样本，要求在 95.45%的概率保证下，劳动时间超过 2 小时的人的比重的极限误差不超过 3%。

根据上述推断要求和已知的相关信息，思考下面的问题：

1. 至少应该抽取多少已婚女性作为样本的必要单位数呢？

2. 如果要求推断的置信度下降至 90%，必要样本量的计算结果应该是多少？观察计算结果的变化，并说明推断的置信度和样本容量存在什么关系？

第七章　相关分析与回归分析

【学习目的】

（1）掌握相关的意义、种类以及相关分析的意义和基本内容。

（2）掌握相关表和相关图的使用方法。

（3）重点掌握相关系数的计算原理，能够利用相关系数来判断现象相关的密切程度。

（4）了解回归与相关的区别和联系，能够建立回归方程，并根据回归方程进行一元线性回归分析与预测。

（5）掌握估计标准误差的基本计算并能够用于实践。

（6）能够运用 SPSS 进行相关分析。

【案例导入】

在生活中很多变量之间存在因果关系。例如，通过随机调查了解到 6 位母亲及其女儿的身高情况如表 7－1 所示。

表 7－1　母亲与女儿身高调查表

序号	母亲身高	女儿身高
1	158	159
2	159	160
3	160	163
4	161	163
5	162	164
6	166	168

通过表 7－1 中数据并结合我们了解到的科学常识可以看出，母亲的身高对女儿的身高是有影响的。如何影响？能否进一步考察这种依存关系的存在？答案是肯定的。本章将通过进一步的统计分析——相关和回归分析，对具有相关关系的变量进行数量关系和密切程度的深入分析，从而作出相关的统计推测或预测。

第一节　相关分析与回归分析概述

一、相关分析的概念和种类

（一）相关关系的概念

在自然界和社会现象中，客观现象之间普遍存在相互依存、相互制约的关系，孤立的现象或事物是不存在的。现象之间具有一定的联系，一种现象的变化往往依赖于其他现象的变化。例如，商品的销售额与销售量之间，一个人的受教育水平与他的收入水平之间，居民消费价格与社会经济发展之间，都存在着密切联系。现象之间的依存关系多种多样，但一般都可以通过一定的数量关系反映出来。相关分析和回归分析就是根据统计数据测量变量之间的关系形态及其相关联的程度，并进一步探索其内在的数量规律性。一般而言，变量之间的关系可分为两种类型：函数关系和相关关系。

1. 函数关系

函数关系是指变量之间存在着确定性的、严格的数量依存关系，在这种关系下，当一个或几个变量取一定的数值时，另一个变量总有确定的值与之对应。变量之间的这种确定性的依存关系可以用函数关系式表示。例如，圆面积 S 与圆半径 r 之间的关系可用函数 $S=\pi r^2$ 来表示，给出圆半径 r 就能唯一地确定该圆的面积 S，即圆面积 S 与圆半径 r 是一一对应的确定性关系。

2. 相关关系

相关关系是指变量之间存在着不确定的数量依存关系，当一个变量 X（或多个变量）取一定的数值时，与之对应的另一个变量 Y 不是只有唯一一个数值与之对应，而是可能有若干个数值与之对应，这些数值表现出一定的随机波动性。这种数量上的对应关系不能用严格的函数式表达。例如，商品的销售量和商品的价格之间存在着相关关系。一般而言，商品的价格越高，销售量就会下降；反之，商品价格下降，销售量就会上升。二者之间存在着反向变动关系，但是商品价格的变动不能完全决定销售量的变化。商品销售量不仅受价格因素的影响，还受到消费者收入、其他相关商品价格、消费者预期等多种因素的影响。因此，在同一商品价格下，可能会出现不同的销售量，或者在某一确定的销售量下对应着不同的商品价格，二者的关系不是唯一确定的。又如，家庭收入与食品消费支出之间的关系，相同收入的家庭可能有不同的食品消费支出，同一食品消费支出的家庭可能有不同的收入水平；人的身高和体重的关系，一般而言，更高的人有更重的体重，但同一身高的人可能有不同的体重，同一体重的人也可能有不同的身高。这种不确定的依存关系就是相关关系。

这种不确定性变量之间的关系不能用函数关系表达，但通过大量的研究和观察，许多变量之间存在着一定的客观规律性。相关分析就是描述和探索不确定变量之间的关系及其规律性的统计方法。

在研究相关关系时，应注意区分真相关和假相关。真相关是指变量之间真实存在着某种内在联系。但在实际中，由于某些原因甚至于偶然的巧合，使得某些原本没有关系的现象呈现出相关关系，基于这种不真实的相关情况而作的分析即为假相关。假相关的出现会严重影响人们对现象真实关系的判断，以至于做出错误的判断。因此，在对现象的相关关系做分析时，应首先考虑现象之间是否存在真实的相关关系，即以定性分析为前提，并结合常识与经验来判断。

3. 相关关系与函数关系的区别和联系

相关关系和函数关系是两种不同的数量关系，二者之间既有联系也有区别。它们的区别主要在于：函数关系描述的是变量之间严格的相互依存关系，而相关关系是指变量之间不严格的相互依存关系。二者之间虽有区别，但也有密切的联系。在实际中，由于观察误差、测量误差以及各种随机因素的干扰，函数中的自变量与因变量之间的关系无法确定下来，有时也通过相关关系来反映；尽管具有相关关系的变量之间并无确定的关系，但也可以通过函数关系式来近似反映变量之间的数量依存关系。因此，函数关系和相关关系之间并无严格的界限，在一定的条件下，二者可以相互转化。

（二）相关关系的种类

变量之间的相关关系是很复杂的，按不同的标志划分，可分为不同的类型。

1. 线性相关和非线性相关

根据变量之间相关的不同形式，可将相关关系分为线性相关和非线性相关。

线性相关又称为直线相关，是指两个变量的相关图上散点的分布近似表现为一条直线。例如，耐用消费品销售量与居民货币收入之间呈线性相关关系。

非线性相关又称为曲线相关，是指两个变量的相关图上，其散点的分布近似表现为各种不同形式的曲线。例如，流通费用率与商品销售额之间的相关图近似表现为双曲线，即为曲线相关。

2. 正相关与负相关

根据变量之间不同的相关方向，可将相关关系划分为正相关和负相关。

当两个相关变量的变动方向相同时，随着一个变量的值增加(或减少)，另一个变量的值也随之增加(或减少)，称为正相关。例如，收入增加，消费也会增加；反之，收入减少，消费也会随之减少。

当两个相关变量的变动方向相反时，随着一个变量的值增加(或减少)，另一个变量的值也随之减少(或增加)，称为负相关。例如，市场上某商品的供给量与该商品的价格之间呈现出负相关关系。

3. 完全相关、完全不相关和不完全相关

根据变量之间相关关系的密切程度，可将相关关系划分为完全相关、不相关和不完全相关。

当一个变量的值完全由另一个变量的值确定时，称这两个变量之间的关系为完全相关。例如，圆面积的大小由圆的半径确定。因而，完全相关其实就是函数关系，也可以说函数关系是相关关系的一种特例。

完全不相关是指变量之间相互独立，互不影响，彼此之间不具有依存关系。例如，某品牌电视机的价格与棉花纤维的长度之间的关系就是互不影响，即二者完全不相关。

不完全相关是指两个变量的关系介于完全相关和完全不相关之间，即一个变量的值，不仅取决于另一个变量的值，还受到其它因素的影响。大量的社会经济现象之间的关系都是这种不完全相关关系。不完全相关亦是相关分析的主要内容。

4. 简单相关与复相关

根据变量的多少进行划分，可将相关关系分为简单相关和复相关。

两个变量之间的相关关系称为简单相关，也称为一元相关。例如，家庭收入和食品消费支出之间的关系就是简单相关关系。

当所研究的相关关系是一个变量对两个或两个以上变量的相关关系时，称为复相关或多元相关。例如，某商品的销售价格与生产成本、消费者收入之间的相关关系就是复相关关系。

二、回归分析的概念和种类

（一）回归的概念

“回归”一词最早由英国生物学家兼统计学家高尔登提出。他在研究人类身高时，发现高个子父母的子女的身高往往低于其父母的身高，矮个子父母的子女的身高往往高于其父母的身高。高尔顿把这种人的身高趋向人的平均身高的现象称为回归。

回归分析是在研究变量之间的相关关系的基础上，进一步揭示变量间的变化规律，将具有相关关系的变量间的数量关系通过函数表达式描述出来，即通过建立变量间的数学模型来研究变量间相关关系的一种统计分析方法。

（二）回归的种类

按照不同的分类方法，可将回归分析划分为多种类型。

（1）根据回归分析中自变量的个数，可分为一元回归和多元回归。

仅有一个自变量的回归分析称为一元回归，由一个因变量与一个自变量之间的相关关系建立的方程就是一元回归方程。例如，由家庭收入和食品消费支出的相关关系建立的回归方程就是一元回归方程。

有两个或两个以上自变量的回归分析称为多元回归，多元回归方程是根据某一因变量与多个自变量之间的相关关系建立的方程。例如，根据农作物亩产量与施肥量、降雨量、气温的相关关系建立的回归方程为多元回归方程。

（2）根据相关图的形状，可分为线性回归和非线性回归。

因变量与自变量之间的关系呈直线形的回归分析称为线性回归，根据因变量与自变量之间的相关关系建立的方程即为线性回归方程。

因变量与自变量之间的关系呈曲线形的回归分析称为非线性回归，根据因变量与自变量之间的相关关系建立的方程即为非线性回归方程。

线性回归方程是最基本的回归模型，但在实践中往往会遇到非线性回归，此时可通过变量替换等方法将非线性回归转化为线性回归，用线性回归的方法解决非线性回归的问题。

三、相关分析和回归分析的主要内容

（一）相关分析与回归分析的主要内容

相关分析主要研究变量之间是否存在依存关系以及这种依存关系的密切程度。回归分析主要通过建立回归方程考察存在相关关系的变量之间的变动关系，并据此由给定的自变量的值对因变量的可能值进行预测。

相关分析和回归分析的主要内容如下：

（1）分析变量之间是否存在相关关系，以及相关关系的表现形式。

判断变量之间是否存在相关关系是相关分析的出发点。研究者需通过定性分析方法判断变量之间是否真实存在相互依存关系，即一个变量的变动必然导致另一个变量的变动，防止“假相关”现象的发生。通过定性分析确定变量之间确实存在依存关系后，再利用相关变量的数据绘制相关图或编制相关表，以便进一步判断相关关系的形态。

(2) 测定变量之间相关关系的密切程度。

绘制相关图以及编制相关表，只能粗略反映变量之间的相关关系的密切程度。若变量之间的相关形式表现为直线型，则可通过计算相关系数来反映变量之间相关关系的密切程度以及相关的方向；若变量之间的相互关系不是直线型，则可通过计算相关指数来反映变量之间相关关系的密切程度。

(3) 建立合适的回归方程。

通过相关分析，确定了变量之间确实存在相关关系以及密切程度后，就要选择合适的数学模型来近似描述变量之间的数量变化关系。如果变量之间的关系表现为直线相关，则应建立直线回归方程；若变量之间的关系表现为各种曲线，则应建立相应的曲线回归方程。可根据自变量的个数，建立一元回归方程和多元回归方程。

(4) 对回归方程进行检验。

建立了回归方程后，还需对回归方程是否反映了变量之间的数量变化关系进行检验。只有当回归方程通过了检验，所建立的方程才有意义。通过了检验后，利用回归模型，可对因变量进行预测。

(二) 相关分析与回归分析的关系

相关分析和回归分析既有联系也有区别。

1. 相关分析和回归分析的联系

相关分析是回归分析的基础和前提，回归分析则是相关分析的深入和继续。相关分析可以测定变量之间相关关系的方向以及密切程度，但不能推断变量之间相关关系的具体形式，也无法从一个变量的变化来推测另一个变量的变化。因此，还需要利用回归分析，建立适当的回归模型，近似描述出变量之间的平均变化关系，才能进行统计预测，做出统计决策，从而使得相关分析具有实际意义。而回归分析则需要依靠相关分析来判断变量之间是否存在相关关系以及相关关系的密切程度。只有变量之间存在相关关系时，进行回归分析才有意义。相关的程度越高，回归预测的结果就越可靠。若没有做相关分析就进行回归分析，很容易造成“伪回归”。因而，相关分析和回归分析往往结合起来应用，才能得到更好的结果。

2. 相关分析和回归分析的区别

相关分析和回归分析都以变量之间的关系为研究对象，但其研究的内容及侧重点有所不同，具体区别如下：

(1) 变量的性质不同。在相关分析中，所涉及的变量都是随机变量。但在回归分析中，自变量是确定的，因变量是随机的。自变量的值给定后，代入到回归方程里，得到的因变量的估计值并不唯一，具有一定的随机波动性。

(2) 变量的数量不同。相关分析的对象是两个随机变量，而回归分析中，因变量是一个随机变量，自变量可能有一个或多个。

(3) 变量之间的地位不同。相关分析中的两个变量地位是对等的，可以互换，变量 X 与变量 Y 的相关系数等价于变量 Y 与变量 X 的相关系数。在回归分析中，变量之间的地位并不对等，因变量处于被解释的地位，而自变量处于解释因变量的地位，不能互换。

(4) 采用的方式不同。相关分析通过相关图、相关表和相关系数来说明变量之间有无相关关系、相关的方向及相关程度；而回归分析通过建立回归模型来描述变量之间的相关方向及相关程度，刻画变量之间相关关系的具体形式，可进一步用于预测和控制。

第二节　相关分析

在进行相关分析前，应首先分析变量之间是否存在相关关系，若变量之间并不存在相关关系，则没有进行相关分析的必要。这就需要研究者利用理论知识和实践经验，通过观察和试验，对变量是否具有相关关系做定性分析。在定性分析的基础上，进一步编制相关表、相关图，计算相关系数，通过定量分析来研究变量之间的相关分析及密切程度。

一、相关表与相关图

相关表和相关图是两种直观、简单的研究相关关系的工具。在做定量分析之前，一般先用相关表和相关图对变量之间是否存在相关关系、相关关系的方向和密切程度作大致的判断。

相关表是反映变量之间相关关系的表格，它是一种统计表。按照数据资料是否分组，可分为简单相关表和分组相关表。

相关图也称为散点图，在直角坐标系中，以 x 轴为自变量，y 轴为因变量，将两个变量间对应的数值(x_i，y_i)用直角坐标系中的点表示出来，n 组数据得到的 n 个点称为散点，这样的图形称为相关图。相关图比相关表更直观地表现出变量之间的相关关系。

1. 简单相关表和相关图

编制相关表之前，原始资料未经分组，将一个变量的数值按照一定的顺序进行排列，并将其他变量的数值与之对应排列而形成的统计表称为简单相关表。

【例 7－1】 为了解我国城镇居民可支配收入对消费支出的影响，搜集了 2014 年我国部分地区城镇居民人均可支配收入与人均消费支出的资料，将搜集到的数据编制成简单相关表，见表 7－2。

表 7－2　2014 年我国部分地区城镇居民人均可支配收入及人均消费支出相关表

地　区	人均可支配收入/元	人均消费支出/元	地　区	人均可支配收入/元	人均消费支出/元
北　京	48 531.8	33 717.5	上　海	48 841.4	35 182.4
天　津	31 506.0	24 289.6	江　苏	34 346.3	23 476.3
河　北	24 141.3	16 203.8	浙　江	40 392.7	27 241.7
山　西	24 069.4	14 636.9	安　徽	24 838.5	16 107.1
内蒙古	28 349.6	20 885.2	福　建	30 722.4	22 204.1
辽　宁	29 081.7	20 519.6	江　西	24 309.2	15 141.8
吉　林	23 217.8	17 156.1	山　东	29 221.9	18 322.6
黑龙江	22 609.0	16 466.6	河　南	23 672.1	16 184.5
湖　北	24 852.3	16 681.4	云　南	24 299.0	16 268.3

续表

地　区	人均可支配收入/元	人均消费支出/元	地　区	人均可支配收入/元	人均消费支出/元
湖　南	26 570.2	18 334.7	西　藏	22 015.8	15 669.4
广　东	32 148.1	23 611.7	陕　西	24 365.8	17 546.0
广　西	24 669.0	15 045.4	甘　肃	21 803.9	15 942.3
海　南	24 486.5	17 513.8	青　海	22 306.6	17 492.9
重　庆	25 147.2	18 279.5	宁　夏	23 284.6	17 216.2
四　川	24 234.4	17 759.9	新　疆	23 214.0	17 684.5
贵　州	22 548.2	15 254.6			

从表 7－2 可以看出，随着人均可支配收入的增加，人均消费支出也有相应的提高，二者之间存在着明显的正相关关系。

根据表 7－2 的资料，以人均可支配收入为 x 轴，人均消费支出为 y 轴绘制散点图，如图 7－1 所示。从相关图可以直观地看出，人均可支配收入与人均消费支出之间相关密切，且存在线性正相关关系。

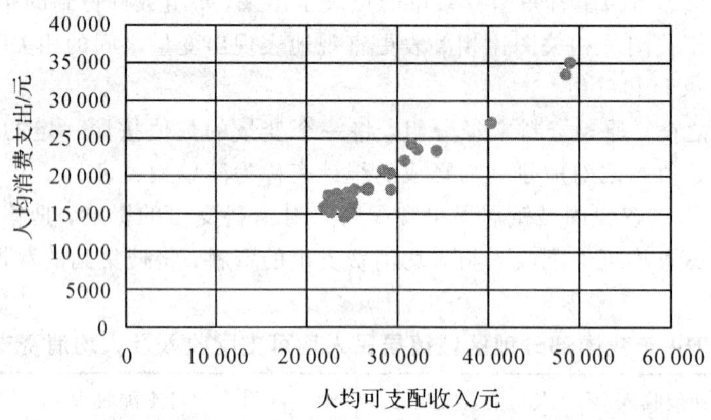

图 7－1　2014 年我国部分地区城镇居民人均可支配收入及人均消费支出散点图

2. 分组相关表与相关图

当原始数据很多时，直接用原始数据编制的相关表会很长，由于散点很多，因此相关图也不易绘制。在这种情况下，可对原始资料进行分组，再用分组资料绘制相关图，并编制分组相关表。

分组相关表就是将原始数据进行分组而编制的相关表。根据不同的分组方式，分组相关表可分为两种：单变量分组相关表和双变量分组相关表。

(1) 单变量分组相关表。单变量分组相关表是指在有相关关系的两个变量中，只根据其中一个变量进行分组从而得到的相关表。具体编制步骤如下：

首先，将有相关关系的两个变量中的一个变量进行分组；

其次，计算各组次数；

最后，对不分组的变量计算其各组的平均数。

根据资料的不同，单变量分组相关表还可分为单项式分组表和组距式分组表两种。

【例 7－2】 为研究某产品的销售收入与销售利润的关系，通过调查取得了 30 家商店该产品的销售收入和销售利润的数据，见表 7－3。

表 7－3　某产品的销售收入与销售利润简单相关表

序号	销售收入/万元	销售利润/万元	序号	销售收入/万元	销售利润/万元
1	80	6	16	120	11
2	80	7	17	120	12
3	80	11	18	140	10
4	100	8	19	140	13
5	100	11	20	140	13
6	100	9	21	140	14
7	100	12	22	140	13
8	100	11	23	140	13
9	120	9	24	160	14
10	120	9	25	160	14
11	120	9	26	160	13
12	120	11	27	160	13
13	120	11	28	180	15
14	120	10	29	180	16
15	120	12	30	180	15

以销售收入为标志进行分组，并计算每一组的平均销售利润，得到单变量分组相关表，见表 7－4。

表 7－4　某产品的销售收入与销售利润单变量分组相关表

按销售收入分组	商店数	平均利润/万元
80	3	8
100	5	10.2
120	9	10.4
140	6	13.2
160	4	13.3
180	3	15.3

根据表 7－4 的资料，绘制相关图，见图 7－2。

【例 7－3】 为研究城镇职工每人月收入与月存款之间的相关关系，调查了 300 名职

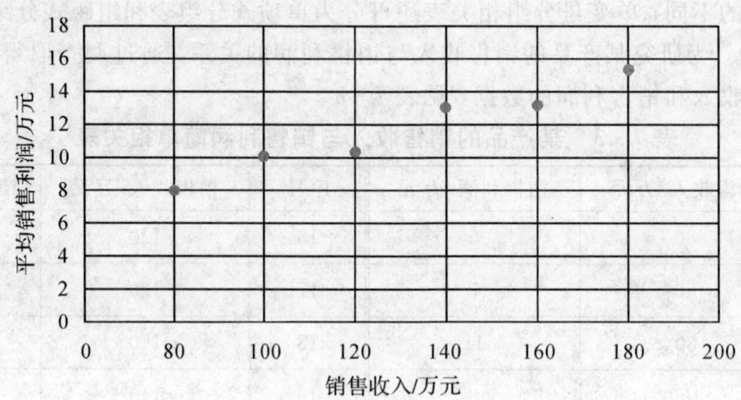

图 7-2　30 家商店销售收入与平均销售利润相关图

工，以职工月收入为分组变量，得到分组相关表，见表 7-5。

表 7-5　城镇职工每人月收入与月存款单变量分组相关表

月收入/元	人数	月平均存款/元
2000 以下	30	180
2000～3000	50	240
3000～4000	90	320
4000～5000	60	480
5000～6000	40	670
6000 以上	30	800

根据表 7-5 的资料，绘制相关图，见图 7-3。

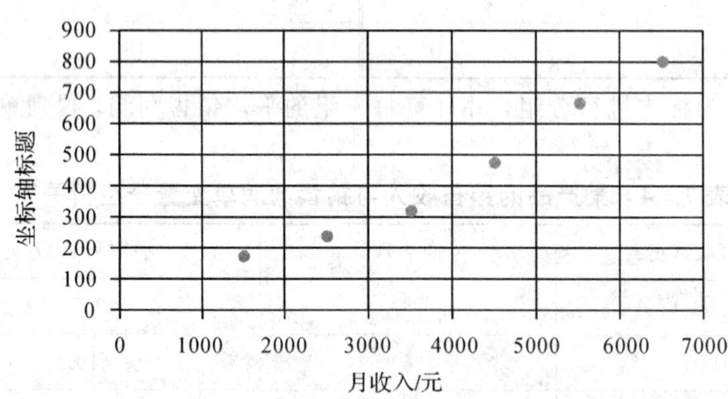

图 7-3　城镇职工每人月收入与月存款相关图

从表 7-5 和图 7-3 可知，城镇职工月收入与存款之间存在线性正相关关系。

表 7-4 是单项式分组相关表，表 7-5 是组距式分组相关表。这两种相关表都是单变量分组表。单变量分组表能简化资料，并且能直观地反映出两个变量之间的依存关系，在实际工作中有广泛的应用。

(2) 双变量分组相关表。双变量分组相关表是指将具有相关关系的两个变量都进行分组而编制得到的相关表，因其形似棋盘，又称为棋盘式相关表。其编制步骤如下：

首先，分别确定两个变量的组数；

其次，按这两个变量的组数设计棋盘表格；

最后，计算各组次数，置于相应的表格中。

【例 7－4】 对表 7－3 的资料，按销售收入和销售利润两个变量分组，得到双变量分组相关表，见表 7－6。

表 7－6　销售收入和销售利润双变量分组相关表

按销售利润分组	按销售收入分组						
	80	100	120	140	160	180	合计
6	1	—	—	—	—	—	1
7	1	—	—	—	—	—	1
8	—	1	—	—	—	—	1
9	—	1	3	—	—	—	4
10	—	—	1	1	—	—	2
11	1	2	3	—	—	—	6
12	—	1	2	—	—	—	3
13	—	—	—	4	2	—	6
14	—	—	—	1	2	—	3
15	—	—	—	—	—	2	2
16	—	—	—	—	—	1	1
合计	3	5	9	6	4	3	30

二、相关系数

通过相关表和相关图可以大致判断变量之间是否存在相关关系，以及相关关系的基本形态，但无法给出相关关系的密切程度。若要对变量的相关关系做定量分析，精确测定变量间相关关系的密切程度，则需要计算相关系数。

相关系数是反映现象之间相关关系密切程度的统计指标。根据相关现象之间的不同特征，相关系数可分为简单相关系数、偏相关系数、复相关系数、曲线相关系数等。

简单相关系数是用来描述在线性相关的条件下，反映两个变量之间相关关系密切程度的统计指标，是统计学上最常用的相关系数，如不做特殊说明，本书中所说的相关系数指的就是简单相关系数。

1. 简单相关系数的计算

计算相关系数的方法很多，最常用的方法是积差法，由英国统计学家皮尔逊提出。由积差法计算出的相关系数是两变量的协方差与它们的标准差乘积的比值，是没有量纲的标准化的协方差。其计算公式为

$$r=\frac{\sigma_{xy}^{2}}{\sigma_{x}\sigma_{y}} \tag{7.1}$$

其中，r 是相关系数；$\sigma_{xy}^{2}=\frac{1}{n}\sum(x-\bar{x})(y-\bar{y})$ 为两变量 x，y 的协方差；$\sigma_{x}=$

$\sqrt{\frac{1}{n}\sum(x-\bar{x})^2}$ 为变量 x 的标准差；$\sigma_y=\sqrt{\frac{1}{n}\sum(y-\bar{y})^2}$ 为变量 y 的标准差。

因此，相关系数也可写成

$$r=\frac{\sigma_{xy}^2}{\sigma_x\sigma_y}=\frac{\sum(x-\bar{x})(y-\bar{y})}{\sqrt{\sum(x-\bar{x})^2}\sqrt{\sum(y-\bar{y})^2}} \tag{7.2}$$

用式(7.2)计算相关系数运算量较大，为了简化计算，可对式(7.2)进行推导，得到以下计算公式：

$$r=\frac{n\sum xy-\sum x\sum y}{\sqrt{n\sum x^2-\left(\sum x\right)^2}\sqrt{n\sum y^2-\left(\sum y\right)^2}} \tag{7.3}$$

当两变量的均值已知时，相关系数公式可简写为

$$r=\frac{\sum xy-n\,\bar{x}\bar{y}}{\sqrt{\sum x^2-n\,(\bar{x})^2}\sqrt{\sum y^2-n\,(\bar{y})^2}} \tag{7.4}$$

当两变量的均值和标准差已知时，相关系数公式还可简写为

$$r=\frac{\overline{xy}-\bar{x}\bar{y}}{\sigma_x\sigma_y} \tag{7.5}$$

其中，$\overline{xy}=\frac{\sum xy}{n}$。

相关系数 r 具有以下性质：

(1) r 的取值范围是 $-1\leqslant r\leqslant 1$。

(2) 若相关系数 $r>0$，则表明变量 x、y 呈正相关关系；若 $r<0$，则变量 x、y 呈负相关关系。

(3) 当 $|r|=1$ 时，表明变量 x、y 完全线性相关，即变量 x 与 y 之间存在着确定的函数关系；当 $r=0$ 时，表明变量 x、y 之间不存在线性相关关系，但可能存在其它非线性相关关系，此时，需要用其它指标进行分析。

(4) 当 $0<|r|<1$ 时，表明变量 x、y 之间存在一定的线性相关关系。相关系数的绝对值 $|r|$ 越接近 1，说明两变量的线性相关程度越高；反之，$|r|$ 越接近 0，说明两变量的线性相关程度越低。根据 $|r|$ 的不同取值，可将相关程度划分为以下四个等级，见表 7－7。

表 7－7　相关系数等级划分

r 的取值	$\|r\|<0.3$	$0.3\leqslant\|r\|<0.5$	$0.5\leqslant\|r\|<0.8$	$\|r\|\geqslant 0.8$
相关程度	微弱相关	低度相关	显著相关	高度相关

(5) 相关分析中，两个变量的地位是对等的。因此，相关系数 r 具有对称性，x 和 y 之间的相关系数 r_{xy} 与 y 和 x 之间的相关系数 r_{yx} 相等，即 $r_{xy}=r_{yx}$。

【例 7－5】 利用表 7－2 的资料，计算 2014 年我国部分地区城镇居民人均可支配收入(x)与人均消费支出(y)的相关系数。

解　利用表 7－2 的资料计算相关数据，如表 7－8 所示。

表 7－8　相关系数计算表

地　区	人均可支配收入 x/元	人均消费支出 y/元	x^2	y^2	xy
北　京	48 531.8	33 717.5	2 355 335 611	1 136 869 806	1 636 370 967
天　津	31 506.0	24 289.6	992 628 03	589 984 668.2	765 268 137.6
河　北	24 141.3	16 203.8	582 802 365.7	262 563 134.4	391 180 796.9
山　西	24 069.4	14 636.9	579 336 016.4	214 238 841.6	352 301 400.9
内蒙古	28 349.6	20 885.2	803 699 820.2	436 191 579	592 087 065.9
辽　宁	29 081.7	20 519.6	845 745 274.9	421 053 984.2	596 744 851.3
吉　林	23 217.8	17 156.1	539 066 236.8	294 331 767.2	398 326 898.6
黑龙江	22 609.0	16 466.6	511 166 881	271 148 915.6	372 293 359.4
上　海	48 841.4	35 182.4	2 385 482 354	1 237 801 270	1 718 357 671
江　苏	34 346.3	23 476.3	1 179 668 324	551 136 661.7	806 324 042.7
浙　江	40 392.7	27 241.7	1 631 570 213	742 110 218.9	1 100 365 816
安　徽	24 838.5	16 107.1	616 951 082.3	259 438 670.4	400 076 203.4
福　建	30 722.4	22 204.1	943 865 861.8	493 022 056.8	682 163 241.8
江　西	24 309.2	15 141.8	590 937 204.6	229 274 107.2	368 085 044.6
山　东	29 221.9	18 322.6	853 919 439.6	335 717 670.8	535 421 184.9
河　南	23 672.1	16 184.5	560 368 318.4	261 938 040.3	383 121 102.5
湖　北	24 852.3	16 681.4	617 636 815.3	278 269 106	414 571 157.2
湖　南	26 570.2	18 334.7	705 975 528	336 161 224.1	487 156 645.9
广　东	32 148.1	23 611.7	1 033 500 334	557 512 376.9	759 071 292.8
广　西	24 669.0	15 045.4	608 559 561	226 364 061.2	371 154 972.6
海　南	24 486.5	17 513.8	599 588 682.3	306 733 190.4	428 851 663.7
重　庆	25 147.2	18 279.5	632 381 667.8	334 140 120.3	459 678 242.4
四　川	24 234.4	17 759.9	587 306 143.4	315 414 048	430 400 520.6
贵　州	22 548.2	15 254.6	508 421 323.2	232 702 821.2	343 963 771.7
云　南	24 299.0	16 268.3	590 441 401	264 657 584.9	395 303 421.7
西　藏	22 015.8	15 669.4	484 695 449.6	245 530 096.4	344 974 376.5
陕　西	24 365.8	17 546.0	593 692 209.6	307 862 116	427 522 326.8
甘　肃	21 803.9	15 942.3	475 410 055.2	254 156 929.3	347 604 315
青　海	22 306.6	17 492.9	497 584 403.6	306 001 550.4	390 207 123.1
宁　夏	23 284.6	17 216.2	542 172 597.2	296 397 542.4	400 872 330.5
新　疆	23 214.0	17 684.5	538 889 796	312 741 540.3	410 527 983

由表 7－8 可得到以下数据：

$$n=31,\ \sum xy=17\ 510\ 347\ 927$$

$$\sum x=853\ 796.7,\ \sum x^2=24\ 988\ 799\ 007$$

$$\sum y=598\ 036.4,\ \sum y^2=12\ 311\ 465\ 700$$

将上述数据代入式(7.3)可得相关系数为

$$r=\frac{n\sum xy-\sum x\sum y}{\sqrt{n\sum x^2-\left(\sum x\right)^2}\sqrt{n\sum y^2-\left(\sum y\right)^2}}=0.9\ 728\ 746$$

相关系数为0.9 728 746，说明2014年我国部分地区城镇居民人均可支配收入(x)与人均消费支出(y)之间呈高度线性正相关关系。

在实际工作中，相关系数 r 一般只是用样本数据计算得到的。因此，r 的值带有随机性，并受到抽样误差的影响，而且样本容量较小，随机性越大，其可信程度也就越差。相关系数 r 能否作为总体相关系数 ρ 的估计值，真实地表现变量总体的相关关系，需要考察样本相关系数 r 的可靠性，进行显著性检验。

显著性检验步骤如下：

(1) 提出假设。原假设为总体是不相关的，即总体相关系数为0，即

$$H_0:\rho=0;\ H_1:\rho\neq 0$$

(2) 给出检验统计量：

$$t=|r|\sqrt{\frac{n-2}{1-r^2}}$$

当原假设成立时，有 $t\sim t(n-2)$。

(3) 在给定的显著性水平 α 下查 t 分布表，得到临界值 $t_{\alpha/2}(n-2)$。

(4) 计算检验统计量的观察值并与临界值 $t_{\alpha/2}(n-2)$ 比较，若 $t\geqslant t_{\alpha/2}(n-2)$，则拒绝原假设，即两变量总体线性关系显著；反之，当 $t<t_{\alpha/2}(n-2)$ 时，则接受原假设，即认为两变量总体之间线性关系不显著。

【例7-6】 根据例7-5的资料，计算得到样本相关系数 $r=0.972\ 874\ 6$，当显著性水平 $\alpha=0.05$ 时，是否可认为总体相关系数 $\rho=0$？

解 提出假设：

$$H_0:\rho=0;\ H_1:\rho\neq 0$$

计算统计量的观察值：

$$t=|r|\sqrt{\frac{n-2}{1-r^2}}=0.9728746\times\sqrt{\frac{31-2}{1-0.9728746^2}}=22.647\ 38$$

当显著性水平 $\alpha=0.05$ 时，查 t 分布表得到临界值：

$$t_{\alpha/2}(n-2)=t_{0.025}(29)=2.0452$$

因为 $t=22.64738>t_{0.025}(29)=2.0452$，所以拒绝 H_0，接受 H_1，即认为总体相关系数不等于0。

2. 分组表相关系数的计算

分组表相关系数的计算又分为单变量分组表和多变量分组表两种情况。

(1) 由单变量分组表计算相关系数。

与简单相关系数不同，由单变量分组表计算相关系数需要进行加权。其计算公式为

$$r=\frac{\sum(x-\bar{x})(y-\bar{y})f}{\sqrt{\sum(x-\bar{x})^2f}\sqrt{\sum(y-\bar{y})^2f}} \tag{7.6}$$

其中，f 为分组变量的权数。

为了简化计算，对式(7.6)进行推导，得到以下计算公式

$$r=\frac{\sum f\sum xyf-(\sum xf)(\sum yf)}{\sqrt{\sum f\sum x^2f-(\sum xf)^2}\sqrt{\sum f\sum y^2f-(\sum yf)^2}} \tag{7.7}$$

【例 7－7】 根据表 7－4 的资料，试计算销售收入(x)与销售利润(y)之间的相关系数。

解　根据表 7－4 的资料计算相关数据，计算结果如表 7－9 所示。

表 7－9　相关系数计算表

按销售收入分组 x	商店数 f	平均利润 y	xf	yf	xyf	x^2f	y^2f
80	3	8	240	24	1920	19 200	192
100	5	10.2	500	51	5100	50 000	520.2
120	9	10.4	1080	93.6	11 232	129 600	973.44
140	6	13.2	840	79.2	11 088	117 600	1045.44
160	4	13.3	640	53.2	8 512	102 400	707.56
180	3	15.3	540	45.9	8 262	97 200	702.27

由式(7.7)可得销售收入与销售利润的相关系数为

$$\begin{aligned}r&=\frac{\sum f\sum xyf-(\sum xf)(\sum yf)}{\sqrt{\sum f\sum x^2f-(\sum xf)^2}\sqrt{\sum f\sum y^2f-(\sum yf)^2}}\\&=\frac{30\times46114-3840\times346.9}{\sqrt{30\times516000-3840^2}\sqrt{30\times4140.91-346.9^2}}=0.960\,524\,3\end{aligned}$$

根据上述计算结果可知，销售收入与销售利润之间存在高度正线性相关关系。

(2) 由双变量分组表计算相关系数。

当原始数据众多时，两个变量都进行了分组，相应的相关系数的计算公式为

$$r=\frac{\sum f_{xy}(x-\bar{x})(y-\bar{y})}{\sqrt{\sum f_x(x-\bar{x})^2}\sqrt{\sum f_y(y-\bar{y})^2}} \tag{7.8}$$

其中，f_x 为x组的频数，f_y 为y组的频数，f_{xy} 为x与y交错组的频数，f_x、f_y 与f_{xy} 满足 $\sum f_x=\sum f_y=\sum f_{xy}=n$。

3. 等级相关系数的计算

前面介绍的相关系数刻画的是两个具有线性相关关系的数值型变量之间的相关方向及相关关系的密切程度，但在实际研究中，变量 x 与 y 有可能不是数值型变量，而是定性变量，比如名次顺序、质量等级等。这类变量难以用数字精确计量其观测结果，只能给出等级次序或名次先后。或者有些变量虽然能给出数值型观测值，但也可将观测结果转换为相

应等级。此时，要测定两变量间的相关方向和密切程度，就不能用前面介绍的简单相关系数，而要采用等级相关系数来测定变量间的相关关系。

统计学家斯皮尔曼于1940年提出用等级差数法计算等级相关系数，该方法的主要思路是将总体单位的数量标志或品质标志按具体表现进行排序，再测定两变量等级间的相关程度和相关方向。其计算公式为

$$r_s = 1 - \frac{6\sum d^2}{n(n^2-1)} \tag{7.9}$$

其中，d 为两变量对应的等级差，即 $d = x - y$；n 为等级数列的项数。

等级相关系数 r_s 具有以下性质：

(1) 等级相关系数的取值范围是 $-1 \leqslant r_s \leqslant 1$；

(2) 当 x 与 y 的等级次序完全相同时，$\sum d^2 = 0$，则 $r_s = 1$，即 x 与 y 完全正相关；

(3) 当 x 与 y 的等级次序完全相反时，即 x 与 y 的等级一个最高时另一个最低，一个次高时另一个次低，以此类推，此时，$r_s = -1$，即 x 与 y 完全负相关；

(4) 当 $-1 < r_s < 1$ 时，x 与 y 非完全相关；

(5) 当 $r_s = 0$ 时，x 与 y 之间完全不相关。

【例7-8】 某工厂10名工人工作时数与月工资水平见表7-10，试计算工作时数与月工资水平的等级相关系数。

表7-10　某工厂工人工作时数与月工资水平

工作时数/时	34	35	36	37	38	39	40	41	42	43
工资水平/元	1800	1850	1850	2000	1900	1950	1970	2020	2010	2050

解　根据表7-10的资料，将数据按从小到大的顺序进行排序，最小数定为1级，最大数定为10级。当变量数值相同时，取相同的等级，例如工资数据中有两个1800元，则将它们的等级都定为2级，作为这两个1800元的等级。计算相关数据，见表7-11。

表7-11　等级相关系数计算表

时数	等级 x	工资	等级 y	$d=x-y$	d^2
34	1	1800	1	0	0
35	2	1850	2	0	0
36	3	1850	2	1	1
37	4	2000	7	−3	9
38	5	1900	4	1	1
39	6	1950	5	1	1
40	7	1970	6	1	1
41	8	2020	9	−1	1
42	9	2010	8	1	1
43	10	2050	10	0	0

由表7-11可得工人工作时数与月工资水平的等级相关系数为

$$r_s = 1 - \frac{6\sum d^2}{n(n^2-1)} = 1 - \frac{6\times 15}{10\times(10^2-1)} = 0.9091$$

计算结果表明，工人工作时数等级与月工资水平等级高度正相关。

第三节　一元线性回归分析

现实世界中，各种现象之间有着密切的联系，变量 x 变动，变量 y 也会随之变动，但它们之间的密切程度并没有到由一个可以完全确定另一个的程度。例如，奢侈品的销售量与城镇居民的收入密切相关，一般而言，人们的收入越高，奢侈品的销售量就越大，但奢侈品的销售量 y 并不能完全由居民收入 x 决定。因为奢侈品的销售量除了受到收入影响外，还受到居民消费习惯、对品牌的认知程度、价格高低等因素的影响。变量 x 与变量 y 之间是一种非确定的关系。相关分析可以大致判断奢侈品销售量与居民收入之间是否存在相关关系以及相关关系的密切程度，但无法量化变量之间的关系。比如，居民收入变动1%时，奢侈品销售量的变动程度是多少？这就涉及了回归分析。

回归分析是在研究变量之间的相关关系的基础上，进一步揭示变量间的变化规律，将具有相关关系的变量间的数量关系通过函数表达式描述出来，即通过建立变量间的数学模型来研究变量间相关关系的一种统计分析方法，这个数学模型就是回归方程。

做回归分析前必须区分自变量和因变量，被预测或被解释的变量称为因变量，用 y 表示，用来预测或解释因变量的变量称为自变量，用 x 表示。再通过建立回归方程，以自变量的值去估计和预测因变量的平均值。回归方程的形式有多种。根据方程中自变量的个数，回归方程可分为一元回归方程和多元回归方程两种；根据变量相关的形态，可分为线性回归方程和非线性回归方程两种。

一、一元线性回归方程的建立

一元线性回归方程是回归分析中最简单的模型，是用来分析两个变量之间的线性关系的数学模型，其具体表达式为

$$\hat{y} = a + bx \tag{7.10}$$

其中，x 为自变量；$\hat{y}$ 为因变量 y 的估计值。由式(7.10)所确定的直线称为回归直线。式(7.10)中，a，b 为回归方程的参数，a 是回归直线的截距，是当 $x=0$ 时 y 的平均值，b 是回归直线的斜率，也称为回归系数，表示自变量 x 每增加一个单位时因变量 y 的平均变化量，体现了因变量随自变量变化而变化的数量关系。当 $b>0$ 时，y 与 x 呈现正相关关系；当 $b<0$ 时，y 与 x 呈现负相关关系。

在一元线性回归方程中，a，b 是待估参数。估计 a，b 的方法有很多，最常用的方法是最小二乘法。对变量 x 和 y 进行观察，得到若干组观测值(x，y)。给定 x 的值，得到 y 的估计值 $\hat{y}=a+bx$，$\hat{y}$ 与 y 之差 $y-\hat{y}$ 反映了实际观测值与回归估计值之间的偏离程度。$\hat{y}$ 与 y 之间的偏离程度越小，回归方程对实际值的拟合程度就越好。

令

$$Q = \sum (y-\hat{y})^2$$

上式是全部观测值 y 与回归估计值 $\hat{y}$ 的离差平方和，表示所有观测值与回归直线的偏离程度。最小二乘法就是寻找最合适的参数 a，b，使得 Q 最小，即

$$Q=\sum(y-\hat{y})^2=\sum(y-a-bx)^2=\min$$

由微积分求极值的原理可知，要使 Q 最小，需分别对 a，b 求偏导数，并令偏导数为 0，即

$$\begin{cases}\dfrac{\partial Q}{\partial a}=-2\sum(y-a-bx)=0\\ \dfrac{\partial Q}{\partial b}=-2\sum x(y-a-bx)=0\end{cases}$$

整理上述方程组得

$$\begin{cases}an+b\sum x=\sum y\\ a\sum x+b\sum x^2=\sum xy\end{cases}$$

解方程组得

$$\begin{cases}b=\dfrac{n\sum xy-(\sum x)(\sum y)}{n\sum x^2-(\sum x)^2}\\ a=\dfrac{\sum y}{n}-b\dfrac{\sum x}{n}=\bar{y}-b\bar{x}\end{cases}\tag{7.11}$$

将式(7.11)得到的 a，b 的值代入式(7.10)，即可确定一元线性回归方程。

【例 7-9】 利用表 7-2 的资料，建立 2014 年我国部分地区城镇居民人均消费支出(y)关于人均可支配收入(x)的一元线性回归方程。

解 利用表 7-8 计算出的相关数据，代入式(7.11)中，可得

$$\begin{aligned}b&=\frac{n\sum xy-(\sum x)(\sum y)}{n\sum x^2-(\sum x)^2}\\&=\frac{31\times 17\,510\,347\,927-853\,796.7\times 598\,036.4}{31\times 24\,988\,799\,007-853\,796.7^2}\\&=0.7053\end{aligned}$$

$$\begin{aligned}a&=\frac{\sum y}{n}-b\frac{\sum x}{n}=\bar{y}-b\bar{x}\\&=\frac{598\,036.4}{31}-0.7\,052\,646\times\frac{853\,796.7}{31}\\&=-132.7803\end{aligned}$$

因此，所求一元线性回归方程为

$$\hat{y}=-132.7803+0.7053x$$

计算结果表明，收入每增加 1 元，消费平均增加 0.7053 元，二者有正线性相关关系。

二、判定系数与估计标准误差

建立起回归方程后，给定自变量 x 的值，可以得到因变量 y 的估计值 $\hat{y}$。估计值 $\hat{y}$ 与

实际观测值 y 之间存在着一定的差异。差异越小，则回归方程的拟合程度就越高；反之，差异越大，则回归方程的拟合程度就越低。判定系数与估计标准误差就是测量回归方程拟合程度的两项统计指标，它们都是建立在对总离差平方和进行分解的基础上的。

1. 总离差平方和的分解

在线性回归中，因变量 y 的实际观测值是上下波动的，观测值波动的大小可用离差 $(y-\bar{y})$ 来表示。离差的产生主要来自于两个方面：一是受到自变量 x 的影响，即 x 取不同值时对 y 的影响；二是受到其他因素(包括观察和实验中产生的误差)的影响。全部观测值的总离差可由总离差平方和(又称为总变差) $\sum(y-\bar{y})^2$ 来表示。

实际观测值 y 与样本均值 $\bar{y}$ 的离差可分解为以下两部分，即

$$y-\bar{y}=(\hat{y}-\bar{y})+(y-\hat{y})$$

将上式两边平方和后再求和，得

$$\begin{aligned}\sum(y-\bar{y})^2&=\sum[(\hat{y}-\bar{y})+(y-\hat{y})]^2\\&=\sum(\hat{y}-\bar{y})^2+2\sum(\hat{y}-\bar{y})(y-\hat{y})+\sum(y-\hat{y})^2\end{aligned}$$

上式中间乘积项 $\sum(\hat{y}-\bar{y})(y-\hat{y})=0$，因此，总离差平方和可分解为

$$\sum(y-\bar{y})^2=\sum(\hat{y}-\bar{y})^2+\sum(y-\hat{y})^2 \tag{7.12}$$

式中，$\sum(y-\bar{y})^2$ 是观测值与其均值的总离差平方和，记为 SST；$\sum(\hat{y}-\bar{y})^2$ 是总离差平方和的一部分，反映的是由于 x 与 y 的直线回归关系引起的 y 的变化部分，它是可以由回归直线来解释的 y 的变差部分，称为回归平方和，记为 SSR；$\sum(y-\hat{y})^2$ 是各实际观测值与回归估计值的残差平方和，它是除了 x 对 y 的线性影响之外的其他因素引起的 y 的变化部分，是无法由回归直线来解释的 y 的变差部分，称为残差平方和或误差平方和，记为 SSE。

因此，式(7.12)可改写为

$$\text{总离差平方和}=\text{回归平方和}+\text{残差平方和} \tag{7.13}$$

或

$$\text{SST}=\text{SSR}+\text{SSE} \tag{7.14}$$

2. 判定系数

由式(7.13)可知，总离差平方和由回归平方和与误差平方和两部分构成。当总离差平方和一定时，回归平方和越大，误差平方和就越小，说明各实际观测点围绕回归直线越紧密，拟合程度就越好；反之，回归平方和越小，则回归直线对观测数据的拟合程度就越差。

显然，回归直线拟合程度的好坏取决于回归平方和 SSR 在总离差平方和 SST 中所占的比重。各观测点越是靠近回归直线，SSR/SST 就越大，直线拟合效果就越好。这个比重被称为判定系数或判决系数，即

$$R^2=\frac{\text{SSR}}{\text{SST}}=\frac{\sum(\hat{y}-\bar{y})^2}{\sum(y-\bar{y})^2} \tag{7.15}$$

结合式(7.14)，式(7.15)还可以改写为

$$R^2=1-\frac{\mathrm{SSE}}{\mathrm{SST}}=1-\frac{\sum(y-\hat{y})^2}{\sum(y-\bar{y})^2} \tag{7.16}$$

判定系数 R^2 有以下特点：

(1) 判定系数的取值范围是 $-1\leqslant R^2\leqslant 1$。

(2) 当所有的实际观测点都落在回归直线上时，残差平方和 $\sum(y-\hat{y})^2=0$，因变量 y 的变差全部由 x 与 y 的线性关系解释，此时，$R^2=1$，即 x 与 y 之间存在完全的线性相关关系。

(3) 当 x 与 y 之间不存在线性相关关系时，回归平方和 $\sum(\hat{y}-\bar{y})^2=0$，此时 $R^2=0$。

(4) 当 x 与 y 之间存在一定的线性相关关系时，$0<R^2<1$。如果 $0<R<1$，说明 x 与 y 存在正线性相关关系；如果 $-1<R<0$，说明 x 与 y 存在负线性相关关系。

(5) R^2 越接近 0，说明回归方程拟合效果越差；R^2 越接近 1，说明回归方程拟合效果就越好。

(6) 在一元线性回归分析中，判定系数 R^2 是变量 x 与 y 之间的相关系数 r 的平方，即

$$r=\pm\sqrt{R^2} \tag{7.17}$$

由式(7.17)计算的相关系数的正负号的选取，应根据回归系数 b 的正负号来确定。当 $b>0$ 时，r 取正号；当 $b<0$ 时，r 取负号。

【例 7-10】 计算例 7-9 中回归方程的判定系数。

解 $\bar{y}=19291.49677$

$$\mathrm{SST}=\sum(y-\bar{y})^2=774\ 448\ 418.39$$

$$\mathrm{SSR}=\sum(\hat{y}-\bar{y})^2=733\ 003\ 774.04$$

$$\mathrm{SSE}=\sum(y-\hat{y})^2=41\ 444\ 644.35$$

$$R^2=\frac{\mathrm{SSR}}{\mathrm{SST}}=\frac{\sum(\hat{y}-\bar{y})^2}{\sum(y-\bar{y})^2}=\frac{733\ 003\ 774.04}{774\ 448\ 418.39}=0.9465$$

判定系数 $R^2=0.9465$，说明总离差平方和的 94.65%可以由回归方程解释，即在人均消费的变动中，有 94.65%是由人均可支配收入的变动所决定的。可见，人均消费与人均可支配收入有很强的线性相关关系。

本题亦可利用例 7-5 所得的相关系数 $r=0.9729$ 来计算判定系数，根据式(7.17)可知，$R^2=r^2=0.9729^2=0.9465$。

3. 估计标准误差

由式(7.10)所确定的回归方程中，给定了自变量 x 的值，就能得到因变量 y 的估计值 $\hat{y}$。但 $\hat{y}$ 只是估计值，不是实际观测值，它与实际观测值之间是有差异的。如果差异小，则说明回归方程对实际观测值的拟合程度较高；反之，则说明回归方程对实际观测值的拟合程度较低。这样就有了估计值与实际值之间有多大差异的问题。通常用估计标准误差来度量因变量 y 的实际值和估计值之间离差的一般水平。

残差平方和表示 y 的实际值和估计值之间总的差异，因此，将残差平方和除以自由度 $n-2$ 后开平方根，可以度量因变量 y 的实际值和估计值之间的平均误差。这个量称为估

计标准误差，记作 S_e，其计算公式为

$$S_e=\sqrt{\frac{\text{SSE}}{n-2}}=\sqrt{\frac{\sum(y-\hat{y})^2}{n-2}} \tag{7.18}$$

估计标准误差 S_e 是在排除了 x 对 y 的线性影响之外的其他因素引起的 y 的随机波动大小的一个估计，反映了用回归方程预测因变量 y 时平均预测误差的大小。实际观测值越靠近回归直线，估计标准误差 S_e 就越小，回归方程的拟合程度就越高；反之，S_e 越大，则回归方程的拟合效果就越差。特别地，当实际观测点全部落在回归直线上时，$S_e=0$，此时回归方程的拟合效果是最好的，没有误差。

用式(7.18)来计算 S_e，须计算 y 全部的估计值 $\hat{y}$，计算量大，较为繁琐。在回归方程的参数 a，b 的值已知的情况下，可用简捷公式计算 S_e：

$$S_e=\sqrt{\frac{\sum y^2-a(\sum y)-b(\sum xy)}{n-2}} \tag{7.19}$$

【例 7－11】 根据表 7－2 的资料计算其估计标准误差。

解 由表 7－2 可得以下数据：

$$\text{SSE}=\sum(y-\hat{y})^2=41\ 444\ 644.35$$

由式(7.18)可知：

$$S_e=\sqrt{\frac{\text{SSE}}{n-2}}=\sqrt{\frac{\sum(y-\hat{y})^2}{n-2}}=\sqrt{\frac{41444644.35}{n-2}}=1195.46(\text{元})$$

三、一元线性回归分析的显著性检验

回归方程是利用样本数据得到的，由于抽样的随机性及观测误差的存在，回归方程是否能真实反映变量 x 与 y 之间的关系，运用该方程对因变量进行估计和预测是否准确，这些问题都需要通过显著性检验才能解决。

回归分析中的显著性检验主要包括两方面内容：一是对回归系数的显著性检验；二是对整个回归方程的显著性检验。

1. 回归系数的检验

该检验是为了检验自变量对因变量的影响是否显著。样本回归系数 a，b 是利用样本数据得到的总体回归直线相应的截距 β_0 和斜率系数 β_1 的估计。在拟合线性回归方程时，实际上已经假定 x 与 y 之间存在线性关系，但这个假定是否成立，需要检验总体回归系数 β_1 是否与 0 有显著差异，即检验 β_1 是否为 0。如果 $\beta_1=0$，则总体回归直线就是一条水平线，因变量 y 的取值不依赖于自变量 x，即 x 与 y 之间不存在线性关系；如果 $\beta_1\neq0$，则 x 与 y 之间存在线性关系，符合假设条件，由此所建立的一元线性回归方程可以被认为符合 x 与 y 之间的变化规律。因此，对回归系数 b 的检验就是要验证总体的 x 与 y 之间是否真正存在线性关系。一般采用 t 检验法，具体步骤如下：

(1) 提出假设：

$$H_0:\beta_1=0;\ H_1:\beta_1\neq0$$

(2) 给出检验统计量：

$$t=\frac{b-\beta_1}{S_b}$$

式中，S_b 是回归系数 b 的标准差，其表达式为

$$S_b=\frac{S_e}{\sqrt{\sum(x-\bar{x})^2}}=\frac{S_e}{\sqrt{\sum x^2-n\bar{x}^2}}$$

S_e 是估计标准误差。

当 H_0 成立时，$t=\frac{b-0}{S_b}=\frac{b}{S_b}\sim t(n-2)$。

(3) 给定显著性水平 α，在自由度 $n-2$ 下查 t 分布表，得到临界值 $t_{\alpha/2}(n-2)$。

(4) 计算出 t 统计量的值并与临界值比较，做出决策。当 $|t|=\frac{|b|}{S_b}>t_{\alpha/2}(n-2)$ 时，拒绝 H_0，即认为 x 与 y 之间存在显著的线性关系；当 $|t|=\frac{|b|}{S_b}\leqslant t_{\alpha/2}(n-2)$ 时，接受 H_0，即认为 x 与 y 之间不存在显著的线性关系。

【例 7-12】 根据例 7-9 的有关结果，在给定的显著性水平 $\alpha=0.05$ 下，检验回归系数的显著性。

解 提出假设：

$$H_0:\beta_1=0;\ H_1:\beta_1\neq 0$$

计算 t 统计量的值，由于

$$S_b=\frac{S_e}{\sqrt{\sum(x-\bar{x})^2}}=\frac{1195.46}{\sqrt{1\ 473\ 676\ 266.9239}}=0.0\ 311\ 411$$

所以，得

$$t=\frac{b}{S_b}=\frac{0.7053}{0.0311411}=22.65$$

在给定的显著性水平 $\alpha=0.05$ 下，查表得

$$t_{\alpha/2}(n-2)=t_{0.025}(29)=2.0452$$

显然，$|t|=22.65>t_{0.025}(29)=2.0452$，因此拒绝 H_0，即在 0.05 的显著性水平下，可以认为回归系数是显著的。

2. 整个回归方程的显著性检验

该检验是为了检验自变量和因变量之间的线性关系是否显著。通常使用 F 检验，其检验统计量是以回归平方和与残差平方和为基础进行构造的，具体步骤如下：

(1) 提出假设：

$$H_0\text{：方程不显著；}H_1\text{：方程显著}$$

(2) 给出检验统计量：

$$F=\frac{SSR/1}{SSE/(n-2)}$$

当 H_0 成立时，$F=\frac{SSR/1}{SSE/(n-2)}\sim F(1,n-2)$。

(3) 给定显著性水平 α，查 F 分布表，得到临界值 $F_\alpha(1,n-2)$。

(4) 计算出统计量 F 的值并与临界值比较，做出决策。当 $F>F_{\alpha}(1, n-2)$时，拒绝 H_0，说明回归方程显著，即认为 x 与 y 之间存在显著的线性关系；当 $F\leqslant F_{\alpha}(1, n-2)$时，接受 H_0，说明回归方程不显著，即认为 x 与 y 之间不存在显著的线性关系。

【例 7-13】 根据例 7-9 的有关结果，在给定的显著性水平 $\alpha=0.05$ 下，检验回归方程的显著性。

解 根据上述步骤，先提出假设：

$$H_0\text{：方程不显著；}H_1\text{：方程显著}$$

由于

$$\mathrm{SSR}=\sum(\hat{y}-\bar{y})^2=733\ 003\ 774.04$$

$$\mathrm{SSE}=\sum(y-\hat{y})^2=41\ 444\ 644.35$$

所以，F 统计量的值：

$$F=\frac{\mathrm{SSR}/1}{\mathrm{SSE}/(n-2)}=\frac{733003774.04/1}{41\ 444\ 644.35/(31-2)}=512.9037$$

在给定的显著性水平 $\alpha=0.05$ 下，查表得

$$F_{\alpha}(1, n-2)=F_{0.05}(1, 29)=4.18$$

显然，$F=512.9037>F_{0.05}(1, 29)=4.18$，因此拒绝 H_0，即在 0.05 的显著性水平下，可以认为回归方程是显著的。

3. 三种检验的关系

前面介绍了相关系数显著性 t 检验、回归系数显著性 t 检验和回归方程显著性 F 检验这三种检验。这三者都是在检验变量之间线性关系是否显著。在一元线性回归分析中，自变量只有一个，因此，线性回归方程显著就等价于回归系数 $\beta_1\neq 0$，$\beta_1\neq 0$ 就等价于相关系数 $r\neq 0$。可以证明，在一元线性回归中，这三种检验是等价的。

相关系数显著性 t 检验统计量为 $t=|r|\sqrt{\frac{n-2}{1-r^2}}$，两边平方后得

$$t^2=r^2\,\frac{n-2}{1-r^2}=\frac{r^2}{(1-r^2)/(n-2)}=\frac{R^2}{(1-R^2)/(n-2)}$$

$$=\frac{\frac{\mathrm{SSR}}{\mathrm{SST}}}{\frac{\mathrm{SSE}}{\mathrm{SST}}/(n-2)}=\frac{\mathrm{SSR}/1}{\mathrm{SSE}/(n-2)}=F$$

其中，R^2 是判定系数。

回归系数的显著性 t 检验统计量为 $t=\frac{b}{S_b}$，两边平方后得

$$t^2=\frac{b^2\sum(x-\bar{x})^2}{\mathrm{SSE}/(n-2)}$$

由式(7.11)知，有

$$b=\frac{n\sum xy-(\sum x)(\sum y)}{n\sum x^2-(\sum x)^2}=\frac{\sum(x-\bar{x})(y-\bar{y})}{\sum(x-\bar{x})^2}$$

由式(7.2)知，有

$$r=\frac{\sum(x-\bar{x})(y-\bar{y})}{\sqrt{\sum(x-\bar{x})^2}\sqrt{\sum(y-\bar{y})^2}}$$

因此，有

$$b^2=r^2\frac{\sum(y-\bar{y})^2}{\sum(x-\bar{x})^2}$$

代入 t^2 化简后可得

$$t^2=\frac{r^2}{(1-r^2)/(n-2)}=F$$

综上所述，在一元线性回归分析中，这三种检验法是等价的。但要说明的是，对多元线性回归而言，这三种显著性检验所考虑的问题已发生改变，是三种不同的检验，并不等价。

四、利用一元线性回归方程进行预测

如果建立的回归方程通过了各种显著性检验，表明回归方程大致反映了自变量与因变量的变化规律时，就可以用它作预测。回归分析的一个重要作用是利用回归方程对因变量作预测，即给定自变量的值，估计因变量的可能值。例如，根据前面例子中建立的关于消费和收入的回归方程，给出一个收入数据，就能得到消费的一个预测值。这种预测称为回归预测，有点预测和区间预测两种。

1. 点预测

点预测是最简单直观的预测方法，它是将自变量 x 的一个特定值 x_0 代入到一元线性回归方程中，得到因变量 y 的估计值：

$$\hat{y}_0=a+bx_0 \tag{7.20}$$

【例 7-14】 根据例 7-9 所估计的回归方程，当人均可支配收入为 38 900 元时，可预测人均消费为

$$\hat{y}_0=-132.7803+0.7053\times 38900=27\ 303.389\ 7(\text{元})$$

点预测简单直观，但它只能给出因变量 y 的一个可能的估计值，不能给出这个估计值的误差范围以及估计值的准确程度，即点预测无法给出估计值的精确性和可靠性，使用起来把握不大。因此，还需要对因变量做区间预测。

2. 区间预测

根据估计的回归方程，对于自变量 x 的一个特定值 x_0，求出因变量 y 的一个估计值的区间就是区间预测。在给定的置信水平 $1-\alpha$ 下，区间预测就是寻找一个以点预测值 $\hat{y}_0$ 为中心的对称区间，这个对称区间称为预测区间，其表达式为

$$(\hat{y}_0-\Delta,\ \hat{y}_0+\Delta) \tag{7.21}$$

其中，Δ 为预测误差范围，其计算公式为

$$\Delta=t_{\alpha/2}(n-2)S_e\sqrt{1+\frac{1}{n}+\frac{(x_0-\bar{x})^2}{\sum(x-\bar{x})^2}} \tag{7.22}$$

式中，$t_{\alpha/2}(n-2)$是查 t 分布表得到的临界值，S_e 是估计标准误差，n 是样本容量。

由式(7.21)和式(7.22)可知，预测区间的长度随着 x_0 的变化而变化。当 $x_0=\bar{x}$ 时，预测区间长度最短，预测精度最高；当 x_0 远离 $\bar{x}$ 时，预测区间长度变长，预测精度降低。因此，作回归预测时，给定的 x_0 应尽量靠近 $\bar{x}$，否则会大大降低预测精度。

根据 t 分布的性质，当 n 充分大时，t 分布近似于标准正态分布，此时，有

$$t_{\alpha/2}(n-2) \approx z_{\alpha/2} \tag{7.23}$$

其中，$z_{\alpha/2}$是标准正态分布的分位点。

同时，当 n 充分大时，式(7.22)中根号里的值趋近 1，因此，预测区间的公式可简化为

$$(\hat{y}_0 - z_{\alpha/2}S_e,\ \hat{y}_0 + z_{\alpha/2}S_e) \tag{7.24}$$

【例 7－15】 根据例 7－9 所估计的回归方程，当人均可支配收入为 38 900 元时，估计人均消费的预测区间($1-\alpha=0.95$)。

解　根据样本数据，计算得到

$$\hat{y}_0 = 27\ 303.389\ 7$$

$$S_e = \sqrt{\frac{\text{SSE}}{n-2}} = \sqrt{\frac{\sum (y-\hat{y})^2}{n-2}} = \sqrt{\frac{41444644.35}{n-2}} = 1195.46$$

$$\sum (x-\bar{x})^2 = 1\ 473\ 676\ 266.923\ 9$$

$$(x_0-\bar{x})^2 = (38900-27541.8290)^2 = 129\ 008\ 048$$

已知 $n=31$，$1-\alpha=0.95$，查 t 分布表可得 $t_{0.025}(29)=2.0452$，代入式(7.22)可得

$$\Delta = t_{\alpha/2}(n-2)S_e\sqrt{1+\frac{1}{n}+\frac{(x_0-\bar{x})^2}{\sum (x-\bar{x})^2}}$$

$$=2.0452 \times 1195.46 \times \sqrt{1+\frac{1}{29}+\frac{129\ 008\ 048}{1\ 473\ 676\ 266.9239}} = 2589.834$$

代入式(7.21)，得到置信水平为 0.95 的预测区间为

$$(27\ 303.3897-2589.834,\ 27\ 303.3897+2589.834)$$

化简后得

$$(24\ 713.56,\ 29\ 893.22)$$

第四节　用 SPSS 作相关分析和回归分析

一、相关分析的实现步骤及其结果分析

【例 7－16】 某班级随机选择 10 名同学进行身高和体重的测量，测量资料如表 7－12 所示。

表 7－12　身高、体重测量表

编号	1	2	3	4	5	6	7	8	9	10
身高 CM	171	167	177	154	169	176	163	152	172	160
体重 KG	53	56	64	49	55	66	52	47	58	50

试计算身高与体重的相关系数。

解 根据上述数据，可采用SPSS中的“分析”→“相关”→“双变量”命令来处理。

如图7-4所示，将需要进行分析的“身高”、“体重”两个变量选入“变量”框。

相关分析选项中有常用的3种模式：皮尔逊、肯德尔、斯皮尔曼。本例中，选择默认的“皮尔逊”模式。“显著性检验”选项中也采用默认的“双尾”模式。单击“选项”按钮，在弹出的选项对话框中，统计选项选择“平均值和标准差”，缺失值选项保持默认的“成对排除个案”。

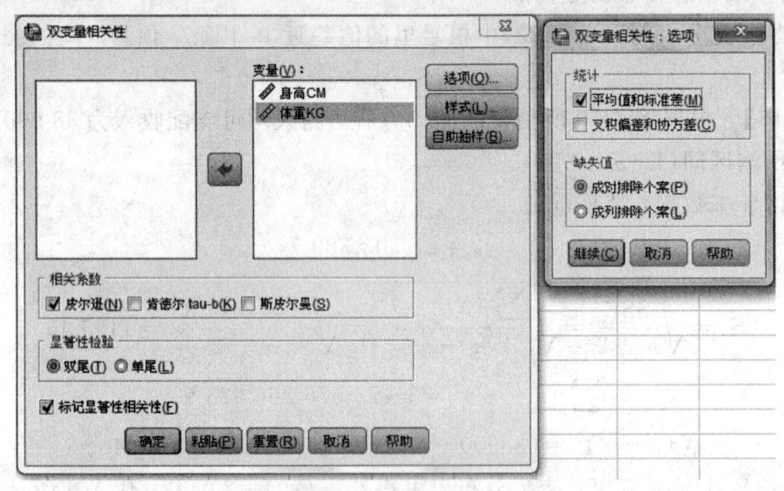

图7-4 相关分析中的双变量方法

按照上述选择进行计算分析，可以得到分析结果，如图7-5所示。

描述统计

	平均值	标准差	个案数
身高CM	166.10	8.672	10
体重KG	55.00	6.236	10

相关性

		身高CM	体重KG
身高CM	皮尔逊相关性	1	.906**
	显著性(双尾)		.000
	个案数	10	10
体重KG	皮尔逊相关性	.906**	1
	显著性(双尾)	.000	
	个案数	10	10

**.在0.01级别(双尾)，相关性显著。

图7-5 例7-16采用相关分析的计算结果

结果分析：根据“描述统计”的结果，我们可以看到所有人的平均身高、体重和对应的标准差。“相关性”结果给出了所要求的相关系数，以矩阵的形式表示。从结果中可以看到，身高和体重的相关性系数是 0.906，在这个数值的旁边有两个星号，表示在显著性水平为 0.01 时，统计检验的显著性概率小于或等于 0.01(在图中显示为“.000”)，即身高和体重显著相关，且为正相关。

二、绘制相关散点图的方法

在 SPSS 软件中选择“图形”→“图表构建器”命令，在弹出的对话框中可以看到，这里可以选择常用的一些图形进行绘制，如条形图、折线图、面积图等。选择左下角的“散点图/点图”，在右边的图形类型框中选择需要使用的类型，这里选择第一种“简单散点图”。以例 7-16 的数据为例，将“身高”和“体重”变量依次放入右上角的 X 轴和 Y 轴，如图 7-6 所示。点击“元素属性”按钮，在弹出的对话框中可以对 X 和 Y 轴变量进行设置，“选项”按钮可以对变量数据中的缺失值、图形的模版等内容进行选择。选择 SPSS 软件中的默认选项，单击“确定”按钮，即得到例 7-16 数据的散点图，如图 7-7 所示。

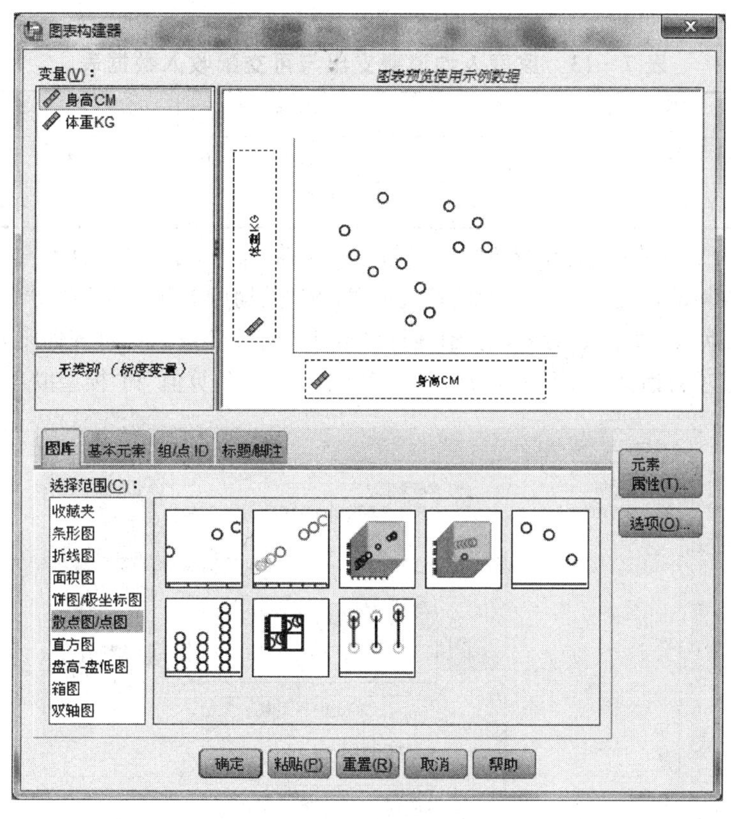

图 7-6　绘制散点图

三、一元线性回归分析的方法

【例 7-17】 为研究某地家庭人均消费支出与家庭人均可支配收入之间的关系，随机抽取了 12 个家庭为样本，样本观测数据如表 7-13 所示。试根据样本数据建立家庭人均

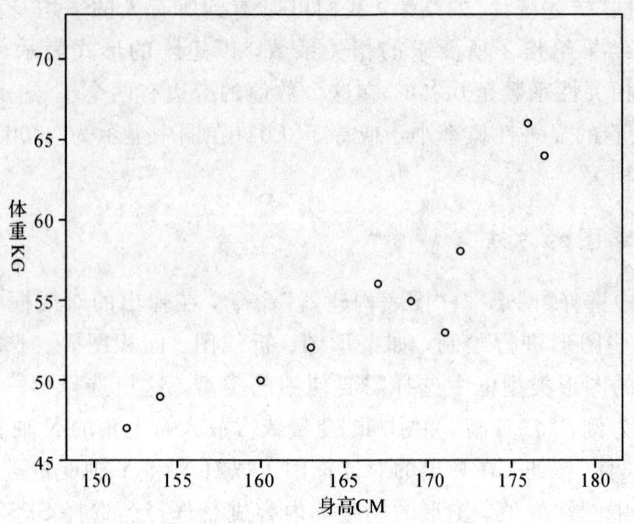

图 7-7　例 7-16 数据形成的散点图

消费支出与家庭人均可支配收入之间的经验回归方程。

表 7-13　家庭人均消费支出与可交配收入数据表

家庭编号	1	2	3	4	5	6	7	8	9	10	11	12
人均可支配收入/百元	18	39	25	13	33	20	30	15	42	38	35	28
人均消费支出/百元	6	11	8	4	8	7	9	5	11	10	9	8

解　启动 SPSS 软件，选择“分析”→“回归”→“线性”命令，打开“线性回归”对话框。如图 7-8所示，将“人均消费支出”选入“因变量”选项框，将“人均可支配收入”选入“自变量”选项框。“方法”选项采用默认的“输入”方式，表示强行进行法，所选变量全部进入回归模型。单击“选项”按钮，打开选项对话框，如图 7-9 所示，系统默认选中“估算值”和“模型拟合”两个选项。

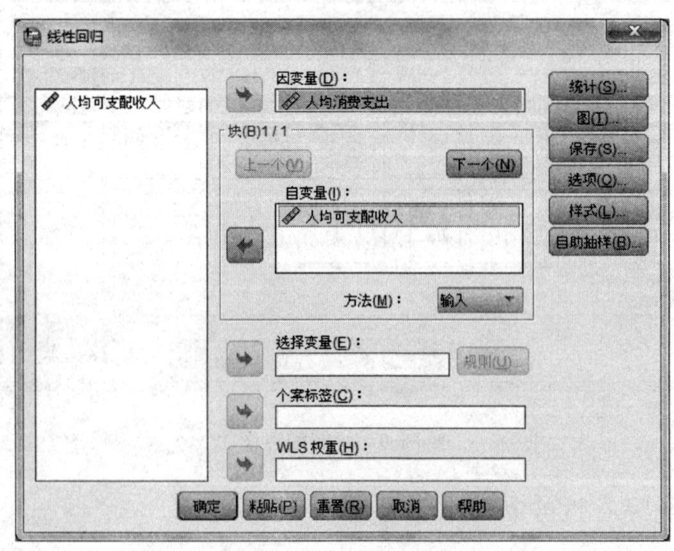

图 7-8　一元线性回归分析对话框

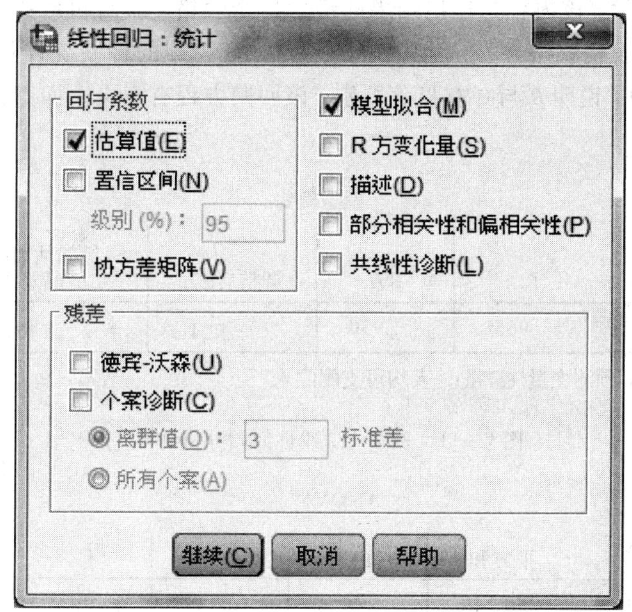

图 7－9　一元线性回归的“选项”对话框

“估算值”表示输出与回归系数相关的统计量，如回归系数、回归系数的标准误差、标准回归系数、统计量和相应的显著性概率值。

“模型拟合”表示输出判定系数、调整的判定系数、回归方程的标准误差，F 检验的 ANOVA 方差分析表。

本例为简单的一元线性回归分析，所以只需选择系统默认选项即可。计算分析后，输出结果中会包含多个内容，下面我们进行简单的结果分析。如图 7－10 所示，这是第一个输出结果，从该结果中可以看出，被引入回归方程中的变量是人均可支配收入，进行线性回归分析时所采用的方法是输入法，即强行进入法。

输入/除去的变量[a]

模型	输入的变量	除去的变量	方法
1	人均可支配收入[b]		输入

a. 因变量：人均消费支出

b. 已输入所请求的所有变量。

图 7－10　例 7－17 线性回归分析结果 1

如图 7－11 所示，该输出结果给出的是常用统计量。结果表明，相关系数 $r=0.965$，判定系数 $R^2=0.930$，调整的判定系数 $\overline{R^2}=0.924$，回归估计的标准误差 $S=0.613$，说明样本回归方程的代表性强。

如图 7－12 所示，该输出结果就是方差分析表。结果表明，统计量 $F=133.837$，显著性概率值 $P<0.01$，说明自变量 x 与因变量 y 之间确有线性回归关系。

如图 7－13 所示，该内容为输出结果的最后一个表格，即回归系数分析表。从结果中可以看出估计值以及检验结果，$\beta_0=1.910$，$\beta_1=0.218$，β_1 的检验统计量 $t=11.569$，显著性概率值 $P<0.001$，说明 β 与 0 有显著差别，该回归方程有意义。回归方程为 $y=1.910+0.218x$。

模型摘要

模型	R	R方	调整后R方	标准估算的误差
1	.965[a]	.930	.924	.613

a. 预测变量：(常量)，人均可支配收入

图 7－11　例 7－17 线性回归分析结果 2

ANOVA[a]

模型		平方和	自由度	均方	F	显著性
1	回归	50.246	1	50.246	133.837	.000[b]
	残差	3.754	10	.375		
	总计	54.000	11			

a. 因变量：人均消费支出
b. 预测变量：(常量)，人均可支配收入

图 7－12　例 7－17 线性回归分析结果 3

系数[a]

模型		未标准化系数		标准化系数	t	显著性
		B	标准误差	Beta		
1	(常量)	1.910	.555		3.438	.006
	人均可支配收入	.218	.019	.965	11.569	.000

a. 因变量：人均消费支出

图 7－13　例 7－17 回归系数分析表

本章小结

（1）相关关系是指现象之间客观存在的，但在数量表现上不确定的相互依存关系。相关关系可以从四个方面进行分类。

（2）相关分析是研究一个现象与另一个（或一组）现象之间相关方向和相关密切程度的统计分析方法。相关分析的内容与步骤可以从三个角度进行。

（3）相关系数是说明两变量间线性相关关系的密切程度高低的统计分析指标。它有三个方面的作用，其计算公式采用“积差法”。

(4) 回归分析是对具有相关关系的两个或两个以上的变量之间数量变化的一般关系进行测定，确立一个相关的数学表达式，以便进行估计或预测的统计分析方法。回归分析可从两个角度进行分类。回归分析的主要内容有三个方面：① 确定相关关系的数学表达式；② 根据回归方程，由自变量的数值对因变量的相应值进行估计、推断和预测；③ 计算回归估计误差以判断回归分析代表性的高低。

(5) 运用 SPSS 对相关关系进行统计分析。

思考与讨论

1. 何谓相关分析？它和回归分析有何联系与区别？
2. 说明相关关系的含义和分类。
3. 现象相关关系的种类划分主要有哪些？
4. 从现象总体数量依存关系来看，相关关系和函数关系有何区别？
5. 函数关系与相关关系之间的联系是如何表现出来的？
6. 如何理解回归分析和相关分析是相互补充、密切联系的？
7. 回归方程 $y=a+bx$ 中，a、b 的经济含义是什么？
8. 相关分析与回归分析应注意哪些问题？

应用能力训练

1. 已知某企业某产品产量与单位成本的有关资料如表 7 - 14 所示。

表 7 - 14　某企业产品产量与单位成本关系表

月份	产量/千件	单位成本/元
1	2	73
2	3	72
3	4	71
4	3	73
5	4	69
6	5	68

(1) 计算相关系数，并说明产量和单位成本之间有无相关关系，如存在相关关系，请进一步说明其相关的方向和程度。

(2) 确定并求解回归直线方程，并指出产量每增加 1000 件时，单位成本平均下降多少？

(3) 假设产量为 6000 千件，请回答单位成本为多少？

2. 某市 10 家商场的人均销售额和利润额资料如表 7 - 15 所示。

表 7－15　商场人均销售额与利润产调查表

商场编号	人均销售额/千元	利润率/(%)
1	6	12.6
2	5	10.4
3	8	18.5
4	1	3.0
5	4	8.1
6	7	16.3
7	6	12.3
8	3	6.2
9	3	6.6
10	7	16.8

试根据上述资料建立利润率(y)依人均销售额(x)的直线回归方程。

3. 已知某市生产总值和社会商品零售总额的有关资料如表 7－16 所示。

表 7－16　某市生产总值和社会商品零售总额统计表

年度序号	生产总值/亿元	社会商品零售总额/亿元
1	39	20
2	45	22
3	52	26
4	63	34
5	70	36
6	80	39
7	85	40

要求：

(1) 计算二者的相关系数。

(2) 确定并求解回归直线方程。

(3) 计算回归估计误差。

4. 对某城市中来往的车辆进行研究，每隔 5 分钟获得的有关资料如表 7－17 所示。

表 7－17　车辆稠密度、行驶速度调查表

序号	稠密度/(车辆数/公里)	行驶速度/(公里/小时)
1	43	270
2	55	238
3	40	307
4	40	240
5	52	348
6	39	414
7	50	270
8	33	404
9	44	317
10	21	512

要求：

（1）计算二者的相关系数。

（2）确定并求解回归直线方程。

（3）计算回归估计误差。

5. 通过统计调查，取得十对母女的有关资料如表 7－18 所示。

要求：

（1）计算母亲与女儿身高之间的相关系数。

（2）确定并求解回归直线方程。

（3）回答当母亲身高为 170 cm 时，女儿的身高会是多少？

表 7－18　母亲、女儿身高调查表

序号	母亲身高/cm	女儿身高/cm
1	158	159
2	159	160
3	160	160
4	161	163
5	161	159
6	155	154
7	162	159
8	157	158
9	162	160
10	150	157

6. 已知某市几个区工业增加值和其财政收入有关资料如表 7－19 所示。

表 7－19　某市下属几个区工业增加值和财政收入统计表

下属区	增加值/亿元	财政收入/亿元
1	20	8
2	22	9
3	25	10
4	27	12
5	29	12
6	30	14
7	32	15

要求：

（1）计算其相关系数，并回答可否进行回归分析。

（2）计算回归方程，并回答当工业增加值达到 50 亿元时，财政收入会有多少。

（3）计算回归估计误差。

案例分析

居民的收入水平和他们用在奶制品上的消费支出，你认为这两者之间的关系怎样？试进行市场调查了，解不少于50户家庭的年收入和年奶制品支出，用统计方法对这些关系进行定量分析，并作出合理的解释和估计、预测，写一篇800字以上的分析报告。

第八章　时间数列分析

【学习目的】

(1) 基本掌握时间数列的基本概念、构成、作用和基本要求。

(2) 重点掌握时间数列的各项水平指标的计算方法、在实际中的具体应用条件和计算结果的简单分析。

(3) 重点掌握时间数列的各项速度指标的计算方法、在实际中的具体应用条件和计算结果的简单分析。

(4) 了解时间数列的影响因素，掌握长期趋势的数学模型分析的方法要点及其在实践中的具体运用。

【案例导入】

我国2006—2010年期间各年普通高等学校毕业生人数如表8－1所示。

表8－1　2006—2010年间普通高等学校毕业人数表

年份	2006	2007	2008	2009	2010
毕业生人数/万人	377.5	447.8	511.9	531.1	575.4

如何运用统计分析的方法来分析数据随时间变化的规律？根据表8－1，我们可以运用时间数列的分析方法，计算水平指标和速度指标来进行动态分析，了解我国“十一五”期间高校毕业生发展变化情况，同时对未来几年的毕业生情况进行预测，从而作出重要的决策和规划。本章主要介绍时间数列及其分析的常用方法和技巧。

第一节　时间数列的概念和种类

一、时间数列的概念

社会现象总是随着时间的推移而不断发生变化的。为了研究社会现象在发展过程中所蕴含的各种特征和规律性，并在此基础上进行预测，人们通常需要对事物的变化情况做跟踪观察，并且记录客观现象随着时间推移而变化的统计数据。将社会现象在不同时间发展变化的某种指标数值，按时间的先后顺序排列形成的数列就称为时间数列，也称为时间序列或动态数列。例如，我国历年国内生产总值、某商场每月的营业额、某股票每日的价格等都是时间数列。表8－2是2000—2015年我国历年国内生产总值等指标的时间序列。

表 8-2　我国国内生产总值等指标的时间序列

年份	国内生产总值/亿元	年末总人口/万人	第三产业增加值比重/(%)	人均国内生产总值/(元/人)	城镇居民人均可支配收入/元
2000	99 776.3	126 743	39.8	7902	6280.0
2001	110 270.4	127 627	41.3	8670	6859.6
2002	121 002.0	128 453	42.3	9450	7702.8
2003	136 564.6	129 227	42.1	10 600	8472.2
2004	160 714.4	129 988	41.2	12 400	9 421.6
2005	185 895.8	130 756	41.4	14 259	10 493.0
2006	217 656.6	131 448	41.9	16 602	11 759.5
2007	268 019.4	132 129	42.9	20 337	13 785.8
2008	316 751.7	132 802	42.9	23 912	15 780.8
2009	345 629.2	133 450	44.4	25 963	17 174.7
2010	408 903.0	134 091	44.2	30 567	19 109.4
2011	484 123.5	134 735	44.3	36 018	21 809.8
2012	534 123.0	135 404	45.5	39 544	24 564.7
2013	588 018.8	136 072	46.9	43 320	26 955.1
2014	636 138.7	136 782	48.1	46 629	29 381.0
2015	676 708.0	137 462	50.5	49 351	31 195.0

（资料来源：http://www.stats.gov.cn/）

从表 8-2 中的几个时间数列不难看出，时间数列由两个基本要素构成：一是现象所属的时间，称为时间要素。这里的时间可以是年，也可以是季度、月、日，还可以是小时、分钟、秒，通常用 i 表示，i 值可以是数据所属的具体时间，也可以只是时间序号。二是现象在不同时间条件下的统计数据，称为数据要素，常用 a 表示，如 a_i 表示时间 i 所对应的观测值。

研究时间数列的目的是为了进行时间数列分析，了解客观现象的发展变化过程，这对统计分析工作来说，具有十分重要的意义。首先，通过时间数列可以描述客观现象的历史状况以及发展变化；其次，可以揭示现象的发展水平、方向、速度和趋势；第三，利用时间数列数据可建立计量模型，可对现象变动的趋势进行分析和预测；最后，对不同但相互关联的时间数列进行对比分析，可以研究同类现象在不同国家、不同地区在发展过程中的联系与区别。

二、时间数列的种类

时间数列按其统计指标的性质和表现形式，可分为绝对数时间数列、相对数时间数列和平均数时间数列三种。其中，绝对数时间数列是基本数列，相对数和平均数时间数列是派生数列。

1. 绝对数时间数列

将反映客观现象总规模、总水平的某一总量指标在不同时间上的数值按时间的先后顺序排列而成的数列，称为绝对数时间数列。它反映了现象在不同时间达到的绝对水平。绝对数时间数列是编制相对数时间数列和平均数时间数列的基础。例如，表 8-2 中的国内生产总值和年末总人口都是绝对数时间数列。

根据总量指标所反映的时间状况的不同，可将绝对数时间数列分为时期数列和时点数列。

时期指标是指一段时期内的总量或绝对水平，将不同时期的时期指标按时间的先后顺序排列所得的数列称为时期数列。例如，表 8-2 中 2000—2015 年的国内生产总值表示了 2000—2015 年我国每年创造的产品和服务的市场价值总和。

时点指标是指某个时点上所达到的水平，将不同时点上的指标按时间的先后顺序排列所形成的数列称为时点数列。如表 8-2 中 2000—2015 年我国年末总人口数。

时期数列和时点数列有以下区别：

(1) 时期数列中的各个指标值是可以相加的，相加后的指标值可以表示更长一段时间的总量。如 2014 年与 2015 年的 GDP 相加后表示这两年总的 GDP。时点数列不具有可加性。时点数列中的每一个指标值都表示现象在某一时点上的数量，几个指标值相加后无法说明其实际意义。例如，2012 年末的人口数与 2013 年末的人口数相加没有意义。

(2) 时期数列中的每一个指标值的大小与其时期长短有直接联系。每个指标值所包括的时间长度称为时期。一般而言，时期越长，指标值就越大；反之，指标值越小。时点数列中的指标值大小与其时间间隔长短没有直接关系，只表明现象某一时点上的数量。比如，年末人口数就不一定大于月末人口数。

(3) 时期数列中的指标值通常是通过连续不断地登记取得的。由于时期数列各指标值反映的是现象在一段时间内的发展过程总量，因而必须把这段时间内该现象发生的数量逐一登记，并进行累加得到指标值。时点数列中各指标值表明的是现象在某一时刻上的总量水平，只需在这一时点上统计即可，因此，时点数列的指标值一般通过间断登记的方式取得。

2. 相对数时间数列和平均数时间数列

把一系列同类的相对指标值按照时间的先后顺序排列而成的时间数列称为相对数时间数列。该时间数列反映的是不同现象的对比关系或同一现象在不同时间上的发展状况。如人均 GDP 时间数列、第三产业增加值比重时间数列、居民消费价格指数时间数列等。由于相加后的指标数值没有实际意义，因此在相对数时间数列中各指标值是不能相加的。

把不同时间上的平均指标按时间先后顺序排列而成的数列称为平均数时间数列，它反映的是现象平均水平的发展状况。例如，各个时期职工平均工资所形成的时间数列、各个时期粮食平均亩产量所形成的时间数列等都是平均数时间数列。平均数时间数列中，各个时期的指标值一般不具有可加性。

相对数时间数列和平均数数列均为绝对数时间数列的派生数列。例如，女性人口占总人口数的百分比时间数列是由女性人口数与总人口数两个时点数列派生形成的；四川省 GDP 占全国 GDP 比重的时间数列是由四川省 GDP 与全国 GDP 两个时期数列派生形成的；人均国内生产总值是由国内生产总值这个时期数列与年末人口数这个时点数列派生形成的。

三、编制时间数列的原则

编制时间数列的目的是要通过数列中的各个指标值进行动态对比分析，来研究现象的发展变化过程或趋势。因此，保证同一时间数列中各指标值的可比性，就成为编制时间数列应遵循的基本原则，具体来讲，有以下几点：

(1) 时间长短应该统一。在时期数列中各指标值大小直接由时期长度决定，时期越长，指标值越大；反之则越小。因此，时期数列中各项指标值所属时期长短应该前后一致才能对比。对于时点数列，虽然两时点间隔长短与指标值没有明显关系，但为了更准确地反映现象发展变化的状况，分析其长期趋势，增加可比性，两时点间的间隔应保持一致。

(2) 总体范围应该一致。所研究的现象总体所包含的地区范围、隶属关系范围、行政区划范围等称为总体范围。时间数列中指标值的大小与总体范围密切相关。若现象的总体范围随时间的变化而发生了改变，则变化前后的指标值不能直接进行对比，需加以调整，使之前后总体范围一致，方能进行动态分析。例如，在计算某地区 GDP 时间数列时，若该地区行政范围发生改变，则需要对核算结果进行调整，编制相同所属范围的 GDP，才能保证 GDP 前后的值具有可比性，从而更好地反映该地区 GDP 的发展变化规律。

(3) 指标的经济内容应该一致。一般而言，只有同质现象才能进行动态对比分析，以表明现象发展变化的过程及趋势。随着时间的推移，同一名称的指标，其涵盖的经济内容有可能会发生变化，那么前后的指标值就不能直接对比，必须将经济内容不一致的指标调整为一致后才能比较。

(4) 指标的计算方法、计算价格、计量单位等应该一致。时间数列描述的是现象的发展变化过程，因此在编制时间数列时，需保证计算方法、计算价格、计量单位的一致，若不一致，则需要进行调整以确保指标值的可比性。例如，GDP 的计算方法有生产法、支出法和分配法，不同计算方法会导致数值上的差异，数据的对比就失去了意义。再比如，GDP 有的按现价计算，有的按不变价格计算，或数据的计量单位有的按实物单位计量，有的按货币单位计量，这样所编制的时间数列也无法进行对比。

第二节　时间数列的水平分析指标

时间数列的水平分析指标主要有发展水平、平均发展水平、增长量和平均增长量。

一、发展水平

发展水平是指现象在不同时期或时点上发展所达到的规模或水平，也就是时间数列中各时间上对应的指标数值。发展水平是计算时间数列其他指标的基础。时间数列按其统计指标的性质表现形式，可分为绝对数时间数列、相对数时间数列和平均数时间数列三种。因此，发展水平也可分为绝对数发展水平、相对数发展水平和平均数发展水平。其中，绝对数发展水平是基础，相对数和平均数发展水平是由绝对数发展水平派生出来的。

发展水平通常用 a_i 表示，时间数列的各期发展水平分别为 a_1，a_2，…，a_{n-1}，a_n，其中，a_1 是时间数列中第一项指标数值，称为时间数列的最初水平；a_n 是时间数列中的最后一项指标数值，称为时间数列的最末水平；其他各期水平称为时间数列的中间水平。在动态分析中，通常将作为对比基准的时期称为基期，相应的发展水平叫做基期水平；将所研究的时期称为报告期，相应的发展水平叫做报告期水平。基期水平和报告期水平是相对的，随着研究时期的变化而变化。

二、平均发展水平

把时间数列中各期的发展水平加以平均而得到的平均数称为平均发展水平，在统计上亦称为序时平均数或动态平均数。它用来描述现象在研究时期内所达到的一般水平。

序时平均数与一般的平均数既有相同之处，亦有明显的区别。相同之处在于：二者都是将现象的个别数量差异抽象化，反映现象总体的一般水平。二者之间的区别在于：序时平均数是根据时间数列计算的，是同一现象在不同时间上的数量差异的抽象化，从动态上说明其在某一时间内发展变化的一般水平；而一般平均数是根据变量数列计算的，是在同一时间上各个单位标志值的数量差异的抽象化，从静态上说明其在具体历史条件下的一般水平。

由于时间数列发展水平有绝对数、相对数和平均数三种表现形式，各具不同的性质，因此序时平均数的计算方法也各有不同。

(一) 绝对数时间数列序时平均数的计算

绝对数时间数列序时平均数的计算方法是最基本的序时平均数计算方法，它是计算相对数和平均数时间数列的序时平均数的基础。绝对数时间数列有时期数列和时点数列之分，二者的序时平均数的计算方法也有所不同。

1. 由时期数列计算的序时平均数

由于时期数列中各个指标值具有可加性，相加后可得到一段时期内的累计总量，因此，可采用简单算术平均法，即直接用时期数列中各时期指标值之和除以时间数列的总项数。其计算公式为

$$\bar{a}=\frac{a_1+a_2+\cdots+a_n}{n}=\frac{\sum_{i=1}^{n}a_i}{n} \tag{8.1}$$

其中，$\bar{a}$ 为序时平均数，a_i 为第 i 期的发展水平($i=1, 2, \cdots, n$)，n 为时期数列的项数。

【例 8-1】 根据表 8-2 中的国内生产总值时期数列，计算 2000—2015 年间的年平均国内生产总值。

解　根据式(8.1)知：

$$\bar{a}=\frac{\sum_{i=1}^{n}a_i}{n}=\frac{5290294.9}{16}=330\ 643.4(\text{亿元})$$

2. 由时点数列计算的序时平均数

时点数列分为连续时点数列和间断时点数列，两种不同的时点数列有不同的计算公式。

(1) 连续时点数列的序时平均数。时点是一个瞬时的概念，本身并不连续，对于某些每天都能进行统计获得指标值的时点现象，如储蓄所的存贷款余额、商场每日销售额等，这在统计上已经是非常详尽的时点数据。因此，通常把观察期内逐日登记的指标值并按时

间顺序排列而成的时点数列称为连续时点数列。连续时点数列计算序时平均数又可分为以下两种情况。

① 间隔相等的连续时点数列。数据是逐日登记并按日排列的，即相邻两时点间隔为1天时，可采用公式(8.1)计算序时平均数。

【例8-2】 某储蓄所2016年5月1～5日登记的存款余额分别为801万元、765万元、699万元、815万元、844万元，求该储蓄所这5天的平均存款余额。

解 根据式(8.1)知：

$$\bar{a}=\frac{\sum_{i=1}^{n}a_i}{n}=\frac{3924}{5}=784.8(\text{万元})$$

② 间隔不等的连续时点数列。某些时点现象不是逐日变动，而是间隔几天变动一次，如企业的设备数、职工人数等。人们只在现象发生变动时进行登记，这时可用各数据持续的天数 f_i 为权数，用加权平均法计算，公式为

$$\bar{a}=\frac{\sum_{i=1}^{n}a_i f_i}{n} \tag{8.2}$$

【例8-3】 某公司6月1日有职员30人，7日离职3人，10日新进员工2人，则该企业6月份平均职员数为

$$\bar{a}=\frac{30\times 6+27\times 3+29\times 21}{30}=\frac{870}{30}=29(\text{人})$$

(2) 间断时点数列的序时平均数。在实际统计工作中，为了简化登记手续，对时点性质的指标，往往隔一段时间(如隔一月、一季、一年等)才记录一次，这样形成的时间数列称为间断时点数列。间断时点数列分为间隔相等和间隔不等两种情形。

① 间隔相等的间断时点数列。如果间断时点数列相邻两时点的间隔均相等，则称该数列为间隔相等的间断时点数列。假定所研究现象在相邻两时点之间的变化是均匀的，则可将相邻两时点值相加后除以2作为这两时点所代表时间段上该现象的平均值，再把这些平均数进行简单平均即可得该数列的序时平均数。

【例8-4】 某公司1～4月月初员工人数如表8-3所示。

表8-3 某公司月初员工人数

月份	1月	2月	3月	4月
月初员工人数/人	102	126	118	120

根据表8-3，可计算该公司各月的平均人数：

$$1\text{月平均人数}=\frac{102+126}{2}=114(\text{人})$$

$$2\text{月平均人数}=\frac{126+118}{2}=122(\text{人})$$

$$3\text{月平均人数}=\frac{118+120}{2}=119(\text{人})$$

$$\text{第一季度平均人数}=\frac{114+122+119}{3}\approx 118(\text{人})$$

把例 8－4 的计算过程概括为一般公式：

$$\bar{a}=\frac{\frac{a_1+a_2}{2}+\frac{a_2+a_3}{2}+\cdots+\frac{a_{n-1}+a_n}{2}}{n-1}$$

$$=\frac{\frac{a_1}{2}+a_2+a_3+\cdots+\frac{a_n}{2}}{n-1} \tag{8.3}$$

其中，a_i 是时点数列中各指标值($i=1, 2, \cdots, n$)，n 为时点数列的项数。

这种方法称为首末折半法。

② 间隔不等的间断时点数列。当间隔不等时，将相邻两时点的指标值做简单平均，得到一系列时点间的平均值，再以间隔时间长度 f_i 作为权数，对这些平均值做加权平均，即得该时点数列的序时平均数。其计算公式为

$$\bar{a}=\frac{\frac{a_1+a_2}{2}\times f_1+\frac{a_2+a_3}{2}\times f_2+\cdots+\frac{a_{n-1}+a_n}{2}\times f_{n-1}}{\sum_{i=1}^{n-1} f_i} \tag{8.4}$$

【例 8－5】 某企业 2015 年第二季度职工人数如表 8－4 所示，求某企业 2015 年的月平均职工人数。

表 8－4　某企业 2015 年第二季度职工人数

时间	上年末	1 月末	5 月末	8 月末	10 月末	12 月末
月末员工人数/人	90	98	112	120	116	128

解　根据公式(8.4)，得 2015 年该企业的月平均职工人数为

$$\bar{a}=\frac{\frac{90+98}{2}\times 1+\frac{98+112}{2}\times 4+\frac{112+120}{2}\times 3+\frac{120+116}{2}\times 2+\frac{116+128}{2}\times 2}{1+4+3+2+2}$$

$$=\frac{1342}{12}\approx 112(\text{人})$$

(二) 相对数时间数列序时平均数的计算

相对数时间数列是绝对数时间数列的派生数列，是由两个有关的绝对数时间数列对应项相比所得到的数列$\left(c_i=\frac{a_i}{b_i}\right)$。相对数时间数列主要有三种：一是分子数列和分母数列都是时期数列；二是分子数列和分母数列都是时点数列，三是分子数列和分母数列一个是时期数列，一个是时点数列。因此，计算相对数时间数列的序时平均数时，不能直接对数列中的项进行平均，而应根据分子数列和分母数列的性质分别计算各自的序时平均数，再把这两个序时平均数对比，从而得到相对数时间数列的序时平均数。其计算公式如下：

$$\bar{c}=\frac{\bar{a}}{\bar{b}} \tag{8.5}$$

其中，$\bar{c}$ 是相对数时间数列的序时平均数，$\bar{a}$ 是分子数列的序时平均数，$\bar{b}$ 是分母数列的序时平均数。

根据分子数列和分母数列的性质，相对数时间数列的序时平均数的计算公式分为以下几种情形。

1. 分子数列和分母数列都是时期数列的序时平均数的计算

当分子数列和分母数列都是时期数列时，序时平均数的计算公式为

$$\bar{c}=\frac{\bar{a}}{\bar{b}}=\frac{\dfrac{\sum_{i=1}^{n}a_i}{n}}{\dfrac{\sum_{i=1}^{n}b_i}{n}}=\frac{\sum_{i=1}^{n}a_i}{\sum_{i=1}^{n}b_i} \tag{8.6}$$

【例 8-6】 某企业 2016 年第一季度各月销售量、产量资料如表 8-5 所示，求第一季度销售率的序时平均数。

表 8-5 某企业 2016 年第一季度产量和销售量

时间	1 月份	2 月份	3 月份
(a) 销售量/吨	200	240	236
(b) 产量/吨	250	280	270
(c) 销售率/%	80.0	85.7	87.4

解 该企业 2016 年第一季度销售率的序时平均数为

$$\bar{c}=\frac{\sum_{i=1}^{n}a_i}{\sum_{i=1}^{n}b_i}=\frac{200+240+236}{250+280+270}=\frac{676}{800}=84.5\%$$

2. 分子数列和分母数列都是时点数列的序时平均数的计算

当分子数列和分母数列都是时点数列时，计算序时平均数又分为以下两种情况。

(1) 当分子数列和分母数列都是间隔相等的时点数列时，可用以下公式：

$$\bar{c}=\frac{\bar{a}}{\bar{b}}=\frac{\dfrac{\frac{a_1}{2}+a_2+a_3+\cdots+\frac{a_n}{2}}{n-1}}{\dfrac{\frac{b_1}{2}+b_2+b_3+\cdots+\frac{b_n}{2}}{n-1}}=\frac{\frac{a_1}{2}+a_2+a_3+\cdots+\frac{a_n}{2}}{\frac{b_1}{2}+b_2+b_3+\cdots+\frac{b_n}{2}} \tag{8.7}$$

【例 8-7】 根据表 8-6 的资料，计算某企业 2011—2015 年生产工人占全部职工人数的平均比重。

表 8-6 某企业 2011—2015 年末职工人数

时间	2011 年	2012 年	2013 年	2014 年	2015 年
(a) 生产工人数/人	400	450	420	480	510
(b) 全部职工人数/人	580	600	610	650	700

解 该企业 2011—2015 年生产工人占全部职工人数的平均比重为

$$\bar{c}=\frac{\frac{a_1}{2}+a_2+a_3+\cdots+\frac{a_n}{2}}{\frac{b_1}{2}+b_2+b_3+\cdots+\frac{b_n}{2}}=\frac{\frac{400}{2}+450+420+480+\frac{510}{2}}{\frac{580}{2}+600+610+650+\frac{700}{2}}=\frac{1805}{2500}=72.2\%$$

(2) 当分子数列和分母数列是间隔不等的时点数列时，则要用各个间隔的长度作权数，用加权平均法计算分子数列和分母数列的序时平均数，然后再作对比。其计算公式为

$$\bar{c}=\frac{\bar{a}}{\bar{b}}=\frac{\left(\frac{a_1+a_2}{2}\times f_1+\frac{a_2+a_3}{2}\times f_2+\cdots+\frac{a_{n-1}+a_n}{2}\times f_{n-1}\right)/\sum_{i=1}^{n-1}f_i}{\left(\frac{b_1+b_2}{2}\times f_1+\frac{b_2+b_3}{2}\times f_2+\cdots+\frac{b_{n-1}+b_n}{2}\times f_{n-1}\right)/\sum_{i=1}^{n-1}f_i} \tag{8.8}$$

3. 分子数列和分母数列属于不同性质的序时平均数的计算

当分子数列和分母数列属于不同性质的时间数列时，应根据具体情况进行计算。

【例 8－8】 某公司第一季度各月流动资金周转次数见表 8－7，计算该公司第一季度月平均流动资金周转次数。

表 8－7 某公司第一季度各月流动资金周转次数

时间	1 月	2 月	3 月	4 月
(a) 商品销售收入/万元	600	750	780	620
(b) 月初流动资金占用额/万元	120	200	210	220

解 本例中，商品销售收入为时期数列，月初流动资金占用额为间隔相等的间断时点数列，则该公司第一季度月平均流动资金周转次数为

$$\bar{c}=\frac{\bar{a}}{\bar{b}}=\frac{\frac{600+750+780+620}{3}}{\frac{\frac{120}{2}+200+210+\frac{220}{2}}{3}}=\frac{2750}{580}=4.74(\text{次})$$

(三) 平均数时间序列序时平均数的计算

由平均数时间数列计算序时平均数有以下两种情况。

(1) 当平均数中分子分母性质不同时，应采用相对数时间数列计算序时平均数的方法，先分别计算分子数列和分母数列的序时平均数，再把这两个序时平均数相除，所得即为平均数时间数列的序时平均数，如计算某公司不同时期员工的平均收入(分子数列为收入，分母数列为员工人数)。

(2) 当平均数时间数列的指标值反映的是社会经济现象与时间的关系(如月平均职工人数)时，可采用简单算术平均法或加权算术平均法计算序时平均数。

如果是间隔相等的平均数时间数列，可用简单算术平均法。例如，某公司 1～4 月各月平均员工数分别为 72 人、86 人、82 人和 80 人，则 1～4 月平均员工数为

$$\frac{72+86+82+80}{4}=80(\text{人})$$

如果是间隔不等的平均数时间数列，则应以时期长度为权数，采用加权平均法计算。

三、增长量和平均增长量

(一) 增长量

增长量是指报告期发展水平与基期发展水平之差，反映的是现象从基期到报告期数量变化的绝对水平。若二者之差为正数，表示增长；若为负数，则表示减少。因此，增长量又被称为增减量。其计算公式为

$$增长量 = 报告期水平 - 基期水平 \tag{8.9}$$

根据基期不同，增长量可分为逐期增长量、累计增长量和年距增长量。

1. 逐期增长量

逐期增长量是报告期水平与前一期水平之差，它表明本期比上一期增加或减少的绝对数量。其公式为

$$z_i = a_i - a_{i-1} \tag{8.10}$$

其中，z_i 表示第 i 期相对于第 $i-1$ 期的逐期增长量，a_i 表示第 i 期的指标值。

2. 累计增长量

累计增长量是报告期水平与某一固定时期水平(通常为时间数列的最初水平)之差，表明本期比某一固定时期增长的绝对数量，也表明在某一段较长时期内的总的增加或减少的量。其公式为

$$L_i = a_i - a_1 \tag{8.11}$$

其中，L_i 表示第 i 期的累计增长量，a_1 表示时间数列的最初水平。

容易得到二者之间的关系：累计增长量等于相应的逐期增长量之和，即

$$L_i = a_i - a_1 = (a_2 - a_1) + (a_3 - a_2) + \cdots + (a_i - a_{i-1}) \tag{8.12}$$

3. 年距增长量

在实际工作中，为了消除季节变动的影响，通常计算年距增长量，它是本期发展水平与去年同期发展水平之差。其公式为

$$年距增长量 = 报告期发展水平 - 去年本期发展水平 \tag{8.13}$$

【例 8-9】 根据表 8-8 中前两行的资料计算增长量。

表 8-8 我国 2010—2015 年 GDP 逐期、累计增长量计算表

年份		2010	2011	2012	2013	2014	2015
GDP/亿元		408 903.0	484 123.5	534 123.0	588 018.8	636 138.7	676 708.0
增长量	逐期	—	75 220.5	49 999.5	53 895.8	48 119.9	40 569.3
	累计	—	75 220.5	125 220	179 115.8	227 235.7	267 805

计算结果如表 8-8 中最后两行所示。

(二) 平均增长量

平均增长量是时间数列中各逐期增长量的序时平均数，用于说明现象在研究时期内平均每期增加或减少的数量。计算平均增长量有以下两种方法。

1. 水平法

水平法是将各个逐期增长量相加后再除以其项数，即

$$\bar{z}=\frac{\sum_{i=2}^{n}(a_i-a_{i-1})}{n-1} \tag{8.14}$$

由于累计增长量是相应的逐期增长量之和，因此上式也可改为

$$\bar{z}=\frac{L_n}{n-1}=\frac{a_n-a_1}{n-1} \tag{8.15}$$

其中，n 为时间数列的项数。

由式(8.15)可知，水平法实际上仅利用了首末两期的发展水平，与中间发展水平无关，以此方法计算的平均增长量可能与实际情况有较大差异。因此，可考虑用另一种方法计算平均增长量。

2. 累计法

设时间数列 a_1，a_2，…，a_n 的平均增长量为 $\bar{z}$，以最初水平 a_1 为基础推算此后各期的发展水平 $a_1+\bar{z}$，$a_1+2\bar{z}$，…，$a_1+(n-1)\bar{z}$，令推算出的各期理论水平之和等于相应的发展水平之和相等，即

$$(a_1+\bar{z})+(a_1+2\bar{z})+\cdots[a_1+(n-1)\bar{z}]=\sum_{i=2}^{n}a_i$$

化简后得

$$\bar{z}=\frac{\sum_{i=2}^{n}a_i-(n-1)a_1}{\frac{n(n-1)}{2}} \tag{8.16}$$

【例 8－10】 根据表 8－8 的资料计算我国 2010—2015 年 GDP 平均年增长量。

解　(1) 水平法计算：

$$\bar{z}=\frac{75220.5+49999.5+53895.8+48119.9+40569.3}{5}$$

$$=\frac{267805}{5}$$

$$=53\,561(\text{亿元})$$

(2) 累计法计算：

$$\bar{z}=\frac{484123.5+534123.0+588018.8+636138.7+676708.0-5\times 408903.0}{\frac{6\times 5}{2}}$$

$$=\frac{874597}{15}$$

$$=58\,306.47(\text{亿元})$$

第三节　时间数列的速度分析指标

时间数列分析的速度指标是用来描述现象在某一段时间上发展变化的快慢程度，包括发展速度、增长速度、平均发展速度和平均增长速度。

一、发展速度和增长速度

(一) 发展速度

发展速度是报告期水平与基期水平之比，计算结果通常用百分数或倍数表示，用来描述现象在一定时期内相对发展变化的程度，说明报告期水平是基期水平的百分之几或多少倍。其计算公式为

$$发展速度=\frac{报告期水平}{基期水平} \tag{8.17}$$

1. 定基发展速度和环比发展速度

由于采用的基期不同，发展速度可分为定基发展速度和环比发展速度两种。下面以时间数列 a_1，a_2，…，a_n 进行说明。

定基发展速度是指报告期水平与某一固定时期水平(通常是最初水平)之比，用来反映现象在较长时间内总的发展变化程度，也称为总速度。其公式为

$$定基发展速度=\frac{报告期水平}{固定基期水平}=\frac{a_i}{a_1} \quad i=2,3,\cdots,n \tag{8.18}$$

环比发展速度是指报告期水平与报告期前一期水平之比，用来表明现象相邻两期发展水平的逐期发展变化的程度。其公式为

$$环比发展速度=\frac{报告期水平}{前一期水平}=\frac{a_i}{a_{i-1}} \quad i=2,3,\cdots,n \tag{8.19}$$

定基发展速度与环比发展速度存在着换算关系，具体表现如下：

(1) 定基发展速度等于相应时期内各环比发展速度的连乘积，即

$$\frac{a_i}{a_1}=\frac{a_2}{a_1}\times\frac{a_3}{a_2}\times\cdots\times\frac{a_i}{a_{i-1}} \tag{8.20}$$

(2) 相邻两个时期的定基发展速度之比等于相应的环比发展速度，即

$$\frac{a_i/a_1}{a_{i-1}/a_1}=\frac{a_i}{a_{i-1}} \tag{8.21}$$

【例 8－11】 某产品外贸进出口量各年环比发展速度资料为 1996 年 103.9%，1997 年为 100.9%，1998 年为 95.5%，1999 年为 101.6%，2000 年为 108%，则 2000 年以 1995 年为基期的定基发展速度为

$$103.9\%\times100.9\%\times95.5\%\times101.6\%\times108\%=109.86\%$$

2. 年距发展速度

年距发展速度是本期发展水平与上年同期发展水平之比。其公式为

$$年距发展速度=\frac{本期发展水平}{去年同期发展水平} \tag{8.22}$$

年距发展速度消除了季节变动的影响，表明本期发展水平相对于去年同期发展水平发展变化的方向与程度，也称为同比发展速度。

(二) 增长速度

增长速度是报告期增长量与基期水平之比，反映现象的报告期水平比基期水平增长(或减少)了百分之几或多少倍。其计算公式为

$$增长速度=\frac{增长量}{基期水平}=\frac{报告期水平-基期水平}{基期水平}=发展速度-1 \tag{8.23}$$

由式(8.23)可知，增长速度与发展速度有关。当发展速度大于1时，增长速度为正值，表示现象的增长程度；当发展速度小于1时，增长速度为负值，表示现象的减少程度；当发展速度等于1时，增长速度为0，表示现象无变化。

1. 定基增长速度和环比增长速度

按照不同的基期，增长速度可分为定基增长速度和环比增长速度两种。

$$定基增长速度=定基发展速度-1 \tag{8.24}$$

$$环比增长速度=环比发展速度-1 \tag{8.25}$$

特别需要指出的是，定基增长速度与环比增长速度不能直接进行换算。定基增长速度不等于环比增长速度的连乘积，同时，相邻两个时期的定基增长速度之比也不等于相应时期的环比增长速度。若要以环比增长速度求得定基增长速度，先要将环比增长速度加上1转化为环比发展速度，再连乘得到定基发展速度，最后再减去1，才能得到定基增长速度。同理，若要以定基增长速度求得环比增长速度，应先将两相邻的定基增长速度分别加上1得到定基发展速度，二者相除得环比发展速度，最后减去1得到环比增长速度。

2. 年距增长速度

为了消除季节变动的影响，可计算年距增长速度，用来说明报告期发展水平与上年同期发展水平相比所增长的程度。其公式为

$$年距增长速度=年距发展速度-1 \tag{8.26}$$

3. 增长1%绝对值

速度指标与水平指标有着直接的联系，对时间数列进行动态分析时，可将二者结合起来分析现象的变化状况。通常基期水平越高，发展速度增长1%所对应的绝对值就越大，所以，往往把增长1%绝对值作为速度指标和水平指标相结合的常用指标。其计算公式为

$$增长1\%绝对值=\frac{逐期增长量}{环比增长速度\times 100}=\frac{a_i-a_{i-1}}{\frac{a_i-a_{i-1}}{a_{i-1}}\times 100}=\frac{a_{i-1}}{100} \tag{8.27}$$

【例8-12】 根据表8-8的资料计算我国国内生产总值时间数列的动态分析指标。

表8-9　我国2010—2015年GDP及其动态分析指标

年份		2010	2011	2012	2013	2014	2015
GDP/亿元		408 903.0	484 123.5	534 123.0	588 018.8	636 138.7	676 708.0
增长量/亿元	逐期	/	75 220.5	49 999.5	53 895.8	48 119.9	40 569.3
	累计	/	75 220.5	125 220	179 115.8	227 235.7	267 805
增长1%绝对值/亿元		/	4089.03	4841.235	5341.230	5880.188	6361.387
发展速度/(%)	环比	/	118.40	110.33	110.09	108.18	106.38
	定基	100.00	118.40	130.62	143.80	155.57	165.49
增长速度/(%)	环比	/	18.40	10.33	10.09	8.18	6.38
	定基	/	18.40	30.62	43.80	55.57	65.49

计算结果见表8-9中最后五行所示。

二、平均发展速度和平均增长速度

(一) 平均发展速度

平均发展速度是各环比发展速度的序时平均数，反映了现象在一定时期内逐期发展变化的一般程度。由于社会经济现象在各个时期所处的条件及影响其变化的因素不同，因而各时期的环比发展速度是有差异的，要想反映一个较长时期内现象变化发展的一般情况，需要将这些数量差异抽象化，即通过对这些环比发展速度的平均来消除差异，便于对社会经济现象不同历史时期发展变化速度进行比较分析。计算平均发展速度的方法有两种：几何平均法和方程式法。

1. 几何平均法(水平法)

由于现象的定基发展速度(总速度)是相应时期各环比发展速度的连乘积，因此，对这些环比发展速度求平均数不能采用算术平均法而应采用几何平均法。

以 x_i 表示各期环比发展速度，n 表示时间数列的项数，a_1，a_n 分别表示时间数列的最初水平和最末水平，则

$$x_2 \times x_3 \times \cdots \times x_n = \frac{a_n}{a_1}$$

现将各环比发展速度的数量差异抽象化，用平均发展速度 $\bar{x}$ 代替所有的 x_i，上式变形为

$$\bar{x}^{n-1} = \frac{a_n}{a_1}$$

即

$$\bar{x} = \sqrt[n-1]{\frac{a_n}{a_1}} = \sqrt[n-1]{\prod_{i=2}^{n} x_i} \tag{8.28}$$

【例 8-13】 根据表 8-8 的资料计算我国 2010—2015 年国内生产总值的年平均发展速度。

解 根据题意，基期水平是 2010 年的国内生产总值，最末水平是 2015 年的国内生产总值，则 2010—2015 年国内生产总值的年平均发展速度为

$$\bar{x} = \sqrt[n-1]{\frac{a_n}{a_1}} = \sqrt[5]{\frac{676708.0}{408903.0}} = 1.106 = 110.6\%$$

也可表示为

$$\bar{x} = \sqrt[n-1]{\prod_{i=2}^{n} x_i} = \sqrt[5]{1.1840 \times 1.1033 \times 1.1009 \times 1.0818 \times 1.0638} = 1.106 = 110.6\%$$

几何平均法的优点是简单直观，在基期确定的情况下，无论中间过程变化如何，平均发展速度只取决于最末水平的高低。从式(8.28)可知，从时间数列的最初水平出发，按照平均发展速度一直发展到最末一期，其最末水平的理论值与实际值相等。可见，用几何平均法计算平均发展速度的特点是着眼于考察最末水平，因此几何平均法也称为水平法。若关心的对象是现象在最末一期的水平，如实现国内生产总值翻番目标等，可采用几何平均法计算平均发展速度。

几何平均法只考虑了时间数列的最初水平和最末水平，忽略了中间各期水平，当中间各期水平波动较大时，几何平均法计算的平均发展速度就缺乏代表性，这时就需要用方程

式法计算。

2. 方程式法(累计法)

方程式法的基本思想是从时间数列的最初水平 a_1 出发，用平均发展速度 $\bar{x}$ 代替各期的环比发展速度，得到各期发展水平的理论值，再令这些理论值的累计之和等于实际发展水平的累计之和，因此，方程式法也称为累计法。

$$a_1\bar{x}+a_1\bar{x}^2+\cdots+a_1\bar{x}^{n-1}=\sum_{i=2}^{n}a_i$$

方程两边同时除以 a_1，得

$$\bar{x}+\bar{x}^2+\cdots+\bar{x}^{n-1}=\frac{\sum_{i=2}^{n}a_i}{a_1} \tag{8.29}$$

求解上述方程所得的正根就是所求的平均发展速度。

在时期较长的情况下，解上述高次方程是相当困难的，实际工作中是根据《累计法查对表》来查表求解。

方程式法考虑了各期发展水平，侧重于全期发展水平之和。如果关注的是研究对象各期发展水平之和，如基建投资额、住宅建筑面积、新增固定资产额、植树造林面积等，采用方程式法更合适。

(二) 平均增长速度

平均增长速度是平均发展速度的派生指标，它反映的是现象在一段时期内逐期平均增长程度的指标。平均增长速度不能直接根据环比增长速度加以平均求得，而是直接从平均发展速度减 1 求得，即

$$\text{平均增长速度}=\text{平均发展速度}-1 \tag{8.30}$$

平均增长速度与平均发展速度之间只相差常数 1。平均发展速度大于 1，则平均增长速度就为正值，表示某种现象在一个较长时期内的逐期平均增长程度；反之，如果平均发展速度小于 1，则平均增长速度就为负值，表示某种现象在一个较长时期内逐期平均递减的程度。

在例 8 - 13 中，2010—2015 年国内生产总值的年平均发展速度为 110.6%，则平均增长速度为 110.6%－1＝10.6%，表明 2010—2015 年的国内生产总值是平均递增的，平均递增程度为 10.6%。

三、时间数列指标分析应注意的问题

时间数列的水平分析和速度分析都是利用一系列指标对现象进行动态分析，但这两种分析方法各有不同。在实际工作中，应将二者结合起来应用，以全面认识现象的变化情况。因此，在具体应用时，应注意以下几个方面的问题：

(1) 正确选择基期。时间数列的各种速度指标和水平指标都是在一定的基期水平上计算的，因此，对时间数列做动态分析时，应先根据研究目的选择正确的基期。基期的选择一般要避开异常时期，以免因基期水平的异常而导致错误的结论。

(2) 注意数据的异常。如果时间数列的指标值中有 0 和负数，则不宜用几何平均法计

算平均发展速度，而应考虑用绝对数进行水平分析。

(3) 总平均发展速度与分段平均发展速度相结合。总平均速度反映的是现象在较长一段时期内的平均变化程度，而在不同的历史阶段，现象的发展变化往往存在变异。因此，在分析总平均速度时，为了更好地反映现象变动的实际情况，需要结合各个特定历史时期的分段平均速度来补充说明总平均发展速度。

(4) 速度指标和水平指标要结合运用。速度指标是相对数，其数值大小取决于报告期水平和基期水平。基期水平高容易产生低速度，基期水平低易产生高速度。因此，高速度背后隐含的增长绝对值可能很小，低速度背后隐含的增长绝对值可能较大。为了对现象作出正确的分析，既要考虑速度的快慢，也要考虑实际水平的高低，需要把速度指标和水平指标结合起来，才能避免片面性。统计上常把增长1%的绝对值作为二者的结合指标来用。

第四节　时间数列的影响因素分析

时间数列是社会经济现象发展过程的数量表现，其中隐含了社会经济现象的发展变化规律。研究时间数列的一个重要目的就是要掌握这些规律，对现象未来发展的可能状态进行预测，为政策的制定提供科学依据。时间数列的分析，除了考察现象发展过程中的水平和速度之外，还需要用数学模型对时间数列做定量分析，找出现象发展的规律和趋势。为此，时间数列的趋势分析提供了一系列行之有效的方法。

一、影响时间数列的主要因素

(一) 时间序列的影响因素

现象的发展变化是多种因素共同作用的结果，而时间数列的指标是基于客观现象在不同时间的具体数量表现。因此，时间数列的每一期指标值都是由多种因素共同作用形成的。在这些因素中，有些是长期因素，对事物的发展起着决定性的作用；有些是偶然因素，使事物在短期内出现不规则的波动。在分析时间数列的变化规律时，很难将这些因素的影响趋势、影响程度精确地测定出来，但我们可以对这些因素进行归纳分类，并测量出各类因素对时间数列指标值的影响程度。时间数列的影响因素可以归纳为以下四类。

1. 长期趋势(T)

长期趋势是指现象受到基本因素的影响，在较长时间内表现出来的持续上升或下降或不变的趋势。分析长期趋势可以了解现象发展变化的基本特点。例如，我国历年来的国民生产总值、粮食产量等都呈现逐年上升的趋势。

2. 季节变动(S)

季节变动是指现象受自然条件或社会因素的影响，随着季节的更替而呈现的周期性的变化。通常以一年或更短的时间长度为周期。例如，空调的月销售量以年为周期呈现出周期性的变动，夏季各月销售量高，冬季各月销售量低；商场的日销售额以周为周期呈现出周期性变动，一般周六周日的日销售额高，周一至周五销售额较低。认识和掌握季节变动，对于近期决策有重要作用。

3. 循环变动(C)

循环变动是指社会经济现象以若干年为周期呈现波浪式的变动。不同现象变动的周期长短不同，上下波动的程度也不同，但每个周期都呈现盛衰起伏相间的状态。例如，商业周期包括繁荣、衰退、萧条、复苏四个阶段的循环变动。循环变动与季节变动都是周期性变动，二者的区别在于：季节变动是通常以一年为周期，而循环变动往往以若干年为周期且不固定，规律的显现也不如季节变动明显。

4. 随机变动(I)

随机变动也称为不规则变动，是指现象受偶然因素的影响所呈现的毫无规律的波动。它是从时间数列中分离了长期趋势、季节变动和循环变动之后的剩余部分。随机变动是无规律的随机波动，难以测量，一般作为误差项来处理。

(二) 时间数列的分解模型

时间数列可看作以上四类因素的全部或部分变动共同作用的结果。时间数列的影响因素分析是将影响时间数列变化的四类因素进行分解，以便了解它们对时间数列的影响程度和变动规律。将形成时间数列的因素与时间数列的关系按照一定的假设，用数学公式来表示，就构成了时间数列的分解模型。通常应用的有加法模型和乘法模型。

1. 加法模型

假设四类变动因素相互独立，时间数列各期发展水平 y 是各个构成因素的总和，则有

$$y = T + S + C + I \tag{8.31}$$

2. 乘法模型

假设四类变动因素之间存在交互作用时，时间数列各期发展水平 y 是各个构成因素的乘积，则有

$$y = T \times S \times C \times I \tag{8.32}$$

实际应用中，将时间数列分解为几个影响因素，究竟采用哪一种模型，取决于研究对象的性质、研究的目的和掌握的资料等情况。

二、长期趋势的测定

长期趋势是时间数列中最基本的构成因素，研究长期趋势能够反映现象的历史发展趋势和规律性，推测未来的状况，为统计决策提供依据。此外，测定长期趋势还可以将长期趋势从时间数列中分离出来，消除其影响，以便更好地研究季节变动规律。时间数列是多个因素相互交织共同作用的结果，只有将时间数列修匀后，才能显现出现象发展变化的基本状态和走向。长期趋势的测定就是采用一定的方法对时间数列进行修匀，排除季节变动、循环变动和随机变动的影响，显现出现象的长期趋势。测定长期趋势的方法主要有时距扩大法、移动平均法和趋势模型法。

(一) 时距扩大法

时距扩大法是测定长期趋势的一种简单直观的方法。当时间数列的时距单位较小时，时间数列的各指标数值易受到随机变动的影响上下波动，使得现象变化的规律表现不明

显。时距扩大法也称为间隔扩大法，通过扩大原时间数列的时距，再将扩大了的时距内的若干个指标值加以合并，得到一系列扩大了时距的数据，形成一个新的时间数列。由于时距的扩大，在这个新的时间数列中，随机因素引起的变动被削弱了，从而呈现出明显的长期趋势。

应用时距扩大法要注意以下几点：

(1) 对于时期数列，时距扩大后，只需根据新的时间长度累加原有的指标值即可得时距扩大后的新时间数列的指标值，而时点数列则需按新的时间长度计算原有指标值的序时平均数。

(2) 时距扩大的长短应按照现行的具体情况而定。若时间数列的发展水平的波动有一定的周期，则新的时距长度应与周期一致；若没有明显的周期性，则应逐步扩大时距，直至时距扩大后的新时间数列能清晰地反映现象的长期趋势。

(3) 同一时间数列，扩大后的时距单位应前后一致，以便于数据具有可比性。

【例 8-14】 某产品各季度销售额资料如表 8-10 所示。

表 8-10　某产品各季度销售情况

年份 / 季度	第一季度/万元	第二季度/万元	第三季度/万元	第四季度/万元
2012 年	55	80	70	42
2013 年	58	82	75	48
2014 年	60	88	77	53
2015 年	65	93	84	57

从表 8-10 可知，四年各季度销售额有升有降，存在着季节变动和随机变动。将时距由季扩大为年，可以消除季节变动和随机变动带来的影响，从而显示出长期趋势。现将季度资料整理成年度资料，如表 8-11 所示。

表 8-11　某产品各年销售情况

年份	2012 年	2013 年	2014 年	2015 年
销售额/万元	247	263	278	299

时距扩大后的资料明显地显示出产品的销售额呈逐年增长的变化趋势。

时距扩大法简便直观，计算量小，但时距扩大后得到的新数列的数据较少，不便作进一步的分析，因此，不应过分追求大时距。

(二) 移动平均法

移动平均法的基本原理是通过移动平均对时间数列进行修匀，以消除时间数列中因偶然因素引起的随机变动，从而显示出时间数列的长期趋势。所谓移动平均，是指选择一定的时间长度，对时间数列进行逐项递推移动，依次计算包含一定项数的扩大时距的平均数，形成一个新的时间数列，从而对原时间数列进行修匀，达到显示现象长期趋势的目的。

应用移动平均法要注意以下几点：

（1）选择合适的移动时期长度。移动的时期长度即移动平均的项数 N，通常根据时间数列的特点来确定。若时间数列有循环周期，则移动平均的项数 N 应以周期长度为准。例如，当时间数列的指标值以季为时间间隔时，可取 $N=4$ 进行移动平均；若时间数列是各年的月份资料时，应取 $N=12$ 作移动平均，这样可消除季节变动的影响，较好地显示出现象的长期趋势。

（2）用移动平均法对时间数列进行修匀时，修匀的程度与移动平均的项数 N 有关。一般而言，N 越大，则修匀的效果越好，但对趋势变化的敏感性较差，并且所得的新时间数列的项数较少。N 较小时虽能增强移动平均数对趋势的敏感性，但修匀的效果较弱。因此，移动时期的长度不能过大，也不能过小。

（3）移动平均法采用奇数项移动比较简单，只需一次移动即可得到趋势值，并与相应的时期对准。采用偶数项移动平均时，由于偶数项移动平均数是在两项中间的位置，所以偶数项移动平均还需进行第二次移动，即将第一次移动平均值再进行两项移动平均，以校正移动平均值所对应的时期。

【例 8－15】 以某地 2015 年各月工业增加值为例(见表 8－12 前两列)，说明移动平均法的应用。

（1）表 8－12 中第三列是奇数项($N=3$)移动平均后得到的新时间数列，其中：

$$\frac{98+93+95}{3}=95.33$$

$$\frac{93+95+104}{3}=97.33$$

余下的以此类推。

（2）第六列是奇数项($N=5$)移动平均后得到的新时间数列，其中：

$$\frac{98+93+95+104+109}{5}=99.8$$

$$\frac{93+95+104+109+103}{5}=100.8$$

余下的以此类推。

（3）第四列是偶数项($N=4$)一次移动平均后得到的新时间数列，其中：

$$\frac{98+93+95+104}{4}=97.5$$

$$\frac{93+95+104+109}{4}=100.25$$

余下以此类推。这一时间数列各数据没有正对各个月份，而是处于相邻月份的交界处。表中第五列是经二次移动后得到的时间数列，各个移动平均数均与相应月份对应，其中：

$$\frac{97.5+100.25}{2}=98.875$$

$$\frac{100.25+102.75}{2}=101.5$$

余下以此类推。

表 8－12　某地 2015 年各月工业增加值及移动平均计算表

月份	工业增加值/亿元	三项移动平均	四项移动平均		五项移动平均
			一次移动	二次移动	
1月	98	—	—	—	—
2月	93	95.33	—	—	—
3月	95	97.33	97.5	98.875	99.8
4月	104	102.67	100.25	101.5	100.8
5月	109	105.33	102.75	104	103.2
6月	103	105.67	105.25	106.25	106.6
7月	105	106.67	107.25	108.625	109.8
8月	112	112.33	110	111.125	110.4
9月	120	114.67	112.25	113.625	113
10月	112	116	115	116	116
11月	116	116	117	—	—
12月	120	—	—	—	—

(三) 趋势模型法

趋势模型法是指根据时间数列中指标值的发展变化趋势，通过数学方法给时间数列配合一条趋势线，使这条趋势线与时间数列各指标值最近，即趋势线与时间数列达到最优拟合。为此，应选择合适的趋势方程，估计方程中的未知参数，使得时间数列各期指标值与趋势预测值的离差平方和最小且离差之和为零，即

$$\sum(y_t-\hat{y}_t)^2=\min$$

$$\sum(y_t-\hat{y}_t)=0$$

其中，y_t 是时间数列的实际发展水平，$\hat{y}_t$ 是时间数列的长期趋势。

长期趋势有多种类型，有直线形，也有曲线形。趋势形态不同，拟合的趋势方程也就有不同的形式，既可用于配合直线，也可用于配合曲线，因此，它是分析长期趋势最常用的方法。在实际应用中，可以通过以下几种方式选择趋势方程：

(1) 对所研究对象进行定性分析，了解现象的客观性质及相关的经济理论，从定性的角度选择合适的曲线。

(2) 以时间数列指标值为纵坐标，时间为横坐标，绘制散点图或折线图，根据图形直观表现出来的变化趋势，再加上对所研究对象的认识，选择合适的趋势方程。

(3) 根据时间数列指标值的特征进行分析，当时间数列的逐期增长量大致相等时，可选用直线方程；当逐期增长量的增长量大致相等时，可选用抛物线；当时间数列的环比发展速度大致相同时，可采用指数曲线。

下面分别介绍直线趋势、抛物线趋势和指数增长趋势的分析方法。

1. 直线趋势

当时间数列的逐期增长量大致相同时，可用一条直线来近似描述长期趋势，其直线趋势方程为

$$\hat{y}_t = a + bt \tag{8.33}$$

其中，$\hat{y}_t$ 是时间数列 y_t 的长期趋势；t 为时间，通常取 $t=1, 2, \cdots, n$；a 是趋势线的截距，表示 $t=0$ 时的趋势值，即时间数列长期趋势的初始值；b 是趋势线的斜率，表示当时间 t 每变动一个单位时，趋势值的平均变动量。

直线趋势方程式(8.33)中有两个未知参数 a 和 b，通常用最小二乘法来估计。最小二乘法的基本原理是合理确定 a 和 b，使拟合出来的趋势线与各散点最接近，即时间数列的各指标值与其相应的趋势值的离差平方和最小，且时间数列各指标值与其趋势值的离差总和为 0，即

$$Q = \sum (y_t - \hat{y}_t)^2 = \sum (y_t - a - bt)^2 = \min$$

离差平方和 Q 的大小依赖于未知参数 a 和 b，为了使得 Q 达到最小，可利用微分学求极值的理论，分别对 a 和 b 求偏导数，并令偏导数为 0，即

$$\begin{cases} \dfrac{\partial Q}{\partial a} = 2\sum (y_t - a - bt)(-1) = 0 \\ \dfrac{\partial Q}{\partial b} = 2\sum (y_t - a - bt)(-t) = 0 \end{cases}$$

将上式化简，得

$$\begin{cases} \sum y_t = na - b\sum t \\ \sum t y_t = a\sum t + b\sum t^2 \end{cases}$$

式中，n 为时间数列的项数。

解上述方程组，即得 a 和 b 的值为

$$\begin{cases} b = \dfrac{n\sum t y_t - \sum t \sum y_t}{n\sum t^2 - (\sum t)^2} \\ a = \dfrac{\sum y_t}{n} - b\dfrac{\sum t}{n} = \bar{y} - b\bar{t} \end{cases} \tag{8.34}$$

由式(8.34)确定 a 和 b 后，将其带入式(8.33)中，即可得直线趋势方程 $\hat{y}_t = a + bt$，并据此可求得各期的趋势值及作趋势外推预测。

【例 8－16】 表 8－13 为某企业产品的产量资料。

表 8－13 某企业产品的产量资料

年份	2007	2008	2009	2010	2011	2012	2013	2014	2015
产量/吨	320	350	380	412	445	475	508	540	570

解 由表 8－13 可知，产品产量的逐期增长量在 31.25 左右，因此应考虑直线趋势，用最小二乘法来拟合直线趋势方程，具体计算过程见表 8－14。

表 8-14 产品产量长期趋势计算表

年份	时间值 t	产量 y_t	ty_t	t^2	趋势值 $\hat{y}_t$
2007	1	320	320	1	318.52
2008	2	350	700	4	350
2009	3	380	1140	9	381.48
2010	4	412	1648	16	412.96
2011	5	445	2225	25	444.44
2012	6	475	2850	36	475.92
2013	7	508	3556	49	507.4
2014	8	540	4320	64	538.88
2015	9	570	5130	81	570.36

由表 8-14 可知，$n=9$，$\sum t=45$，$\sum y_t=4000$，$\sum ty_t=21889$，$\sum t^2=285$，将上述数据代入式(8.34)，可得

$$b=\frac{n\sum ty_t-\sum t\sum y_t}{n\sum t^2-(\sum t)^2}=\frac{9\times 21889-45\times 4000}{9\times 285-45\hat{}2}=\frac{17001}{540}=31.48$$

$$a=\frac{\sum y_t}{n}-b\frac{\sum t}{n}=\bar{y}-b\bar{t}=\frac{4000}{9}-31.48\times\frac{45}{9}=287.04$$

因此，用最小二乘法建立的产品产量的直线趋势方程为

$$\hat{y}_t=287.04+31.48t$$

将不同年份的 t 值代入上述趋势方程，即可得各年产量的趋势值，见表 8-14 中最后一列。若需预测 2016 年的产量，可将 $t=10$ 代入趋势方程，即得 2016 年的预计产量

$$\hat{y}_{t=10}=287.04+31.48\times 10=601.84(\text{吨})$$

其他未来时期的预测值以此类推。

由例 8-16 可知，参数 a 和 b 的计算量较大，有必要寻求简便的算法。基本思路是设法使得 $\sum t=0$，这样式(8.34)可简化为

$$\begin{cases}b=\dfrac{\sum ty_t}{\sum t^2}\\[2ex]a=\dfrac{\sum y_t}{n}=\bar{y}\end{cases}\tag{8.35}$$

具体做法为：当时间数列的项数 n 为奇数时，令数列的中间项的时间 $t=0$，中间项之前各项的时间为-1，-2，-3 等，中间项之后各项的时间为 1，2，3 等；当时间数列的项数 n 为偶数时，令数列的中间两项中点的时间为 $t=0$，中间点之前各项的时间为-1，-3，-5 等，中间项之后各项的时间为 1，3，5 等。例如，在例 8-16 中，时间数列的项数 $n=9$ 为奇数，可令时间 t 分别为-4，-3，-2，-1，0，1，2，3，4。

【例 8-17】 以表 8-13 产品产量资料为例，用最小二乘法的简便算法来拟合直线趋势方程。

解 首先，列表计算出求 a 和 b 所需的有关数据，如表 8－15 所示。

表 8－15 产品产量长期趋势简便算法计算表

年份	时间值 t	产量 y_t	ty_t	t^2	趋势值 $\hat{y}_t$
2007	－4	320	－1280	16	318.52
2008	－3	350	－1050	9	350
2009	－2	380	－760	4	381.48
2010	－1	412	－412	1	412.96
2011	0	445	0	0	444.44
2012	1	475	475	1	475.92
2013	2	508	1016	4	507.4
2014	3	540	1620	9	538.88
2015	4	570	2280	16	570.36

将表 8－15 中的有关数据代入式(8.35)，得

$$\begin{cases} b=\dfrac{\sum ty_t}{\sum t^2}=\dfrac{1889}{60}=31.48 \\ a=\dfrac{\sum y_t}{n}=\bar{y}=444.44 \end{cases}$$

因此，用最小二乘法的简便算法建立的产品产量的直线趋势方程为

$$\hat{y}_t=444.44+31.48t$$

把各个 t 值代入上述趋势方程，可得各年趋势值 $\hat{y}_t$，见表 8－15 最后一栏所示。若要预测 2016 年的产量，则将可将 $t=5$ 代入趋势方程，即得 2016 年的预计产量

$$\hat{y}_{t=5}=444.44+31.48\times5=601.84(\text{吨})$$

最小二乘法的简便算法和普通算法的计算结果是一致的，两种方法的预测结果也一致。

2. 抛物线趋势

如果随着现象的发展，其逐期增长量的增长量，即各期的二级增长量大致相同，则可考虑抛物线趋势。抛物线趋势模型又称为二次曲线趋势模型，它的趋势方程为

$$\hat{y}_t=a+bt+ct^2 \tag{8.36}$$

方程中有三个未知参数 a，b，c，根据最小二乘法的思想，要求：

$$Q=\sum(y_t-\hat{y}_t)^2=\sum(y_t-a-bt-ct^2)^2=\min$$

根据多元函数求极值的原理，建立三个标准方程，即

$$\begin{cases} \sum y_t=na+b\sum t+c\sum t^2 \\ \sum ty_t=a\sum t+b\sum t^2+c\sum t^3 \\ \sum t^2y_t=a\sum t^2+b\sum t^3+c\sum t^4 \end{cases} \tag{8.37}$$

利用原时间数列计算出有关数据并代入式(8.37)，解方程组即可得出趋势方程中的三个未知参数 a，b，c。

同样可利用简便算法，在取 t 值时，令 $\sum t=0$，可推出 $\sum t^3=0$，则式(8.37)可简化为

$$\begin{cases}\sum y_t = na + c\sum t^2 \\ \sum ty_t = b\sum t^2 \\ \sum t^2 y_t = a\sum t^2 + c\sum t^4\end{cases} \tag{8.38}$$

解上述方程组，即可得 a，b，c 的值。

3. 指数曲线趋势

指数增长趋势也是现象发展的常见趋势，当时间数列的环比发展速度大致相同时，可用指数曲线拟合数据。指数曲线趋势的方程为

$$\hat{y}_t = ab^t \tag{8.39}$$

对式(8.39)直接运用最小二乘法求未知参数 a，b 较为复杂，应将上式转化为直线趋势方程，先求出直线方程中的参数，再用变量替换得到指数曲线趋势方程中的参数。具体做法如下：

对式(8.39)两边分别取对数，得

$$\lg\hat{y}_t = \lg a + t\lg b$$

再令 $Y_t=\lg\hat{y}_t$，$A=\lg a$，$B=\lg b$，则上式变为

$$Y_t = A + Bt$$

该式为直线方程，采用最小二乘法，得到如下标准方程：

$$\begin{cases}\sum Y_t = nA - B\sum t \\ \sum tY_t = A\sum t + B\sum t^2\end{cases}$$

采用简便算法，使得 $\sum t=0$，解出 A 和 B 有

$$\begin{cases}A = \dfrac{\sum Y_t}{n} = \bar{Y} \\ B = \dfrac{\sum tY_t}{\sum t^2}\end{cases}$$

最后，由 A 和 B 求反对数，得到 a 和 b，从而得出指数曲线趋势方程。

三、季节变动的测定

季节变动是指现象受自然条件或社会因素的影响，随着季节的更替而呈现的周期性的变化。通常以一年或更短的时间长度为周期。它是时间数列中的一个主要构成因素，在实际生活中经常遇到，如旅游业的旅游旺季和旅游淡季、冷饮销售中的销售旺季和销售淡季、瓜果等农产品在一年中的产量和销售量变化等。季节变动的原因通常与自然条件相关，同时也受到生产条件、节假日、风俗习惯等社会因素的影响。

分析和测定季节变动，正确认识季节变动的发展变化规律，有助于人们控制由于季节变动带来的消极影响，制定合理的生产计划，采取合理的措施组织社会生产和生活，取得较好的经济效益。同时，将测定出的季节变动从时间数列中剔除，可以更好地研究长期趋势和循环变动。除此之外，分析季节变动，掌握季节变动的规律，再结合长期趋势，可以

大大提高预测的准确性。

测定季节变动的方法有很多，常用的有同期平均法和移动平均趋势剔除法。

1. 同期平均法

同期平均法是测定季节变动最简单的方法。当时间数列的长期趋势不存在或不明显时，可采用同期平均法。如果分析的是月度资料，就按月平均；若为季度资料，就按季度平均。同期平均法测定季节变动的一般步骤如下：

(1) 计算时间数列中各年同期(同月或同季)的平均数；

(2) 计算时间数列全部数据的总平均数；

(3) 用同期平均数除以总平均数，得到季节指数(季节比率)：

$$\text{季节指数}(S)=\frac{\text{同月(或同季)平均数}}{\text{总月(或同季)平均数}} \tag{8.40}$$

(4) 计算出的季节指数之和应等于 12 或 4，但由于实际计算中的四舍五入，往往导致季节指数之和不等于 12 或 4，这时需进行调整，调整系数为

$$\text{调整系数}=\frac{12(\text{或 }4)}{\text{季节指数之和}} \tag{8.41}$$

再计算调整的季节指数：

$$\text{某月(季)调整的季节指数}=\text{某月(季)的季节指数}\times\text{调整系数} \tag{8.42}$$

【例 8-18】 某产品 2013—2015 年各季销售量如表 8-16 所示，试用同期平均法计算各季的季节指数。

表 8-16　2013—2015 年产品销售量资料及季节指数计算表

年份	1 季度	2 季度	3 季度	4 季度	合计
2013	300	580	450	690	2020
2014	320	600	470	720	2110
2015	350	620	480	740	2190
合计	970	1800	1400	2150	6320
季平均	323.33	600	466.67	716.67	526.67
季节指数	0.6139	1.1392	0.8861	1.3608	4

根据该产品三年销售量的季度资料计算出的季节指数见表 8-16 最后一行。由于四个季节指数之和正好等于 4，所以无须进行调整。

当季节指数大于 1 或小于 1 时，表示有季节变动。当季节指数大于 1 时表示现象处于旺季；当季节指数小于 1 时表示现象处于淡季。因此，由表 8-16 可知，该产品的销售在第 1 季度和第 3 季度时是淡季，在第 2 季度和第 4 季度时是旺季。

同期平均法计算简单，便于操作，应用该方法的前提是时间数列没有明显的长期趋势。但实际上，许多时间数列都包含了长期趋势，当时间数列存在明显的长期趋势时，通过平均是无法消除长期趋势的，这时利用长期平均法计算的季节指数就不够准确。

2. 移动平均趋势剔除法

该方法的基本思想是：当时间数列存在明显的长期趋势时，先将时间数列中的长期趋势剔除出去，然后再计算季节指数。其中，时间数列的趋势值可采用移动平均法求得，也可用趋势模型法确定。利用前者分析季节变动的方法称为移动平均趋势剔除法，利用后者分析季节变动的方法称为趋势模型剔除法。以下主要介绍移动平均趋势剔除法。

该方法假设时间数列各要素之间的关系满足乘法模式：$y=T\times S\times C\times I$，且假设各年度的不规则波动 I 相互独立。通过移动平均可以完全消除季节变动和大部分的不规则变动，得到仅包含长期趋势和循环变动的新数列，即 $T\times C$。然后再用原数列 $y=T\times S\times C\times I$ 除以长期趋势 $T\times C$ 的方法来剔除长期趋势，得到 $S\times I$，再加以平均，即可消除不规则变动 I 的影响，最终只剩下季节变动 S。具体步骤如下：

(1) 用移动平均法求出长期趋势值；

(2) 用时间数列的原指标值除以对应的长期趋势值，得到剔除长期趋势之后的新时间数列；

(3) 对新时间数列运用同期平均法求得季节指数；

(4) 加总各月(或各季)的季节指数，其和应为 12(或 4)。如果季节指数之和大于或小于此数，则需进行调整，用调整系数乘以各月(或各季)的季节指数，即为所求的季节指数。

【例 8-19】 根据表 8-17 中前两行所示的某商品销售量的资料，按移动平均趋势剔除法计算销售量的季节指数。

解 首先求出 4 项移动平均趋势值 $T\times C$，然后用原时间数列的数据 y 除以移动平均趋势值 $T\times C$，得到$\frac{y}{T\times C}$。

表 8-17 商品销售量及移动平均计算表

年份	季度	销售量 y/吨	四项移动平均		$\frac{y}{T\times C}$
			一次移动	二次移动	
2013	1	102		—	—
	2	96		—	—
			100.25		
	3	98		101.25	0.9679
			102.25		
	4	105		103.125	1.0182
			104		
2014	1	110		104.875	1.0489
			105.75		
	2	103		107.125	0.9615
			108.5		
	3	105		110.5	0.9502
			112.5		
	4	116		113.875	1.0187
			115.25		
2015	1	126		117.125	1.0758
			119		
	2	114		120.5	0.9461
			122		
	3	120		—	—
	4	128		—	—

将表 8-17 的最后一列重新排列，结果见表 8-18。求出各年的季平均数，使之消除

不规则变动，最后再求出季节指数。

表 8-18　2013—2015 年商品销售量移动平均趋势剔除法的季节指数计算表

年份	1 季度	2 季度	3 季度	4 季度	合计
2013	—	—	0.9679	1.0182	1.9861
2014	1.0489	0.9615	0.9502	1.0187	3.9796
2015	1.0758	0.9461	—	—	2.0219
合计	2.1247	1.9076	1.9184	2.0369	7.9876
季平均	1.06 235	0.9538	0.9592	1.01 845	0.99 845
季节指数	1.0640	0.9553	0.9607	1.0200	4

根据该商品三年销售量的季度资料计算出的季节指数见表 8-18 最后一行所示。由于四个季节指数之和正好等于 4，所以无须进行调整。

由表 8-18 可知，该商品的销售在第 2 季度和第 3 季度时是淡季，在第 1 季度和第 4 季度时是旺季。

同期平均法和移动平均趋势剔除法这两种方法各有特点，前者计算简便，但无法消除长期趋势的影响；后者计算繁琐，但能消除长期趋势的影响，得到一个更能反映现象季节变动的季节指数。

时间数列中如果含有季节变动的因素，会使得数列中的其他特征不能清晰地表现出来。因此，需要将时间数列中的季节因素剔除，以便更清楚地展示其他因素的变动特征，这称为季节变动的调整。其基本方法是用原时间数列除以季节指数，即

$$\frac{y}{S}=\frac{T\times S\times C\times I}{S}=T\times C\times I \tag{8.43}$$

由式(8.43)所得的新时间数列，可以反映在没有季节因素影响的情况下，时间数列的变动特征。

【例 8-20】 根据表 8-17 和表 8-18 所示的资料对 2013—2015 年各季度的产品销售量作季节调整。计算结果见表 8-19。表 8-19 的最后一列为消除了季节影响后的新时间数列。

表 8-19　商品销售量的季节变动调整

年份	季度	销售量 y/吨	季节指数 S	$\frac{y}{S}$
2013	1	102	1.0640	95.8447
	2	96	0.9553	100.4920
	3	98	0.9607	102.0090
	4	105	1.0200	102.9412
2014	1	110	1.0640	103.3835
	2	103	0.9553	107.8195
	3	105	0.9607	109.2953
	4	116	1.0200	113.7255
2015	1	126	1.0640	118.4211
	2	114	0.9553	119.3342
	3	120	0.9607	124.9089
	4	128	1.0200	125.4902

将原时间数列与消除季节影响后的新时间数列对比，后者可以更清楚地显示出商品销售量的长期变化呈现明显的线性增长趋势。利用最小二乘法对无季节影响的销售量序列进行拟合，得到趋势直线方程：

$$\hat{T}_t = 92.6456 + 2.7169t$$

利用趋势外推可以求得长期趋势的预测值，再乘以预测期的季节指数，即可求得 2016 年第一至第四季度($t=13, 14, 15, 16$)商品销售量预测值依次为

$$\hat{y}_{13} = \hat{T}_{13} \times S_1 = (92.6456 + 2.7169 \times 13) \times 1.0640 = 136.1551(\text{吨})$$

$$\hat{y}_{14} = \hat{T}_{14} \times S_2 = (92.6456 + 2.7169 \times 14) \times 0.9553 = 124.8407(\text{吨})$$

$$\hat{y}_{15} = \hat{T}_{15} \times S_3 = (92.6456 + 2.7169 \times 15) \times 0.9607 = 128.1565(\text{吨})$$

$$\hat{y}_{16} = \hat{T}_{16} \times S_4 = (92.6456 + 2.7169 \times 16) \times 1.0200 = 138.8383(\text{吨})$$

四、循环变动的测定

循环变动是指现象在一个较长时期内涨落起伏的循环波动。循环变动与季节变动不同，季节变动形成的原因大致相同，并且有相对固定的周期，变动周期大多为 1 年；而循环变动的形成没有固定的规律，变动周期往往大于 1 年，且周期的长短、变动的形态和波动的幅度也不固定。循环变动也不同于长期趋势，它不是朝着某一方向的持续变动，而是涨落相间的交替变动。

测定和分析现象的循环变动，可以从数量上揭示现象循环变动的规律性，考察不同现象循环变动的内在联系，分析引起现象循环变动的原因，预测下一个周期的循环变动对现象可能产生的影响，科学地制定决策方案，尽可能扬长避短。

测定循环变动的方法通常为剩余法，其基本思路为：从影响时间数列的各因素中逐步剔除季节变动和长期趋势的影响，再利用移动平均法消除不规则变动，剩余的部分即为循环变动。假设时间数列服从乘法模型，则剩余法的基本步骤为

(1) 求出季节指数，用原时间数列的各指标值除以季节指数，得到剔除了季节变动的时间数列，即$\frac{y}{S} = \frac{T \times S \times C \times I}{S} = T \times C \times I$。

(2) 利用原时间数列，计算长期趋势值，将其从 $T \times C \times I$ 中剔除，得到$\frac{T \times C \times I}{T} = C \times I$。

(3) 对数列 $C \times I$ 运用移动平均法，消除不规则变动，得到 C，即为循环变动系数。

循环变动系数大于 1 为经济扩张期，小于 1 为经济收缩期，等于 1 为无循环变动。

【例 8-21】 根据表 8-20 中所给某公司 2011—2015 年各季度农产品销售额(万元)资料进行循环变动分析。

表 8-20　2011—2015 年农产品销售额及季节指数计算表

年份	1 季度	2 季度	3 季度	4 季度	合计
2011	72	98	88	74	332
2012	80	93	98	77	348
2013	85	118	108	78	389
2014	85	117	106	81	389
2015	95	132	120	90	437
合计	417	558	520	400	1895
季平均	83.4	111.6	104	80	94.75
季节指数	0.8802	1.1778	1.0976	0.8443	4

表 8-20 中的最后一行即为季节指数。季节指数之和为 4，因此无需进行调整。

对表 8-20 农产品销售额的时间数列资料重新排列(见表 8-21)，利用原时间数列资料拟合出趋势方程：

$$\hat{y}_t = 79.6 + 1.4429t$$

将 $t=1, 2, \cdots, 20$ 代入趋势方程得到趋势值 T，即表 8-21 第 6 列。再用原时间数列除以季节指数 S 和长期趋势值 T，可得循环变动和不规则变动 $C \times I$(表 8-21 中的第 7 列)。最后通过四项移动平均消除不规则变动，即得循环变动系数，见表 8-21 中的最后一列。

表 8-21　商品销售额循环变动计算表

年份	季度	时间标号 t	销售额 y/万元	季节指数 S	长期趋势 T	循环变动和不规则变动 $C\times I$	循环变动 C
2011	1	1	72	0.880 2	81.042 9	1.009 336 9	
	2	2	98	1.177 8	82.485 8	1.008 730 9	
	3	3	88	1.097 6	83.928 7	0.955 274 3	1.004 696 3
	4	4	74	0.844 3	85.371 6	1.026 647 9	0.995 136 7
2012	1	5	80	0.880 2	86.814 5	1.046 926 9	0.985 891 4
	2	6	93	1.177 8	88.257 4	0.894 664 6	0.987 651 0
	3	7	98	1.097 6	89.700 3	0.995 378 1	0.983 909 1
	4	8	77	0.844 3	91.143 2	1.000 621 1	1.004 773 4
2013	1	9	85	0.880 2	92.586 1	1.043 017 9	1.030 533 2
	2	10	118	1.177 8	94.029 0	1.065 488 2	1.029 018 9
	3	11	108	1.097 6	95.471 9	1.030 633 1	1.015 447 3
	4	12	78	0.844 3	96.914 8	0.953 252 0	0.999 031 1
2014	1	13	85	0.880 2	98.357 7	0.981 813 9	0.980 671 4
	2	14	117	1.177 8	99.800 6	0.995 362 2	0.968 705 5
	3	15	106	1.097 6	101.243 5	0.953 881 9	0.973 169 3
	4	16	81	0.844 3	102.686 4	0.934 276 2	0.988 282 3
2015	1	17	95	0.880 2	104.129 3	1.036 500 0	1.005 027 6
	2	18	132	1.177 8	105.572 2	1.061 580 2	1.019 566 6
	3	19	120	1.097 6	107.015 1	1.021 626 4	
	4	20	90	0.844 3	108.458 0	0.982 843 0	

本章小结

(1) 时间数列是把反映某种现象在时间上的发展变化情况的一系列统计指标，依时间先后顺序排列起来所形成的数列。它由现象所属的时间和反映现象在不同时间上数量表现的指标数值两个基本因素所组成，分为总量指标、相对指标和平均指标数列三种。

(2) 时间数列的水平指标包括发展水平、平均发展水平、增长量和平均增长量。其中，平均发展水平是学习的重点和难点。根据总量指标数列计算平均发展水平时，时期数列较为简单，而时点数列则根据已知资料的情况分为四种情况，较为复杂。间隔相等的间断时点数列的计算方法使用最广泛。相对指标和静态平均指标数列计算平均发展水平，要注意分子和分母资料的性质，视具体情况采用相应的计算方法。由序时平均指标计算平均发展水平时，视具体情况采用简单算术平均法或加权算术平均法。增长量分逐期增长量和累计增长量两种，平均增长量是对逐期增长量计算的简单算术平均数。

(3) 时间数列的速度指标有发展速度、增长速度、平均发展速度和平均增长速度。发展速度和增长速度根据采用的基期不同，均分为环比和定基两种速度。增长速度与发展速度的关系是相差100%。为了把速度指标与水平指标相结合，通常采用增长1%的绝对值。平均发展速度和平均增减速度统称为平均速度，它是各个时期环比速度的序时平均数。平均增长速度＝平均发展速度－1。平均发展速度指标的计算方法通常有水平法和累计法。水平法侧重考察最末发展水平，而累计法则侧重考察全期总水平。实际工作中水平法应用更为广泛。

(4) 时间数列的构成因素有长期趋势因素、季节因素、循环性因素、偶然性因素。测定长期趋势的方法主要有时期扩大法、移动平均法和数学模型法，而数学模型法中一般采用最小平方法计算其参数，可进行简捷计算。

思考与讨论

1. 什么是时间数列？时间数列如何进行分类？
2. 时期数列和时点数列有何区别？
3. 编制时间数列的原则是什么？
4. 序时平均数与一般的平均数有何异同点？
5. 定基发展速度和环比发展速度有何联系？
6. 简述时间数列的两种分解模型。
7. 什么是长期趋势？测定长期趋势有何作用？
8. 什么是季节变动？测定季节变动有何作用？

应用能力训练

1. 某企业第三季度各月总产值和工人人数资料如表8-22所示。

表 8－22　某企业第三季度各月产值和工人人数情况

月份	6	7	8	9
总产值/万元	300	380	420	410
月末职工人数/人	50	55	55	52

(1) 试计算第三季度各月的劳动生产率。

(2) 试计算第三季度月平均职工人数。

(3) 试计算第三季度的平均劳动生产率。

(4) 试计算 6 至 9 月总产值的平均增长量。

(5) 分别计算 7 月、8 月和 9 月总产值的环比增长速度。

(6) 试计算 6 至 9 月总产值的平均增长速度。

2. 某地区 1998—2015 年产值(亿元)如表 8－23 所示。

表 8－23　某地区 1998—2015 年产值情况

年份	产值/亿元	年份/亿元	产值/亿元
1998	260	2007	363
1999	272	2008	375
2000	281	2009	385
2001	293	2010	394
2002	306	2011	404
2003	316	2012	415
2004	327	2013	427
2005	338	2014	438
2006	350	2015	448

试分别用时距扩大法和移动平均法测定其长期趋势(时距长度为 3 年)。

3. 利用表 8－23 的数据，试用趋势模型法求出趋势方程，并预测 2016 年的产值。

4. 某工厂 2012—2015 年各季度产品销售量(吨)如表 8－24 所示。

表 8－24　某工厂 2012—2015 年各季度产品销售量

年份	1 季度	2 季度	3 季度	4 季度
2012	480	90	130	510
2013	500	110	140	570
2014	560	110	160	610
2015	600	120	190	620

分别用同期平均法和移动平均趋势剔除法测定销售量的季节变动。

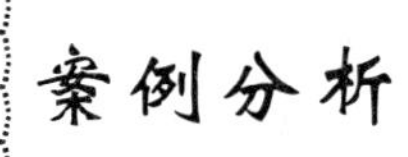

1949 年新中国成立后，社会安定，经济发展，人民的生活水平及医疗卫生条件不断得到改善。人口的发展也出现了新的特征，死亡率大幅度下降，出生率维持在高水平，从而出现了人口自然增长率高的人口高增长状况。20 世纪 80 年代后，国家把实行计划生育、控制人口增长提高到了战略高度，计划生育被确定为一项基本国策，控制人口增长的措施更加严格。

进入20世纪90年代后，随着计划生育工作的不断加强和完善，20世纪80年代人口的高出生率得到控制，并持续稳步下降。从2000年开始，年净增人口低于1000万，中国人口进入平稳增长阶段。

由于计划生育政策，我国少子化现象越来越明显，特别是一些北京、上海这样的大城市，14岁以下孩子所占比重非常低，甚至不到10%；另一方面，60岁以上人口所占比重增长较快，老龄化现象较为严重。有人口专家指出，年龄结构、自然增长率等都与人口发展密切相关，少子化和老龄化应该引起决策层的关注。虽然当前老龄化趋势已不可逆转，但通过及时调整和完善生育政策，可延缓老龄化带来的负面影响。

表8-25　是我国从2010—2015年6年期间各年龄段人口构成比例。

表8-25　全国人口分年龄构成情况

各年龄段人口比重/(%)	2010年	2011年	2012年	2013年	2014年	2015年
0～15岁	16.6	16.5	16.5	17.5	17.5	17.6
16～60岁	74.5	69.8	69.2	67.6	67	66.1
60岁及以上	8.9	13.7	14.3	14.9	15.5	16.3

（数据来源：国家统计局网站 http://www.stats.gov.cn/）

根据上述资料，思考回答以下问题：

1. 画出这六年来我国人口构成比重的折线图。

2. 试计算相关水平指标和速度指标，分析这6年我国人口比重的发展状况。

3. 如果要对2016年的相关指标进行预测，应该如何预测？

4. 结合我国在2013年启动实施的“单独二孩”政策和2015年10月的“全面放开二胎”政策，谈谈你的理解和看法。

第九章　统计指数

【学习目的】

(1) 掌握指数的概念及各种分类方法。

(2) 掌握编制指数的各种理论、方法和原则。

(3) 理解总指数的综合法和平均法在实践中的具体运用情况。

(4) 能运用指数体系进行因素分析。

【案例导入】

《2015 年国民经济和社会发展统计公报》显示，我国 2015 年价格总水平有所上涨，全年居民消费价格比上年上涨 1.4%，居民消费价格水平中，食品价格上涨 2.3%。与此同时，固定资产投资下降 1.8%，工业生产者出厂价格下降 5.2%，工业生产者购进价格下降 6.1%，农产品生产价格下降 1.7%。

资料里面提到的居民消费价格指数(CPI)是我国重要的经济指数，反映与居民生活有关的产品及劳务价格变动情况，通常作为观察通货膨胀水平的重要指标。这是统计指数理论在实践中的具体应用。在这一章中我们将讨论统计指数的基本编制原理及其在实践中的具体应用。

第一节　统计指数的概念和种类

统计指数分析法是经济分析中广泛应用的一种方法。统计指数是一种特殊的相对数，它产生于 18 世纪后半期欧洲资本主义迅速发展时期，最早用于测定物价的变动。此后的 200 多年，其应用逐步扩大到工业生产、进出口贸易、工资、生活费用、成本、劳动生产率、股票证券等各个领域。统计指数已成为社会经济统计中历史最悠久、应用最广泛、同社会经济生活关系最密切的一个组成部分。

一、统计指数的概念和性质

(一) 统计指数的概念

统计指数是人们在统计物价水平的变动中产生和发展起来的，最早可追溯到 1650 年英国人沃汉(R.Voughan)所编制的物价指数上。物价指数最初只反映一种商品价格的变动，即用现行价格与过去价格对比来反映价格的变动情况，后来过渡到综合反映多种商品价格的变动情况。随着社会经济活动的广泛深入与发展，统计指数的运用逐步推广到人们生活和社会经济领域的各个方面，有些数据如商品零售价格指数(Retail Price Index)、居民消费价格指数(Consumer Price Index)等，已同人们的日常生活休戚相关，有些指数如工业生产指数(Industrial Production)、股票价格指数(Stock Price Index)等，则直接影响人们的投资活动，成为社会经济的晴雨表。

就目前应用而言，统计指数的概念可以概括为广义和狭义两个方面。

从广义上讲，一切说明社会经济现象数量对比关系或差异程度的相对数都是指数。它包括不同时间的同类现象、不同空间(地区、部门、单位)的同类现象以及实际与计划对比的相对数，如动态相对数、比较相对数、计划完成程度相对数等都是广义的相对数。例如，根据2015年初步核算，全年国内生产总值676 708亿元，比上年增长6.9%。其中，第一产业增加值608 63亿元，增长3.9%；第二产业增加值274 278亿元，增长6.0%；第三产业增加值341567亿元，增长8.3%。这里出现的动态相对数就是广义的指数。

狭义的指数是一种特殊的相对数，它是指不能直接相加和对比的复杂现象综合变动的相对数。例如，某商场同时销售棉布、鞋帽和成衣等商品，由于这几种商品的使用价值和计量单位不同，因此不能直接相加来对比其报告期和基期的销售量。这时就需要利用指数的原理和方法，编制销售量指数来反映多种商品销售量的综合变动情况。我们常见的如商品零售价格指数、居民价格消费指数、工业生产指数、股票价格指数都属于狭义的指数范畴。本章将重点研究狭义统计指数的编制方法及应用。

(二) 统计指数的性质

为了更好地理解统计指数的含义，我们应明确指数的性质。概括地讲，统计指数具有如下性质：

(1) 综合性。统计指数反映的是复杂现象总体的综合数量变动，是对总体各单位的具体变动抽象综合的结果，而不是某些具体单位的实际变动。

(2) 平均性。统计指数反映的是复杂总体内所有单位变动的平均水平或一般水平。(从方法论的角度看，指数是许多大小不同的个体指数的平均数)

(3) 相对性。相对性有两方面的含义：从形式上看，指数是一种相对数，反映的是相对于所对比水平的平均水平；从编制方法看，在观察某一因素的变动及其影响时，必须假定其它因素不变，也就是说，实际上统计指数反映现象的准确性，也是相对的。

(4) 代表性。代表性也有两方面的含义：一方面，统计指数所反映的数量变动是总体各单位数量变动的代表水平；另一方面，现实生活中编制统计指数时，一般只能选择一部分有代表性的单位进行计算，而不可能把所有的单位都计算在内。

二、统计指数的种类

从不同角度进行出发，统计指数主要的分类有以下几种：

(一) 个体指数、总指数和组指数

按研究对象范围的不同，指数可以分为个体指数(Individual index number)总指数(Aggregative index number)和组指数(Group index number)。

个体指数是反映某一单项事物数量变动的相对数，也叫单项指数，如反映某一产品产量变动的个体产量指数、反映某一商品价格变动的个体价格指数，以及个体销售量指数、个体成本指数等，通常记为$\bar{K}$。

总指数是综合反映复杂经济现象总体数量变动的相对数，如综合反映多种商品价格平均变动程度的价格总指数、综合反映多种产品产量平均变动程度的产量总指数等，通常记为 $\bar{K}$。

组指数又称为类指数，是反映总体中某一类或某一组现象数量变动的相对数。指数分析法常常与统计分组法结合运用，即对总体进行分类或分组，并按组(类)编制指数。这样在总指数与个体指数之间就产生了组(类)指数。例如，零售商品价格总指数可分为食品类价格指数、饮料烟酒类价格指数和服装类价格指数等；工业总产量指数又分为重工业类产量指数和轻工业类产量指数等。组(类)指数本质上也是总指数，只不过它比总指数所包含的范围小，在编制方法上与总指数相同。

个体指数和总指数的划分具有重要的意义。从方法论角度看，个体指数的计算比较简单，完全可以应用普通相对数的方法解决；而总指数的计算则比较复杂，需要研究并建立专门的指数理论和方法。总指数的计算和分析是本章研究的重点。

(二) 数量指标指数和质量指标指数

按指数化指标的性质不同，统计指数分为数量指标指数和质量指标指数。

所谓指数化指标，是指数所要测定其变动的统计指标。

数量指标指数(Quantity Index Number)是根据数量指标计算的，用来反映和说明总体规模或总水平的变动，即数量指标的综合变动，如工业产品产量指数、商品销售量指数、职工人数指数等。

质量指标指数(Quality Index Number)是根据质量指标计算的，用来反映和说明总体内涵数量关系或一般水平变动，即测定质量指标的综合变动，如商品价格指数、工资水平指数、劳动生产率指数、单位成本指数等。

(三) 综合指数、平均指数和平均指标对比指数

按指数计算方法或表现形式不同，统计指数分为综合指数、平均指数和平均指标对比指数。

综合指数是通过两个有联系的综合总量指标的对比计算的总指数，即通过引入同度量因素，将两个时期不同度量现象总体指标过渡到同度量指标，然后进行对比计算出来的相对数，如销售额指数、产品产量指数、GDP 总指数等。综合指数是总指数计算的最基本形式。

平均指数是对个体指数用加权平均法计算出来的总指数，它又分为算术平均数指数和调和平均数指数。

平均指标对比指数是通过两个有联系的(不同时期的)加权算术平均指标对比而计算出来的总指数。

(四) 动态指数和静态指数

按指数所反映的时间状况不同，统计指数分为动态指数和静态指数。

动态指数是说明现象在不同时间上发展变化情况的统计指数。如股票价格指数、社会商品零售价格指数、农副产品产量指数等。根据所选择基期的不同，动态指数又分为环比指数和定基指数。环比指数是指以报告期的前期为基期计算的统计指数。定基指数是指以某一固定时期为基期计算的统计指数。

静态指数是反映社会经济现象在同一时期不同空间对比情况的指数，如计划完成情况指数、地区经济综合评价指数等。

(五) 定基指数和环比指数

按对比时采用的基期不同，指数可以分为定基指数与环比指数。

若在计算指数时，不是仅把两个时期的数值进行对比，而是随时间推移连续编制指数，这就形成了指数数列。在指数数列中，如果各个指数都以某一固定时期作为基期，就得到定基指数；如果各个指数都以报告期的前期作为基期，就得到环比指数。可见，定基指数与环比指数所用的基期不同，但在计算方法上也有一定的内在联系。在对某些现象进行长期比较时，这两种指数都具有很重要的作用。

本章将以各种数量指标和质量指标为例，着重介绍综合指数和平均指数编制方法及其在统计分析中的作用。

三、统计指数的作用

统计指数在统计工作中应用广泛，它的主要作用表现在：

(一) 综合反映现象总体数量的变动方向和变动程度

综合反映不同度量(不能直接相加)现象总体相对变动的方向和程度是统计指数的最基本作用。指数的计算结果用百分数表示，百分比大于100%，说明现象的数量报告期比基期增加；百分比小于100%，则说明现象的数量报告期比基期减少。比100%大多少或小多少，说明总体上升或下降的程度的大小。例如，股票价格指数为103.28%，说明报告期与基期相比，各种股票价格可能有升有降，但总的来说是上升的，上升幅度为3.28%。此外，还可以利用综合指数或综合指数变形形式从它的分子与分母指标的比较中，分析由于指数的变动而产生的实际效果。

(二) 对现象总体进行因素分析

复杂现象的总体一般由多种因素构成，总体的变动是各构成因素变动综合影响的结果。例如：

(1) 商品销售额＝商品销售量×单位商品价格；

(2) 工业产品产量＝工人人数×工人劳动生产率；

(3) 农作物收获量＝播种面积×单位面积产量。

可见，商品销售额的变动取决于销售量和价格的变动；工业产品产量的变动取决于工人人数和工人劳动生产率的变动；农作物收获量的变动取决于播种面积和单位面积产量的变动等。统计指数是利用各因素之间的联系编制的，各个因素指数又相互构成指数体系。因此，可以利用指数体系来分析某一社会经济现象总体变动中，各构成因素对总体的影响方向和影响程度。

(三) 分析社会经济现象在长时期内的发展变化趋势

运用编制的动态指数所形成的连续指数数列，可以反映事物的发展变化趋势(见表9-1)。这种方法特别适合于对比分析有联系而性质又不同的动态数列之间的变动关系，因为用指数的变动进行比较，可以解决不同性质数列之间不能对比的困难。

表 9-1　2004—2014 年我国物价环比指数及增减程度数列

年 份	零售物价指数/(%)	居民消费价格指数/(%)	零售物价增减/(%)	居民消费价格增减/(%)
2004	102.8	103.9	−2.8	3.9
2005	100.8	101.8	0.8	1.8
2006	101.0	101.5	1.0	1.5
2007	103.8	104.8	3.8	4.8
2008	105.9	105.9	5.9	5.9
2009	101.4	101.9	1.4	1.9
2010	103.1	103.3	3.1	3.3
2011	104.9	105.4	4.9	5.4
2012	102.0	102.6	2.0	2.6
2013	101.4	102.6	1.4	2.6
2014	101.0	102.0	1.0	2.0

（资料来源：国家统计局网站数据库）

从表 9-1 可知，我国的居民消费价格指数从 2004 年到 2014 年期间，经历了阶段性的变化过程，反映了我国近年来的经济运行状况，这也是国家制定和实施宏观经济调控政策的直观依据和成果。

(四) 对经济现象进行综合评价和测定

指标体系的选择是统计综合评价过程中最重要的环节，对于整个评价活动的成败具有关键作用。例如，可以运用综合指数法评价和测定一个地区和单位经济效益的高低；利用平均指数法测定技术进步的程度及其在经济增长中的作用；利用指数法原理建立对国民经济发展变动的评价和预警系统。

第二节　综合指数的编制和应用

指数方法论主要研究总指数的编制方法问题。总指数的任务是：综合测定由不同度量单位的许多产品或商品所组成的复杂现象总体数量方面的总动态。

总指数的编制方法有两种，即综合指数和平均指数。两种方法有一定联系，也各有特点。本节和本章第三节将分别阐述综合指数和平均指数的具体编制方法和原则。

一、综合指数的编制方法

(一) 编制综合指数的基本思路

综合指数(Aggregative Index Number)是通过对两个时期不同、范围相同的多要素现象同度量综合之后，进行总体数量对比得出的总指数。

综合指数的计算特点就是：先综合，后对比。现象总体各个个体由于使用价值不同，计量单位不同，所以其数量表现不能直接加总或对比，这种现象叫做不同度量。因此，综合指数的编制首先应该解决加总问题，然后解决对比问题。

下面通过一个例子来说明综合指数编制的基本编制原理。

【例 9-1】 假设某商店有三种商品的销售量和价格资料，如表 9-2 所示。

表 9-2 某商场三种商品的价格和销售量表

商品名称	计量单位	商品销售量		销售价格/元	
		基期 q_0	报告期 q_1	基期 p_0	报告期 p_1
棉布	米	420	466	30	25
衣服	件	240	240	40	43
风扇	台	188	160	20	20

根据表 9-2，可分别计算该商店的三种商品销售量的个体指数如下：

$$k_{棉布}=\frac{q_1}{q_0}=\frac{466}{420}=110.95\%$$

$$k_{衣服}=\frac{q_1}{q_0}=\frac{240}{240}=100\%$$

$$k_{扇}=\frac{q_1}{q_0}=\frac{160}{188}=85.11\%$$

这三个数值就是个体指数，在计算方法上没有什么困难，但是如果我们要综合观察三种商品总的销售量报告期比基期变动了多少，由于三种商品的计量单位不同、使用价值不同，销售量不具有直接的可加性，就需要借助指数方法论来解决问题了。

综合法指数是通过两个时期的综合总量对比来计算的总指数。在求综合法指数之前应解决如下两个问题。

1. 引入同度量因素

通过同度量因素的引入，把不能直接加总的指标过渡为可以直接相加、直接对比的指标。

所谓同度量因素，是指在编制综合指数时，将不能直接相加的因素转化为能够直接相加的量的媒介因素。虽然不同商品的价格因计量单位不同是不能相加的，但由于销售额＝销售量×销售单价，而价格乘以销售量转化为销售额就可以相加，在这里，销售量实际起到了一种媒介作用，它使本身不能直接加总的单价变成了可以加总的销售额，所以销售量对价格来讲就是同度量因素。

作为同度量因素的基本要求则是：它与指数化指标相乘应具有实际经济意义。同度量因素的作用主要表现在两个方面：① 同度量作用，即使不能相加的现象数量过渡到可以相加的现象数量；② 权数的作用，即权衡各个不同变量值在总体变动中的作用。

所以，我们通过加总后的报告期销售额与基期销售额对比来反映销售额的总变动情况，由此得到销售额指数的计算公式表示为

$$I_{qp}=\frac{\sum p_1q_1}{\sum p_0q_0}\times 100\% \tag{9.1}$$

根据表 9－2 可计算出：

$$I_{qp}=\frac{\sum p_1q_1}{\sum p_0q_0}\times 100\%$$

$$=\frac{25\times 466+43\times 240+20\times 160}{30\times 420+40\times 240+20\times 188}\times 100\%$$

$$=\frac{25170}{25960}\times 100\%=96.96\%$$

$$\sum p_1q_1-\sum p_0q_0=25170-25960=-790(\text{元})$$

以上结果说明，报告期三种商品销售额比基期减少了 3.04%，即减少了 790 元。销售额的变动反映的是销售量和价格共同变动的结果，但是如果需要单独测定销售量或价格的变动程度，该怎么办呢？这就需要进入下一个问题。

2. 固定同度量因素

引入同度量因素后，现象总量的变动中既包含了所研究现象(指数化指标)的变动，也包含了同度量因素的变动，于是还必须将同度量因素的水平固定在同一时期，使所得的现象总量的变动只反映指数化指标的变动。

仍以表 9－2 的资料为例，如果要测定三种商品总销售量因素的变动程度，就必须假设价格不变，即将同度量因素—销售价格固定在某一水平(如基期价格、报告期价格或固定价格水平)上，消除价格因素变动的影响，只反映销售量一个因素的变动情况，这样对比的相对数就是销售量指数。其计算公式可表示为

商品销售量综合指数：

$$I_q=\frac{\sum q_1p}{\sum q_0p} \tag{9.2}$$

式(9.2)中，I_q 代表销售量指数，p 是指各种商品某一时期的价格(可以是 p_0 或 p_1)。分子和分母都是销售总额，但其中价格因素 p 是被固定在同一时期的，所以分子分母两个销售总额对比的结果中消除了价格因素的影响，只反映的是销售量一个因素的变动综合程度。

同理，如果要测定价格因素的变动情况，也需将对应的商品销售量固定在某一水平上，消除销售量因素变动的影响，只反映价格一个因素的变动情况，这样对比的相对数就是价格指数。其计算公式可表示为

商品价格综合指数：

$$I_p=\frac{\sum p_1q}{\sum p_0q} \tag{9.3}$$

式(9.3)中，I_p 代表价格指数，q 是指各种商品某一时期的销售量(可以是 q_0 或 q_1)。分子和分母都是销售总额，但其中销售量因素 q 是被固定在同一时期的，所以分子分母两个销售总额对比的结果中消除了销售量因素的影响，只反映的是价格一个因素的变动综合程度。

式(9.2)和式(9.3)两个指数都是通过两个综合总量对比来计算的指数，它们综合反映

了多个个体的变动程度，称为综合指数。综合指数中指数所要测定其变动的因素称为指数化指标，那个被固定的因素称为同度量因素。具体地讲，销售量综合指数中，销售量就是指数化指标，同度量因素是价格；价格综合指数中，价格就是指数化指标，同度量因素是销售量。

经过上面两步后，再将两个时期的现象总量对比所得的指数就是综合法指数。但同时，我们发现还有一个关键的问题需要解决，那就是固定的同度量因素所属时期的选择问题，即同度量因素应固定在哪一期？是基期还是报告期？

实际上，这一直是国内外统计理论界长期争论的一个主要问题。我们应当从实际出发，根据编制指数的目的、任务与研究对象的经济内容来确定。

(二) 综合指数的常用编制方法

常用的综合指数编制方法主要有以下几种。

1. 拉氏指数(Laspeyres index)

拉氏指数是1864年德国学者拉斯贝尔斯(Laspeyres)提出的一种指数计算方法。其特点是:无论是编制商品销售量综合指数(数量指标综合指数)，还是编制商品价格综合指数(质量指标综合指数)时，都应当将同度量因素固定在基期，单纯地反映指数化指标的综合变动。具体编制方法如下：

销售量综合指数：

$$\overline{K_q}=\frac{\sum q_1p_0}{\sum q_0p_0} \tag{9.4}$$

价格综合指数：

$$\overline{K_p}=\frac{\sum q_0p_1}{\sum q_0p_0} \tag{9.5}$$

我国统计实践中，在编制数量指标指数时，多用拉氏指数公式，即一般将其同度量因素固定在基期水平上。这是因为编制销售量指数的目的，在于综合反映多种商品销售量的变动，即从总体来说是增加了还是减少了，增加或减少的幅度有多大，以及由此带来的经济效果如何。式(9.4)(拉氏公式)计算销售量指数，是假定价格不变，报告期销售总额的计算不受价格变动的影响，因而，对比的结果纯粹反映了销售量的变动方向和程度。可见，由基期价格作为同度量因素计算销售量总指数，是符合研究目的的。用这一指数公式编制定基指数数列时，由于各指数的分母 $\sum q_0p_0$ 相同，因此指数间还可以相互比较，便于说明所研究的现象变化的程度及其规律性。

【例9-2】 仍以表9-2所示资料为例，选择拉氏指数计算销售量综合指数如下：

$$\overline{K_q}=\frac{\sum q_1p_0}{\sum q_0p_0}=\frac{30\times 466+40\times 240+20\times 160}{30\times 420+40\times 240+20\times 188}\times 100\%=103.16\%$$

$$\sum q_1p_0-\sum q_0p_0=26780-25960=820(\text{元})$$

这个计算结果反映了以下三个问题：

(1) 多种商品销售量综合变动的方向以及变动程度。三种商品销售量有增有减，但总体变动方向是增长，且增长了 3.16%。

(2) 商品销售量的变动对商品销售额的影响程度。商品销售量增长了 3.16%，说明它的变动使商品销售额增加了 3.16%。

(3) 分子和分母的差额说明了由于商品销售量变动对销售额绝对值的影响。由于销售量比基期增长了 3.16%，因此在其他因素不变的前提下(如价格不变，维持在基期水平)，仅销售量的影响将导致销售额增加 820 元。

2. 帕氏指数(Paasche index)

帕氏指数是 1874 年德国学者帕煦(Paasche)所提出的一种指数计算方法。其特点是：无论是编制商品销售量综合指数(数量指标综合指数)，还是编制商品价格综合指数(质量指标综合指数)时，都应当将同度量因素固定在报告期，单纯地反映指数化指标的综合变动。具体编制方法如下：

销售量综合指数：

$$\overline{K_q}=\frac{\sum q_1 p_1}{\sum q_0 p_1} \tag{9.6}$$

价格综合指数：

$$\overline{K_p}=\frac{\sum q_1 p_1}{\sum q_1 p_0} \tag{9.7}$$

我国统计实践中，在计算质量指标指数时，多用帕氏指数公式，即一般将同度量因素固定在报告期。这主要是因为：以报告期商品销售量作为同度量因素，才能正确反映当前全部商品价格的总变动，使物价指数具有现实的经济意义。例如，检查成本计划执行情况时，需要编制成本计划完成指数，其同度量因素是计划数量指标，主要目的在于维护企业计划的严肃性，避免实际情况脱离计划要求。如果用基期商品销售量作为同度量因素，就会脱离现实经济生活，不符合统计研究的目的。

仍以表 9-2 为例，选择帕氏指数计算价格综合指数如下：

$$\overline{K_p}=\frac{\sum q_1 p_1}{\sum q_1 p_0}=\frac{25\times 466+43\times 240+20\times 160}{30\times 466+40\times 240+20\times 160}\times 100\%=93.99\%$$

$$\sum q_1 p_1-\sum q_1 p_0=25170-26780=-1610(\text{元})$$

这个结果反映了以下三个问题：

(1) 多种商品价格综合变动的方向以及变动程度。三种商品的价格有增有减，但总体变动方向是下降，且下降了 6.01%。

(2) 商品价格的变动对商品销售额的影响程度。商品价格下降了 6.01%，说明它的变动使得商家的收入减少了 6.01%。

(3) 分子和分母的差额说明了由于价格对商家销售收入绝对值的影响。在其他因素不变(销售量保持基期水平)前提下，由于价格总水平的下降，使销售额下降了 6.01%，销售额减少了 1610 元。

由此，综合指数的编制原则可以归纳如下：编制数量指标综合指数，一般是以质量指标作为同度量因素，并将其固定在基期水平，即采用拉式指数计算公式；而编制质量指标综合指数，一般是以数量指标作为其同度量因素，并且固定在报告期水平，即采用帕式指数计算公式。应该注意的是，立足于现实经济意义的分析来确定综合指数中的同度量因素所属时期具有普遍的应用意义，但不是固定不变的原则，因而不能机械地加以应用。编制综合指数，往往要注意研究现象总体的不同情况以及分析任务的不同要求，来具体确定同度量因素所属时期。

综上，综合指数的编制方法可用一句话来概括：先综合后对比，即

(1) 引入同度量因素。同度量因素是在编制综合指数时使不能直接相加或对比的现象转化为可以相加或对比的因素，它与研究的指标相乘要有意义。如编制价格指数时，引入产量作为同度量因素，价格×产量=产值。

(2) 将同度量因素固定，使综合数值的变化中不含同度量因素变化的影响，而只包含所研究指标变动的影响。如编制价格指数时，将产量固定在报告期。

(3) 同度量因素固定时期的选择(我国目前的做法)是：编制数量指标指数用基期的质量指标作同度量因素，编制质量指标指数用报告期的数量指标指数作同度量因素。

(三) 其他形式的综合指数

在国外，有关同度量因素所属时期的确定问题，不存在统一的固定模式，以下是一些其他形式的综合指数计算公式。

1. 阿瑟(An Young)指数

阿瑟·杨格指数将同度量因素固定在某个特定的时间。其计算公式如下：

物量指数：

$$K_q = \frac{\sum p_a q_1}{\sum p_a q_0} \tag{9.8}$$

物价指数：

$$K_p = \frac{\sum p_1 q_a}{\sum p_0 q_a} \tag{9.9}$$

2. 马歇尔-埃奇沃思(Marshall-Edgeworth)指数

马歇尔-埃奇沃思指数将同度量因素固定为基期和报告期的平均水平上。其计算公式如下：

物量指数：

$$K_q = \frac{\sum q_1 \times (\frac{p_0 + p_1}{2})}{\sum q_0 \times (\frac{p_0 + p_1}{2})} = \frac{\sum q_1 p_0 + \sum q_1 p_1}{\sum q_0 p_0 + \sum q_0 p_1} \tag{9.10}$$

物价指数：

$$K_p = \frac{\sum p_1 \times (\frac{q_0 + q_1}{2})}{\sum p_0 \times (\frac{q_0 + q_1}{2})} = \frac{\sum p_1 q_0 + \sum p_1 q_1}{\sum p_0 q_0 + \sum p_0 q_1} \tag{9.11}$$

3. 费歇尔(Fisher)指数

费歇尔指数是拉氏指数和派氏指数的几何平均数。其计算公式如下：

物量指数：

$$K_q=\sqrt{\frac{\sum q_1p_0}{\sum q_0p_0}\times\frac{\sum q_1p_1}{\sum q_0p_1}} \tag{9.12}$$

物价指数：

$$K_p=\sqrt{\frac{\sum p_1q_0}{\sum p_0q_0}\times\frac{\sum p_1q_1}{\sum p_0q_1}} \tag{9.13}$$

二、综合指数的意义和局限性

(一) 意义

(1) 综合指数以不同时期的总量指标对比为基础，分子和分母都是全面的绝对量，所以能完善地反映所研究对象的经济内容；

(2) 运用综合指数可对现象变动产生的效果从绝对量和相对量两个方面进行分析；

(3) 运用综合指数可以建立指数体系，对现象进行因素分析。

(二)局限性

(1) 对资料要求严格，必须根据全面资料编制，所以其应用受到资料条件的限制；

(2) 编制过程要用到根据不同时期的数量指标和质量指标计算的综合总量，这对于较大范围的复杂总体是难以做到的。

第三节　平均指数的编制和应用

通过本章第二节的学习，我们知道编制综合指数时，必须具有商品销售量和价格的基期及报告期的全面资料。但在实际情况中，很多时候很难取得这种全面的资料。这样，综合指数公式在实际应用上就受到了一定的限制，这时需要寻求总指数的另一种编制方法，平均指数就是利用非全面资料计算总指数的一种有效方法。

一、平均指数的定义和编制原理

(一) 平均指数的概念

平均指数(Average index number)是将各个个体指数进行综合平均而得到的一种总指数形式。平均指数和综合指数既有区别又有联系，两者的联系在于：在一定的权数条件下，平均指数就是综合指数的一种变形，但作为一种独立的总指数形式，平均指数在实际应用中不仅作为综合指数的变形使用，而且它本身也有着独特的、广泛的应用价值。

(二) 平均指数的编制原理与方法

平均指数是通过对个体指数进行加权平均计算的总指数。其实质是以个体指数为变量，以个体在总体中的地位为权数，对个体指数加权平均以测定不同个体的平均变动，它是从个体指数出发编制的总指数。

编制平均指数的基本方法是：先对比，后平均(综合)。所谓先对比，是指先计算个体指数：$K_q=q_1/q_0$ 或 $K_p=p_1/p_0$；所谓后平均，则是将个体指数赋予适当的权数 q_0p_0 或 q_1p_1，加以平均得到总指数之分。由于使用的求平均数的方法不同，平均指数主要有加权算术平均指数和加权调和平均指数两种基本形式。

二、加权平均指数的编制方法

(一) 加权算术平均指数

所谓加权算术平均指数，是将各种产品或商品的数量指标的个体指数进行算术平均而得出的总指数。若以 K_q 表示各产品或商品数量指标的个体指数，即

$$K_q=\frac{q_1}{q_0}$$

则加权算术平均指数的计算公式为

$$\overline{K_q}=\frac{\sum K_q q_0 p_0}{\sum q_0 p_0}\times 100\% \tag{9.14}$$

式中，q_0p_0 表示基期总值指标，如果将 q_0p_0 等同于 f，将 K_q 等同于 x，那么，$\sum K_q q_0 p_0/\sum q_0 p_0$ 实际上就是 $\sum xf/\sum f$，所以这是一种加权算术平均数形式的指数。以 q_0p_0 为权数计算的算术平均指数是比较常见的形式。

下面通过实例说明利用加权算术平均法编制数量指标总指数的方法和步骤。

【例 9-3】 某百货商店四种商品报告期和基期的销售资料见表 9-3 中的(1)、(2)、(3)栏，根据表中资料，编制销售量指数，并解释其经济意义。

表 9-3 某百货商店商品销售情况统计表

商品名称	计量单位	销售量		基期销售额/万元	个体销售量指数 K_q	$K_q q_0 p_0$
		q_0	q_1	q_0p_0	$\frac{q_1}{q_0}$	
		(1)	(2)	(3)	(4)	(5)
甲	床	1500	1980	6.2	1.32	8.18
乙	个	500	520	3.1	1.04	3.22
丙	辆	700	680	3.9	0.97	3.78
丁	台	450	615	2.4	1.37	3.29
合计				15.6		18.47

解 根据表中第(1)、(2)栏资料，先计算各数量指标的个体指数 $K_q=\frac{q_1}{q_0}$，见表中第(4)栏；然后分别乘以基期销售额 q_0p_0，得到 $K_q q_0 p_0$，见表第(5)栏；求和得到两个总量指标，由公式(9.14)，可得到销售量指数 $\overline{K_q}$。

$$\overline{K_q}=\frac{\sum K_q \cdot p_0 q_0}{\sum p_0 q_0}=\frac{8.18+3.22+3.78+3.29}{6.2+3.1+3.9+2.4}$$

$$=\frac{18.47}{15.6}=118.4\%$$

$$\sum K_q \cdot q_0 p_0-\sum q_0 p_0=18.47-15.6=2.87\ (\text{万元})$$

计算结果表明：该百货商店四种商品的销售量报告期比基期增长了18.44%，由于销售量的增长，使报告期的销售额比基期增加了2.87万元。

在公式(9.14)中，由于 $K_q=\frac{q_1}{q_0}$，则 $q_1=K_q \cdot q_0$，代入公式(9.14)，可得到如下公式：

$$\overline{K_q}=\frac{\sum q_1 p_0}{\sum q_0 p_0}$$

这说明，用基期价值量 $q_0 p_0$ 为权数，采用加权算术平均法得到的算术平均指数，实际上为拉氏数量指标总指数，故可以说该公式是数量指标综合指数的变形公式。

需要指出的是，公式中以 $q_0 p_0$ 作为权数，是加权算术平均数变为拉氏综合指数的基本条件。若用 $q_0 p_0$ 以外的任何其他权数，加权算术平均指数都不能变形为拉氏综合指数。

综上，我们可以总结出数量指标指数的计算方法如下：

(1) 当掌握资料全面时，采用拉氏公式进行计算；

(2) 若掌握资料不全，则可借助个体数量指标指数进行加权算术平均指数的计算。

(二) 加权调和平均指数

所谓加权调和平均指数，是将各种产品或商品的质量指标的个体进行调和平均而得出的总指数。若以 K_p 表示各产品或商品质量指标的个体指数，$K_p=p_1/p_0$，则调和平均数的计算公式为

$$\overline{K_p}=\frac{\sum q_1 p_1}{\sum \frac{q_1 p_1}{K_p}}\times 100\% \tag{9.15}$$

式中，$q_1 p_1$ 为权数，如果将 $q_1 p_1$ 等同于 m，将 K_p 等同于 x，那么，$\frac{\sum q_1 p_1}{\sum \frac{q_1 p_1}{K_p}}$ 实际上就是 $\frac{\sum m}{\sum \frac{m}{x}}$，所以说这是一种加权调和平均数形式的指数。

下面通过实例说明利用加权调和平均法编制数量指标指数的方法和步骤。

【例9-4】 某供销社产品收购价格资料见表9-4中的(1)、(2)、(3)栏，根据表中资料，编制收购价格指数，并解释其经济意义。

表 9-4 某商业企业农产品收购价格情况统计表

产品名称	计量单位	收购价格/元		报告期收购额/万元	个体价格指数/(%)	$\frac{q_1 p_1}{K_p}$
		p_0	p_1	$Q_1 p_1$	$\frac{q_1}{q_0}$	
		(1)	(2)	(3)	(4)	(5)
甲	千克	2.55	2.83	3.58	1.1098	3.2258
乙	千克	3.35	3.50	15.62	1.0448	14.9506
丙	千克	4.62	4.65	6.76	1.0065	6.7164
合计				25.96		24.8928

解 根据表中第(1)、(2)栏资料，先计算各质量指标的个体指数 $K_p = p_1/p_0$，见表中第(4)栏；然后以其倒数分别乘以报告期销售额 $q_1 p_1$，得到 $q_1 p_1/K_p$，见表第(5)栏；求和得到两个总量指标 $\left(\sum q_1 p_1/K_p\right)$，$\sum q_1 p_1$，由公式(9.15)，可得到收购价格指数 $\overline{K_p}$ 如下：

$$\overline{K_p} = \frac{\sum p_1 q_1}{\sum \frac{q_1 p_1}{K_p}} = \frac{25.96}{24.8928} = 104.29\%$$

$$\left(\sum q_1 p_1 - \sum \frac{q_1 p_1}{K_p}\right) = 25.96 - 24.8928 = 1.0672(\text{万元})$$

计算结果表明：该供销社的农副产品收购价格报告期比基期增长了 4.29%；由于收购价格的增长，使得报告期的收购金额比基期增加了 10672 元。

由于 $K_p = p_1/p_0$，则 $p_0 = p_1/K_p$，代入式(9.15)可得到如下公式：

$$\overline{K_p} = \frac{\sum p_1 q_1}{\sum p_0 q_1}$$

这说明，用报告期价值量 $q_1 p_1$ 为权数，采用加权调和平均法得到的加权调和平均指数，实际上为帕氏质量指标总指数，故可以说该公式是质量指标综合指数的变形公式。

需要指出的是，公式中以 $q_1 p_1$ 作为权数，是加权算术平均数变为帕氏综合指数的基本条件。若用 $q_1 p_1$ 以外的任何其他权数，加权算术平均指数都不能变形为帕氏综合指数。

综上，我们可以总结出质量指标指数的计算方法如下：

(1) 当掌握资料全面时，采用帕氏公式进行计算。

(2) 若掌握资料不全，可借助个体质量指标指数进行加权调和平均指数的计算。

三、固定权数平均指数

用平均指数的形式编制总指数比综合指数形式更为简化，但前面介绍的加权算术平均指数和加权调和平均指数计算公式中的权数都是以绝对数的形式出现的，但在实际应用中，常常把这些权数用比重的形式固定下来，一段时间内不作变动，这种权数称为固定权数，用符号 W 表示，$\sum W = 100$。我国居民消费价格指数的编制，采用的就是固定权数的方法。

固定权数指数在实际应用时也不严格区分数量指标指数和质量指标指数，其形式为

$$\overline{K_q}=\frac{\sum K_q W}{\sum W}$$

$$\overline{K_p}=\frac{\sum W}{\sum \frac{W}{K_p}}$$

【例 9－5】 某地区各类商品个体指数及权数如表 9－5 所示，求综合指数。

表 9－5　某地区居民消费指数统计表

商品类别和名称	权数 W	个体指数/(%)
(一) 食品类	46	117.37
(二) 衣着类	10	108.34
(三) 家庭设备及用品	12	112.00
(四) 医疗保健类	8	108.42
(五) 交通和通信类	6	124.28
(六) 娱乐教育文化用品类	7	108.54
(七) 居住类	8	110.84
(八) 服务项目类	3	106.87
合计	100	-

解　计算公式为

$$\overline{K_q}=\sum K_p \cdot W \tag{9.16}$$

把各大类指数乘以相应的权数即得到总指数：

$\overline{K_p}=\sum K_p W=117.37\%\times 0.46+108.34\%\times 0.10+112\%\times 0.12+108.42\%\times 0.08+124.28\%\times 0.06+108.54\%\times 0.07+110.84\%\times 0.08+106.87\%\times 0.03=114.07\%$

在国外统计工作实践中，为了简化加权算术平均数指数的计算，常常使用经过调整的不变权数，即固定权数的加权算术平均数物量指数。例如，我们常见的商品零售价格指数、生活费用价格指数、农产品收购价格指数、消费品价格指数、工业生产指数都是用固定权数平均数指数的形式计算的。不少国家编制的工业生产指数就是直接利用工业产品产量代表产品的个体产量指数，然后以部门工业增加值在全部工业增加值中所占比重为固定权数，利用加权算术平均法来计算整个工业生产的发展速度的。

四、平均指数与综合指数的比较

平均指数和综合指数是计算总指数的两种形式，它们之间既有区别，又有联系。二者的区别表现在以下方面：

(1) 计算程序不同。平均指数先计算个体指数，再综合平均，即先对比、后平均；综合指数先引进同度量因素后再加总对比，即先综合、后对比。

(2) 计算条件不同。平均指数既可以用全面资料，也可以用非全面资料，实用性强；

综合指数必须根据全面资料进行编制。

(3) 计算权数不同。平均指数可以用实际资料做权数，也可用固定权数；综合指数只能用实际资料做权数。

(4) 计算意义不同。平均指数只能反映现象变动的相对程度；综合指数能从相对数和绝对数两个方面反映现象的变动状况。

平均指数和综合指数又存在密切的联系，二者的联系主要表现在：一是综合指数和平均指数都是反映多项事物综合变动情况的相对数，从概念上讲，它们都属于总指数的范畴；二是在一定的权数条件下，两类指数间有变形关系。由于这种变形关系的存在，当掌握的资料不能直接用综合指数形式计算时，可用它的变形平均指数形式计算，这种条件下的平均指数与其相应的综合指数具有完全相同的经济意义和计算结果。

第四节　指数体系与因素分析

指数体系与因素分析是本章的另一重要内容。社会经济现象之间总是相互联系的，其变动往往要受到多种因素变动的影响，即某一现象往往可以分解为两个或多个现象(或影响)因素的乘积。这些构成因素一般为数量指标因素和质量指标因素。对于这类现象，仅靠单个指数进行分析是无能为力的，必须借助于指数体系做更深入的研究和探索，才能说明影响因素的关系。

指数体系是因素分析的基础。因素分析是在定性分析的基础上，依据指数体系中各指数间的联系，分别分析各因素对研究对象在数量上的影响程度及绝对量。具体分析的角度可以是多种多样的：分析的对象可以是简单现象，也可以是复杂现象；分析的指标可以是总量指标，亦可以是平均指标；分析因素的个数可以是两因素，还可以是多因素。选择哪种角度进行分析，应根据分析的目的来确定。

一、指数体系

(一) 指数体系的含义

所谓指数体系，是指若干个内容上相互关联的统计指数所结成的体系，即由若干有关指数所形成的数量关系式，这种关系表现为：一个总量指数等于各因素指数的乘积。例如：

销售额指数＝销售量指数×销售价格指数

总成本指数＝产量指数×单位成本指数

原材料消耗额指数＝产品产量指数×单位产品原材料消耗量指数×单位产品原材料价格指数

这些指数体系都是建立在有关指数化指标之间的经济联系基础上的，因而它们具有非常实际的经济分析意义。

(二) 指标体系的作用

(1) 利用指数体系可以进行指数之间的相互推算。

在统计研究和统计实践中，常常缺乏一些必要的统计资料。为此，就要根据社会经济现象之间的内在联系，由已知资料对所需资料进行推算。例如，利用销售额指数和价格总指数可以推算销售量总指数，利用总成本指数和单位成本指数可以推算产量指数。

(2) 指数体系为因素分析提供基础和前提条件。

利用指数体系不仅可以对现象总变动给予提示，同时还可以反映总变动中各因素的影响方向和影响程度，从而从深层次上对现象变动规律予以提示和反映。例如，根据不同时期工业总产值指数，可以分析工业产品总量指数和单位产品价格指数的变动对其的影响程度和增减量。利用指数体系对现象进行因素分析的方法就叫因素分析法，它是统计分析中广泛应用的一种重要分析方法。

二、因素分析概述

(一) 因素分析的概念

所谓因素分析，是指根据指数体系中多种因素影响的社会经济现象的总变动，分析各因素的影响程度的一种统计分析方法。在总指数的编制中，某些社会经济现象客观上可分解为两个或两个以上因素的组合，如销售额的变动受销售量和价格变动两个因素的影响，而原材料费用支出总额受产量、单耗和原材料价格三个因素的影响。分析时，要固定一个或几个因素，仅观察其中一个因素的变动情况，从而揭示出现象动态中的具体情况和原因。这种方法称为因素分析法。

(二) 因素分析的种类

1. 总量指标变动因素分析和平均指标、相对指标变动因素分析

按分析指标的表现形式不同，可分为总量指标变动因素分析和平均指标、相对指标变动因素分析。总量指标可分解为质量型和数量型因素指标，平均指标可分解为质量型和结构型因素指标。相对指标一般表现为无名数(强度指标除外)，因素影响量的涵义比较抽象。因此，在应用时要慎重，注意对影响涵义的具体阐明。

2. 两因素分析和多因素分析

按影响因素的多少不同，可分为两因素和多因素分析。与两因素分析比较而言，多因素分析在方法上有一些特殊的问题需要注意。

(三) 因素分析的基本要点和步骤

1. 因素分析的基本要点

(1) 根据被研究现象各因素之间的客观内在联系，建立指数体系，这是因素分析的前提。

(2) 在分析现象总变动中某一个因素的变动影响时，必须假定其他因素不变。

(3) 要按照被研究现象的内在规律，合理地确定各因素排列的先后顺序。

(4) 因素分析的结果要符合指数体系的基本涵义。相对数分析要求总变动指数等于各因素指数的乘积；绝对数分析要求各变动绝对额等于各因素变动影响的绝对额之和。

2. 因素分析的步骤

(1) 计算总变动指数，测定总变动的程度和绝对额。

(2) 分别计算各因素指数，测定变动影响的程度和绝对额。

(3) 根据指数体系从相对数和绝对数两方面对各影响因素综合分析。

三、因素分析的应用

（一）总量指标的因素分析

1. 总量指标的两因素分析

总量指标变动的两因素分析就是将作为研究对象的总量指标分解为两个因素，分别从相对数和绝对数两方面测定各因素对总量指标变动的影响方向和影响程度。

【例 9-6】 设某商场甲、乙、丙三种商品的价格和产量资料如表 9-6 所示，试对该商场销售额的变动进行因素分析。

表 9-6　商品销售量和商品价格资料

商品名称	计量单位	销售量		价格/元	
		基期 q_0	报告期 q_1	基期 p_0	报告期 p_1
甲	件	48	60	20	20
乙	千克	50	60	10	8
丙	米	20	18	30	36

解　第一步，计算销售额的总变动程度和绝对额。

销售额的总变动程度：

$$\frac{\sum q_1 p_1}{\sum q_0 p_0}=\frac{2328}{2060}=113.01\%$$

销售额增长的绝对额：

$$\sum q_1 p_1-\sum q_0 p_0=2328-2060=268(\text{元})$$

第二步，分别计算价格和销售量两个因素变动影响的程度和绝对额。

(1) 价格变动对销售额的影响：

$$\text{价格指数}=\frac{\sum p_1 q_1}{\sum p_0 q_1}=\frac{1200+480+648}{1200+600+540}=\frac{2328}{2340}=99.49\%$$

价格下降使销售额减少的绝对额：

$$\sum q_1 p_1-\sum q_1 p_0=2328-2340=-12(\text{元})$$

(2) 销售量变动对销售额的影响：

$$\text{销售量指数}=\frac{\sum q_1 p_0}{\sum q_0 p_0}=\frac{2340}{2060}=113.59\%$$

销售量增长使销售额增加的绝对额：

$$\sum q_1 p_0-\sum q_0 p_0=2340-2060=280(\text{元})$$

第三步，根据指数体系，从相对数和绝对数两个方面进行综合分析。

相对数体系：价格指数、销售量指数和销售额指数之间的关系为

$$99.49\%\times 113.59\%=113.01\%$$

绝对数体系：价格下降使销售额减少的绝对额＋销售量增长使销售额增加的绝对额＝

销售额增长的绝对额，即

$$(-12)+280=268(\text{元})$$

分析数字表明，报告期与基期相比，商品的销售额上升了13.01%，这是由于销售量上升了13.59%和销售价格下降了0.51%共同作用的结果；商品的销售额绝对额增加268元，这是由于销售量上升使销售额增加了280元和销售价格下降使销售额减少了12元综合影响的结果。

2. 总量指标的多因素分析

一个复杂的经济总量指标，如果受三个或三个以上的因素影响，则对这个总量指标的多因素分析称为总量指标的多因素分析。例如，影响原材料费用总额的因素，可以分解为产品产量、单位产品原材料消耗量和单位原材料价格三个因素。又如，影响企业利润总额的因素，可以分解为产品的销售量、单位产品的价格和利润率三个因素。

其分析的原理和两因素分析基本相同，但由于包括的因素较多，要注意的是，对各因素的排列顺序，要具体分析现象的经济内容，根据现象的内在联系加以确定。另外，各因素一般是按照数量指标因素在前、质量指标因素在后的原则来排列的。

【例9-7】 某企业生产甲、乙、丙三种产品，其产品产量、单位产品的原材料消耗量及单位原材料价格如表9-7所示，试对该企业原材料费用总额的变动进行多因素分析。

表9-7 总量指标变动的多因素分析计算表

原材料种类	产品种类	生产量		单位产品原材料消耗量		单位原材料价格	
		q_0	q_1	m_0	m_1	p_0	p_1
甲/千克	A/件	600	800	0.5	0.4	20	21
乙/米	B/套	400	400	1	0.9	15	14
丙/米	C/套	800	1000	2.2	2.3	30	8

解 第一步，计算原材料费用总额的总变动。

$$\text{变动程度}=\frac{\sum q_1 m_1 p_1}{\sum q_0 m_0 p_0}=\frac{76160}{64800}=117.53\%$$

$$\text{增加额}=\sum q_1 m_1 p_1-\sum q_0 m_0 p_0=76160-64800=11\ 360\ (\text{元})$$

第二步，计算各影响因素的变动程度和对原材料费用总额的影响。

生产量：

$$\text{变动程度}=\frac{\sum q_1 m_0 p_0}{\sum q_0 m_0 p_0}=\frac{80000}{64800}=123.46\%$$

$$\text{影响额}=\sum q_1 m_0 p_0-\sum q_0 m_0 p_0=80000-64800=15\ 200\ (\text{元})$$

原材料单耗：

$$\text{变动程度}=\frac{\sum q_1 m_1 p_0}{\sum q_1 m_0 p_0}=\frac{808000}{80000}=101\%$$

$$\text{绝对额}=\sum q_1 m_1 p_0-\sum q_1 m_0 p_0=80800-80000=800\text{（元）}$$

原材料单价：

$$\text{变动程度}=\frac{\sum q_1 m_1 p_1}{\sum q_1 m_1 p_0}=\frac{76160}{80800}=94.26\%$$

$$\text{绝对额}=\sum q_1 m_1 p_1-\sum q_1 m_1 p_0=76160-80800=-4640\text{（元）}$$

第三步，影响因素综合分析。

$$\frac{\sum q_1 m_1 p_1}{\sum q_0 m_0 p_0}=\frac{\sum q_1 m_0 p_0}{\sum q_0 m_0 p_0}\times\frac{\sum q_1 m_1 p_0}{\sum q_1 m_0 p_0}\times\frac{\sum q_1 m_1 p_1}{\sum q_1 m_1 p_0}$$

$$117.53\%=123.46\%\times 101\%\times 94.26\%$$

$$\left(\sum q_1 m_1 p_1-\sum q_0 m_0 p_0\right)=\left(\sum q_1 m_0 p_0-\sum q_0 m_0 p_0\right)+$$
$$\left(\sum q_1 m_1 p_0-\sum q_1 m_0 p_0\right)+\left(\sum q_1 m_1 p_1-\sum q_1 m_1 p_0\right)$$

$$11360=15200+800+(-4640)$$

计算结果表明，报告期与基期相比，原材料费用总额上升 17.53%（增加 11360 元），是产量增加了 23.46%（影响原材料费用总额增加 15200 元），单耗上升了 1%（影响原材料费用总额增加 800 元），原材料单价降低了 5.76%（影响原材料费用总额减少 4640 元）共同作用的结果。

（二）平均指标指数的因素分析

这里所讲的平均指标是总体在分组的条件下，用加权算术平均法计算出来的平均指标。通过前面第五章的学习我们得知，平均指标的计算公式为

$$\bar{x}=\frac{\sum xf}{\sum f}=\sum x\cdot\frac{f}{\sum f}$$

即总体在分组条件下，平均指标的变动受两个因素的影响：一个是各组标志值 x，二是各组次数 f 在总体次数的比重 $\frac{f}{\sum f}$，即总体的结构。例如，某企业职工总平均工资的增加，可能是由于各类职工工资水平的提高，还可能是由于平均工资较高的职工在职工总体中所占比重增大共同影响的结果。所以，要对平均指标的变动情况进行因素分析，就应分别分析各因素变动对平均指标变动的影响，这就需要建立一个平均指标指数体系，为促进总体结构合理化提供重要依据。

在这个指标体系中，一般将各组平均水平 x 视为质量指标，各组单位数 f 视为数量指标。当分析各组平均水平变动时，应将各组权数结构固定在报告期；当分析各组权数结构变动时，应将各组平均水平固定在报告期。在此，我们以平均工资分析为例来说明平均指标指数体系建立的问题。具体地说，对平均工资变动进行因素分析需要计算三个指数：

1. 可变构成指数（总平均数指数）

可变构成指数反映总平均工资的总变动程度，是报告期平均工资 $\overline{x_1}$ 与基期平均工资

$\overline{x_0}$ 对比的结果。用公式表示为

$$K_{\bar{x}}=\frac{\dfrac{\sum x_1f_1}{\sum f_1}}{\dfrac{\sum x_0f_0}{\sum f_0}} \tag{9.17}$$

式中，x_0 为基期工资水平，x_1 为报告期工资水平，f_0 为基期职工人数，f_1 为报告期职工人数。

2. 固定构成指数(组平均数指数)

固定构成指数反映各组工资水平或各组平均数的平均变动程度对总平均指标变动的影响程度。依据综合指数编制的原理，为了消除结构因素的变动影响，反映各组工资水平的变动程度，要把职工人数结构 $\dfrac{f}{\sum f}$ 加以固定，而且固定在报告期。这种职工人数结构固定的总平均工资指数，称为平均工资的固定构成指数。其公式如下：

$$K_{x}=\frac{\dfrac{\sum x_1f_1}{\sum f_1}}{\dfrac{\sum x_0f_1}{\sum f_1}} \tag{9.18}$$

3. 结构变动影响指数

结构变动影响指数反映职工人数结构变动对总平均指标变动的影响程度。为了分析职工人数结构变动对企业总平均工资的变动影响程度，要计算结构变动影响指数。在这个指数中，必须把各组职工的工资水平因素固定起来，并把它固定在基期水平上。其公式如下：

$$K_{f}=\frac{\dfrac{\sum x_0f_1}{\sum f_1}}{\dfrac{\sum x_0f_0}{\sum f_0}} \tag{9.19}$$

上述各指数之间的关系可表述为

可变构成指数＝固定构成指数×结构变动影响指数

$$\frac{\dfrac{\sum x_1f_1}{\sum f_1}}{\dfrac{\sum x_0f_0}{\sum f_0}}=\frac{\dfrac{\sum x_1f_1}{\sum f_1}}{\dfrac{\sum x_0f_1}{\sum f_1}}\times\frac{\dfrac{\sum x_0f_1}{\sum f_1}}{\dfrac{\sum x_0f_0}{\sum f_0}} \tag{9.20}$$

同样，对总平均指标变动进行因素分析也可以从绝对数方面来进行，其关系式可表述为

$$\left(\frac{\sum x_1f_1}{\sum f_1}-\frac{\sum x_0f_0}{\sum f_0}\right)=\left(\frac{\sum x_1f_1}{\sum f_1}-\frac{\sum x_0f_1}{\sum f_1}\right)+\left(\frac{\sum x_0f_1}{\sum f_1}-\frac{\sum x_0f_0}{\sum f_0}\right) \tag{9.21}$$

平均指标的因素分析步骤如下：

第一步，计算总平均指标变动影响的程度和绝对额；

第二步，计算各因素变动影响的程度和绝对额；

第三步，影响因素综合分析。

【例 9－8】 某企业技术工人、普通工人月平均工资及工人数如表 9－8 所示。

表 9－8　某企业工人月平均工资资料表

工人类别	工人数/人		月平均工资/元		工资总额		
	基期 f_0	报告期 f_1	基期 x_0	报告期 x_1	x_0f_0	x_1f_1	x_0f_1
技术工人	33	35	4000	4500	132 000	157 500	140 000
普通工人	42	43	2800	3100	117 600	133 300	120 400
合计	75	78	—	—	249 600	290 800	260 400

解　因素分析如下：

(1) 计算企业总月平均工资变动的影响程度和绝对额。

可变构成指数：

$$K_{\bar{x}}=\frac{\frac{\sum x_1f_1}{\sum f_1}}{\frac{\sum x_0f_0}{\sum f_0}}=\frac{\frac{290800}{78}}{\frac{249600}{75}}=\frac{3728.21}{3328.00}=112.03\%$$

$$\frac{\sum x_1f_1}{\sum f_1}-\frac{\sum x_0f_0}{\sum f_0}=3728.21-3328.00=400.21(\text{元}/\text{人})$$

(2) 计算各类工人月平均工资和工人数变动的影响程度和绝对额。

固定构成指数：

$$K_{x}=\frac{\frac{\sum x_1f_1}{\sum f_1}}{\frac{\sum x_0f_1}{\sum f_1}}=\frac{\frac{290800}{78}}{\frac{260400}{78}}=\frac{3728.21}{3338.46}=111.67\%$$

$$\frac{\sum x_1f_1}{\sum f_1}-\frac{\sum x_0f_0}{\sum f_0}=3728.21-3338.46=389.75(\text{元}/\text{人})$$

结构影响指数：

$$K_{f}=\frac{\frac{\sum x_0f_1}{\sum f_1}}{\frac{\sum x_0f_0}{\sum f_0}}=\frac{\frac{260400}{78}}{\frac{249600}{75}}=\frac{3338.46}{3328.00}=100.31\%$$

$$\frac{\sum x_1 f_1}{\sum f_1}-\frac{\sum x_0 f_0}{\sum f_0}=3338.46-3328.00=10.46(\text{元}/\text{人})$$

(3) 影响因素综合分析：

$$112.03\%=111.67\%\times 100.31\%$$

$$400.21\ \text{元}=389.75\ \text{元}+10.46\ \text{元}$$

分析数字表明，报告期与基期相比，该企业工人的平均工资提高了12.03%，其中，由于各组工人工资水平上升使总平均工资提高11.67%，由于工人结构变化使总平均工资提高了0.31%。从绝对数来看，平均工资增加400.21元，其中，由于各组工资水平的上升使总平均工资增加了389.75元，工人结构变化使总平均工资增加了10.46元。

第五节　几种常见的经济指数

指数作为一种重要的经济分析指标和方法，在实践中得到了广泛的应用。虽说指数理论研究起源于经济领域中对市场物价变动的测定，但随着指数方法论的不断创新发展，其应用领域不再仅仅局限于市场价格的变动，而是更广泛地扩展到社会生活的其他领域，如对社会生产产量变动、证券市场价格变动、货币购买力比率等内容的测定。下面就简单介绍几种常见的经济指数。

一、工业生产指数

工业生产指数是反映一个国家或地区各种工业产品产量的综合变动程度的一种物量指数。它可以表明一个国家经济发展的状况，是衡量国家经济增长水平的重要指标之一。

世界大多数市场经济国家常采用算术平均指数来编制工业生产指数，即对工业产品的产量个体指数(或类指数)进行加权算术平均来计算工业生产指数。在编制过程中，以基期相应工业产品增加值 q_0p_0 为权数，根据各种工业代表产品报告期和基期的产量数据，分别计算出各产品的产量个体指数 K_q，然后根据对应的权数对个体指数进行加权平均，计算出类指数。其中，对小类所有代表产品的产量个体指数加权算术平均，可得到小类产品产量指数；对中类各代表产品产量指数加权算术平均，可得到中类产品产量指数。类似地，可计算出大类产品产量及总指数，综合反映工业发展速度。编制工业生产指数的计算公式为

$$\overline{K_q}=\frac{\sum K_q q_0 p_0}{\sum q_0 p_0} \tag{9.22}$$

式中，$K_q=q_1/q_0$ 为某一具体工业代表产品的个体产量指数，q_0p_0 为相应的代表产品的基期工业产值。

在这一指数中，权数可用固定时期(基期)的总产值、净产值或增加值来计算。这样，只要计算出各个时期的个体产量指数，就可以及时计算出按不同生产量价值指标所反映的工业生产动态。

二、市场物价指数

我国目前编制的价格指数主要有商品零售价格指数、居民消费价格指数、农产品收购价格指数、农村工业品价格指数、工业品出厂价格指数、固定资产投资价格指数等。其中，与人们生活最为密切的是商品零售价格指数(retail price index)和居民消费价格指数(consumer price index)。

1. 商品零售价格指数

商品零售价格指数是反映一定时期内城乡商品零售价格变动趋势和程度的一种相对数。商品零售价格的变动直接影响到城乡居民的生活支出和国家的财政收入，影响居民购买力和市场供需的平衡，影响到消费与积累的比例关系，在我国的价格指数体系中占有十分重要的地位。

一般情况下，商品零售价格指数是先从各类零售商品中选择具有代表性的商品计算出个体指数 $K_p=\dfrac{p_1}{p_0}$，然后以 W 作为权数计算的加权算术平均数指数。其计算公式如下：

$$\overline{K_p}=\frac{\sum K_p W}{\sum W}=\frac{\sum \frac{p_1}{p_0}W}{\sum W} \tag{9.23}$$

从式(9.23)可看出，我国商品零售价格指数的编制采用加权算术平均指数的形式。具体操作时采用抽样调查方法，从全国成千上万的商品中选择部分具有代表性的商品进行定时、定点采价，经过加权逐级计算，计算中的权数是根据社会商品零售额统计确定的。表9-9列出的是我国2012年6月的商品零售价格指数。

表9-9　商品零售价格指数(2012年6月)

	上年同月=100			上年同期=100		
	全国	城市	农村	全国	城市	农村
商品零售价格指数	101.4	101.3	101.5	102.9	102.8	103.1
一、食品	103.7	104.1	102.8	106.8	107.2	106.0
二、饮料、烟酒	103.5	103.8	102.9	103.9	104.2	103.1
三、服装、鞋帽	103.1	102.8	103.7	103.3	103.1	103.8
四、纺织品	101.2	100.8	102.0	102.2	102.0	102.5
五、家用电器及音像器材	97.8	97.5	98.5	97.6	97.2	98.5
六、文化办公用品	98.2	98.0	99.0	98.1	97.9	99.1
七、日用品	102.2	102.4	101.6	102.6	102.8	102.0
八、体育娱乐用品	100.9	100.9	100.8	101.0	101.0	100.7
九、交通、通信用品	96.0	95.5	97.8	95.8	95.3	97.7

续表

	上年同月=100			上年同期=100		
	全国	城市	农村	全国	城市	农村
十、家具	101.2	101.2	100.9	101.7	101.9	101.2
十一、化妆品	102.4	102.5	101.9	102.0	102.1	101.6
十二、金银珠宝	99.3	98.8	101.5	103.8	103.1	107.2
十三、中西药品及医疗保健用品	102.3	102.2	102.6	102.9	102.8	103.3
十四、书报杂志及电子出版物	101.3	101.4	101.0	101.2	101.4	100.8
十五、燃料	100.0	99.7	100.7	104.4	104.3	104.9
十六、建筑材料及五金电料	100.0	100.0	100.1	101.1	101.1	101.2

（资料来源：国家统计局网站数据库）

2. *居民消费价格指数*

居民消费价格指数在国外称之为消费者价格指数（Consumer Price Index），简记为CPI，是用于反映城乡居民所购买的消费品价格和生活服务价格的变动趋势和变动程度的指数，与我们的日常生活息息相关。CPI是一个滞后性的数据，但它往往是市场经济活动与政府货币政策的一个重要参考指标。CPI稳定、就业充分及GDP增长往往是最重要的社会经济目标。计算居民消费价格指数是用固定加权算术平均数的方法进行的。其公式为

$$\text{居民消费价格指数}=\frac{\sum K_p W}{\sum W}=\frac{\sum \frac{p_1}{p_0}W}{\sum W}$$

式中，K_p 为从居民消费的商品和服务中选择出的代表规格品的个体指数，W 为权数，通常采用比重形式，$\sum W=1$。

在我国，居民消费价格指数分城市和农村按月编制，而后加权汇总成为全国居民消费价格指数。从2011年1月起，我国的CPI开始以2010年作为对比基期计算价格指数序列。居民消费价格指数与商品零售价格指数的编制大体一致，都是采用抽样方法定人、定时、定点调查登记代表规格品种和服务项目的价格，在计算平均价格的单项价格指数基础上，按加权算术平均数指数公式计算。但这里要注意：居民消费价格指数是从商品买方角度出发着眼于人民生活，而零售物价指数是从商品卖方，即商品出售者的角度来着眼于零售市场。因此，在选择代表规格品时，对商品分类角度和范围是不同的。居民消费价格指数将居民消费的商品和服务分为食品、烟酒及用品、衣着、家庭设备用品及服务、医疗保健及个人用品、交通和通信、娱乐教育文化用品及服务、居住8大类。表9-10列出的是我国2012年6月的居民消费价格指数。

表 9－10　居民消费价格分类指数(2012 年 6 月)

项目名称	上年同月＝100			上年同期＝100		
	全国	城市	农村	全国	城市	农村
居民消费价格指数	102.2	102.2	102.0	103.3	103.3	103.3
一、食品	103.8	104.2	102.6	106.9	107.2	106.0
粮食	103.2	103.4	102.8	104.3	104.6	103.8
肉禽及其制品	98.3	99.4	95.6	108.9	109.7	107.1
蛋	96.4	96.6	96.1	93.7	94.0	93.1
水产品	108.6	108.0	110.7	110.6	110.4	111.2
鲜菜	112.1	111.6	113.9	119.7	119.7	119.7
鲜果	100.6	100.6	100.5	95.4	95.3	95.6
二、烟酒及用品	103.2	103.3	103.0	103.5	103.7	103.0
三、衣着	103.3	103.0	104.3	103.5	103.3	104.1
四、家庭设备用品及服务	101.9	102.0	101.5	102.2	102.4	101.6
五、医疗保健及个人用品	101.9	101.9	102.1	102.4	102.3	102.6
六、交通和通信	99.6	99.4	100.2	100.0	99.8	100.8
七、娱乐教育文化用品及服务	100.3	100.1	100.8	100.2	100.1	100.7
八、居住	101.6	101.7	101.6	101.8	101.8	101.9

(资料来源：国家统计局网站数据库)

居民消费价格指数不仅可以实时监控居民生活消费品和服务项目价格水平的变动，还可以以此为依据间接反映经济生活领域其他指标的变动，即派生出其他一些用来反映通货膨胀或通货紧缩程度的指数，并据此观察和分析价格水平变动对居民货币工资的影响。

(1) 反映通货膨胀程度。

通货膨胀是一种常见的经济现象，它是指物价在一定时期内普遍持续上涨、货币贬值的一种经济现象。通货膨胀的严重程度是用通货膨胀率来反映的，它说明了一定时期内商品价格持续上涨的幅度。计算通货膨胀率的方法很多，最常见的是用居民消费价格指数来表示，即

$$\text{通货膨胀率}=\frac{\text{报告期居民消费价格指数}-\text{基期居民消费价格指数}}{\text{基期居民消费价格指数}}\times 100\% \quad (9.24)$$

如果计算结果大于 100%，表示存在通货膨胀现象；若计算结果小于 100%，则表明出现通货紧缩现象，即物价下跌，币值提高。通货膨胀率通常选择上一年为基期。

例如，在过去 12 个月消费者物价指数上升 2.3%，那么这一时期的通货膨胀率就为 2.3%，表现为物价上涨 2.3%，生活成本比 12 个月前平均上升 2.3%。当生活成本提高时，你的金钱价值便随之下降。也就是说，一年前收到的一张 100 元纸币，今日只可以买到价值 97.70 元的商品或服务。

(2) 反映货币购买力的变动。

居民消费价格指数除了能够反映通货膨胀状况，还用于反映货币购买力变动。货币购买力指数是反映货币购买力变动情况的相对数，货币购买力是指单位货币所能买到的商品

和服务的数量，它的大小直接受商品和服务价格的影响。商品和服务价格上涨，单位货币购买力就下降，居民以货币购买的商品和服务的数量就会减少，生活水平就会下降。显然它与CPI呈反比关系。CPI上涨，货币购买力下降；反之则上升。因此，货币购买力指数可以由价格指数的倒数表示。计算公式为

$$货币购买力指数=\frac{1}{居民消费价格指数}\times 100\% \tag{9.25}$$

例如，2011年北京居民消费价格指数是102.4%，其倒数就是当年的货币购买力指数98%。也就是说，在消费结构不变的情况下，2011年北京居民每100元消费只相当于上年的98元，币值降低了2%。

(3) 反映职工实际工资的变动。

名义工资就是货币工资，是指工人出卖劳动力所得到的货币数量。实际工资指工人用货币工资实际买到的各类生活资料和服务的数量。显然，消费价格指数的提高意味着实际工资的减少，消费价格指数下降则意味着实际工资的提高。计算公式为

$$职工实际工资指数=\frac{职工平均工资指数}{居民消费价格指数}\times 100\% \tag{9.26}$$

例如，某市职工人均工资年收入为5600元，比上年增长25%，而当年的居民消费价格总水平比上年同期上涨23.5%，则扣除居民消费价格上涨因素后，职工的年际平均工资为4534元，实际增长1.21%。

三、股票价格指数

反映股票市场整体状况或者某类特定股票价格变动的指数就是股票价格指数。股票价格指数一般是由一些有影响的金融机构或金融研究组织来编制，并且定期及时公布。股价指数的单位一般用点表示，通常以某年某月为基期，以这个基期的股票价格作为100，每上升或下降一个单位称为1点。一个股票市场中往往不止有一个股票价格指数。如果指数涵盖范围是市场上所有的股票，则称为综合指数，例如，上证综合指数包括在上海证券交易所上市的所有股票，反映的是大盘的走势；如果指数涵盖范围是市场中的部分股票，则称为成分指数，例如，上证180指数包括的是上海证券交易所A股股票中最具市场代表性的180种样本股票，上证50指数包括的是上证180指数的成分股中流通市值和成交金额前50名的股票。

(一) 编制股价指数的方法

编制股价指数时通常采用以过去某一时刻(基期)部分有代表性的或全部上市公司的股票行情状况为标准参照值，将当期部分有代表性的或全部上市公司的股票行情状况与标准参照值相比的方法。具体计算方法有三种：一是综合法；二是相对法；三是加权法。

1. 综合法

综合法先将样本股票的基期和报告期价格分别加总，然后相比求出股价指数。其计算公式为：股价指数$=\dfrac{\sum p_1}{\sum p_0}$，其中，$p_1$为报告期第$i$种样本股票的价格；$p_0$为基期第$i$种样本股票的价格。著名的美国道琼斯指数最初就是采用这种方法编制的。

2. 相对法

相对法又称简单平均法，先计算各样本股票的个体股价指数，然后再按简单算术平均法求得总体股价指数。其计算公式为：股价指数$=\dfrac{1}{n}\sum\dfrac{p_1}{p_0}$。英国的《经济学人》普通股票指数就使用这种计算法。

3. 加权法

加权法以样本股票的发行量或交易量为同度量因素来计算股价指数。其计算公式为：股价指数$=\dfrac{\sum p_{1i}q_i}{\sum p_{0i}q_i}$，其中，$p_{1i}$ 为报告期第 i 种样本股的平均价格；p_{0i} 为基期第 i 种样本股的平均价格；q_i 为第 i 种股票的发行量或成交量，它可以确定为基期，也可以确定为报告期，但大多数股价指数是以报告期发行量为权数进行计算的。

（二）常见的股票价格指数

世界各地的股票交易市场星罗棋布，已经成为一般资本市场的代表，股市行情不仅集中反映资本市场的动态，也是分析、预测发展趋势进而决定投资行为的主要依据，更是国家经济波动的晴雨表。下面介绍几种常见的股票价格指数。

1. 道琼斯股票价格指数

道琼斯股票价格指数是显示纽约股票交易所的价格趋势与动态的一种综合指数，是世界上历史最为悠久的股票指数，它是在 1884 年由道琼斯公司的创始人查理斯·道开始编制的一个股票指数。现在的道琼斯股票价格平均指数以 1928 年 10 月 1 日为基期，在纽约交易所交易时间每 30 分钟公布一次，股票价格指数的计算方法采用修正的简单算术平均数，是被西方新闻媒介引用最多的股票指数。

目前，道琼斯股票价格平均指数共分四组。第一组是工业股票价格平均指数，它由 30 种有代表性的大工商业公司的股票组成，大致可以反映美国整个工商业股票的价格水平，是道琼斯股价指数中最重要的一种；第二组是运输业股票价格平均指数，它包括美国 20 种有代表性的运输业公司的股票，即 8 家铁路运输公司、8 家航空公司和 4 家公路货运公司，如泛美航空公司、环球航空公司等；第三组是公用事业股票价格平均指数，它是由代表着美国公用事业的 15 家煤气公司和电力公司的股票所组成，用来反映公用事业的发展程度；第四组是综合股价指数，它是将上述三组中的 65 种股票综合结果，算出综合股价指数。

2. 标准普尔股票价格指数

标准普尔股票价格指数是美国最大的证券研究机构——标准普尔公司编制的股票价格指数。它创立于 1923 年，每小时计算和公布一次，是记录美国 500 家上市公司的一个股票指数，其中包括 400 种工业股票、20 种运输业股票、40 种公用事业股票和 40 种金融业股票。

普尔股价指数以 1941 年至 1943 年为基期，用股票发行量作为权数来进行加权平均计算。标准普尔指数的特点是信息资料全，能反映股市的长期变化，指数数值较精确，并且具有很好的连续性，所以比道琼斯指数具有更好的代表性。

3. 香港恒生指数

香港恒生指数是由香港恒生银行于 1969 年 11 月 24 日开始编制，用于反映香港股市行情的一个股票指数，是香港股票市场上历史最久、影响最大的股票价格指数。

恒生股票价格指数的编制以1964年7月31日为基期，从各行业在香港上市的股票中选出33个有代表性的股票(成分股)作为计算的对象，以采样股在基期的发行量为权数进行加权平均，每天计算三次。选出的33种成分股中，金融业占4种，公用事业占6种，地产业占9种，其他工商业包括航运及酒店占14种。这些股票占香港股票市值的63.8%，所以恒生指数是目前香港股票市场最具权威性和代表性的股票价格指数。

4. 上证股价指数

上证指数全称为上海证券交易所综合股价指数，它是由上海证券交易所编制的，以1990年12月19日为基期，以上海证交所挂牌上市的包括A股和B股在内的全部股票为计算范围，以报告期股票发行量为权数进行编制的一个股票指数。其计算公式为

$$\text{今日股价指数}=\frac{\text{今日市价总值}}{\text{基日市价总值}}\times 100\% \tag{9.27}$$

基日市价总值也称为除数。由于采取全部股票进行计算，可以较为贴切地反映上海股价的变化情况，是国内外普遍采用的反映上海股市总体走势的权威统计指标。

其具体计算方法是：以基期和计算日的股票收盘价(如当日无成交，延用上一日收盘价)分别乘以该股票的发行股数，从而求得每一只股票的本日市值和基期股票市值，然后将所有样本股的本日市值和基期市值分别相加，求得基期和计算日市价总值，两者相除后再乘以基数100即得股价指数。但当上市股票增资扩股或新增(删除)时，则需采用除数修正法修正原固定除数，以维持指数的连续性。其修正公式为

$$\text{修正后的除数}=\frac{\text{修正后的市价总值}}{\text{修正前的市价总值}}\times \text{原除数} \tag{9.28}$$

本章小结

(1) 统计指数的概念。主要介绍狭义的指数，它是指不能直接相加或对比的复杂社会经济现象在数量上综合变动情况的相对数。

(2) 统计指数的作用。综合反映现象的变动方向和变动程度；分析现象总变动中各因素的影响大小和影响程度；研究现象在长时间内的变动趋势。

(3) 统计指数的种类。按研究对象范围的不同，指数可以分为个体指数、总指数和组指数；按指数化指标的性质不同，统计指数分为数量指标指数和质量指标指数；按指数表现形式不同，统计指数分为综合指数、平均指数和平均指标对比指数；按指数所反映的时间状况不同，统计指数分为动态指数和静态指数；按对比时采用的基期不同，统计指数可以分为定基指数与环比指数。

(4) 总指数的编制。总指数的编制方法有综合法和平均法，从而形成综合指数和平均指数。综合指数是总指数的基本形式，综合指数的编制方法是先综合后对比，即先解决不能相加的问题，然后再进行对比。综合指数有数量指标综合指数和质量指标综合指数两种形式。由于编制综合指数的目的是测定指数化指标的变动，因此，在对比过程中对同度量因素应加以固定在不同的时期。平均指数是通过对个体指数进行加权平均计算的总指数。其实质是以个体指数为变量，以个体在总体中的地位为权数，对个体指数加权平均以测定不同个体的平均变动，它是从个体指数出发编制的总指数。编制平均指数的基本方法是先对比，

后平均(综合)，平均指数有加权算术平均指数、加权调和平均指数、固定权数平均指数。

(5) 指数体系与因素分析。由两个或两个以上具有内在联系、且彼此在数量上存在推算关系的统计指数所组成的整体称为指数体系。利用指数体系可以分析社会经济现象各种因素的变动，以及它们对总体发生作用的影响程度。分析的指标可以是总量指标，亦可以是平均指标；分析因素的个数可以是两因素，还可以是多因素。选择哪种角度进行分析，应根据分析的目的来确定。

(6) 几种常见的经济指数的基本了解。工业生产指数是概括反映一个国家或地区各种工业产品产量的综合变动程度的相对数，它可以表明一个国家经济发展的状况，是衡量国家经济增长水平的重要指标之一。市场物价指数主要包括了零售商品价格指数和居民消费价格指数，零售商品价格指数是反映一定时期内城乡商品零售价格变动趋势和程度的相对数，而居民消费价格指数是用于反映城乡居民所购买的消费品价格和生活服务价格的变动趋势和变动程度的指数，与我们的日常生活息息相关。反映股票市场整体状况或者某类特定股票价格变动的指数就是股票价格指数，编制股价指数方法有综合法、相对法、加权法。

思考与讨论

1. 什么是统计指数？其作用有哪些？通常有哪几种分类？

2. 综合指数的定义、特点和编制原理是什么？在编制过程中怎样确定同度量因素和指数化指标？

3. 什么是加权平均数指数？它的特点和综合指数有何不同？其一般的编制方法有哪些？

4. 什么是可变构成指数？其特点是什么？通常怎样编制？

5. 什么是指数体系？它有何用途？如何根据指数体系对现象总体变动作因素分析？

6. 什么是指数的因素分析法？其具体应用程序是怎样的？

7. 什么是平均指标指数？对平均指标的变动进行因素分析时应分别编制哪些平均指标指数？

8. 某公司 500 名员工在一次工资调整前后的有关资料如表 9-11 所示。

表 9-11 某公司员工工资调整情况统计表

工资级别	月工资/元			员工人数	
	基期	报告期	增幅/(%)	基期	报告期
1	800	850	6.25	50	40
2	1 000	1 050	5.00	100	85
3	1 200	1 300	8.33	200	70
4	1 500	1 600	6.67	70	125
5	2 000	2 150	7.50	50	55
6	2 500	2 650	6.00	30	25
合计	—	—	13.4	500	400

请思考：为什么总平均工资的增长幅度为13.4%，而全部6个等级中却没有一个等级的增长速度达到或超过13.4%的水平？

应用能力训练

1. 依据表9－12中所示的资料计算外贸出口数量综合指数和出口价格综合指数。

表9－12　三种外贸产品的出口数量和出口价格情况

产 品	计量单位	出口数量		出口价格/元	
		2014年	2015年	2014年	2015年
甲	件	100	100	500	600
乙	台	20	25	3000	3000
丙	米	1000	2000	6	5

2. 某企业三种产品的产值和产量资料如表9－13所示。

表9－13　三种产品的产值和产量情况

产品	实际产值/万元		2015年比2010年产量增长的(%)
	2010年	2015年	
甲	200	240	25
乙	450	485	10
丙	350	480	40

试计算：

(1) 三种产品的总产值指数。

(2)产量总指数及由于产量变动而增加的产值额。

(3)利用指数体系推算价格总指数。

3. 设有三种工业股票的价格和发行量数据如表9－14所示。

表9－14　三种工业股票的价格和发行量情况

股票名称	价格/元		发行量/万股
	前收盘	本日收盘	
A	6.42	6.02	12 000
B	12.36	12.50	3500
C	14.55	15.60	2000

试计算这三种股票价格的指数，并对股价指数的变动作简要分析。

4. 某商店销售额2016年1月为280万元，同年2月销售额增加56万元，商品销售额量增长 12%，试从绝对数和相对数两方面分析商品销售量和价格的变动对销售额的影响。

5. 某企业甲、乙、丙三种商品销售量及销售价格资料如表 9－15 所示。

表 9－15　三种商品销售量及销售价格

商品名称	计量单位	销售量		销售价格/元	
		基期	报告期	基期	报告期
甲	套	300	320	360	340
乙	吨	460	540	120	120
丙	台	60	60	680	620

要求：

(1) 计算三种产品的销售额指数、销售量指数和销售价格指数。

(2) 计算三种产品报告期销售额增长的绝对额。

(3) 相对数和绝对数上简要分析销售量及销售价格变动对销售额变动的影响。

6. 某地工业局所属三个生产同一种产品的企业其单位产品成本及产量资料如表 9－16 所示。

表 9－16　三个企业单位产品成本及产量情况

企业名称	单位产品成本/(元/件)		产量/万件	
	一季度	二季度	一季度	二季度
甲	18	18	40	80
乙	20	18	60	80
丙	21	19	60	70

要求：

(1) 计算该局所属三个企业基期及报告期的总平均单位成本水平及指数。

(2) 相对数和绝对数两个方面上分析说明总平均单位成本与产量结构变动的影响。

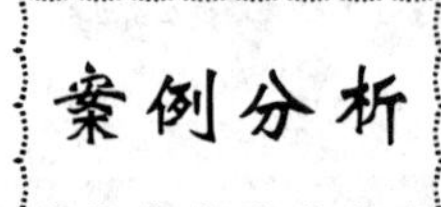

阅读来自国家统计局网站数据库的相关资料，如表 9－17 所示。

表 9－17　我国城镇单位就业人员平均工资和指数统计表(2000 年—2014 年)

年份	平均工资/元	平均货币工资指数(上年＝100)	平均实际工资指数(上年＝100)
2000 年	9333	112.2	111.3
2001 年	108 34	116.1	115.3
2002 年	12 373	114.2	115.4
2003 年	13 969	112.9	111.9
2004 年	15 920	114.0	110.3
2005 年	18 200	114.3	112.5
2006 年	20 856	114.6	112.9

续表

年份	平均工资/元	平均货币工资指数(上年=100)	平均实际工资指数(上年=100)
2007 年	24 721	118.5	113.4
2008 年	28 898	116.9	110.7
2009 年	32 244	111.6	112.6
2010 年	36 539	113.3	109.8
2011 年	41 799	114.4	108.6
2012 年	46 769	111.9	109.0
2013 年	51 483	110.1	107.3
2014 年	56 360	109.5	107.2

(资料来源:中国统计年鉴 2014)

表 9-17 反映了 2000 年—2014 年我国的平均货币工资和指数变动情况。表中的平均工资指企业、事业、机关单位的就业人员在一定时期内平均每人所得的货币工资额，它表明一定时期内职工工资收入的高低程度，是反映就业人员工资水平的主要指标。就业人员平均实际工资指扣除物价变动因素后的就业人员平均工资。平均货币工资指数是指报告期就业人员平均工资与基期就业人员平均工资的比率，是反映不同时期就业人员货币工资水平变动情况的相对数。就业人员平均实际工资指数是反映实际工资变动情况的相对数，表明就业人员实际工资水平提高或降低的程度。这几类指标的计算公式如下为

$$平均工资=\frac{报告期实际支付的全部就业人员工资总额}{报告期全部就业人员平均人数}$$

$$平均工资指数=\frac{报告期就业人员平均工资}{基期就业人员平均工资}\times 100\%$$

$$平均实际工资指数=\frac{报告期就业人员平均工资指数}{报告期城镇居民消费价格指数}\times 100\%$$

请思考或讨论

(1) 货币工资和实际工资有何区别？两者在什么情况下是一样的？

(2) 从 2003 年起，我国城镇居民的平均工资呈增长趋势，但是平均实际工资指数却一直低于平均货币工资指数，原因在哪里？说明了什么问题？

(3) 居民消费价格指数是如何计算的？它和货币购买力指数有何关系？请写出相应的计算公式。

(4) 试根据表 9-17 中的数据计算出 2014 年我国的居民消费价格指数，并说明当年的货币的购买力指数为多少，每一百元消费只相当于 2013 年的多少元，相比币值降低了多少？

(5) 结合表 9-17 中的资料和我国经济现状，写出一篇字数大约在 800 字的统计分析文章。

附录一　SPSS 软件使用简介

一、SPSS 软件概述

SPSS 为 Statistical Package for Social Science 的简称，中文名称是“统计产品与服务解决方案”软件。最初软件全称为“社会科学统计软件包”(Solutions Statistical Package for the Social Sciences)，但是随着 SPSS 产品服务领域的扩大和服务深度的增加，SPSS 公司已于 2000 年正式将英文全称更改为“统计产品与服务解决方案”。它在自然科学、经济管理、商业金融、医疗卫生、体育运动等各个领域中都能发挥巨大的作用，是统计、计划、管理等部门实现科学管理决策的最佳工具。

SPSS 是世界上最早采用图形菜单驱动界面的统计软件，它最突出的特点就是操作界面极为友好，输出结果美观漂亮。它将几乎所有的功能都以统一、规范的界面展现出来，使用 Windows 的窗口方式展示各种管理和分析数据方法的功能，对话框展示出各种功能选择项。用户只要掌握一定的 Windows 操作技能，精通统计分析原理，就可以使用该软件为特定的科研工作服务。SPSS 采用类似 Excel 表格的方式输入与管理数据，数据接口较为通用，能方便地从其他数据库中读入数据。其统计过程包括了常用的、较为成熟的统计过程，完全可以满足非统计专业人士的工作需要。输出结果十分美观，存储是专用的 SPO 格式，也可以转存为 HTML 格式和文本格式。

2010 年，随着 SPSS 公司被 IBM 公司并购，各子产品家族名称前面不再以 PASW 为名，修改为统一加上“IBM SPSS”字样。由于现今计算机操作系统的发展，软件的版本也不断地更新，SPSS 自 SPSS16.0 起推出 Linux 版本，最新版本为 SPSS 24.0，已支持 Windows 8、Mac OS X、Linux 及 UNIX/2012 年，提供 Mac、Windows、Linux 及 UNIX 四种平台产品版本下载。

SPSS 软件特点：

(1) 界面友好，方便操作。从 1995 年 SPSS 公司与微软公司合作开发 SPSS 界面后，SPSS 界面变得越来越友好，操作也越来越简单。熟悉微软公司产品的用户学起 SPSS 操作很容易上手。SPSS for Windows 界面完全是菜单式，一般稍有统计基础的人经过三天培训即可用 SPSS 做简单的数据分析，包括绘制图表、简单回归、相关分析等等。

(2) 具有完善的数据转换接口，可以方便地进行各种 Windows 程序的数据共享、交换。比如，可以读取常用的 Excel、FoxPro、Lotus 等电子表格和数据库软件的数据文件，以及 ASCII 数据文件。

(3) 具有二次开发的能力，方便熟练掌握使用的高级用户完成更为复杂的统计分析工作。软件中包含有丰富的内部函数、统计功能。统计功能囊括了《教育统计学》中所有的项目，既包括常规的集中量数和差异量数、相关分析、回归分析、方差分析、卡方检验、t 检验和非参数检验；也包括近期发展的多元统计技术，如多元回归分析、聚类分析、判别分析、主成分分析和因子分析等方法，并能在屏幕(或打印机)上显示(打印)如正态分布图、直方图、散点图等各种统计图表。从某种意义上讲，SPSS 软件还可以帮助数学功底不够的使用者学习运用现代统计技术。使用者仅需要关心某个问题应该采用何种统计方法，并初步掌握对计算结果的解释，而不需要了解其具体运算过程，就可能在使用手册的帮助下定量分析数据。

(4) 每个版本的 SPSS 软件，均附带有完善的数据资料实例和使用指南，为用户掌握软件的熟练应用提供更多的便捷。

二、SPSS 24.0 的系统要求及安装

1. 硬件环境要求

SPSS 24.0(后文中均简称 SPSS)对计算机的硬件要求并不高，一般的硬件配置即可。若 SPSS 的运算涉及大量数据，则需要用户配置较大的内存。对于较大的数据处理和复杂的统计运算，计算机至少需要 256M 内存。

SPSS 24.0 对计算机硬件的基本要求如下：

以 1 千兆赫兹(GHz)或更高频率运行的 Intel 或 AMD 处理器。

最低 1 GB RAM(Random Access Memory，随机存储器)。

至少 800 MB 内存。注意若安装一种以上的帮助语言，每多一种语言需要增加 150～170 MB 的磁盘空间。

用于安装 SPSS 软件的 DVD/CD 光盘驱动器。若用户通过网络安装软件，则无需配置此项。

XGA(1024x768)或更高分辨率的显示器。

运行 TCP/IP 网络协议的网络适配器。用于访问 IBM SPSS 公司的网站以获得相应的技术支持和软件升级。

2. 软件环境要求

SPSS 24.0 对操作系统的最低要求为：Microsoft Windows XP(32 位版本)、Windows Vista(32 位和 64 位版本)或 Windows7(32 位和 64 位版本)。

3. 软件安装

SPSS 软件的安装与其他常用 Windows 软件安装类似，用户只需根据安装向导界面的提示进行操作即可，此处仅做简要说明。

(1) 找到光盘中的安装文件 Setup.exe。

(2) 执行安装文件，根据安装向导中的提示进行操作。操作中主要进行各种协议的确认，以及安装路径的选择。

安装完成后，在 Windows 的程序菜单中会添加 SPSS 的启动运行图标，即可确认 SPSS 软件安装成功。

三、SPSS 的启动与退出

SPSS 的启动与退出基本同大部分 Windows 程序一样。在程序启动时，首先会有启动

对话框，该对话框可以选择SPSS软件的快捷应用进入——打开已有文件或者新建数据集、数据库查询，右边会有新增功能的介绍等信息浏览功能。如果希望以后再次进入时忽略此对话框选项，可将左下角“以后不再显示此对话框”选项选中，以后再次进入则将直接进入数据编辑窗口。如图F1-1所示。

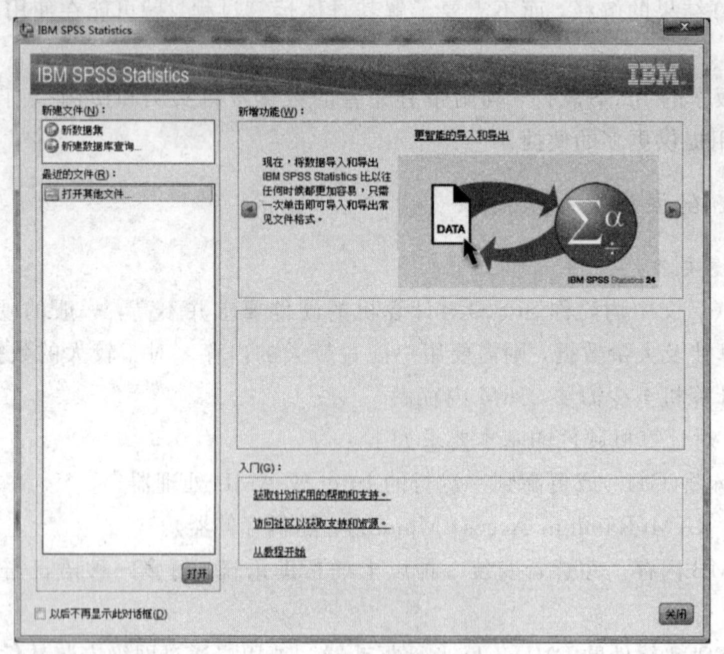

图F1-1　启动对话框

退出SPSS程序时，与其他Windows程序一样，可采用下列方式之一：

(1) 选择“文件”菜单中的“退出”命令。

(2) 直接单击程序右上角的关闭按钮。

(3) 右击程序标题栏上任意位置，在弹出的快捷菜单中选择“关闭”，也可直接双击标题栏左上角的编辑器图标。

(4) 使用快捷键Alt + F4。

四、SPSS的数据编辑窗口

选择了“新数据集”选项后，将进入数据编辑器窗口。(如图F1-2所示)

数据编辑器窗口是SPSS的默认启动用户界面，它是SPSS的主要工作平台，用户可以在这里进行数据的建立、读取、编辑等工作，并开展预想的统计分析工作。

数据编辑器界面类似其他Windows下的电子表格界面，包括：

(1) 标题栏：显示当前工作文件的名称。

(2) 主菜单栏：排列SPSS中的所有菜单。

(3) 工具栏：排列所有默认的SPSS快捷工具。

(4) 状态栏：位于窗口底部，用于显示当前的工作状态。

(5) 数据编辑栏：用户输入的数据在此首先显示。

(6) 数据显示区域：它是一个二维表格的形式，编辑确认后的数据都将在这里显示，其中每一个矩形格为单元格(Cell)。与常用电子表格类似，左边缘为排列观测量序号，上边缘为排列要定义的各变量名。

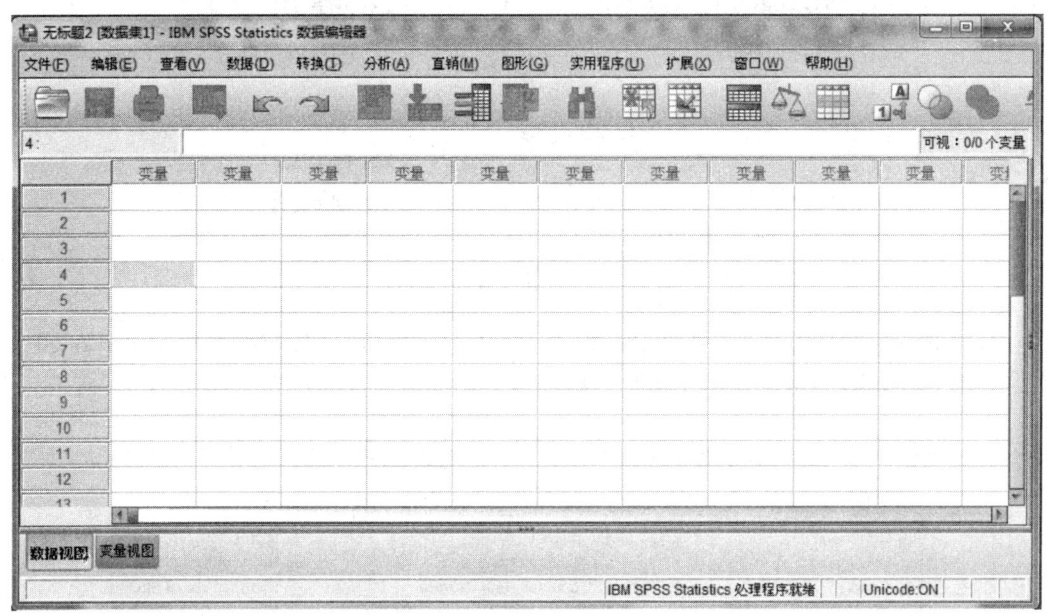

图 F1-2 数据编辑器窗口

数据的质量以及可靠性是任何统计分析都最核心重要的内容，因此，数据编辑窗口中的工作将成为统计分析的基础。数据编辑窗口中的菜单项有一般常用 Windows 程序的通用菜单，如文件、编辑、查看等，也有 SPSS 特有的功能菜单，如数据、转换、分析等等。各菜单项中的命令都涉及统计分析工作中的各种相关处理，这里我们不再详述。

五、数据文件的建立

数据文件的主要内容就是统计分析工作中需要用到的各种统计调查、试验收集到的数据资料。统计分析软件就是在这些数据文件的基础上进行统计分析的工作。因此，可以说建立数据文件是进行统计分析的基础工作。在实际中得到的数据资料往往是散乱的，为了方便统计分析，我们必须对这些数据进行科学的归纳和整理，数据文件的质量会对统计分析的结果产生直接性的影响。

SPSS 数据文件的建立、编辑及整理等工作，主要是采用主菜单中的数据、编辑菜单来完成。现在介绍这些功能的使用方法，为利用 SPSS 进行统计分析做必要的准备。

1. 打开数据文件

可以在 SPSS 中打开已有的数据文件。选择“文件”菜单中的“打开”命令，选择其中的“数据”选项，如图 F1-3 所示。

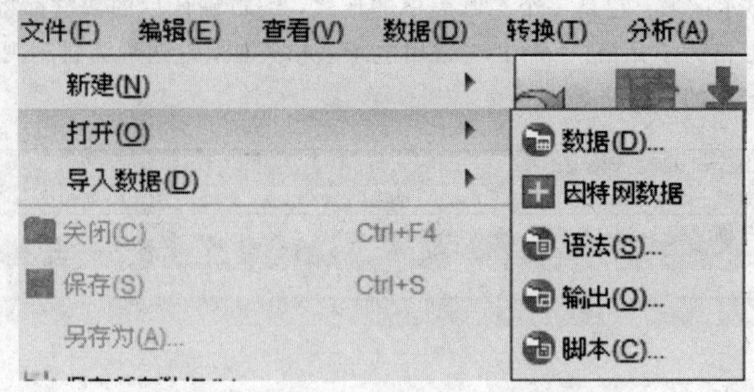

图 F1-3　打开已有数据文件

在弹出的选择对话框中，选择对话框下方的“文件类型”下拉菜单可以看到，在 SPSS 中，几乎 Windows 下的常用电子表格或数据库文件都可以选择打开，如图 F1-4 所示。

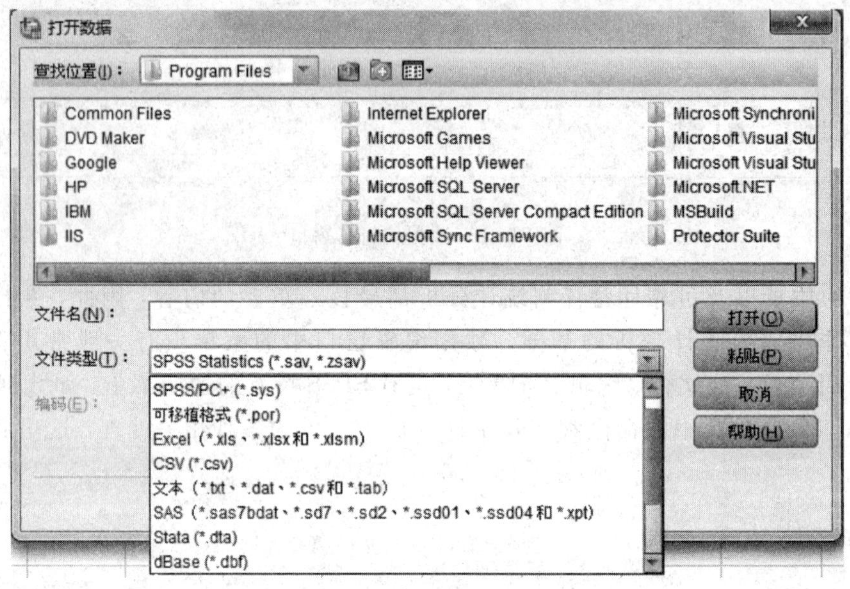

图 F1-4　SPSS 打开数据文件类型一览

2. 新建数据文件

新建数据文件，选择“文件”菜单中的“新建”命令即可。但建立数据文件的目的是对数据文件中所反映的研究对象的数量方面进行分析，进而揭示其内在的数量变化规律。因此，建立一个科学、合理、精练的数据文件是非常必要的。SPSS 的数据文件包括变量、观测量等，下面介绍这些概念，以便能正确地建立新的数据文件。

(1) SPSS 变量。SPSS 中的变量与我们常说的统计学中的变量的概念是一致的，对总体单位来说，它表示统计标志；对总体来说，它表示统计指标。

SPSS 的变量具有以下的属性：变量名、变量类型、变量长度、变量标签、缺省值、单元格宽度、对齐格式、测度水平等。图 F1-5 为 SPSS 变量编辑界面。

① 变量，即变量的名称。SPSS 中变量的命名规则如下：

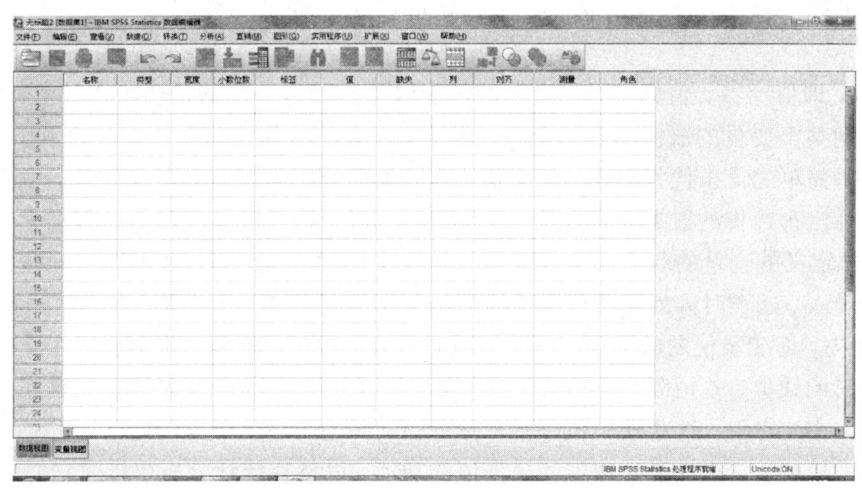

图 F1－5　SPSS 的变量编辑

※ 变量名由不多于 8 个的字符组成，如果定义的变量名中字符个数大于 8，系统将会自动截去尾部作不完全显示。

※ 首字必须为字母，其后可以是字母，也可以是汉字作为变量名。但是有几个特殊的字符不能出现在变量名的任何位置，如“？”、“!”、“＊”以及算术运算符都不允许使用。另外，符号“.”不能作为变量名的最后一个字符。

※ 变量名中不能使用 SPSS 的保留关键字，它们是：ALL、AND、BY、EQ、GE、GT、LE、LT、NE、NOT、OR、TO、WITH。

※ 系统中不区分大小写字母。

② 类型，即变量的类型。在 SPSS 中，变量主要有三种类型，Numeric（数值型）、String（字符型）、Date（日期型）。

数值型变量可以分为 8 种不同的类型：标准数值型、带逗点型、带圆点型、科学计数型、带美元符号型、自定义型、日期型、字符型，其中，标准数值型是系统默认的基本类型。

※ 标准数值型变量就是日常的书写格式；带逗点型的变量值的总数部分自右向左每 3 位增加一个逗号作为分隔符，用圆点作为小数点；带圆点型的变量值的整数部分自右向左每 3 位增加一个圆点作为分隔符，而用逗号作为小数点；科学计数法中表示指数的字母用 E，也可以用 D，也可以省略不用，如 4.14E2，4，14E＋2，4，14D2，4.14＋2 都表示 414，均显示为 4.1E＋02。

※ 带美元符号（$）型输入的数值变量会在前方自动加入“$”符号。

※ 日期型变量。在 SPSS 中，日期型变量的显示格式非常多，但是无论选中哪一种具体的格式，在输入时都可以使用“/”和“-”作为分隔符，显示时会按照之前的选择格式进行显示。

③ 长度，包括宽度和小数位数。该属性是指在数据窗口中变量列所占据的单元格的列宽度。

④ 标签，变量标签是对变量名的附加说明。因为 SPSS 中，变量名最多只能 8 个字符，

有时不能准确的描述出变量的意义，那么就可以采用变量标签对该变量进行进一步的说明。

⑤ 值，即值标签。值标签是对变量的可能取值附加进一步的说明。在日常的应用中，经常会遇到某个变量的取值非常的繁杂，这样会大大的增加数据在录入时的工作量，那么可以用一些简单的值来代替对应的变量值，这时就需要对取值进行一个说明。例如，我们有一个统计汽车销售的数据表，那么汽车类型的取值一般应该是该车的品牌加上品牌中的型号，这样定义的变量的取值在数据录入的时候将比较麻烦，因此，可以用一些简单的缩写方式来录入，这个时候就需要使用值标签来给每种缩写做一个说明。

⑥ 缺失，即变量值的缺失值。在进行统计调查、收集的时候，难免会发生一些失误造成统计资料的缺失、差错等，这些缺失、差错的值在统计中称为缺失值。如果在后续的统计分析工作中，使用了这些缺失值，那么肯定会对调查结果产生影响。在 SPSS 中，为了减少这样的影响，它提供了处理这些缺失值的功能，以便在统计分析中排除它们。

⑦ 列，这里指设定变量的格式宽度。变量的宽度和变量的格式宽度是有区别的。定义变量格式宽度应综合考虑变量宽度和变量名所占据的宽度，一般取其较大的一个作为定义该变量格式宽度时可取的最小值，即变量格式宽度≥变量宽度，同时变量格式宽度≥变量名长度。如果变量宽度＞变量格式宽度，那么变量名将被截去尾部作不完全显示，被截去部分用“*”显示。

⑧ 对齐，即对齐方式。变量值在单元格显示中的对齐方式有左、中、右之分。

⑨ 测量，即变量值表示的各种不同的类别。有标度、有序、名义三种类别。

※ 标度（Scale）。当变量值表示带有有意义的度规的已排序类别时，该变量可以作为刻度(连续)变量对待，以便在值之间进行合适的距离比较。刻度变量的示例如以年为单位的年龄和以千美元为单位的收入。

※ 有序（Ordinal）。当变量值表示带有某种内在等级的类别时，该变量可以作为有序变量。例如，从十分不满意到十分满意的服务满意度水平。有序变量的示例如表示满意度或可信度的态度分数和优先选择评分。

※ 名义（Nominal）。当变量值表示不具有内在等级的类别时，该变量可以作为名义变量，如雇员任职的公司部门。名义变量的示例如地区、邮政编码和宗教信仰。

⑩ 角色指明变量所起到的作用。可用角色包括：

※ 输入。变量将用作输入(如预测变量、自变量)。

※ 目标。变量将用作输出或目标(如因变量)。

※ 两者。变量将同时用作输入和输出。

※ 无。变量没有角色分配。

※ 分区。变量将用于将数据划分为单独的训练、检验和验证样本。

※ 拆分。包括与 IBM®、SPSS®、Modeler 相互兼容。具有此角色的变量不会在 IBM SPSS Statistics 中用作拆分文件变量。

在缺省情况下，SPSS 为所有变量分配输入角色，这包括外部文件格式的数据和 IBM SPSS Statistics 18 之前版本的数据文件。角色分配只影响支持角色分配的对话框，它对命令语法没有影响。

(2) 观测量。SPSS 用 Case(S)来代表观测量、案例或者事件。在统计学中，构成总体的单位具有各种各样的一些特征，这些特征的名称称为标志。例如，将某企业的所有销售产品作为一个总体，那么该企业的每一种产品可以看做一个总体单位，它们都有产品名称、产品型号、售价等，这些可以反应产品特征的名称就称为标志。所有的这些标志分为两种大的类型，一类是数量型标志，即可用数量来表示的，如库存量、销售量、价格等；另一类是品质型标志，即所有不能量化的都归于这一类，如产品名、产品型号、产地等。对每一种产品进行观察，就可以记录到每个标志的一组资料。这组资料在统计学中称为标志的标志表现。对不同的产品将记录到互不相同的资料，体现了标志的变异性，因此，笼统地称各个特征为变量。

如果把对一种产品的各种特征的观察看作一个观测量，便可以得到反映这个产品具体特征的一组观测值。这一组观测值在 SPSS 中就称为一个 Case。数据编辑器中的二维表格中的每一个横行就用来存放这一组观测值。因此，把数据编辑窗口的每一个横行就看作一个 Case，表中的第 n 行第 m 列的交叉点处的单元格 Cell 中的数值就看作第 n 个单位的第 m 个变量的变量值。

(3) 定义变量。根据统计调查得到的数据，对掌握的数据资料事先进行分析、归纳，对需要建立的一些数据表进行内容、格式、变量设置等方面的考虑，最终制作出一个完整的数据文件。下面通过例子简要地说明定义变量的方法。现给出某书店库存情况，如表 F1－1 所示。

表 F1－1 某书店库存情况表

序号	书名	出版社	ISBN	类别	库存量	售价
1	《C 语言设计》	清华大学	9－4－3489012	计算机	45	56
2	《伊索寓言》	中国儿童文学	4－11－3217645	儿童文学	33	25
3	《天龙八部》	浙江文艺	6－3－2232417	成人文学	109	72
4	《网页案例 10》	机械工业	9－2－8793341	计算机	62	40
5	《针织技巧》	陕西文化	1－6－8989452	生活百科	12	36
6	《春天来了》	中国图文	4－6－7214982	儿童文学	28	32
7	《冲刺英语》	中国外文	5－3－3217642	英文	24	25
8	《会计基础》	南京大学	7－256344552	财经	69	23
9	《五线谱入门》	中国音乐	8－11－443580	艺术	11	45
10	《美食 101 例》	中国烹饪	1－2－1003257	生活百科	18	15
11	《中国旅游地理》	安徽美术	3－6－9512375	生活百科	41	55
12	《三国演义》	中国文学	6－1－3357802	成人文学	202	68

根据以上资料可以建立一个包含 7 个变量的数据文件。不难看出，其中，“序号”、“库存量”、“售价”应定义成测量类型为“标度”的数值型变量，“书名”、“ISBN”、“出版社”定义成字符型变量，“类别”定义成附有值标签的、测量类型为有序的数值型变量。

变量的定义与一般的数据表记录的定义类似，这里不再赘述。下面对“值”、“缺失”这两种变量定义进行举例。

在本例中，所有设计测量类型为有序的变量都可以采用值标签的方式。单击“值”栏中的展开按钮“...”，进行值标签的设置。如图 F1-6 所示，在变量“类别”的值标签中进行如下设置：

图 F1-6　定义变量“类别”的值标签

在“值标签”定义窗口左下角可以对已经设置过的值标签进行“更改”、“除去”的操作，即是对已经存在的值标签进行修改和删除。

定义了“值标签”后，一般来说都需要进行“缺失”的定义工作。“缺失”主要是用于预防错误地输入了值标签中没有进行定义的值，这样会照成统计结果的错误。如图 F1-7 所示，定义“缺失”有以下一些选择：

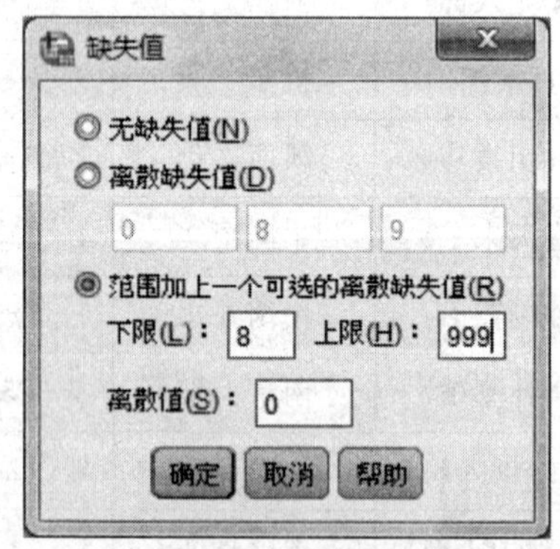

图 F1-7　缺失值的定义

选项“无缺失值”为系统默认选项，即表示不进行缺失值的设置。

选项“离散缺失值”可以填入三个单独的数据。以“类别”变量为例，假设书籍的类别只有例子中的 7 种，值的取定范围是 1～7(当然，实际生活中这是不可能的)。根据刚才的假设，我们可以将该变量的宽度设置为“1”，因为只需要一个数字即可。那么在“类别”变量的输入数值过程中，“0”，“8”，“9”这三个数值显示是不需要的，于是可以采用离散缺失值的设置，在离散缺失值设置的输入栏中输入三个数值。在输入数据时，当输入了这三个数字中的任意一个时就会帮助我们及早地发现这些错误。

选项“范围加上一个可选的离散缺失值”是可以设置一个缺失值的范围及一个特定的缺失值，而不是单独的几个数值。仍以“类别”变量为例，根据实际生活的情况，书籍的类别是可以有很多种的，这里假设有 999 种(一般来说，这应该是够用的了)，因此，在“类别”变量的宽度定义上也是“3”。根据表 F1－1 列出的当前书籍情况可知，现在书库中只有 7 种类别，因此在定义缺省值时，应该是一个范围性的结果，应该是“8～999”这个区间，外加“0”这个单独的数值。当有新的类别的书入库时，我们修改对应的上、下限即可，变量定义完毕窗口如图 F1－8 所示。

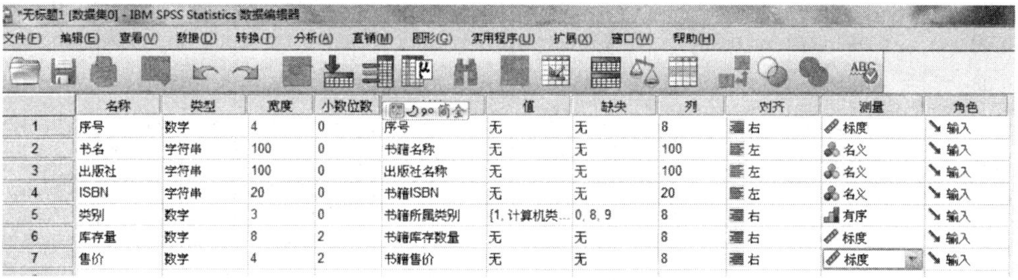

*无标题1 [数据集0] - IBM SPSS Statistics 数据编辑器

文件(F) 编辑(E) 查看(V) 数据(D) 转换(T) 分析(A) 直销(M) 图形(G) 实用程序(U) 扩展(X) 窗口(W) 帮助(H)

	名称	类型	宽度	小数位数		值	缺失	列	对齐	测量	角色
1	序号	数字	4	0	序号	无	无	8	右	标度	输入
2	书名	字符串	100	0	书籍名称	无	无	100	左	名义	输入
3	出版社	字符串	100	0	出版社名称	无	无	100	左	名义	输入
4	ISBN	字符串	20	0	书籍ISBN	无	无	20	左	名义	输入
5	类别	数字	3	0	书籍所属类别	{1, 计算机类…	0, 8, 9	8	右	有序	输入
6	库存量	数字	8	2	书籍库存数量	无	无	8	右	标度	输入
7	售价	数字	4	2	书籍售价	无	无	8	右	标度	输入

图 F1－8 表 F－1 变量定义完毕窗口

3. 输入数据

在“变量视图”中定义完变量后，就可以在数据编辑器窗口左下角的“数据视图”中输入对应的数据信息。图 F1－9 为输入完成后的数据视图窗口。

*无标题1 [数据集0] - IBM SPSS Statistics 数据编辑器

文件(F) 编辑(E) 查看(V) 数据(D) 转换(T) 分析(A) 直销(M) 图形(G) 实用程序(U) 扩展(X) 窗口(W) 帮助(H)

8:

	序号	书名	出版社	ISBN	类别	库存量	售价
1	1	《C语言设计》	清华大学	9-4-3489012	1	45.00	56.00
2	2	《伊索寓言》	中国儿童文学	4-11-3217645	2	33.00	25.00
3	3	《天龙八部》	浙江文艺	6-3-2232417	3	109.00	72.00
4	4	《网页案例10》	机械工业	9-2-8793341	1	62.00	40.00
5	5	《针织技巧》	陕西文化	1-6-8989452	4	12.00	36.00
6	6	《春天来了》	中国图文	4-6-7214982	2	28.00	32.00
7	7	《冲刺英语》	中国外文	5-3-3217642	5	24.00	25.00
8	8	《会计基础》	南京大学	7-256344552	6	69.00	23.00
9	9	《五线谱入门》	中国音乐	8-11-443580	7	11.00	45.00
10	10	《美食101例》	中国烹饪	1-2-1003257	4	18.00	15.00
11	11	《中国旅游地理》	安徽美术	3-6-9512375	4	41.00	55.00
12	12	《三国演义》	中国文学	6-1-3357802	3	202.00	68.00

图 F1－9 表 F1－1 中数据输入完成后的数据视图窗口

数据输入无误后，点击“保存”按钮或者文件菜单中的“保存”命令可将数据文件保存起来，保存后的数据文件后缀名为 *.SAV。保存完成后，在对应的输出窗口会有相应的操作提示。

数据文件建立完成后，对数据文件可以进行常规的编辑工作，如修改数据、查找替换数据、删除数据、剪切数据、复制数据、粘贴数据等。与常用 Windows 软件类似，这里也不再赘述。

注：由于本书采用的是 SPSS24.0 中文版进行教学说明，因此，不同的中英文版本在翻译上可能会有不同。在使用不同版本的情况下，请对应相同位置的选项进行。

附录二　正态分布概率表

t	F(t)	t	F(t)	t	F(t)	t	F(t)
0.00	0.0000	0.37	0.2886	0.74	0.5407	1.11	0.7330
0.01	0.0080	0.38	0.2961	0.75	0.5467	1.12	0.7373
0.02	0.0160	0.39	0.3035	0.76	0.5527	1.13	0.7415
0.03	0.0239	0.40	0.3108	0.77	0.5587	1.14	0.7457
0.04	0.0319	0.41	0.3182	0.78	0.5646	1.15	0.7499
0.05	0.0339	0.42	0.3255	0.79	0.5705	1.16	0.7540
0.06	0.0478	0.43	0.3328	0.80	0.5763	1.17	0.7580
0.07	0.0558	0.44	0.3401	0.81	0.5821	1.18	0.7620
0.08	0.0638	0.45	0.3473	0.82	0.5878	1.19	0.7660
0.09	0..0717	0.46	0.3545	0.83	0.5935	1.20	0.7699
0.10	0.0797	0.47	0.3616	0.84	0.5991	1.21	0.7737
0.11	0.0876	0.48	0.3688	0.85	0.6047	1.22	0.7775
0.12	0.0955	0.49	0.3759	0.86	0.6102	1.23	0.7813
0.13	0.1034	0.50	0.3829	0.87	0.6157	1.24	0.7850
0.14	0.1113	0.51	0.3899	0.88	0.6211	1.25	0.7887
0.15	0.1192	0.52	0.3969	0.89	0.6265	1.26	0.7923
0.16	0.1271	0.53	0.4039	0.90	0.6319	1.27	0.7959
0.17	0.1350	0.54	0.4108	0.91	0.6372	1.28	0.7995
0.18	0.1428	0.55	0.4177	0.92	0.6424	1.29	0.8030
0.19	0.1507	0.56	0.4245	0.93	0.6476	1.30	0.8064
0.20	0.1585	0.57	0.4313	0.94	0.6528	1.31	0.8098
0.21	0.1663	0.58	0.4381	0.95	0.6579	1.32	0.8132
0.22	0.1741	0.59	0.4448	0.96	0.6629	1.33	0.8165
0.23	0.1919	0.60	0.4515	0.97	0.6680	1.34	0.8198
0.24	0.1897	0.61	0.4581	0.98	0.6729	1.35	0.8230
0.25	0.1974	0.62	0.4647	0.99	0.6778	1.36	0.8262
0.26	0.2051	0.63	0.4713	1.00	0.6827	1.37	0.8293
0.27	0.2128	0.64	0.4778	1.01	0.6875	1.38	0.8324
0.28	0.2205	0.65	0.4843	1.02	0.6923	1.39	0.8355
0.29	0.2282	0.66	0.4907	1.03	0.6970	1.40	0.8385
0.30	0.2358	0.67	0.4971	1.04	0.7017	1.41	0.8415
0.31	0.2434	0.68	0.5035	1.05	0.7063	1.42	0.8444
0.32	0.2510	0.69	0.5098	1.06	0.7109	1.43	0.8473
0.33	0.2586	0.70	0.5161	1.07	0.7154	1.44	0.8501
0.34	0.2661	0.71	0.5223	1.08	0.7199	1.45	0.8529

续表

t	$F(t)$	t	$F(t)$	t	$F(t)$	t	$F(t)$
0.35	0.2737	0.72	0.5285	1.09	0.7243	1.46	0.8557
0.36	0.2812	0.73	0.5346	1.10	0.7287	1.47	0.8584
1.48	0.8611	1.76	0.9216	2.08	0.9625	2.64	0.9917
1.49	0.8638	1.77	0.9233	2.10	0.9643	2.66	0.9922
1.50	0.8664	1.78	0.9249	2.12	0.9660	2.68	0.9926
1.51	0.8690	1.79	0.9265	2.14	0.9676	2.70	0.9931
1.52	0.8715	1.80	0.9281	2.16	0.9692	2.72	0.9935
1.53	0.8740	1.81	0.9297	2.18	0.9707	2.74	0.9939
1.54	0.8764	1.82	0.9312	2.20	0.9722	2.76	0.9942
1.55	0.8789	1.83	0.9328	2.22	0.9736	2.78	0.9946
1.56	0.8812	1.84	0.9342	2.24	0.9749	2.80	0.9949
1.57	0.8836	1.85	0.9357	2.26	0.9762	2.82	0.9952
1.58	0.8859	1.86	0.9371	2.28	0.9774	2.84	0.9955
1.59	0.8882	1.87	0.9385	2.30	0.9786	2.86	0.9958
1.60	0.8904	1.88	0.9399	2.32	0.9797	2.88	0.9960
1.61	0.8926	1.89	0.9412	2.34	0.9807	2.90	0.9962
1.62	0.8948	1.90	0.9426	2.36	0.9817	2.92	0.9965
1.63	0.8969	1.91	0.9439	2.38	0.9827	2.94	0.9967
1.64	0.8990	1.92	0.9451	2.40	0.9836	2.96	0.9969
1.65	0.9011	1.93	0.9464	2.42	0.9845	2.98	0.9971
1.66	0.9031	1.94	0.9476	2.44	0.9853	3.00	0.9973
1.67	0.9051	1.95	0.9488	2.46	0.9861	3.20	0.9986
1.68	0.9070	1.96	0.9500	2.48	0.9869	3.40	0.9993
1.69	0.9090	1.97	0.9512	2.50	0.9876	3.60	0.999 68
1.70	0.9109	1.98	0.9523	2.54	0.9883	3.80	0.999 86
1.71	0.9127	1.99	0.9534	2.56	0.9889	4.00	0.999 94
1.72	0.9146	2.00	0.9545	2.58	0.9895	4.50	0.999 993
1.73	0.9164	2.02	0.9566	2.60	0.9901	5.00	0.999 999
1.74	0.9181	2.04	0.9587	2.52	0.9907		
1.75	0.9199	2.06	0.9606	2.62	0.9912		

附录三 平均增长速度累计法查对表

递增速度　　累计法查对表　　间隔期 1～5 年

平均每年增长/(%)	各年发展水平总和除以基年的百分比				
	1 年	2 年	3 年	4 年	5 年
0.1	100.10	200.30	300.60	401.00	501.5
0.2	100.20	200.60	301.20	402.00	503.00
0.3	100.30	200.90	201.80	403.00	504.50
0.4	100.40	201.20	302.40	404.00	506.01
0.5	100.50	201.50	303.01	405.03	507.56
0.6	100.60	201.80	303.61	406.03	509.06
0.7	100.70	202.10	304.21	407.03	510.57
0.8	100.80	202.41	304.83	408.07	512.14
0.9	100.90	202.71	305.44	409.09	513.67
1.0	101.00	203.01	306.04	410.10	515.20
1.1	101.10	203.31	306.64	411.11	516.73
1.2	101.20	203.61	307.25	412.13	518.27
1.3	101.30	203.92	307.87	413.17	519.84
1.4	101.40	204.22	308.48	414.20	521.40
1.5	101.50	204.52	309.09	415.23	522.96
1.6	101.60	204.83	309.71	416.27	524.53
1.7	101.70	205.13	310.32	417.30	526.10
1.8	101.80	205.43	310.93	418.33	527.66
1.9	101.90	205.74	311.55	419.37	529.24
2.0	102.00	206.04	312.16	400.40	530.80
2.1	102.10	206.34	312.77	421.44	532.39
2.2	102.20	206.65	313.40	422.50	534.00
2.3	102.30	206.95	314.01	423.53	535.57
2.4	102.40	207.26	314.64	424.60	537.20
2.5	102.50	207.56	315.25	425.63	538.77
2.6	102.60	207.87	315.88	426.70	540.40
2.7	102.70	208.17	316.49	427.73	541.97

续表一

平均每年增长/(%)	各年发展水平总和除以基年的百分比				
	1年	2年	3年	4年	5年
2.8	102.80	208.48	317.12	428.80	543.61
2.9	102.90	208.78	317.73	429.84	545.20
3.0	103.00	209.09	318.36	430.91	546.84
3.1	103.10	209.40	319.00	432.00	548.50
3.2	103.20	209.70	319.61	433.04	550.10
3.3	103.30	210.01	320.24	434.11	551.74
3.4	103.40	210.32	320.88	435.20	553.41
3.5	103.50	210.62	321.49	436.24	555.01
3.6	103.60	210.93	322.12	437.31	556.65
3.7	103.70	211.24	322.76	438.41	558.34
3.8	103.80	211.54	323.37	439.45	559.94
3.9	103.90	211.85	324.01	440.54	561.61
4.0	104.00	212.16	324.65	441.64	563.31
4.1	104.10	212.47	325.28	442.72	564.98
4.2	104.20	212.78	325.92	443.81	566.65
4.3	104.30	213.08	326.54	444.88	568.31
4.4	104.40	213.39	327.18	445.98	570.01
4.5	104.50	213.70	327.81	447.05	571.66
4.6	104.60	214.01	328.45	448.15	573.36
4.7	104.70	214.32	329.09	449.25	575.06
4.8	104.80	214.63	329.73	450.35	576.76
4.9	104.90	214.94	330.37	451.46	578.48
5.0	105.00	215.25	331.01	452.56	580.19
5.1	105.10	215.56	331.65	453.66	581.89
5.2	105.20	215.87	332.29	454.76	583.60
5.3	105.30	216.18	332.94	455.89	585.36
5.4	105.40	216.49	333.58	456.99	587.06
5.5	105.50	216.80	334.22	458.10	588.79
5.6	105.60	217.11	334.86	459.29	590.50
5.7	105.70	217.42	335.51	460.33	592.26
5.8	105.80	217.74	336.17	461.47	594.04
5.9	105.90	218.05	336.82	462.60	595.80
6.0	106.00	218.36	337.46	463.71	597.54

续表二

平均每年增长/(%)	各年发展水平总和除以基年的百分比				
	1 年	2 年	3 年	4 年	5 年
6.1	106.10	218.67	338.11	464.84	599.30
6.2	106.20	218.98	338.75	465.95	601.04
6.3	106.30	219.30	339.42	467.11	602.84
6.4	106.40	219.61	340.07	468.24	604.61
6.5	106.50	219.92	340.71	469.35	606.35
6.6	106.60	220.24	341.38	470.52	608.18
6.7	106.70	220.55	342.03	471.65	609.95
6.8	106.80	220.86	342.68	472.78	611.73
6.9	106.90	221.18	343.35	473.95	613.56
7.0	107.00	221.49	343.99	475.07	615.33
7.1	107.10	221.80	344.64	476.20	617.10
7.2	107.20	222.12	345.31	477.37	618.94
7.3	107.30	222.43	345.96	478.51	620.74
7.4	107.40	222.75	346.64	479.70	622.61
7.5	107.50	223.06	347.29	480.84	624.41
7.6	107.60	223.38	347.96	482.01	626.25
7.7	107.70	223.69	348.61	483.15	628.05
7.8	107.80	224.01	349.28	484.32	629.89
7.9	107.90	224.32	349.94	485.48	631.73
8.0	108.00	224.64	350.61	486.66	633.59
8.1	108.10	224.96	351.29	487.85	635.47
8.2	108.20	225.27	351.94	489.00	637.30
8.3	108.30	225.59	352.62	490.19	639.18
8.4	108.40	225.91	353.29	491.37	641.05
8.5	108.50	226.22	353.95	492.54	642.91
8.6	108.60	226.54	354.62	493.71	644.76
8.7	108.70	226.86	355.30	494.91	646.67
8.8	108.80	227.17	355.96	496.08	648.53
8.9	108.90	227.49	356.63	497.26	650.41
9.0	109.00	227.81	357.31	498.47	652.33
9.1	109.10	228.13	357.99	499.67	654.24
9.2	109.20	228.45	358.67	500.87	656.15
9.3	109.30	228.76	359.33	502.04	658.02

续表三

平均每年增长/(%)	各年发展水平总和除以基年的百分比				
	1 年	2 年	3 年	4 年	5 年
9.4	109.40	229.08	360.01	503.45	659.95
9.5	109.50	229.40	360.69	504.45	611.87
9.6	109.60	229.72	361.37	505.66	663.80
9.7	109.70	230.04	362.05	506.86	665.72
9.8	109.80	230.36	362.73	508.07	667.65
9.9	109.90	230.68	363.42	509.30	669.62
10.0	110.00	231.00	364.10	510.51	671.56
10.1	110.10	231.32	364.78	511.72	673.50
10.2	110.20	231.64	365.47	512.95	675.47
10.3	110.30	231.96	366.15	514.16	677.42
10.4	110.40	232.28	366.84	515.39	679.39
10.5	110.50	232.60	367.52	516.61	681.35
10.6	110.60	232.92	368.21	517.84	683.33
10.7	110.70	233.24	368.89	519.05	685.28
10.8	110.80	233.57	369.60	520.32	687.32
10.9	110.90	233.89	370.29	521.56	689.32
11.0	111.00	234.21	370.97	522.77	691.27
11.1	111.10	234.53	371.66	524.01	693.27
11.2	111.20	234.85	372.35	525.25	695.27
11.3	111.30	235.18	373.06	526.52	697.32
11.4	111.40	235.50	373.75	527.76	699.33
11.5	111.50	235.82	374.44	529.00	701.33

参考文献

1. 郑葵等. 统计学[M]. 2 版. 哈尔滨：哈尔滨工业大学出版社，2011.
2. 刘文锦. 统计学基础[M]. 北京：清华大学出版社，2011.
3. 沈萍. 统计学及统计实务[M]. 北京：机械工业出版社，2009.
4. 庞浩. 计量经济学[M]. 北京：科学出版社，2006.
5. 罗洪群. 新编统计学[M]. 北京：清华大学出版社，2009.
6. 宋建萍. 统计学原理[M]. 天津：天津大学出版社，2008.
7. 栗方忠. 统计学原理[M]. 大连：东北财经大学出版社，2008.
8. 刘雅漫等. 新编统计基础[M]. 大连：大连理工大学出版社，2007.
9. 庄胡蝶. 统计实务学[M]. 北京：北京交通大学出版社，2010.
10. 董云展. 统计学[M]. 北京：高等教育出版社，2008.
11. C. R. 劳. 统计与真理：怎样运用偶然性[M]. 北京：科学出版社，2004.